中国道路丛书

厉以宁_{主编} 程志强_{副主编} 赵秋运_{主编助理}

中国道路
与
三农问题

商务印书馆
创于1897 The Commercial Press

目 录

实　践　篇

走向城乡一体化（代序言）

厉以宁

我从小生活和学习都在城市中，对农村情况是不了解的。我第一次下农村是在 1955 年 4—5 月，当时我是北京大学经济系四年级的学生，全班去北京市海淀区肖家河参加农业合作化实习。学生被分配到各个自然村，分散住在农民家中。主要任务是进行农民家访，宣讲党的农业合作化政策，并向农民解释合作化的意义。在农村中看到的是土地改革以后农民生活安定，一心投入生产的情况。

接着到了 1958 年，北京大学的一部分教职员作为下放干部，下放到门头沟区（当时称京西矿区），经济系、法律系、生物系的教职员的下放地点是西斋堂村。这正是大跃进的年代,我们每天清早就上工地,修引水渠,从 1 月份干到 4 月份,天天如此。5 月份起,转到农田里干活。到了 8 月份,全国掀起了人民公社化的高潮,西斋堂村也不例外。村里办起了公共食堂,我被调到公共食堂担任会计。冬天,我又被调到新组成的公社文艺宣传队任编剧,创作了不少小品、快板,宣传人民公社的好处,到各乡巡回演出。1959 年 1 月回到北京大学。今天回想起来,这一年下放农村,虽然对农村的情况有些了解,但所了解的只是浮面的东西。比如说,就在 1958 年,由于户口制度分为城市户口和农村户口,城乡之间的人口流动受到严格限制,城乡二元结构制度化了。这将对今后中国农村居民和农业发展存在什么样的影响,当时我是完全不了解的。

从 1964 年 10 月起到 1966 年 6 月初,北京大学师生分两批到农村参加社会主义教育运动,两批我都参加了。第一批是在湖北荆州江陵滩桥公社,第二批是在北京朝阳区高碑店公社。紧接着,发生了"文化大革命",在这期间,我也在海淀区六郎庄、玉泉山等农村参加劳动。到了 1969 年,北京大学教职员下放到江西南昌县鲤鱼洲农场劳动。我是第一批下放的,在鄱阳湖边的茅屋内一住就是两年。在这段时间内,我到过附近的农村,也看到时常有逃荒的农民到北大农场来讨饭。鄱阳湖边,冬天很冷,而这些农民却穿着单衣,光着脚穿着草鞋。我想,鄱阳湖畔本是鱼米之乡啊,新中国成立已经 20 年了,农民为什么还如此穷困呢?这是一个沉思的年代,眼见耳闻,使我不禁想到,怎么解释这些现象呢?在大学里书本上所学到的经济学理论为什么解释不了眼前看到的这一切呢?我的经济观点的转变,正是从这时开始的。

从江西回到北京是 1971 年秋天。此后几年,我大部分时间仍在北京市郊区各县和河北省的农村参加劳动,参加"开门办学",所看到的仍然是农民缺衣少食的穷苦生活。我对时局常常感到困惑:经济已显衰落,失业激增,农民逃荒,社会矛盾正在激化。1976 年春季，我和北京大学一些师生在北京市大兴县农场"开门办学"，到1976年10月粉碎了"四人帮"，下乡办学的北京大学师生全部返校。接着不久，邓小平同志复出，主持工作，改革的呼声日益高涨。1978年12月中共十一届三中全会召开了，从此中国转入了改革开放新阶段，我也就从这时起，把研究中国经济体制改革作为自己的主要研究课题。

20世纪80年代内，我的大部分时间用于国有企业体制的改革方面。这段时间内，我虽然到过一些省市进行调研，但对于农村问题，我没有进行深入研究，因为我认为国有企业体制改革问题是当时最需要解决的。我还认为，农村家庭联产承包责任制既已推广，乡镇企业也已兴起，这一基本格局短期内不可能有大的变动，所以对农业和农村问题，可以稍后再来考察。

到了20世纪90年代，农村家庭联产承包责任制之下，大量农民工外出，引发了一系列新问题。例如，农村青壮年劳动力外出之后，土地有撂荒现象；农民工进城后，家属也进城了，于是又出现子女无法在城市就学问题，而且每逢春节，火车为什么这样拥挤，这同农民工回乡探亲有很大关系。由此激起了我对城乡二元体制和城乡一体化的思考。再说，"农民工"这个称呼是不合理的：工人就是工人，农民就是农民，从未听说过什么"农民工"。从清朝末年到民国时期，中国第一批近代工厂先后在上海、天津、广州等地出现，最早的产业工人来自何处？不正是来自大城市周边的农村么？他们在乡下是农民，以种地为生，一进城做工，就成为工人了，他们工作安定下来，可以把妻子儿女接进城去。为什么现在有了"农民工"这一称呼呢？这是城乡二元体制的产物："身份"是农民，职业是工人，"农民工"享受不了城市居民的待遇。上述这些问题在20世纪90年代都明显地暴露出来了。

2003年，我担任了中央智力支边协调小组毕节试验区专家顾问组组长，以后几年，我每年都要带一些专家到毕节进行考察，帮助当地脱贫。在扶贫过程中,我发现最重要的问题依然是体制改革、机制转换,即把以前的"输血机制"改变为"造血机制"。如果不从体制、机制上着力,不把城乡二元体制改革作为今后改革的重点,农民始终难以摆脱困境;如果不推进城乡一体化,农民就无法与城市居民一样享受改革和发展的成果。基于这种认识,我个人的研究重心就转移到农村问题上来。

回顾从1949年到现在,有关城乡体制的变革过程,可以划分为三个阶段:

第一阶段:从1949年到1978年。这是城乡二元体制逐渐形成和日益巩固的阶段。城乡二元结构的制度化,从1950年土地改革以后就已开始,这是同建立社会主义计划体制相配合的。到1958年,随着人民公社制度的确立和户籍制度的城乡分割,城乡二元体制终于形成。城乡之间生产要素的流动受到极大限制,城市化进展得十分缓慢。

第二阶段:从1979年到2002年。这是城乡二元体制虽然略有松动但基本上依然存在的阶段。改革开放之初,农村推行了家庭联产承包责任制,调动了农民承包经营的积极性。但这只不过是城乡二元体制略有松动而已。城乡二元体制的极端形式——人民公社制度——虽然退出了历史舞台,但农民依然受到社会流动的限制。农民仍然难以享受改革和发展的成果。

第三阶段:2003年以后。这是着手改革城乡二元体制并逐步推进城乡一体化的阶段。在科学发展观的指引下,农村的土地流转启动了,农业的规模经营有了很大的发展,城市化的速度也加快了。在统筹城乡发展和改革这个新课题上,理论上有创新,实践上有突破。城乡一体化已成为新一轮改革的重点[1]。

----

[1]　柳晓森、张烁:《城乡二元体制:中国下一轮改革重点》,《人民日报》2008年9月3日。

2008 年,正值纪念中国改革开放三十周年之际,我写了《论城乡二元体制改革》一文(《北京大学学报》(哲学社会科学版),2008 年 3 月),对实现城乡一体化问题进行探讨。在这篇论文里,有这样几段话扼要地反映了我的基本观点:

"城乡二元结构自古就有。从宋朝算起,至今已有一千年以上的历史。但当时尽管有城乡二元结构,却没有城乡二元体制。城乡二元体制是 20 世纪 50 年代后期才建立的。"(第 5 页)

"从 20 世纪 50 年代后期起,由于计划经济体制的确立,户籍分为城市户籍和农村户籍,城乡二元体制形成了,城乡也就被割裂开来了。从这时开始,城市和农村都成为封闭性的单位,生产要素的流动受到十分严格的限制。"(第 5 页)

"计划经济体制实际上有两个重要支柱:一是政企不分、产权不明的国有企业体制,二是城乡分割、限制城乡生产要素流动的城乡二元体制。这两个支柱支撑着整个计划经济体制的存在和运转。"(第 5 页)

"从社会协调的角度来看,必须做到统筹发展,包括城乡发展的统筹、区域发展、经济和社会的统筹、国内发展和对外开放的统筹、人与自然和谐发展的统筹。所有这些都同城乡二元体制的改革有关。"(第 6 页)

"由于城乡二元体制的改革将导致农民收入的增加和农民生活方式的变化,以及由于社会最低生活保障的基本建立而导致社会低收入家庭后顾之忧的逐渐消除,必定引起内需的大突破。全世界最大的待开发的市场在哪里? 就在中国的农村。"(第 11 页)

这篇论文发表之后,在 2008 年春到 2009 年春的一年时间内,我又先后在广东、湖南、贵州、重庆、河北、吉林、内蒙古、天津八个省

(市、区)继续围绕这个问题进行更广泛的调研。下面就是在调研八个省(市、区)的基础上写成的。

一、进一步解放思想,朝着城乡一体化的目标前进

改革开放成就举世瞩目,逐步破除了传统计划经济体制,改革了传统的国有企业体制,初步建立了社会主义市场经济体制,经济社会发展迅速,综合国力大大提高,广大农村也发生了深刻变化。这是一个巨大的飞跃。但在从计划经济体制转向社会主义市场经济体制的过程中,还有一个大的问题尚未解决,就是对于几十年来形成的城乡二元体制的改革相对滞后,甚至可以说基本上没有触动城乡二元体制,因为农村家庭联产承包责任制是在维持城乡二元体制的前提下推行的。结果,导致城乡发展不协调,城乡差距呈扩大趋势。城乡二元体制改革的滞后,增加了全面建设小康社会、实现共同富裕、构建和谐社会的难度,为此必须加大城乡统筹的力度[1]。统筹城乡发展最重要的任务就是改革城乡二元体制,这是中国下一轮改革发展的重点,也是一场伟大的社会变革,为此需要付出巨大的努力和艰辛。

曾经流行于学术界部分人士中间的一种看法是:改革开放以来,农业方面已经取得了不少成绩,使我国早已脱离了凭票证供应生活必需品的年代;目前,农村的改革不妨暂且搁置一下,发展更加重要。比如说,对农民,财政上多给一些,少取一些;金融上,放宽一些,多贷一些;让农村的生产生活条件再改善一些,这样反而更加有利于农民生活水平的提高。这种看法如果出现在80年代后期,那是可以理解的,而且就当时的情况而言,这种看法有一定道理,因为农村土地承包刚推广,不能急于再改革。但从20世纪80年代后期

---

[1]　孙津:《城乡统筹是一种综合性要素统筹的创新》,《中国发展》2008年12月,第59—61页。

到现在已经 30 多年了。再不着手破除城乡二元体制,不仅阻碍农业的发展和农民收入的提高,而且还会使城乡收入差距继续扩大,使工农收入差距继续扩大,使广大"农民工"不得不徘徊在城乡之间,这就违背了"以人为本"的原则[1],不符合构建和谐社会的理念。让农民充分享受改革开放的成果,不是靠增加政府投入或放宽信贷就能解决的。只有不失时机地进行城乡二元体制改革,让农民和城市居民享有同等的权利,拥有同等的机会,才是下一阶段改革的重点。

中国的改革开放从来都是以思想解放领路。回顾 40 多年前,1978 年 5 月起,不正是历时半年之久的"实践是检验真理的唯一标准"的大讨论为中共十一届三中全会的召开做了思想上的准备么?也就是说,中国特色社会主义道路和市场经济体制的成功探索,首先是从一场思想解放运动开始的。当前,打破城乡分割分治的二元体制,形成城乡发展一体化新格局,也必须进一步解放思想、实事求是。学术界必须开展前瞻性理论研究和理论创新,在理论上率先突破,摆脱一切束缚城乡二元体制问题解决的思想桎梏,在全社会营造改革城乡二元体制的氛围;必须在政策、法律、制度、文化等诸多方面进行有利于推进城乡一体化的变革,尽快扭转城乡差距扩大趋势;必须勇于探索实践,统筹城乡试验区要大胆改革试验,开辟一条新路。

具体地说,在城乡二元体制改革过程中,有必要就以下三个问题消除误解:

第一,城乡二元体制改革将大大促进社会的稳定,而不会导致社会的不稳定。

关于这一点,一种误解是:农民已经习惯于一家一户的承包经

---

〔1〕 中国社科院"农民工返乡机制研究"课题组:《徘徊在城乡之间的中国农民工》,《光明日报》2009 年 4 月 9 日。

营了,他们之中不少人不愿意离开本乡本土。即使离开本地到城市中打工,但叶落要归根,在外面挣些钱是要带回家来盖新房、娶妻生子的。他们习惯了农村的生活,何必改革城乡二元体制,反而使他们心里不踏实呢? 何况农民一旦大批进入城内,生活方式一变更,城市生活设施建设又跟不上,反而会引起他们不满,有些人又想回到乡下去,社会不就不稳了吗? 有这种看法,多半是不了解实际情况。要知道,在城乡二元体制改革过程中,农民是不是迁进城市,要根据本人意愿而定;外出打工的农民是不是愿意回乡,也由本人决定。体制的改革只是提供了更多的机会供农民选择,而不是排除农民的选择。从社会稳定还是不稳定的角度来看,关键在于农民(不管是进城的还是留在农村的)的利益是不是增加了。如果农民的近期利益和长期利益都能通过城乡二元体制改革而增加,那么社会将迈向稳定而不会导致动荡。

第二,城乡二元体制改革将推动城市经济的改革和发展,而不会因加重城市的负担而阻碍城市经济的发展,也不会阻碍城市经济改革的深化。

在这方面,一种误解是:城市经济的改革和发展毕竟是最重要的,而在现阶段着手城乡二元体制改革,很可能会加重城市的负担,这样,不仅城市经济的改革和发展受阻,而且农村经济的改革和发展也会相应地受连累。不如目前暂时把城乡二元体制的改革搁置一下,一心加快城市经济的改革和发展,等到城市的经济实力增强了,城市就有较多的力量来帮助农村的发展。西方发达国家一般是在工业化后期政府才把农村发展放在重要位置上的,中国目前仍处于工业化中期,何必这样急于去做本来可以推迟一些才做的事情呢? 其实,这种看法并不正确。问题在于:在西方发达国家工业化初期,城乡二元结构是存在的,但在那里并没有形成城乡二元体制,因此也就不需要进行城乡二元体制改革。它们之所以在工业化后期着力于发展农村经济,是适应稳定社会的需要。中国的情况与它们不同。在城乡二元体制下,中国的工业化在长时期内是以牺牲农民利益为代价的。如今已到了城市回馈农村的时候了。提高农民收入,让农民充分享受改革发展的成果将大大促进内需的增长,这对于城市经济的进一步发展是绝对有利的。因此,城乡二元体制的改革只会推动城市经济的改革与发展,而不会变成城市经济改革与发展的阻力。

第三,城乡二元体制改革不是要消灭农村和农民,也不是要把农村变成城镇,把农民改变为职工,而主要是使农村和城市的差别大大缩小,使农民充分享有改革开放的成果,在社会方面享受同样的待遇。

关于这个问题,一种误解是:城市就是城市,农村就是农村;工人就是工人,农民就是农民,进行城乡二元体制改革以后,农村就会逐渐不存在了,农民也就逐渐消失了,这样,岂不是用消灭农村和农民的方法来强制性缩小城乡差别吗?这对中国经济是祸还是福,还不得而知!需要指出的是:城市和农村的差别不会因城乡二元体制的破除而消失,工人与农民在职业或社会劳动分工方面的区别也不会因城乡二元体制的改革而消失,这些差别的消失也许要经过许多年的生产力发展才会出现。改革城乡二元体制所需要消除的,是对城乡之间生产要素流动的人为障碍,以及两种户籍之下工人和农民的不平等待遇,从而就能导致城乡之间的差距缩小。这一切是可以做到的,而且对国民经济发展只会产生积极的结果。

二、农村产权制度改革势在必行,尤其是宅基地管理制度更需要改革

当前,要发展农村经济,增加农民收入,面临的问题之一是农村金融服务严重滞后,而农村金融发展之所以迟缓,则又归因于城乡二元体制的存在,归因于现行农村产权制度的制约。

农民目前同产权无缘。对承包的土地,没有产权;对宅基地,没有产权;甚至对宅基地上的住房,尽管住房是自己花钱盖的,但由于对宅基地没有产权,所以农民对宅基地上的住房也没有产权,连房产证都没有,这确实是不合理的。由于宅基地及其上面建造的住房没有产权,只有使用权,所以他们既无法出售,也不能抵押,从而制约了农民土地权益的实现。这不仅不利于农民致富和农村经济发展,而且不利于农村劳动力转移,严重阻碍城镇化进程。

现阶段我国法律对农民的土地(包括承包的土地和宅基地)的权利保护实际上是不明晰、不到位的,这个问题急需解决[1]。对于城市化,世界上已经有正反两方面的经验和教训。西欧一些国家在工业化、城市化过程中,城市内没有出现"贫民窟"现象,主要原因就在于农村土地和农民住房可以根据农民意愿进行流转和抵押,农民通过土地和农村住房的流转或抵押,可以得到一笔资金,这有助于他们进城务工、创业、定居,并成为城市居民。

宅基地和宅基地上建成的农民住房,理应是农民的重要财产,应当鼓励支持各地探索宅基地和农民住宅流转和抵押的办法,保护和实现农民对宅基地和农民住宅的应有权益。农村宅基地和农民住房的实际使用已经使农民对宅基地和农民住房的使用权变成了事实上的长期权利。针对这一客观事实,在法律上应予以确认,赋予农民对宅基地和农民住房的产权,这对保障农民土地权益、搞活农村经济和金融具有特殊重要意义。而且,如何处理宅基地问题必须充分尊重农民的权利和他们的意愿,不能使农民的利益受到损害[2]。今后法制建设的方向就是赋予农民与城市居民同等的产权落

---

[1]　孙荣飞:《"土地管理法"修订:推进农村集体土地财产权制度变革或破题》,《第一财经日报》2008年6月24日。

[2]　贾杰华、陈文雅:《宅基地换房的执行隐患》,《投资者报》2009年3月16日。

实和产权保护。为了实现城乡一体化,建议适时修订《物权法》《土地管理法》等法律和相关法规,通过宅基地和农民住房的产权制度的改革可以大大激活农村经济和农村金融。当前应积极探索宅基地及其上面农民建造的住宅抵押的有效途径,总结一些地方将宅基地及其上面建造的住宅抵押给信用社或其他农村金融机构进行融资等做法,大力开展农村宅基地及其上面建造的住宅抵押试点。再就是要积极实现宅基地及其上面建造的住宅的可转让性,至少可以让统筹城乡发展改革试验区的经验逐步推广。

在推行宅基地管理制度改革时,一些人在思想上仍有所顾虑。主要有四种顾虑:

第一,认为宅基地对农民来说,是庭园经济,宅基地周边的土地是精耕细作的菜园、果园,生产率很高,农民的现金收入不少是来自庭园经济的,如果农民把它置换出去了,不仅是较大的损失,而且还断了外出农民的退路,因为万一农民在外面经营得不好,收入不多,连退路都没有了,岂不是会引发新的问题?

其实,这种顾虑是可以打消的。绝大多数农民并不是先置换自己的宅基地再外出工作,而往往是先外出工作,等到在外面有了一定的安排,经济上比较有基础了,再回乡把家属接走,再处理自己的宅基地。对他们而言,是否置换宅基地,是近期利益和长期利益反复比较而做出的选择。农民在这方面的行为是理性的。当然,在这个过程中也不能否认偶然事件的出现,例如家中主要劳动力在外面工作时遇到了重大工伤事故,该怎么办?这就告诉人们,要有保险意识;有了保险,损失会减轻些,也不至于陷入绝境。

第二,认为宅基地的置换可能只适合城市郊区的农民,而不适合偏远地区的农民,更不适合山区的农民。再以宅基地及其上面的房屋来说,可能只有城市郊区的才能抵押出去,偏远地区的,尤其是山区的宅基地怎么抵押?谁愿意接受?加之,那里的农民住房多数是简陋的、破旧的,没有人愿意要。抵押岂不就成了一句空话?

应当承认,这种情况是存在的。但不能因为有这种情况,宅基地的置换工作就应停顿下来。如果停顿下来,等山区农民富裕了,山区农民住房都换成了新楼,再着手宅基地置换工作,那要等到何年何月?其实,当初实行农村家庭承包的时候,也并不是一下子就铺开的,一切由农民自行作出选择,有些地方先推广,有些地方后推广,还有些地方选择了家庭承包以外的其他经营方式。宅基地的置换或抵押,也是这样。条件合适的先推行,条件不合适的,可以推迟,等条件成熟时再推行也不算晚。不要把早推行、晚推行看成是"觉悟"高低的反映,实事求是原则是最重要的。不实事求是,反而会误事。

第三,认为宅基地的置换可能只适合就近进城务工或创业的农民,而不适合远赴千里以外去务工或创业的农民,对这些远赴千里以外的农民来说,宅基地置换给谁?比如说,不少农民长期在珠三角各县市工作,老家在贵州西部农村,宅基地置换给谁?

这种顾虑是有道理的,但可以设法解决,关键在于寻找出解决问题的办法。宅基地置换工作应当有一个程序,按程序去做,问题可以得到解决。如果农民在本县(市)城镇安家,问题比较简单。如果农民在省内的另一个县(市)安家,省内也可以统筹解决。如果农民到跨省的某个县(市)安家,那么应当按如下程序去做,还是可以解决的:首先,准备到外省去安家而需要置换宅基地的农民提出申请,先经本地县(市)政府同意,然后向准备迁往的外省的县(市)政府提出申请,经同意后,于是,该农民将宅基地交给本地县(市)政府处理,得到一笔相应的补偿费,由该县(市)政府有关部门转到所要迁往的外省的县(市)政府的有关部门。这样,对三方都是合理的:对农民来说,达到了转移的目的,并在所迁往的县(市)生活和住房有了着落;对农民原籍所在的县(市)来说,由于得到了农民所交出的宅基地,可以用它们置换为相应的城市建设用地,因此尽管付出一笔补偿费,也是合理的;而对于农民所要迁往的外省的县(市)来说,得到了一笔补偿费,用来安置迁入的农民,在经济上没有损失。可见,只要合理统筹,问题仍是可以解决的。

第四,认为宅基地的抵押存在着两种风险,一是农民为此承受的风险,二是金融机构为此承受的风险。如何防范这两种风险,是在宅基地管理制度改革中不得不面临的问题。假定还没有找到合适的防范这两种风险的可靠的措施,还是以谨慎为宜。应当承认,这两种风险确实是存在的,因此必须有可靠的防范措施,但这并不等于说由于担心出现风险就放弃了宅基地抵押的做法,而是要事先找出可以防范风险以及化解风险的措施。当初,全国人大常委会制定《中华人民共和国担保法》时就考虑到宅基地是农民生活必需的,所以排除了宅基地以及承包土地抵押的做法[1]。但根据实践的经验,关键仍在于有没有妥善的防范风险措施。

如何防范农民因宅基地抵押而出现的风险? 一方面,接受农民宅基地抵押的金融机构必须是符合条件并经过审查批准的有资格从事农民宅基地和农民住房抵押业务的金融机构,以免农民上当受骗;另一方面,当农民把宅基地和自己的住房抵押出去后,可以贷得一笔款项,用于生产经营,亏蚀了怎么办? 农民岂不是从此失去了宅基地和住房? 因此,大力开展农村保险业务是可以减少风险的途径之一。例如,农民用这笔贷款自主创业办了养殖场,开了作坊或外出务工,遇到洪水、火灾、地震、瘟疫等,或者发生了车祸、工伤,如果已经上了保险,就可以得到赔偿,从而减少损失。

从事宅基地抵押业务的金融机构如何防范风险? 这里的风险主要是指还贷率低而金融机构又难以处理作为抵押品的宅基地和农民住房,因而陷入资金困境。为了防范和减少这种风险,可以采取以下措施:即使农民以宅基地和住房作为抵押,金融机构仍应对抵押人的信用状况和还债能力进行调查;如果采取农民信用互保方

---

〔1〕 《土地承包权宅基地不能抵押》,《人民日报》2008 年 10 月 24 日。

式来发放农民宅基地和住房的抵押贷款,那就更好了。总之,风险总会存在,但可以尽量减少它。

此外,据我们在一些地方的调查,有些农户在农村的住房不止一套。在这种情况下,多余一套的住房为什么不能抵押出去?再说,在有的村里,农民的住房有时是三层楼或四层楼,在这种情况下,农民的住房可以抵押一半。即使将来还不起贷款,自己还留下一半住房,可以居住。这有什么不妥?

三、农业适度规模经营呼唤完善农村土地承包制,加快实现农民承包地的流转

随着新时期农村形势的发展,现行的农村家庭承包制已有一些不适应的地方。问题主要是把土地等生产要素分散在一家一户,制约了土地规模经营和土地使用效率,影响对土地加大投入的积极性,进而影响农业生产率的提高和农民收入的上升。加之,在农民有可能进城务工的情况下,不少农村青壮年劳动力外出务工,家庭承包的耕地或者撂荒,生产资料闲置,或者只剩下老弱劳动力耕种,使土地使用效率大大降低。这在耕地流转有限的广大农村形成了极不合理的状况。因此,农业适度规模经营是发展现代农业、提高农业生产力的内在要求。没有规模经营,不能有效地利用土地资源,农业生产效率就很难提高。当前土地承包办法急需根据情况的变化调整完善,急需合理科学地配置土地资源,鼓励各地探索土地承包权的多种有效流转方式[1]。

这里,先对转包、出租和土地入股三种主要的土地流转形式作进一步分析。这是因为这三种土地流转形式较为普遍,它们都适用于一定地区,也都具有一些特点。

---

[1]　国家行政学院法学部课题组:《成都市农村集体土地流转案例调研与评析》,《政府管理参考》2008 年第 4 期,第 1—6 页。

以转包形式进行承包地流转的方式在一些粮食产区是适用的。在一些粮食产区,外出务工的农民把所承包的土地转包给本地或外地的种植能手。一个种粮能手如果包下了十几户农民的承包地以后,只雇几个工人,采取机械化生产,就能取得高产并有利润可得。这对种粮能手和外出务工农民都有利。在湖南调查所得到的资料表明:单个农民承包十几亩稻田,收入很低,只够糊口。如果种植能手通过转包形式,承包了 200 亩以上的稻田,采用机械化作业,雇几个工人,一年生产两季,收获 40 万斤稻谷,除了柴油、农机折旧和维修、化肥、农药等开支,再加上雇工工资和承包者自己的相当于工资的收入而外,还可以有较多的盈余。而把土地转包出去的农民,进城后的务工或经商收入,也超过了自己种地的收入。

以出租形式流转承包地的方式在一些地方也比较流行。承包地或者出租给种植能手,或者出租给果品或蔬菜企业,或者出租给养殖场种饲料,租金数额通过协商解决。原来的土地承包者有些外出安心务工,有些并不外出,而在土地租出后给租方做工,按月取得工资收入。在广东徐闻县调查的资料说明,当地的菠萝种植园正是在广大农民出租土地的基础上发展起来的。

在目前农村的土地流转中,有四分之三的耕地是以转包和出租形式流转的[1]。

以入股形式进行承包地流转的方式(即农民把承包地作为股份加入农民专业合作社)在一些已经组成农民专业合作社的地区,可能更有推广的价值。农民入股后受聘为农业工人,每月有工资收入,年终还有股利收入[2]。但是,如果农民把承包地直接入股到大公司,可能带来三个问题:第一,在农民专业合作社中,农民作为股

---

[1]　引自《财经》2009 年第 2 期,第 62 页。

[2]　刘维涛:《探索中国农村新一轮改革方向》,《人民日报》2008 年 9 月 3 日。

东是有发言权的,而在大公司中,农民作为股东则失去了发言权。第二,农民专业合作社是农民自己的经济组织,在公司经营不善时,农民们可以商量如何渡过难关,而大公司一旦亏本,农民要求退股(退还所承包的土地)的愿望很难实现,于是会引起社会动荡。第三,如果大公司把农民入股的承包地抵押出去,把资金投往外省,农民在不知情的情况下,等于把土地交给了大公司任意使用,这样也会引起农民不满。因此,农民把承包地入股于农民专业合作社是较好的选择。以前曾经流行过"公司+农户"的土地入股模式。在重庆一些区县调查,这种"公司+农户"模式已经发展为"大公司+小公司+农户"的模式。大公司是指大型的龙头企业,小公司是指农民专业合作社。农民把承包的土地入股于农民专业合作社。这样,不仅农民放心,而且便于监督土地的使用状况。农民专业合作社(小公司)与龙头企业(大公司)之间则以供应生产资料和农产品运销或加工方式订立合同,建立市场供求关系。

还有的地方正在试验新的土地流转形式。例如土地信用合作社的模式。"从经营宗旨来看,(土地信用)合作社不以利润最大化为目的,而是以促进土地承包经营权有序流转和规模经营、实现农民生产和生活方式转变为途径服务于'三农'。"[1]在经济效益上看,"土地信用合作社降低了土地承包经营权流转的成本,并通过其良好的示范效应,不仅培育了本地的贷地需求,而且吸引了其他地区的贷地需求,体现了土地承包经营权流转制度的成功创新对农业产业化的积极的作用。"[2]此外,有的市县也在试验农民把承包土地存入农村信用社,并收取利息的做法。当地农民把这样的农村信用社称做"小银行"。农民外出务工就放心了。农民之所以欢迎这

〔1〕　程志强:《对我国土地信用合作社实践的思考:以宁夏平罗为例》,《管理世界》2008年第11期,第2页。
〔2〕　同上书,第8页。

种土地流转形式,他们出于以下考虑:第一,风险小,因为农村信用合作社被认为是可靠的,不像土地出租后的租地者(无论是个人租地还是企业租地)都有较大的风险。第二,土地出租收益稳妥并且按时交付,不至于拖延、欠交或打白条。第三,灵活方便,距农民住地较近,并可随时查询。在有的地方,如果农民想收回承包土地,可以提前通知农村信用社,农村信用社届时归还,但不一定归还原来那块地,而是面积相当的另外一块耕地。

　　另据调查,重庆正在探索建立的农村土地交易市场是实现土地流转的新尝试。通过"地票"("地票"就是用地指标的凭证)交易,将农民自愿放弃的宅基地进行整理并复垦成耕地,并以"地票"形式挂牌出售给需要耕地占补平衡指标的城里用地单位,因此这个市场能够较好地沟通城市与农村建设用地指标的联系,实现农民的土地权益。从这个意义上说,"地票"交易意味着土地指标流转的程序化和公开化,既可以解决宅基地的流转问题,又可以增加城市建设指标,同时不使耕地减少。国务院规定的 18 亿亩耕地的红线不会被突破[1]。在这方面,建议对重庆设立的农村土地交易市场进行调查研究,及时总结经验。这个市场如果能规范、发展、推广,将有利于将城市资金、技术等市场要素有效导入农村。同时,要探索除宅基地以外,农民承包的土地是不是有希望进入农村土地交易市场,形成承包土地流转的另一种新形式。

　　在这里,一个有待于说明的问题是:承包地的流转同宅基地的流转可分可合,究竟是"分"更好些,还是"合"更好些? 这里所说的"分",是指承包地的流转和宅基地的流转可以分开进行:有些农民只流转承包地而保留宅基地,也有些农民只流转宅基地而保留承包地,但交给熟人代管代耕。这里所说的"合",是指承包地和宅基地

---

〔1〕《全国土地利用总体规划纲要(2006—2020 年)》,《人民日报》2008 年 10 月 24 日。

合在一起流转,如承包地入股了,宅基地置换了,农民外迁了。

应该说,承包地的流转要比宅基地的流转容易些,而且农民如果外出务工,可能先考虑承包地的流转,后考虑宅基地的流转,因为农民本人外出在先,家属外迁在后,农民很少一开始就携带家属一起外出务工的。还有,如果外出务工的农民认为外出务工毕竟是暂时的,等有了积蓄后要回本村创业、盖新房,那么他们就更不会在外出时就流转宅基地。这表明,承包地流转和宅基地流转以分开进行为宜。当然,这并不排除一部分农民愿意把承包地和宅基地合在一起流转。比如说,这些农民有亲属在城里,在亲属的帮助下,工作和住宿实现都有安排,那么他们就不一定先流转承包地,再流转宅基地了。

四、大力倡导、鼓励、支持农民创业,以创业带动就业

在城乡一体化调查中,我曾把浙江和重庆两地的情况作了比较。浙江的情况比重庆要好。这不仅是由于自然条件和地理区位不同,也不仅是由于两地的历史情况不同,更重要的原因在于农民创业积极性不一样,农民创业的环境有差别。浙江统筹城乡之所以搞得比较好,主要原因在于转移出来经商开店的农民多了,也就是自行创业的农民多了,仅温州一个地区就有 400 万个民营企业老板,其中有小老板,也有大企业的投资者、经营者。而重庆市共有400 万农民外出打工,由此就可以看出差距。

转移的农民并非只有进城打工这一条途径。更为稳定、有效而又十分重要的途径恰恰是农民创业,并由此进入非农产业领域。尽管农民创业也有一定的投资风险,但打工不也有一定风险么?农民创业的好处有:一、自身脱贫致富、全家脱贫致富。二、带动更多农民就业,这一方面是由于创业后的农民可以雇一些农民作为雇工,另一方面在于发挥示范作用。三、有利于发展小城镇和县域经济,

因为创业农民所开设的店铺、作坊主要设在县城和镇上。四、繁荣农村经济,这主要指创业的农民为了扩大规模,往往招聘本乡本村的农民前去打工,他们在本乡本土收购原材料,以及用赚得的钱在家乡建房、修路,等。五、农民工回乡创业有利于传播城市文明观念,改变农民生活方式,助推城乡一体化进程。

在一些地方,一些优秀的青年农民经过多年进城打工,在城里学到了本领,开阔了视野,积累了一定资金,有着回乡创业的愿望。调查中发现,从湖南乘汽车到广西,沿着国道走,公路两边的小饭馆、小旅店、小商铺、小作坊,几乎都是到广东打工后返乡农民开的,生意都比较红火。

农民创业需要政府扶植,但目前对农民创业尚缺乏相关政策扶持体系,导致目前农民回乡创业的比例还很小。

当前,我们应当充分重视农民创业对推进城乡一体化的重要作用。要出台进一步扶持农民创业的政策,如手续便捷的小额担保贷款,加大对创业者的贴息补助;允许农民以宅基地以及上面建造的住宅作为抵押获取贷款;对农民创业和农民工返乡创业初期实行减免税政策;大力开展创业培训,树立榜样、宣传典型,鼓励外出务工人员回乡创业,等等。

根据现代经济学理论,在创业和经营过程中,物质资本、人力资本和社会资本三者是缺一不可的。物质资本是指投资于厂房、设备和原料方面的资本,这可以通过各种不同渠道筹集到。人力资本是指体现于创业者和经营者身上的知识、技能、经验和智慧,虽然他们因人而异,但人力资本通过个人的努力和个人的实践是可以逐渐积累的。社会资本是指对社会网络、人际关系和相互信任的利用而产生的一种巨大力量,它体现于各种社会关系方面。它是无形的,却可以转化为推动创业的巨大力量。农民在创业和经营时最缺少的往往是社会资本。有些农民,处于偏僻山区,同外界交往极少,信息缺乏,又没有亲戚朋友在外面工作,他们几乎不可能有什么可以利用的社会资本。但这也不是一成不变的,社会资本可以增加,关键在于如何增加社会资本,如何利用社会资本。比如说,本县、本乡、本村的人在外地务工、经商、创业的人多了,对于准备到那里去工作的人来说,就是可利用的社会资本。同乡会、校友会、同学会,不管是有形还是无形的,同样是一种社会资本。农民自己组织起来的各种专业协会,也是社会资本。还有,沿海城市同中西部城市结成帮扶关系后,对其中任何一方,都是可利用的社会资本。有了社会资本,农民创业就会比较顺利一些。

农民创业,对于城乡二元体制改革来说,一个更有深远意义的效应是农民的创业积极性被激发出来了。这是蕴藏在民间的一股巨大的力量,多年以来由于受到城乡二元体制的束缚,这股力量一直是受压抑的。外出务工,只是使这股力量的一小部分得以发挥出来。当然,农民外出务工也可能为此后的自行创业作准备,但务工毕竟不等于自行创业。自行创业之初,不论规模大小,但都体现出农民把投资者、经营者甚至劳动者这几种身份全集于一身了。他们必须熟悉市场,关心市场,改善经营管理,引进服务,并且自己承担风险,这是同受雇的身份不一样的。换句话说,只有进行了城乡二元体制改革,才能真正把广大农民解放出来,成为市场经济中的活跃分子。农民自身有了更大的活力,市场也就增添了更多的活力。创业的农民人数越多,城乡二元体制改革就越顺利。

对农民的创业还应当有更深入的理解。农民创业不仅仅表现为农民在城镇创业,即农民到城镇开店、开作坊甚至办企业,而且也可能表现为农民在农村创业,例如农民将自己的承包地当作市场经济中的家庭农场、家庭养殖场来经营,或者农民利用自己的房屋和庭园办成"农家乐"形式的农村家庭旅馆和家庭饭店,或者农民在乡间从事家庭手工业品的生产和经营,甚至农民个人投资或集体投资在农村办企业,等等。要知道,在城乡二元体制之下,农民的积极性是受到极大限制的,即使他们在承包地上种植各种作物,或者家里养猪养鸡,但都没有把这些看成是一种"创业",他们也没有创业的积极性,他们只不过以此作为一种谋生的手段,聊以糊口而已。当初,农村实行家庭承包制以后,为什么农业、畜牧业产量会大幅提高,短短几年之内农贸市场上鸡鸭鱼肉全都有了,全有赖于农民积极性的提高。目前,可以预料,通过城乡二元体制改革,农民的创业积极性更会迸发出来。加之,农村中总有一些能人,他们先行一步,会使承包地和庭院经济中的创业取得更大成效。于是就产生了示范效应。这样,即使他们不进城,就在承包地上,在自己的住房和庭园中,他们照样会大有作为。同市场的联系越多,越密切,他们创业的热情就越高,他们的精神状态也会发生很大的变化。这对国民经济的发展,对农民自身收入水平的提高,以及对农村面貌的更新,必将产生深远的影响。

五、将统筹城乡综合配套改革作为国家战略,大力支持试验区大胆闯、大胆试

改革需要巨大的勇气和努力,需要宽松的舆论和政策环境,现阶段重庆、成都是统筹城乡发展的试验区,它们可以在体制、机制方面先行先试,错了不要紧,总结经验教训就行。改革是需要付出代价的,不然怎么叫做"路"?[1]四十年前,改革开放的路子正是首先通过建立经济特区的方式闯出来的,经济特区的榜样力量无穷。重庆、成都两个统筹城乡发展的试验区,同样会在这方面充当"探路"的角色,起着示范作用。重庆、成都两个试验区通过改革,在试验区实现了"三个集中",即工业向工业集中区集中,土地向规模经营集中,农民向集中居住区集中。"三个集中"的动向引起了全国关心

---

[1] 刘维涛:《探索中国农村新一轮改革方向》,《人民日报》2008年9月3日。

城乡一体化的人们的注意[1]。这表明,促进城乡一体化的工作在全国具有典型代表性和示范性。全国各省市都希望两地及时总结经验教训,为全国的城乡一体化改革探路、引路。

试验区先行先试,是中国改革开放的宝贵经验。回顾从1978年到现在,哪一项重大改革不是先试点,再总结,再推广的?假定改革的试验同现行法律有一定的抵触,那也不要紧,可以先在少数地方试行,等到条件成熟了,再修改法律或制定新的法律。不妨举农村改革中的两个例子。一个例子是20世纪70年代末到80年代初,当初在安徽凤阳小岗村开始的农村家庭承包,从法律上不仅没有依据,而且,如果死抠法律条文,则家庭承包制显然是不合法的,因为农村家庭承包更改了人民公社制度下土地统一经营的做法,重则可以扣上"图谋资本主义复辟"的帽子。20世纪60年代初,在当时发生大饥荒的环境中,不是有些地方曾经试行家庭联产承包责任制么?但结果是悲剧性的:有些人被抓了,家庭承包的做法被废除了,甚至有的带头人弄得家破人亡。但1979年以后却不同于过去,因为召开了中共十一届三中全会,安徽凤阳小岗村自发的农村家庭联产承包责任制试验被推广了,全国普遍推行了农村家庭联产承包责任制的做法。另一个例子是20世纪80年代前期,乡镇企业兴起后,乡镇企业为了购置原材料和推销自己的产品,派出了不少采购员、推销员,跑遍全国,在计划经济体制之下形成了一个"计划外市场"。在当时,这也是不合法的,并且可能被扣上一项罪名:投机倒把罪。但大批乡镇企业并没有就此停步。它们继续采购,继续推销,继续招人聘人,继续扩大生产。这样,乡镇企业终于逐渐发展壮大。这就说明,改革是在不断试验,不断总结中一步步前进的。因

---

[1]　刘裕国:《成都城乡一体化夯实发展基础》,《人民日报》2009年3月29日。

此,对重庆、成都的城乡一体化试验,要充分支持,充分信任,相信这些试验会为中国城乡二元体制的改革探出一条新路。

　　当然,中国的国土面积这么大,农民人数这么多,而且各地经济和社会的发展又如此不平衡,所以不要设想城乡二元体制改革可以很快就完成。农村家庭承包制推行四十年了,在这段时间内,中共中央和国务院研究过多少次,出台了多少个重要文件,才开始转到城乡二元体制改革的轨道上来,而且这一改革至今仍在试验阶段。当然,也许用不到那么长的时间:到 2028 年,也就是到了中国改革开放五十年的时候,城乡二元体制改革才能被认为取得了决定性的胜利,估计到那个时候,城乡体制已经一元化了。

　　估计城镇化的速度会加快,中国与美国的国情不同,把农村人口的比例降到像美国那样的 4%—5%,是不现实的。但能不能降到25%—30% 呢? 也就是说,城镇人口要占 70%—75%。看来,这还是有可能的。到那时,户籍是统一的,社会的职业分工是必要的,人们之间只有居住地点的不同和职业分工的不同,权利是平等的,机会也是平等的。这就是城乡一体化的真正含义。曾经存在过的城乡二元体制于是就将成为中国历史上的一段插曲[1]。

六、城乡一体化改革中最困难的问题是就业问题以及失业失地农民的社会保障问题

　　那么,城乡一体化改革进程中,最困难的环节究竟在哪里呢? 不在于承包土地的流转,不在于宅基地的置换,也不在于从二元户籍制度转为一元户籍制度,而在于以下这个大问题:这么多的农村人口陆续进城居住,城市中有这么多工作岗位吗? 如果城市就业不

---

〔1〕　李晨:《宅基地流转的重庆试验》,《北京青年报》2008 年 11 月 3 日;周春林:《宅基地流转的成都突破》,《北京青年报》2008 年 11 月 2 日。

足,进城的农民中,不少人将成为无业者,这样就会影响城市的稳定和发展。而且,已经进城的农民如果在城里长期找不到工作,他们只得返回农村,但在农村还有土地可耕种吗? 土地对农民来说,既是收入的来源,又是社会保障的依托。假定连农村的承包地都失去了,他们回乡后又怎么生活? 下面,从三方面对此进行分析。

第一,在城乡二元体制改革过程中,必须保持较高的经济增长率。

从世界各国的情况可以了解到,在任何一个国家,新的工作岗位总是在经济增长中涌现的。尽管存在经济增长与就业增长的不对称性,即就业增长总是滞后于经济增长,但经济增长导致就业增长却是不容置疑的。然而现阶段中国就业问题具有复杂性和长期性。比如说,在西欧国家,一般只要年经济增长率保持在 2%—3%,就业市场基本上是稳定的,不会出现多大的就业问题,中国经济增长率要保持在 9%—10% 及以上才不会产生失业严重化的现象;如果经济增长率降到 7% 以下,失业问题就会相当突出。原因何在呢?

1. 西欧国家多年来经济增长率较低,每年新退休一批工人,腾出工作岗位,可以由新达到就业年龄的年轻劳动力补上空缺。即使经济增长率较低,失业问题不会严重。在那些国家,构成失业队伍的主要成员是国外移民中的求职者。不仅如此,西欧国家的工业化开始较早,在长达一二百年的工业化过程中,农村劳动力的释放已差不多了,现在不会有很多农民想进城打工,来自国内农村的就业压力明显减少。

2. 更重要的是,中国与西欧国家在体制上的一个巨大区别,就是西欧国家早已不存在城乡二元体制,而中国至今仍存在城乡二元体制。在城乡二元体制下,城乡由于体制不同而割裂开来,城乡在社会经济生活方面存在着因体制不同而造成的巨大差异。如果存在着传统的计划体制,城乡人力流动受到严重限制,那么不管农村中的劳动力多么想到城市中来工作,也难以如愿。但从 20 世纪 80

年代以后,随着中国改革开放的进展,尽管城乡二元体制未被取消,但城乡之间的人力流动却放松了,于是就出现农民工进城浪潮。农民工进城,不仅是为了增加收入,而且还为了在城市生活,得到与城市居民一样的待遇,而且只要城里找到的职业比较稳定,就把家属接进城市。这样,农村劳动力的供给就是源源不断的,而城市对劳动力的需求却是有限的,就业压力难以缓解。加之,农民在中国人口中的比重大、数量多,一些外出务工的农村劳动力在城市中找到了工作,就会吸引更多的同乡进城,所以就业压力的存在肯定是长期的。西欧国家则没有这样的情况,因为那里不存在城乡二元体制。

3. 由于中国依然处于从计划体制向市场经济体制过渡的阶段,国有企业在国民经济中仍占有举足轻重的位置,民营企业是在20世纪80年代以后陆续发展起来的。在企业规模方面,国有企业主要是特大型和大型企业,它们的技术装备好,资本雄厚,甚至在某些行业成为垄断性企业,但国有企业属于资本密集型和技术密集型企业,吸纳的劳动力,尤其是一般劳动力是有限的。民营企业绝大多数是中小企业,其中很多是劳动密集型企业,吸纳的劳动力多。但是,民营企业在许多方面(如税收、融资、政府采购等)尚未受到公平待遇,在经济中处于弱势。一旦经济发生动荡,首先受到冲击的是民营企业。这样更加加剧了劳动力市场上供大于求的状况。而在西欧国家,虽然也有国有企业,但数量不多,在经济中起作用的主要是私营企业,只要经济有所增长(哪怕经济增长率只有2%—3%),只要人均GDP增加了,私营企业,包括大量小企业,就会进一步发展,增雇劳动力。

4. 中国是一个耕地面积有限、人均耕地面积很小的大国。据统计,中国现有2.27亿农户承包了耕地,每户平均承包经营的耕地只有 5.36 亩[1]。农民耕地不足,自 20 世纪 80 年代以来,不断有农民外出务工、经商。另据统计,中国现有 9.5 亿农村户籍人口,除了中小学生和老人,约有 5.3 亿劳动年龄人口[2]。其中,3.2 亿劳动力真正从事农业(包括林、牧、渔业),余下的 2.1 亿劳动力中,统称为"广义农民工"。广义农民工中包括两部分人。一部分是离土不离乡的、在乡镇企业工作的职工,约 8000 万人,其余 1.3 亿人是外出就业的农民工,他们被称为"狭义农民工"[3]。可见,今后如果不从农村继续分流出去大批劳动力,在农村生育率较高的条件下,人均耕地会更少。为了提高农业的单位面积产量,走规模化经营的道路和农业集约化的道路是大势所趋。但据 2006 年的资料,全国(除西藏外)耕地流动面积只有 5551 万亩,只占家庭承包经营耕地面积的 4.57%[4]。加快耕地流转势在必行。而土地流转的后果之一是在农业中实际从事生产的劳动力数量会下降,于是又会推动农民进城务工。这种情况在西欧国家是不存在的,因为那里的农民人数已经不多了,农民有自己的家庭农场,面积适中,需要家庭成员全力经营,才能得到好收成,他们不急于进城,也不愿意丢掉土地去做工。

5. 第二次世界大战结束以后的几十年间,西欧国家的社会保障制度已逐渐完善,无论城市居民还是农民都能享受到较好的社会保障待遇。进城的农民同城市居民一样,有相同的社会保障待遇。即使他们所在的企业倒闭了,他们失业了,由于有了社会保障,他们一般不会返回农村。中国的情况与之不同。长期以来,"城乡二元

---

[1] 引自《财经》2009 年第 2 期,第 62 页。
[2] 同上。
[3] 同上。
[4] 同上。

分割制度是农民工无法获得同等社会保障的根本原因"[1]。现在,中国的城乡社会保障改革刚刚起步,至今仍处在初始阶段,因此,失业的农民工只好返回农村;如果农村的承包土地已经流转出去而又没有相应的社会保障待遇,他们便成为无地无业无社会保障的"三无"农民。这是最令人担忧之处。

6. 再从产业结构看,中国的就业压力大与产业结构中第三产业较小有关。西欧国家从工业化开始,经历了 200 多年,最终形成了这样的产业结构,即在 GDP 中,第一产业通常只占百分之几,第二产业占到 20% 多,第三产业则占到 70% 以上。服务业成为最大的产业,它吸收了大量就业者,包括自行创业的中小型服务业企业的业主们。而中国至今仍然处于工业化中期,第三产业发展较缓慢,大约只占 GDP 的 40%。第二产业则仍是劳动力力求进入的主要行业。因此,中国服务业发展的滞后是就业压力形成的一个重要原因。需要探讨的是:为什么中国的服务业发展较缓慢? 可以从城市化速度慢和城乡居民大多数收入偏低来分析。由于城市化速度慢,农民人数多,而且农民的收入偏少,因此对服务业产品的需求只可能缓慢增加。那么,为什么城市化进展迟缓呢? 为什么农民收入偏少呢? 这又同城乡二元体制的存在有直接的关系。由此可以作出判断:产业结构问题在现阶段的中国是同城乡二元体制的存在联系在一起的:离开了体制原因,说明不了产业结构问题。

总之,在中国城乡二元体制改革中,经济必须保持高速增长,这是由中国的国情决定的。在中国,高经济增长率和城乡二元体制之间存在着特殊的关系,即没有高经济增长率,就业压力将一直是巨大的;而就业问题难以缓解,城乡一体化的进程必然会放慢。只要城乡二元体制改革取得了重大进展,城乡一体化逐步实现了,农村

---

[1]　中国科学院"农民工返乡机制研究"课题组:《徘徊在城乡之间的中国农民工》,《光明日报》2009 年 4 月 9 日。

居民和城市居民在权利上趋于平等了,农村人口外出的压力减轻了,经济增长也就不一定需要那么高的速度了。

第二,在城乡二元体制改革过程中,必须切实有效地实现经济转型。

前面已经提到,在城乡二元体制改革过程中,中国需要高经济增长率,才能缓解就业问题。但我们也应该看到,持续的高经济增长率会带来很大的风险。这些风险是:

1. 只顾速度,不问效益,资源消耗率居高不下,环境遭到破坏的趋势未能扭转,必定影响经济和社会的持续发展。

2. 持续的高经济增长率,往往同投资过大联系在一起。投资需求过大,要素价格持续上升,由此将引发通货膨胀。

3. 为了促进经济增长,而忽略产业升级和产业结构调整,很可能引发某些行业产能过剩,由此导致经济发生巨大的波动和下滑,从而需要再度加大投资,刺激经济。

4. 在上述情况下,银行放贷中坏账的比例将上升,这是金融风险增长的反应。

可以断言,有必要在经济增长的同时实现经济转型。如果没有经济的转型,经济不可能实现又好又快的增长,不可能实现提高经济增长质量这一目标。

经济转型一词有两层含义。

由于经济转型始终与结构调整、产业升级紧密地联系在一起,所以经济转型的第一层含义是:抓紧时间实现产业结构和产品结构的调整,以及产业的升级,鼓励企业自主创新,把提高经济增长的质量放在首位。经济转型的第二层含义是:抓紧时间实现就业结构或劳动力结构的调增,以及劳动力素质的升级,使技术人员、研发人员的比重上升,使熟练技工的比重上升,利用目前这段时间开展职业技术培训工作,以迎接新阶段的到来。

只有实现了这两层含义的经济转型,中国才能成为名副其实的经济强国、工业强国,才能既是世界的制造中心,又是世界的创造中心。同时,也只有实现这两层含义的经济转型,城乡二元体制的改革和城乡一体化的蓝图才有可能早日成为现实。道理是很清楚的,因为这时的经济增长才是又好又快的经济增长,能提供更多的就业岗位,并且不至于引发经济的剧烈波动,使人们的收入稳步上升。也就是说,我们所说的经济增长能够带动更多人的就业,不是单纯依靠 GDP 的增加就能使就业岗位不断增多,而是指在 GDP 增长的基础上,人们的收入能稳步上升,人们的消费结构能不断调整,从而导致产业结构发生变化,导致第三产业在 GDP 中的比例不断加大,这样才能吸收更多的人就业。从 GDP 增长到就业增长之间,有三个重要环节,即人均收入增长、消费结构变化和第三产业在 GDP 中的比例扩大,从而形成"GDP 增长→人均收入增长→消费结构变化→第三产业在 GDP 中比例扩大→就业增长→GDP 持续增长……"

具体地说,一定要认真落实科学发展观,重视经济增长的质量,而不能片面追求经济增长速度,即不能片面讲"快"而盲目攀比经济增长率。为此,根据中国当前经济增长的特点,应当着力于优化结构、提高效益、节能降耗和治理环境。发展能够快一些就快一些,但这样的高速度应当在经济转型中实现,应当使人民的生活质量得到切实提高。工业化初期曾经采取的粗放型增长方式应当摒弃,粗放型增长方式是不符合可持续发展的。

为了实现第二层含义的经济转型,有必要加紧人才的培养,实行新的人才战略。这也是推进城乡一体化的需要。总的来说,在人才培养方面,必须尊重知识,尊重科学,尊重人才,尊重创新,提高全社会的创新意识。只有倡导创新精神,完善创新机制,才能激发全社会的创新活力,使人才脱颖而出。同时要加大倡导全社会敢于创新、勇于竞争和宽容失败的精神。不宽容失败,就不可能有真正的创新。为此,教育改革、教学内容和教育方式的改革是必要的。今后应当注意创新能力的培养,推进素质教育,培养学生的独立思考能力,鼓励学生参加社会实践和创新实践,这样才能涌现一大批有创新精神的人才。

要知道,农村中蕴藏着大批人才,他们在过去很长的时间内之所以没有涌现出来,主要是由于受到城乡二元体制的束缚,这不仅是由于他们生活在城乡分割的条件下,没有受到良好的教育,更重要的是没有发挥自己才能的环境,他们的积极性受到挫伤。试看,当初开始推行农村家庭联产承包责任制之时,尽管城乡二元体制依然存在,但毕竟稍有松动。这样,从广大农村不就涌现出一些能人和农民企业家?今后,如果消除了城乡二元体制,走上城乡一体化的道路,大环境改变了,蕴藏于农村中的创新人才就会大量涌现[1]。城乡一体化之后的小城镇建设和新农村建设,需要多少敢于创新和创业的人才,他们来自何处?不正是来自广大农村,来自涌入城镇的农民之中么?

第三,在城乡二元体制改革过程中,必须让失去土地的农民有稳定的个人社会保障账户。

在城乡二元体制改革过程中,不要形成一批"三无农民",即无业无地,又无社会保障的农民。关于进城的农民或留在农村的农民,可以分为以下几种情况:

一种情况是:无论是留在农村还是进城务工或经商的农民,他们把承包的土地转包了,出租了,或入股了。这种情况下,他们不能被认为已经失去了承包的土地。

另一种情况是:如果他们通过宅基地的置换而进城工作或居住,并由此得到了城市户口、城市住房和城市低保,他们也不能被认

---

[1]　刘阳生:《建立城乡统筹的就业支持体系,促进城乡之间劳动力的合理流动》,《中国发展》2008 年 12 月,第 62—65 页。

为已经失去了宅基地[1]。再有一种情况是:由于各种原因,农民的承包地或宅基地被征用了或被收购了,如为了修公路,修铁路,修机场,建工厂,修水库,建城市住宅区,农民失去了自己的土地,但也得到一笔补偿费。在这里,姑且不谈补偿费的多和少,不谈补偿制度的标准是否合理,也不谈补偿费发放到农民手中时是否被人贪污了一部分,而只讨论农民把领到的补偿费花完了,又没有合适的工作,或者当了一段时间农民工又失业了,后者经营的小商店、小作坊亏损了,关闭了,那该怎么办? 这样不就成了真正的无业、无地、无社会保障的"三无农民"?

为了防止这种情况的发生,应当在征用或收购农民的承包地或宅基地时,让失去土地的农民建立稳定的个人社会保障账户,个人账户中的社会保障资金由三部分组成。一是政府从土地转让所得的资金中划拨一部分进入农民个人社会保障账户;二是得到了补偿费的农民从自己所领到的补偿费中划出一部分,进入个人社会保障账户;三是由得到土地的开发商、企业或建设单位交一笔钱,进入农民个人社会保障账户。这三部分资金都是强制性交纳的。农民有了个人社会保障账户中的保障,再遇上生活困难时就可以有所依靠了。

比较特殊的是以下两种情况:

第一种情况:经济形势较好,外出务工的农民把承包地出租给种粮大户,每年取得租金;到了经济形势较差时,外出务工的农民回乡了,他们无以为生,就向承租土地的种粮大户索取土地,否则他们就成了无业无地农民了。在这种情况下,有的种粮大户就办起了农民专业合作社和粮食加工企业,既保住了农业的规模经营,又让租地给他的农民稳定下来,有了工作和收入。这种情况被称为"种粮

---

[1]　国家行政学院法学部课题组:《成都市农村集体土地流转案例调研与评析》,《政府管理参考》2008 年第 4 期,第 4 页。

大户的转型"[1]。

　　第二种情况:农民在把承包地入股到企业之后,虽然不能被认为是失去了土地,但如果以后企业倒闭、破产了,农民不仅失去了土地入股后本来可以按年领取的红利收入,而且连原来的承包地也丢掉了,这不是"失地"又是什么? 关于这个问题,前面已经提出,根据重庆试验区的经验,农民应当把承包地入股到农民专业合作社(小公司),而不要把承包地入股到龙头企业(大公司)。然而,农民专业合作社既然作为市场主体,仍会有投资风险和经营风险,一旦这种农民专业合作社经营不善,或投资失误,亏损累累、倒闭、破产了,那又该怎么办? 这是一个迄今尚未找出有效对策的难题。常言说"不怕一万,只怕万一",在探讨土地流转中农民把承包地入股这一形式时,不能不防止可能发生的农民失地风险。

　　一种可供选择的对策是:试行土地入股保险制度。这正如居民到银行存款一样,如果银行倒闭了,居民存款岂不是血本无归了? 于是就有了银行存款保险制度,由保险公司为居民存款保险,以减少个人存款账户的损失。可以试行的土地入股保险制度是指:在一些城市设立由国家控股的专营农民土地入股的保险公司,或在现有的国家控股的保险公司下面设立专营农民土地入股保险业务的子公司。农民专业合作社在吸收农民承包地入股后,就在保险公司上保险,定期交纳保险费,如果万一因市场风险而导致农民专业合作社倒闭了,保险公司给土地入股的农民以一定的补偿,以减少他们的损失。平时,保险公司可以对农民专业合作社的经营进行监督、帮助,防止出现巨额亏损等情况。

　　总之,改革是需要"探路"的,改革总是在试验中积累经验的。我相信,通过实践、实践、再实践,城乡一体化必定能顺利推进。

---

[1]　杜安娜、何涛:《农民返乡要地,种粮大户转型》,《广州日报》2009 年 2 月 24 日。

理

论

篇

新常态下农垦地区改革与可持续发展

程志强

农垦地区的经济发展一直是我国农业经济发展的重要推动力,同时也是我国粮食生产稳定发展的重要战略事业。农垦作为我国在特殊国情下建立的一种农业管理制度,已经成为我国农业经营的一种重要方式,是国家粮、棉、油、糖等重要农产品的主要生产基地。通过60多年的发展,农垦在国家政策的大力支持下不断发展,与时俱进,为国家的粮食储备和生产做出了重要贡献,也是我国推动中国特色农业发展的火车头,国民经济的重要力量。在我国经济新常态背景下,我国农垦事业需要适应新的经济环境,在国家政策支持下,逐渐实行农垦改革,探究新常态下农垦地区可持续发展的路径就显得尤为重要,将会为未来农垦发展提供战略性支持。

一、中国农垦事业发展状况

(一) 农垦地区经济主体状况

1. 农垦企业发展

各个农垦地区是我国农业的重要组成部分,而农垦企业则是各个农垦地区的经济主体,农业的发展进步和农垦企业息息相关。从表1可以看出,我国农垦企业数量出现了U型发展。增长到2005年达到了峰值,随后又开始回落,市场主体数量逐渐稳定,也就是说,我国的农垦企业发展首先经历了井喷式的发展,随后通过市场化的运作和优胜劣汰,逐渐淘汰掉一批不合格、跟不上时代发展潮流的农垦企业,同时这也和各个垦区的农垦企业合并,采用集团化发展有关。这为各个垦区管理者提供了一个思考,农垦企业需要采用集团化的生产来达到规模经济,企业的设立和定位需要符合经济运行的规律和特点,不能盲目提高农垦企业数量,而应注重农垦企业的战略定位。农垦企业可细分为农牧企业、工业企业、建筑企业、运输企业和批零贸易餐饮企业。从数据上来看,农牧企业、工业企业、建筑企业和批零贸易餐饮企业的个数以及发展趋势和农垦企业总数量发展相对一致。唯一突出的是运输企业,企业数量波动较大,但到了2013年又重新回落,这和国家对农业的新战略有关,先进的物流体系有助于国家打造农垦电商平台,因此在国家政策的支持下,运输企业数量逐渐呈井喷式发展。

表1　中国农垦企业状况（单位：个）

年　　份	2000年	2005年	2010年	2012年	2013年
农垦企业	5469	6197	5261	5226	5410
农牧企业	2026	1923	1807	1786	1779
工业企业	1667	1809	1290	1249	1298
建筑企业	237	443	537	534	509
运输企业	67	270	290	210	227
批零贸易餐饮企业	1462	1752	1752	1445	1597

数据来源：《中国农垦统计年鉴》

2. 农垦地区收入情况

农垦企业的核心是员工，员工的收入和积极性有关，有效提高员工的收入可以提高企业的效率和效益。

从表2对比可以发现，职工平均工资虽然稳步上升，但是其增长的额度和人均生产总值还有较大的差异，增长速度也需要进一步提高，农垦企业在进行规模化生产的同时需要关注职工福利，通过各种切实可行、科学又行之有效的方法来提高农垦企业员工福利具有重要意义，企业在生产的同时需要重视这个问题。

表2　中国农垦地区人均收入情况（单位：元）

	2000年	2005年	2010年	2012年	2013年
人均生产总值	5991	10851	25669	37803	42996
职工平均工资	5384	8255	16510	22584	27660

数据来源：《中国农垦统计年鉴》

(二) 农垦地区土地使用情况

我国的农垦经济制度是建立在土地国有化这一重要制度基础上的，而农垦事业中最核心的就是要提高土地利用效率。随着国家进行农村土地改革，农垦经济发展将会受到一定的影响，如何保证农垦土地在坚守一定底线的情况下又能提高生产效率和市场化效率是一个需要研究的重要问题。

从表3可以看出,我国耕地面积呈现逐渐稳定的状态,稳定在6200千公顷左右,随着农村土地改革的进行,耕地面积不降反升,说明了土地改革对于提高农垦地区的耕地面积具有一定的促进作用。同时橡胶面积也和耕地面积呈现出相同的发展趋势,在稳定中逐渐发展。值得注意的是造林面积在2005年达到峰值之后逐渐回落,各个垦区发展的同时也需要注意林业保护,这样才能实现可持续发展、实现经济优质增长,不能再走高资源消耗的发展模式,要改进林业的产业结构,对产业进行优化。

表3   中国农垦土地利用情况(单位:千公顷)

	2000 年	2005 年	2010 年	2012 年	2013 年
耕地面积	4803.54	5038.13	5989.27	6123.72	6210.51
造林面积	75.76	126.18	88.25	60.18	57.23
橡胶面积	382.34	424.16	469.4	443.03	447.82

数据来源:《中国农垦统计年鉴》

(三) 农垦地区产业结构

农垦生产总值每五年实现一个跨越式发展,农垦事业在国家的政策下得到了极大的发展。由表4可以看出,第一、第二和第三产业的增加值都在快速上升,其中表现最突出的是第二产业,第二产业的增加值增加速度要快于其他产业,同时可以明显看到第一产业的比重在迅速下降,第三产业的比重保持在稳定水平。从农业占工农业总产值逐渐下降而工业占工农业总产值的比重逐渐上升可以看出农垦地区的农业经济逐渐形成以工业化为核心的生产模式,并且以工业化促进市场化、规模化和提高竞争力。随着国家政策的出台,农垦地区的工业化还有提升的空间,基于农业的第三产业存在很大的发展机遇,发展基于智慧和绿色为核心的农业旅游经济也是未来垦区第三产业发展的重要经济增长点。

表4　中国农垦产业结构

	2000 年	2005 年	2010 年	2012 年	2013 年
农垦生产总值(亿元)	720.62	1358.65	3382.67	5073.24	5957.41
第一产业增加值(亿元)	311.33	560.43	1171.30	1545.52	1725.50
第二产业增加值(亿元)	219.16	417.18	1341.69	2163.92	2616.64
第三产业增加值(亿元)	190.13	381.04	869.68	1363.8	1615.27
第一产业比重(%)	43.20	41.20	34.60	30.40	29.50
第二产业比重(%)	30.40	30.70	39.70	42.70	44.00
第三产业比重(%)	26.40	28.10	25.70	26.90	26.50
农业占工农业总产值比(%)	46.70	45.20	35.80	32.30	29.30
工业占工农业总产值比(%)	53.30	54.80	64.20	67.70	70.70

数据来源:《中国农垦统计年鉴》

(四) 农垦地区投资结构

农垦地区的固定资产投资呈现高速增加的趋势(表5)。固定资产的投资来源有三个,分别是国家预算内资金、外资、自筹资金。从数据可以看到,农垦地区的主要投资资金来源于自筹资金,并且自筹资金所占的比例迅速上升,各个垦区的集团生产经营自负盈亏,需要自筹资金进行建设和扩大生产,未来农垦经济在发展的同时可以考虑提高利用外资的比例,尤其是在我国优秀农垦企业实现走出去战略的情况下,在国外利用外资建立合资公司进行生产经营,和国内生产经营实现协调发展,提高国际知名度,打造一批具有国际化商誉和口碑的农垦产品和农垦企业,实现农垦事业的跨越式发展。

表 5　中国农垦投资结构（单位：亿元）

	2000 年	2005 年	2010 年	2012 年	2013 年
固定资产投资	153.21	449.54	1811.22	3321.91	3996.28
国家预算内资金	22.51	47.5	169.01	268.88	343.89
外资	4.53	20.18	56.89	55.5	43.07
自筹资金	79.96	282.84	1074.21	2120.71	2512.9

数据来源：《中国农垦统计年鉴》

二、新常态下的农垦改革

随着我国经济进入新常态，农垦事业也迎来了新的发展机遇，2015 年 2 月 1 日中央一号文件《关于加大改革创新力度加快农业现代化建设的若干意见》正式公布，文件主要强调了改革，以改革释放农业红利。文件强调了农村集体产权制度、农村土地流通制度等多项改革，值得注意的是农垦改革首次单独成文出现在中央指导文件中，说明了农垦改革在中国农业经济新常态中具有重要地位和战略意义。从中央文件的指导意见分析来看，各项制度改革相辅相成，各项改革为我国农垦改革做了重要铺垫。

中央一号文件的首项内容强调"建设现代农业，加快转变农业发展方式"，这一措施包含了增强粮食生产能力，深入推进农业结构调整和创新农产品流通方式等。这意味着我国农垦事业改革的方式是要改变粮食生产模式，不仅要重视数量，还要使粮食生产向又多又好转变，既要保证供给又要建立优质农产品生产体系，切实解决粮食安全问题。同时文件还指出"支持电商、物流、商贸金融等企业参与涉农电子商务平台"，这一指导意见指出了农产品的流通模式从单纯线下交易转变为线上线下相结合，同时也推进了农垦的信息化建设。一号文件还提出了农村集体产权制度改革试点和土地制度改革试点的继续推进。农村集体产权制度改革赋予了农民更大的灵活性，变农民共同共有的产权制度为农民按份共有的产权制度,为农垦事业改革提供了产权的便利。另外一个为农垦改革做出重要铺垫的是土地制度改革试点继续推行,一号文件引导土地经营权有序流转,积极发展土地入股、土地托管等多种形式的适度规模经营,培育种植大户、家庭农场、合作社等新型农业经营模式。我国农垦制度是建立在国有土地制度的基础上,土地改革将会为农垦事业中的土地流转提供基础,这就需要农垦地区提高土地的使用效率和注重经济效益(程志强,2008;程志强,2012)。北京大学光华管理学院教授厉以宁认为:"农垦改革的目标是把国有资源或者资产,包括土地、资本和人力三方面搞活,更好地发挥它们的效益。在改革中,要研究解决好土地的资本化问题。"(厉以宁,2015)厉教授表示:"谁对土地进行投入,谁就应该获得土地的增值收益。"(厉以宁,2015)因此在农垦地区城镇化的过程中,除了农业以外,农垦地区还需要发展工业和服务业,把农垦地区打造成农业现代化的重要基地。这也强调了土地在农垦改革过程中是核心,需要解决好土地资本化的问题,发挥出最大的经济效益。

一号文件关于农垦的指导意见在第 26 条中指出,要加快研究出台推进农垦改革发展的政策措施,深化农场企业化、农垦集团化、股权多元化改革,创新行业指导管理体制、企业市场化经营体制、农场经营管理体制,建立符合农垦特点的国有资产监管体制。进一步推进农垦办社会职能改革,把农垦建设成重要农产品生产基地和现代农业的示范带动力量。一号文件对于农垦改革的主要核心思想是市场化运作,从企业性质、企业运营方式等方面对农垦企业改革进行指导,充分释放农垦改革的红利,为农业提供新的增长点。

三、农垦改革的阻力和困难

当前农垦改革成为了农业现代化的重要动力,为农业创造了新的增长点并且释放改革红利。掌握巨大资产的农垦系统,如何改革以及改革会产生什么影响需要充分论证考察,对农垦改革的主要阻力和困难也要充分认识,在达成共识的基础上才能形成合力共同推进改革。

(一) 农垦企业行政化程度高

目前,相当一部分集团化垦区为了工作需要,仍实行"两块牌子,一套人马"的体制。特别是部分集团化垦区仍是以行政管理为主,集团总部层面按政府模式设立机构,通过人事控制权、集中的经营决策权,对下属企业(农场)的人、财、物有支配权,以及通过党、团、工会等组织体系对下属企业(农场)实施强有力的组织影响,集团公司的法人治理结构存在着明显的行政化倾向。从目前的国情来看,这种体制对动员组织生产经营、垦区社会管理有正面作用,但随着市场经济运行机制逐步建立与完善,垦区建立现代企业制度是改革发展的主要方向。以行政管理为主的集团化垦区只有进一步剥离行政色彩才能建立起现代企业集团管理模式。

(二) 垦地资本化要谨慎

农业部的数据显示,农垦系统掌握国土面积3.9%,约36万平方公里,同时农垦企业资产总额已经超过1万亿元,如果农垦土地逐渐进行资本化的话将会大大提高农垦经济价值,同时也是农垦地区城镇化的一个核心内容。从农垦地区的改革历史经验来看,农垦土地改革的战略是"资源资产化、资产资本化、资本股份化"。调查显示,已经有多个农垦地区提出了农垦土地资源资产化、资本化,探索国有农场农用地转让、抵押、担保的方式和途径,国有农场建设用地可以进入土地市场自由交易,这些现象都是农垦地区土地资本化的一种试点。

但是巨量的垦地资本化面临两大阻力:一是地方政府为了获得

财政收入而向垦地伸手的行为;二是垦地资本化的运作体制存在漏洞。地方政府在财政增收的巨大诱惑之下,经常会出现向拥有大片国有土地的农垦集团业务伸手,用低价回收国有农垦土地,把土地资源转型用于城镇建设和工业园区的设立,这些直接造成了我国农垦土地面积的下降,国有资产的流失。农垦土地的这种流转方式是饮鸩止渴,一旦粮食生产受到威胁将会面临得不偿失的局面。目前,安徽、宁夏、上海等垦区进行了土地扩权赋能的试点,在不改变国有土地形式和用途的前提下,将土地价值进行评估并且注入农垦集团,转增为国有资本金,这种模式增强了农垦地区企业集团的资产规模,同时也提高了企业的融资能力,为企业扩张提供了基础。农业部公布的数据显示,到 2013 年底安徽省农垦地区已经完成了土地确权面积 93.95 万亩,确权率达到 97.21%。

　　垦地资本化的核心思想是将土地价值显性化,农垦企业集团的价值并未计入农垦土地的资本价值,因此农垦未来改革的方向是:以抵押、担保、融资来实现土地资本性功能,并且通过入股来实现资产属性。但是巨量垦地资本化容易造成国有资产流失,其资本化的方法是一个重要的研究问题,既要保证发挥土地最大效益,也要保证国有土地资源不流失。

(三) 农垦企业集团需要提高专业经营能力

　　我国农垦企业集团一般的经营模式是大集团下属各专业领域分公司,如此混业经营的一个弊端是不能很好地提高专业运营能力,解决这一问题的办法是实现各项核心资产上市,把企业集团从资源生产型的企业逐渐向资源控制型的企业转变。这种改革的典型例子是海南农垦集团将其旗下的橡胶核心资产进行剥离上市,成立了海胶集团。海南农垦总公司以其垦区的橡胶园和加工企业、科研机构和销售单位入股海胶集团,占股 72.98%。正是由于海胶集团的上市迅速解决了集团资金的紧缺并且实现了专业高效经营。

海胶集团随后实施了"三步走"战略,一是收购海南省民营橡胶资源,二是在云南省设立橡胶加工厂开展贸易,三是整合了东南亚天然橡胶市场,实现了国内整合,走向国际的战略。这个例子说明了在农垦企业大集团的背景下需要实现其各项行业的专业经营能力。

四、新常态下农垦地区可持续发展的新机遇

随着我国经济逐渐进入新常态,我国农垦事业也要与时俱进,把自身的经营和经济的新常态结合在一起,顺应时代潮流,在新常态中发掘新的经济增长点。

(一) 响应国家"三双"战略

李克强总理在政府工作报告中提出了"三双"战略:保持中高速增长和中高端水平"双目标",稳定政策预期和促进改革结构"双结合",最后是打造大众创业、万众创新和增加公共产品、公共服务"双引擎"。农垦经济的发展需要和"三双"战略紧密相连。首先农垦系统要适应新常态,把短期目标和长期目标相结合,转变生产方式,既要追求生产数量,也要追求生产质量,实现农业生产的现代化。尤其是推进农业生产的机械化和农业品种的优化,实现规模经济,并且打造一批具有国际竞争力的农垦企业和农产品。其次是需要调整结构,打造农业全产业链,推动一二三产业的和谐发展,合理安排农业生产顺序。三是要调动农垦职工的创造力和创业活力,在创新技术应用能力方面充分调动农垦员工的积极性。新常态的核心动力是创新和创业,而农垦系统要实现转型和升级同样也离不开创新和创造,在农垦系统需要建立完善的激励制度和福利制度,充分调动员工积极性,为企业的生产经营建言献策,同时联合科研院所探索构建学研一体化的农业科技创新机制,实现农业生产的信息化和现代化。

(二) 农业改革的号角已经吹响

2015 年 2 月 1 日出台的中央一号文件《关于加大改革创新力度加快农业现代化建设的若干意见》,对我国农业改革进行了战略指导。文件内容包含了农村集体产权制度改革、农村土地确权和农垦改革,以及构建农业现代化生产体系。农村的土地确权和土地流转制度的改革将为农垦系统的国有土地资源产权的确定和进行资本化提供契机,农垦企业集团在垦地资本化的同时可以实现企业战略升级。同时构建农业现代化强调要转变农业发展方式推进结构调整,其中包括电商、物流和商贸、金融等电子商务平台的建设,这为农垦改革提供了广阔的空间和发展模式。总而言之,农垦改革和可持续发展需要抓住农业改革的契机,在改革中求发展,实现跨越式发展,打造自身核心竞争力。

(三) 国企改革东风吹进农垦系统

农垦企业的一个重要问题是行政化程度高,政企不分,采用"两个牌子,一套人马"的管理体系,随着农垦经济市场化程度的加大,企业管理运营模式改革势在必行。目前如火如荼的国有企业改革为农垦企业改革提供了很好的改革背景,改革之风逐渐吹入农垦系统,海南的海垦集团首先实现了剥离核心资产上市的示范作用,从资源生产型企业向资源控制型企业转变。中央一号文件提出的"多元化股权改革"是农垦系统进行企业改革的重要指导思想,企业化和集团化一直是农垦改革的方向,农垦企业集团通过股权改革可以盘活企业资产,灵活利用外资和吸纳外来先进的技术,进一步把农垦体系推向现代化,这是农垦企业需要抓住的发展机遇。

(四) "互联网+"行动成为农垦新发展方向

"三农"问题的一个发展方向是实现现代化,没有农业农村的现代化就没有国家的现代化,增加农垦职工的收入,实现农垦地区城镇化,缩小城乡差距是一个重要问题。随着中央把"互联网+"提到了国家战略层面,我国农垦地区需要树立互联网思维,充分利用互联网来实现农垦资源、产业、科技、组织、人才、规模化、机械化等方面的优势,构建现代物流体系,实现农业的互联互通。同时国家还支持电商、物流和商贸、金融等电子商务平台的建设,这些互联网的战略都为农垦企业集团的可持续发展提供了良好的环境,也是农垦系统可持续发展和实现现代化的必由之路。

参考文献

1. 程志强:"农地流转形式和农业产业化垂直协调的契约安排研究",《中国市场》2012 年第 46 期。
2. 程志强:"规模连片经营一定要土地使用权的集中吗?——基于漯河市粮源公司'中间人'制度的案例分析",《中国市场》2011 年第 3 期。
3. 程志强:"对我国土地信用合作社实践的思考——以宁夏平罗为例",《管理世界》2008 年第 11 期。
4. 厉以宁:"推动两个层次的农垦体制改革",《农村工作通讯》2015 年第 20 期。
5. 厉以宁:"深化农垦体制改革",《北大商业评论》2015 年第 10 期。

(程志强,北京大学光华管理学院)

互联网推动农村巨变

高尚全

党的十八大报告提出了"两个一百年"奋斗目标,党的十八届五中全会强调到2020年全面建成小康社会是"两个一百年"奋斗目标的第一个百年奋斗目标。现在距2020年已经很近了,各方面建设任务十分繁重。其中,解决好"三农"问题是实现全面建成小康社会目标的重点和难点。抓住这个重点、难点,补齐农村这个全面建成小康社会的短板,必须坚持目标导向与问题导向相统一,有效破除体制机制障碍。

一、中国农村改革的路径

新中国是在落后的农业大国的基础上

建立的。中国第一代领导人认识到了小农经济的局限,新中国成立伊始,即着手改造传统农业。应该说,20世纪50年代的土地公有制,压下了私有制不断泛起的土地纠纷,土地由一家一户分散经营归到了人民公社。但是,以人民公社为主体的农村集体生产经营体制的生产关系安排,超越了生产力发展阶段,违背了农民的意愿,侵犯了农民的利益,挫伤了农民的积极性。中国第二代领导人上任时面临的形势是严峻的:人多地少的现实矛盾非常尖锐,产业发展极不平衡,就业和社会保障能力极其低弱……集体吃大锅饭已是穷途末路,可往反方向走,立即回到土地私有化,对于执政党又有许多无法逾越的障碍(吕建中等,1980)。

于是,在不改变土地公有制属性的前提下,对农民包产到户的自发创举进行认定,完善家庭联产承包责任制,成为当时条件下的最优选择。从1978年起,联产承包责任制逐步取代了人民公社制度,农民开始承包土地,为期15年。1993年第一轮承包期结束,农民踊跃签订了第二轮为期30年的承包合同。2003年3月,《中华人民共和国农村土地承包法》颁布,不仅明确农民对于集体所分农地的使用权、收益权,也将与产权相关的最关键的权利——转让权赋予了农民。规定农地转让权属于农民,而非集体。2006年,时任国务院总理温家宝在新闻发布会上言之凿凿地表示:要长期保障农民对土地的经营权,15年不变,30年不变,"也就是永远不变"。35年来,以家庭联产承包为基础,统分结合的双层经营体制,重新确立了农民的生产经营主体地位,释放出了强大的生产潜力,极大解放了农业生产力。

在较短的时间里,粮食产量大幅增长,基本解决了十几亿人的吃饭问题。相对于人民公社体制,联产承包责任制在经济上的成功、产量上的增长、制度上的人性化,获得了国内外各路学者的积极肯定。然而,一切都在变化。天下事合久必分,分久必合,但我们却不能用引起问题的思维和逻辑去解决问题。就生产方式而言,以一家一户为单位的分散经营,效率低,农户的投资能力不强,抗风险能力弱,技术进步慢,难以适应现代市场经济对农业的要求。小生产与大市场的矛盾,日益加剧地困扰着农民。而且在工业化、城镇化的推进中,由于种地辛苦,且比较效益低,农村劳动力持续外移,许多地方的农田里呈现"女性化、高龄化、粗放化"的景象,土地撂荒逐年增加。14亿人口,9亿农民,要立足于粮食自给,但土地谁来种,怎样种,却成了问题。纵观今日发达国家,农业已经实现了高度现代化,农业生产采取企业化生产、规模化运作、商业化经营。随着生物技术的应用,农业工厂化也已成为趋势。没有农业的现代化就没有整个国民经济的现代化(高尚全,1980)。中共十七届五中全会提出工业化、城镇化和农业现代化同步协调发展,其关键是转变农业发展方式。

转变农业发展方式,怎样起步,如何突破?理论是灰色的,甚至是后知后觉的,真正的创建总是在民间萌发。我注意到,近年来,全国各地自发涌现出各种农业专业化合作社,农民开始自觉地从一家一户分散经营的小生产向市场化、规模化、标准化生产转变,从单枪匹马在市场中随波逐流,到有组织地与市场博弈抗衡。

二、为什么要推动农村互联网发展

我国14亿人口近一半生活在农村,全面建成小康社会、实现"两个一百年"奋斗目标,解决好农村发展问题至关重要。长期以来,城乡二元结构是制约我国农村发展的重要因素。彻底打破城乡二元结构,需要坚持不懈地深化改革、统筹发展。这是一个长期过程。可喜的是,近年来,互联网尤其是移动互联网的广泛应用正在大大加速改革发展进程,农村电子商务与互联网金融等的兴起为有效破除城乡二元结构、推动农村经济社会发展带来新的希望和契机(高尚全等,2004)。

（一）农村互联网的普及打破城乡信息不对称局面

根据中国互联网络信息中心发布的数据,截至 2014 年末,我国网民规模达到 6.49 亿,互联网普及率达到 47.9%。其中,手机网民 5.57 亿,占全部网民的 85.8%;农村网民占比 27.5%,规模达 1.78 亿。这意味着不到 4 个农村居民中就有一个网民。通过网络,农民可以方便地获得"三农"政策、农业技术、农资产品、农产品市场、城市用工等各种信息,并进行双向交流。有些发达地区的农民还通过网络推广当地的农村旅游项目,吸引城市居民到农村旅游休闲。可见,农村互联网的普及打破了长期以来农村信息闭塞、城乡信息不对称的局面。

信息不对称是造成城乡差距的一个重要原因。在计划经济时代,农村、农民为国家工业建设做出了贡献,但生活条件没有很大改善。改革开放后,虽然农村家庭联产承包责任制等改革极大调动了农民的生产积极性,农民温饱问题得到了有效解决,但由于城乡信息不对称,农村、农民在市场经济时代没有跟上城市发展的脚步。农产品市场屡次出现游资炒作或农产品卖不出去、烂在地里的极端情况,导致农民在农产品价高时赚不到钱、价低时还要蒙受损失。此外,大量假冒伪劣商品充斥农村市场,造成农民权益受到严重损害。现在,农村电子商务的兴起正在改变这种格局。像"一亩田"的统一平台模式、"聚超网"的 P2R(生产商到零售商)商业模式,砍掉了容易混进假冒伪劣商品的中间环节,实时呈现供求信息,是消弭城乡信息不对称的典型例证(高尚全,1992)。

国外学者早在上世纪 70 年代就指出了信息不对称对市场经济活动造成的影响:在市场经济活动中,掌握信息比较充分的人员往往处于比较有利的地位,而信息贫乏的人员则处于比较不利的地位。我国的改革进程虽然从农村起步,但市场化进程和重心更多偏向东部沿海地区和中心城市,信息不对称广泛存在于东部地区和国外市场、中西部农村和东部地区之间。在信息不对称的条件下,要发展农村经济、促进农民致富十分困难。而互联网时代的到来和农村互联网的大规模普及,正在补齐农村经济发展的这一重大短板。虽然互联网也会由于信息量过大而带来新的信息不对称,但这对城乡而言是平等的。因此可以说,互联网正在消除现实世界城乡之间由于交通、区位等因素造成的信息不对称,将使农村所拥有的丰富资源前所未有地被发掘出来。

(二) 互联网打破城乡资源配置单向流动的困局

长期以来,无论自然资源、优质农产品还是青壮年劳动力,城乡之间资源的流动均以农村向城市的单向流动为主。这固然有城镇化过程中自然的原因,但这种长期抽血式的单向流动是不正常的。这种拉大城乡差距的不正常现象与体制机制有着不可分割的关系。比如,在原有户籍制度下,农村的优秀人才通过高考上大学或当兵提干等途径离开农村、落户城市,但城市的优秀人才不可能到农村落户。改革开放后,大量农村青壮年劳动力进城务工经商。长此以往,农村人口的文化水平和整体素质就如同被筛子筛选过,甚至会成为老弱病残的集中地。再比如金融资源,若干年前,一些大型商业银行大规模撤并农村金融网点,即便是留存下来的网点也多以吸收农民存款为主,基本不对农村乃至县域经济发展提供贷款等金融支持。直到今天,这种情况还不同程度存在于传统银行业。现在,互联网在农村的发展和普及正在改变这一态势。

首先,电子商务的发展极大拓展了农村创新创业的空间,正吸引大量人才回归农村。过去在城市打工、具有一定知识水平的年轻人纷纷回乡创业,开淘宝店卖农产品,希望利用熟悉本乡本土资源的优势,通过互联网实现财富的创造。一些已经在城市落户的大学生也开始回到家乡,虽然没有立即解决户籍、土地等问题,但利用祖辈的宅基地、自留地等开展互联网农业、农村旅游等项目。我认识的北京昌平较偏远农村的一个大学生村官,在淘宝上开特色婚庆用品店,利用网络进购原料,在村里请村民加工,再通过网络卖出去,效益很好,甚至国外的订单都来了。

其次,互联网金融正在扭转金融资源从农村流失的局面。一大批互联网金融企业在城市募集闲余资金,以农村、农业作为主要对象发放贷款。这些互联网金融企业形成了与传统金融相反的金融资源流动方向,推动资金从城市流向农村、从东部发达地区流向中西部农村,农民的支付结算、资金获得都比过去方便很多。农村的一些专业养殖户、种植大户尤其受到互联网金融企业的青睐。互联网金融正在为农村发展做出重要贡献。

再次,利用互联网营销的农村旅游等服务项目,正在吸引大量居民从去城市、国外旅游转向去农村旅游。一些村庄致力于发展旅游产业,不仅发展了经济、改善了生活,而且带来农村环境的极大改善。这些旅游项目通过互联网吸引大批城市居民来农村旅游休闲,极大地拉动了消费。在吉林长白山脚下二道白河一个城市,返乡年轻人通过"互联网+农村旅游"开创了十分广阔的发展天地。浙江省的桐庐县通过互联网推广农村旅游,2014 年该县乡村旅游接待游客 516.4 万人次,同比增长 99.2%;经营收入 2.7 亿元,同比增长103.7%;全县农村居民人均纯收入达到 19875 元。

农村互联网创新创业的热潮正在消解户籍制度、土地制度等对农村发展的禁锢,为农村经济社会发展增添巨大动力。相关改革应与时俱进,顺应时代潮流,进一步促进农民创新创业。

(三) 互联网将给农村社会治理带来深刻变化

农村互联网的发展普及在推动农村经济大发展的同时,也对农村精神文明建设、科教文卫事业发展产生深远影响。在此基础上,农村互联网的进一步发展普及必将给农村社会治理带来深刻变化。

过去几十年,农村文化生活总体而言比较贫乏,农民闲暇时间无非是在家里看看电视、在村里打打麻将等。互联网的发展使农民有了更多文化娱乐选择。通过互联网,农民可以和城市居民同时观看网络新闻、在线电影、电视剧等,农村居民的精神文化需求得到了更好的满足。网络在线教育、在线课堂等方面为农村居民提供了与城市居民同等的学习机会,各种在线书城可以在较短时间内通过物流将教材等书籍送到农民手中,从而在精神文化生活方面缩小了城乡差距。

随着网络的进一步发展普及,医疗行业与互联网的结合越来越密切。基于互联网的远程诊断、远程治疗以及在线体检等现代医疗方式,将逐渐改变病人集中涌向大城市大医院的状况。患者在普通县级医疗中心就可以得到与大城市医院接近的医疗服务,这样生活在乡镇和农村就更加健康和方便,有利于人才资源向农村流动,从而支持农村进一步发展。

互联网带来的农村经济发展、生活状态、人口结构、知识水平的变化,将深刻改变农村社会治理模式。这种变化现在还不明显,但必将随着互联网的普及和"互联网+"作用的持续发酵而日益显现。这种变化是正面的、积极的,因为从总体上看,互联网将较封闭的农村熟人社会推向更广阔的由互联网连接的开放型社会。由于互联网社交的作用,这样的封闭转向开放不但不会引起道德水平、信任关系的下降,而且会通过互联网将熟人社会的信任关系进一步延伸、扩大,促使更大范围良好社会自治的实现。这与传统市场经济条件下,农村熟人关系社会被打破后,陌生人社会信任关系下降、道德下滑、交易成本高企的情况形成鲜明对比。此外,互联网将社会每一个角落的细节都随时放在大众聚焦之下,以前无人关注的各种问题随时可能引发社会关注。这样,不论管理者还是生活在农村的普通居民,都会更加注意自己行为的影响。这对农村社会治理的影响也非常大。因此,互联网给农村带来的进一步变化值得期待。

三、如何推动农村互联网发展

（一）推动老少边穷地区加快发展

党的十八届五中全会在党的十八大报告就全面建成小康社会提出的五方面要求的基础上，又提出了全面建成小康社会新的目标要求，明确"经济保持中高速增长"，强调"提高发展平衡性、包容性、可持续性"，要求"消费对经济增长贡献明显加大，户籍人口城镇化率加快提高""农业现代化取得明显进展，人民生活水平和质量普遍提高，我国现行标准下农村贫困人口实现脱贫，贫困县全部摘帽，解决区域性整体贫困"，等等。从这些更加具体化的目标要求不难看出，解决好"三农"问题是全面建成小康社会决胜阶段的重要任务。

党的十八届五中全会提出"坚持共享发展"，强调提高公共服务共建能力和共享水平，加大对革命老区、民族地区、边疆地区、贫困地区的转移支付。老少边穷地区是"三农"问题最为集中、最为突出的地区，是全面建成小康社会的薄弱环节。根据老少边穷地区的实际，可以制定更有针对性、长短期结合的扶持政策。短期政策方面，可以加大对老少边穷地区的转移支付力度，支持老少边穷地区大病医疗救助、学校免费午餐补助、助学基金、就业培训等；拓宽民间慈善资金对老少边穷地区的资助渠道；等等。这样做将极大提升民气，有效引导和促进社会力量参与全面小康社会建设，同时也有利于较快拉动消费。长期政策方面，可以通过移民搬迁、移风易俗、改善交通条件、加强基础设施建设、发展绿色经济和特色经济、加强基层组织建设乃至在社会主义新农村建设基础上发展乡贤文化等一系列举措，推动老少边穷地区加快发展，不让一个地区在全面建成小康社会征程中掉队。

(二) 让农民获得更多财产性收入

解决好"三农"问题始终是全党工作的重中之重。如果农村发展不起来、农民富不起来,全面建成小康社会的奋斗目标就会落空。农村发展长期滞后的一个重要原因是农民手里的资产难以变成资本,农民的承包地、宅基地、房屋以及集体经营性建设用地难以用于抵押、变现等资本运作。这样,农民就难以获得财产性收入。与之形成对照的是,有些城市郊区的农民由于土地被征用获得大笔补偿款,甚至一夜暴富。应当看到,只有以合理合法的方式让农民的钱袋子鼓起来,才能提高其生活水平和持续消费能力。这样,农民才能过上全面小康生活。这也可作为当前缓解经济下行压力的重大举措。

党的十八届三中全会《决定》提出:"赋予农民对承包地占有、使用、收益、流转及承包经营权抵押、担保权能,允许农民以承包经营权入股发展农业产业化经营。鼓励承包经营权在公开市场上向专业大户、家庭农场、农民合作社、农业企业流转,发展多种形式规模经营。"按照中央精神,农村土地所有权、承包权、经营权实行三权分置,所有权归集体、承包权归农户、经营权可有序流转,这对于促进农民的资产转变为资本具有积极作用。日前,中办、国办印发的《深化农村改革综合性实施方案》对深化农村集体产权制度改革作出了具体部署,提出开展农村土地征收、集体经营性建设用地入市、宅基地制度改革试点,深化农村土地承包经营制度改革等。其中,明确指出宅基地制度改革的基本思路是:在保障农户依法取得的宅基地用益物权基础上,改革完善农村宅基地制度,探索农民住房保障新机制,对农民住房财产权作出明确界定,探索宅基地有偿使用制度和自愿有偿退出机制,探索农民住房财产权抵押、担保、转让的有效途径。有的地方在这方面已进行了一些探索。例如,重庆2008年成立农村土地交易所,进行地票交易试点。试点7年来,农民退出宅基地并出让 20 多万亩土地,新增 7 万多亩耕地,既增加了农民收入,又满足了城市建设用地需求。现阶段,应密切关注相关改革进展,及时作出总结判断。这关系农民财产性收入能否提高,关系农业能否顺利发展,进而关系全面建成小康社会目标能否如期实现。

增加农民收入的另一个重要途径是进一步增加农民的工资性收入,而这需要让农民在城镇安家落户。过去 10 多年,我国城镇化建设虽然取得了很大成就,但由于财税体制改革不到位等原因,很多城市房价畸高,人民群众靠正常工薪收入难以购房,大大降低了居民购买力和生活满意度。从根本上解决这类问题需要全面深化改革,而要让农民工短期内在城镇站稳脚跟,除了相关配套制度改革,最直接有效的途径是让他们能够通过农村宅基地和住房等转让变现在城镇购房安居。因此,在不动产统一登记和健全物业税(房地产税)基础上,赋予农民宅基地和住房一定的商品属性,是增加农民财产性收入的重要渠道。

(三) 促进城乡资源要素双向流动

党的十八届五中全会提出坚持协调发展必须正确处理好发展中的几个重大关系,其中一个重大关系就是推动城乡协调发展。最近十几年,我国进入快速城镇化轨道,劳动力、资金等各种资源要素纷纷涌向城市,这是经济发展的必经过程。但是,由于户籍制度、土地制度等体制机制原因,资源要素长期处于从农村到城市单向流动的状态。这既不同于一般市场经济国家在资源自由双向流动情况下逐渐实现城镇化的过程,也同使市场在资源配置中起决定性作用的要求格格不入,阻塞了市场资源反哺农村的渠道,使得城乡二元结构的改变更加困难。促进城乡之间资源要素双向流动,推动城乡协调发展,必须对农村土地制度、户籍制度等进行改革,使资源要素能够在市场机制作用下回流农村。有人担心工商资本进入农村会导致土地兼并等问题。这个顾虑有一定道理,但不能因此就阻碍资源要素通过市场渠道流向农村,更不能因此拖延农村土地制度、户籍制度等改革。正确的做法是同时做好另一层基础制度的设计落实,即深化财税体制改革。其中,对于城乡之间资源要素优化配置至关重要的是物业税的健全和落实。可先落实包括农村不动产在内的物业税,对非农业用途不动产进行税收调节管理。这样既能依法有效限制工商资本流入农村的副作用,又能促进城乡之间资源要素双向流动和城乡协调发展。这也说明,在全面深化改革过程中,需要特别注重改革的系统性、整体性、协同性。

(四) 支持农村"互联网+"健康发展

大众创业、万众创新和"互联网+"对于农村全面建成小康社会具有十分重要的意义。今天的农村,平均不到 4 个居民中就有一个网民,"互联网+"在促进农村经济发展方面可以发挥巨大作用。例如,2018 年 8 月,河南等小麦产区由于小麦收割前遭受天灾,质量达不到国家收储要求,农民上百万斤粮食降价也卖不出去。与此同时,一些制造工业酒精和饲料的企业想收购廉价粮食作原料却找不到货源。信息不对称导致大量浪费,给农民造成巨大经济损失。如果有权威、便捷的农产品互联网交易平台,这种情况就会大量减少,农民就能增收,企业也会受益。现在已经有互联网企业在进行这方面的努力。有关部门应密切关注企业、市场和科技的新变化、新趋势,积极支持农村"互联网+"健康发展。

参考文献

1. 吕建中、高尚全、倪迪、马丽萍:"人多地少要不要机械化?——辽宁盖县机械化促进农业经济发展的调查",《经济管理》1980 年第 1 期。
2. 高尚全:"农业生产要发挥优势,才能富裕——广东省两个生产大队情况对比",《经济管理》1980 年第 10 期。

3. 高尚全:"实行计划经济与市场调节相结合加快有中国特色的现代化农业
建设步伐",《经济研究参考》1992年第1期。

4. 高尚全、陆学艺、江小涓:"我国的改革发展处在关键时期",《理论参考》
2004年第6期。

(高尚全,中国经济体制改革研究会)

中国农村居民收入增长的二元机制及其实证研究

魏杰 王韧

一、引言

有效增加农村居民实际收入以缩小城乡差距,一直是解决三农问题的关键所在。而从实际情况看,城乡居民收入差距却处于持续扩大的状态之中。从城乡居民收入的对比看,1978以前,我国城乡居民间收入比值基本稳定在5倍左右(1958—1961年的特殊情况除外)。而从1978年开始,在经历了一个短暂的下降过程后,这一比值从80年代中期开始持续扩大,2000年之后,城乡居民间的收入比值基本上保持在3.5倍左右的高位。更为严重的是,城乡居民收入差距的不断扩大发生于我国农业支持政策不断出台的大背景下,1990—2000年,为减轻农民负担,增加农民收入,国家各部委先后出台了 37 份与降低农民税费负担有关的官方文件(国家计委宏观经济研究院课题组,2000),而现实情况是,农民收入在经历了 1991—1996 年一个短暂的反弹回升之后,从 1997 年开始,进入了一个增长速度持续下降的阶段。农业支持政策的失效不仅导致了增加农民收入、从而改善城乡收入差距的困难,而且还在理论界引起了关于农村税费改革是否存在"黄宗羲定律"的争论(秦晖,2001)。

面对这一问题,众多学者从不同角度提供了解释。林毅夫(2001)将制约农户收入增长的因素归结为农村基础设施建设的滞后,认为加强农村基础设施建设和科技创新是增加农户收入的重要途径;周其仁(2001)则从产权的角度认为影响产权界定明晰的一系列制度因素才是阻碍农户收入增长的基本因素,因此增加农户收入应从产权明晰入手;喻平(2003)认为,农民工资性收入是增加农民收入的主要因素,而这又需要转移农村剩余劳动力与产业结构调整等制度的支撑,农民收入增长与经济市场化改革不匹配也大多基于此;陶然等(2003)认为,90 年代后农户的税费负担占农户收入的比例增加并不像想象的那样明显,农村收入差距的扩大以及农村税费征收比率的累退性才是农村税费问题日益严重的关键,由此可以解释农村税费改革的相对失效;洪凯等(2004)认为,税收远不是农业负担的主要部分,农业所特有的乡统筹、村提留费用等地方性收费的改革和透明化才是解决农民负担、增加农民收入问题的关键。

与其他研究不同,本文从农村居民实际收入决定的理论模型入手,通过相应的理论命题区分了其具体决定的内部机制和外部机制,并在二元机制的基础上提出了我国农村居民实际收入水平决定的基本框架;然后,基于结构突变退化的时间序列分析,考察了 1952—2003 年的经验数据,通过实证为上述理论假说提供相应支撑。

二、理论模型和相应命题

考虑到农业生产的特殊性,可以将农民看作是一个相对独立的生产经营单位,而其净收入可表示为:净收入 = 产出总价值 - 成本总值。

值得注意的是,并非是所有的农村人口都直接从事农业生产,因此本文区分了农村居民和农业生产者两个不同的概念。实际上,在没有任何外生收入流注入的情况下,每个农村居民的个人收入都来自于那些直接从事农业生产活动的个体所创造的收入,因此存在一个初始收入再分配的问题。假设农村居民总人口(以各种方式转移出去的除外)为 M,农业实际从业人员数为 N,则可以计算农业生产者供养比例为:

$$B = M/N \tag{1}$$

从概念上看,当农业生产者供养比例较高时,意味着每个农业实际从业人员承担了更多的农村居民供养职责,也间接表明较多农村剩余劳动力的存在,因此可以用上述指标来测度农村剩余劳动力状况。因为农民人均收入的计算本身就是求平均值的结果,因此可以进一步假设在农村内部存在 B 个产出大致相等的群体,当农业总产出为 Q 时,单个群体的产出为 q_i,且有 $\Sigma_{i=1}^{b} q_i = Q$,这时,第 i 个群体的净收入函数可以描述成:

$$I_i = OUTP(Q) \times q_i - C_i(INP, AM_i) \tag{2}$$

其中: $OUTP$ 表示产出的价格水平,因为农产品主要用于满足基本生活需要,故可假设其需求相对稳定,而在这一需求外生性假定下,可以认为价格是农业总产出 Q 的函数; INP 表示单位投入成本; AM_i 表示投入数量; C_i 是关于该群体的成本函数,它是单位投入成本 INP 与投入数量 AM_i 的函数。

这时,对于第 i 个农民群体而言,其净收入最大化的一阶条件是：

$$\frac{\partial I_i}{\partial q_i} = OUTP(Q) + q_i \left[\frac{\partial OUTP(Q)}{\partial Q} \right] \frac{\partial Q}{\partial q_i} - \frac{\partial C_i(INP, AM_i)}{\partial AM_i} \left(\frac{\partial AM_i}{\partial q_i} \right) = 0$$

（3）

为简化分析，可对产出价格函数、成本函数和产出函数作如下线性假定：

$$OUTP = A_0 - A_1 \times Q$$

$$C_i(INP, AM_i) = INP \times AM_i$$

$$q = T \times AM_i$$

$$s.t: T \times A_0 - INP > 0, A_0 > 0, A_1 > 0, T > 0 \qquad (4)$$

其中：A_0 表示由外生性需求所决定的农产品基准价格；考虑到只有当单位投入的产出（由技术水平 T 规定）与农产品基准价格（由 A_0 规定）的乘积大于单位投入成本时，农户才会从事农业生产，因此可以用 $T \times A_0 - INP > 0$ 表示农户愿意从事农业生产的基本约束。

由于前述的群体划分依据于对各群体产出均等的理论抽象，因此各群体的产出组合为基本同质，而在需求外生和产品同质这两个理论前提下，可认为每个群体都只是产出价格的接受者而非决定者。另外，产出均等的结果是：对每个群体而言，都不可能单独降低单位投入成本，因此可假设各群体存在同样的单位投入成本 INP。当然，本文没有纳入技术水平的差异，而认为各群体都按照平均的农业技术水平来从事农业生产活动。最后，产出均等以及技术水平相同也隐含了 $AM_i = AM_j = AM, q_i = q_j = Q/B = q(i, j1\Lambda n$ 间的任意数）。将式（4）代入式（3）中可以求得净收入最大化状态下 AM、q、$OUTP$ 的表达式，由此可将每个群体的净收入函数转换为下列形式：

$$I_i = OUTP \times q - INP \times AM = (A_0 - INP/T)^2 / A(B+1)^2 \quad (5)$$

因为农民整体按产出被均分为 B 个群体，故其整体净收入函数可表示为：

$$I = B \times I_i = B(A_0 - INP/T)^2/A(B + 1)^2 \qquad (6)$$

式(6)规定了农民整体的净收入函数,其取均值后就是农民的人均净收入,而既定时期内的农村人口可视为既定,由此可提供下列五个可供检验的命题:

命题1:农业生产者供养比例的增加将导致农民人均净收入的下降。

根据式(6)有:

$$\partial I/\partial B == (1 - B^2)(A_0 - INP/T)^2\pi_0/A_1(B + 1)^4 \qquad (7)$$

因为实践中农业生产者供养比例必大于1,而农业生产者供养比例这一概念实质上又反映了农村剩余劳动力状况。故由式(7)可知,剩余劳动力增加将阻碍农民实际收入水平的提高。许多相关研究都提出过这一问题,如杨瑞珍(1997)就认为,资源约束加剧,人增地减矛盾突出是农民收入增长的主要障碍之一,因此加快乡镇企业发展步伐,加速农村剩余劳动力转移速度,是增加农民收入的关键;林毅夫(2002)也认为,农民收入的不断提高,不能仅仅依靠农业生产的不断增长,更重要的是有赖于农村劳动力随着经济增长不断向非农产业转移,以及农业生产结构不断向高附加值的产品调整。

命题2:农业技术水平的提高将增加农村居民实际收入。

同样根据式(6)有:

$$\frac{\partial I}{\partial T} = \frac{2B(A_0 - INP/T)(INP/T^2)}{A_2(B + 1)^2} = \frac{2B \times INP(A_0 \times T - INP)}{T^3A_1(B + 1)^2} > 0$$

$$(8)$$

这一结果由式(4)中的基本约束 $T \times A_0 - INP > 0$ 所决定。它意味着:农业技术水平的提高将增加农村居民实际收入。这一点也得到了众多学者的认同。林毅夫(2002)认为,改革开放以来我国农业发展靠的就是科技和体制创新,农业生产品种、质量和效益的提高,广大农民能够及时、低成本地得到所需要的农业科技创新成果,这些都是农民收入增加的重要源泉;马文杰和冯中朝(2005)也认为,增加农业和农村基础设施建设投入,既可增加农村劳动力就业机会,改善农业生产条件,提高农业抗御自然灾害的能力,同时又可以引导农户增加自身的投资行为,从而为农户收入的持续稳定增长打下坚实基础。

命题3:农业生产单位投入成本的增加总体上将对农民人均净收入增加产生阻碍作用,但其主要的影响因素及具体作用方式可能会发生变化。

再根据式(6)有:

$$\frac{\partial I}{\partial INP} = \frac{-2B(A_0 - INP/T)1/T}{A_1(B+1)^2} = -\frac{2B(A_0 - INP/T)}{A_1 \times T(B+1)^2}\pi_0 \quad (9)$$

这一点也是我国现阶段大力推进农村税费改革,并将其作为增加农民收入重要手段的理论依据之一。但考虑到现实中引起农业生产单位投入成本增加的因素可能有多个,比如农业生产资料价格的上涨、农业税收的增加、其他地方性收费增加所带来的分摊,等等;而其中有些因素是显性的,有些因素则是隐性的,彼此间还存在抵消作用,因此本文继续假定:农业生产单位投入成本增加对农村居民实际收入的最终影响效果决定于多重变量的综合作用。

命题4:农产品价格变动对产出变化的敏感度是影响农业生产者供养比例、农业技术水平和农业生产成本对农民收入变动具体影响效果的重要因素。

在决定以上三个命题成立与否的式(7)至式(9)中,A_1 都充当了一个非常重要的解释变量,而根据式(4)的线性假定,A_1 表述的是价格变动对产出变化的敏感度,由此可衍生出本文的第四个命题。其中,从式(7)推断,农产品价格对农业产出敏感度的上升将减弱农业生产者供养比例上升对农民收入增长的负向影响;根据式(8),这一敏感度的上升又会降低农业技术水平提高对农民收入的正向影响;而从式(9)推断,农产品价格对农业产出的敏感度上升将降低农业生产单位投入成本增加对农民人均净收入的负面作用。

命题5:在农产品价格与农业产出间变动关系无法保持稳定的情况下,农民收入的内部决定机制很可能失效。

命题5揭示出农产品价格变动特征在农民收入内部决定机制中的重要作用,而从现实经济看,一方面,因为既定时期内的农产品需求往往是稳定的,因此农产品的价格产出弹性较高,由此导致农业产出增加时的农产品价格将加速下跌,即A_1将迅速增大,进而引起"增产不增收"等现象的发生;另一方面,由于政府往往会推行以赶超为目的的产业政策,资源配置上的价格扭曲手段普遍存在(林毅夫等,1999),因此现实的农产品价格长期处于较低水平。在以上两个因素的共同作用下,农产品价格对农业产出的敏感度不会是一个稳定的常数,而会随农业产出的增加而不断上升。其直接结果是:农民收入变动内部决定机制的具体效果可能会受到限制,并引起基于农民收入内部决定机制的各种政策手段的失灵。

三、二元机制下我国农村居民收入决定的基本框架

前述式(7)已经揭示出农业生产者供养比例变化对农民收入变动的显著影响,实际上,因为在农村剩余劳动力比例的计算过程中,已经涵盖了对农村劳动力外出流动的考虑,因此可以推断,农村剩余劳动力转移状况构成了农民收入决定的重要外部因素。另一方面,前述农民收入决定模型局限于货币分析的框架内,而从实际情况看,农村居民的实际收入水平决定于显性的货币所得和隐性的公共产品享有两个方面。基于成本-收益分析的理论模型实际上只揭示出了农村居民收入决定的显性机制。而隐性的公共产品享有则不仅可以降低农村居民的生活成本,从而提高其货币收入的使用效率;而且还可以在实质上提升农村居民的生活水平,因此同样构成了影响农村居民实际收入变动的重要因素。当然,基于其本身具

有的正外部性特征,公共产品的供给往往不可能通过市场机制加以实现,而主要应由政府承担,因此它也构成了影响农民实际收入变动的重要外部因素。

综上所述,农村居民实际收入水平的决定实际上存在着二元的机制:即基于成本收益比较的内部决定机制以及源自剩余劳动力转移和公共产品供给的外部决定机制。实践中,以上两种机制分别存在着不同的作用途径和方式,由此也带来了农业支持政策的不同效果。具体而言,由于农产品需求特征和经济赶超战略所带来的农产品价格变动特征,旨在改变农业生产成本收益状况以提高农民收入的传统农业支持政策的效果往往受到一定程度的制约;而借助于公共产品供给、剩余劳动力转移以及提升农业技术水平的外部支持政策则因为不存在其他变量的干扰性影响,对农村居民实际收入水平的提高具有显著的效果。由此,我国农村居民实际收入水平决定的基本框架见图 1 所示。

上述框架实际上隐含了我国农村居民实际收入的具体解决机制,下面我们将通过实证检验相关理论命题并寻求充分的经验数据支撑,从而提供政策建议的实证基础。

四、数据和方法说明

1. 数据采集说明

(1)农村居民实际收入水平(INCOME):目前大多数研究均采用了国家统计局的"纯收入"指标,从本文分析框架看,农村居民实际收入水平的测算并不局限于名义的货币收入,而应包括更全面的考虑,因此这一指标并不适用。基于各种消费函数理论以及理性人假定,农村居民实际消费状况不仅可以反映其名义货币收入,而且还能够反映持久收入、预期等其他的隐性因素,而这些因素往往体现了公共产品享有程度、成本变动以及创收前景等多个方面的综合

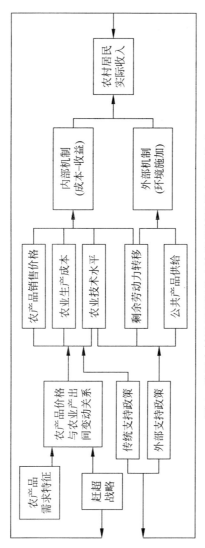

图 1　我国农村居民实际收入决定机制的基本框架构成

信息。因此,本文采用农村居民消费水平数据来反映农村居民实际
收入。当然为使相关替代更具合理性,我们对各年度数据都进行了
自然对数处理,由此建立的对数线性模型可反映解释变量变化对农
村居民实际收入百分比变动的影响程度。其中,1952—1997 年数
据来源于《新中国五十年统计资料汇编》,1998—2003 年数据来源
于《2004 中国统计年鉴》。

（2）农业生产者供养比例（$BURDEN$）:本文对农业生产者供养
比例的衡量考虑了以下计算公式:

$$农村生产者供养比例 = \frac{农村总人口 - 外出务工人数}{第一产业实际就业人数} \quad (10)$$

实际计算时,农村外出务工人数的计算由乡村从业人员数减去
第一产业实际就业人数得到。各年度数据分别来源于《1997 中国
劳动统计年鉴》《2003 中国劳动统计年鉴》《2004 中国统计年鉴》,
其中,1982 年以前为户籍统计数,1982—1989 年数据依照 1990 年
人口普查数据调整,而 1990—2000 年数据则按照 2000 年人口普查
数据调整,2001—2003 年数据为人口变动情况抽样调查推算数。

（3）农业技术水平（$TECH$）:在此,我们以农业生产的结果显示
农业技术水平,即依据农业从业人员人均产值来测算农业技术水
平,计算方法为:

$$农业从业人员人均产值 = 农林牧渔业总产值 /$$
$$第一产业实际就业人数 \quad (11)$$

其中,1952—1995 年农林牧渔业总产值数据来源于《新中国五
十年统计资料汇编》,1996—2003 年数据按照《2004 中国统计年鉴》
添加。最后,为反映技术水平变动对农村居民收入变动的影响,本
文对所得数据进行了自然对数处理。

（4）农业生产单位投入成本（INP）:鉴于影响农业生产单位投
入成本的因素较为复杂,这里我们只考虑两个较为显著的因素,即
农业生产资料价格指数（PP）和农业税收额（TAX）,其中,前者的增

加直接带来农业生产单位投入成本的增加,而后者则会影响到农民的生产所得,实际上也构成了农业生产的重要成本。在具体数据的选择上,基于1985—2000年数据发现,农村工业品零售价格指数与农业生产资料价格指数高度相关(相关系数为0.96),因此,1952—1984年农业生产资料价格指数数据以农村工业品零售价格指数代替。具体数据分别来源于《新中国五十年统计资料汇编》《2004中国统计年鉴》。为反映农业税收水平变动对农村居民收入变动的影响,我们同样对其进行了自然对数处理。

(5)农产品销售价格(OUP):鉴于我国特有的农产品收购制度,本文采用了农产品收购价格指数作为衡量农产品销售价格变动状况的主要指标,其中,1952—1998年数据来自于《新中国五十年统计资料汇编》,1999—2000年数据来自于《2001中国农村统计年鉴》,2001年以后数据运用居民消费价格指数中的农产品价格指数代替。另外,为反映农产品价格产出弹性对农村居民实际收入水平变动的影响,本文考虑了农林牧渔业总产值增长率与农村居民实际收入水平间的关系。其中,1952—1995年增长率数据由《新中国五十年统计资料汇编》中相邻年度农林牧渔业总产值环比计算得出,1996—2003年数据则根据《2004中国统计年鉴》环比计算得到。

2. 实证方法选择

基于前面所提出的理论模型和三个命题,我国农村居民收入水平变动的决定方式大致可通过下列函数来表示:

$$INCOME = f(BURDEN, TECH, TAX, PP, OUP, PROR) + \mu$$

(12)

其中:$INCOME$ 用来表征农村居民实际收入水平;$BURDEN$ 表示农业生产者供养比例;$TECH$ 表示农业技术水平,TAX 代表农业税收水平;PP 代表农业生产资料价格指数;OUP 代表农产品销售价格指数;$PROR$ 表示农林牧渔业产值增长率;μ 为残差项。上述变量明显都具有各自的时间趋势和长期波动规律,为防止虚假回归问题,有必要进行单位根检验;另外,考虑到改革开放前后我国农业生产方式和制度安排存在显著差别,再加上我国经济的总体市场化进程,有理由推断在前后两个阶段农村居民收入的决定方式发生了显著变化,因此本文首先对上述所有变量的时间趋势进行了考察(见图2所示)。

由图可见,1978年前后,式(12)中各变量的变动结构均出现了显著变化,而且这种变化同时体现在均值和趋势两个方面。另外,以1978年为断点的Chow检验结果也显示了方程结构的显著变异,为保证模型设定的合理性,本文引入了同时包含均值突变和趋势突变的外生性结构突变单位根过程。

假设变量的时间序列用 y_t 表示,而结构突变点发生在 t_0,再引入虚拟变量 D_t:$t \leqslant t_0$ 时,$D_t = 0$;$t > t_0$ 时,$D_t = 1$。

当单位根过程同时包含有均值突变和趋势突变时,可以考察以下模型:

$$y_t = a_0 + a_1 D_t + m_0 t + m_1 D_t t + e_t, \quad \text{其中 } e_t : I(1) \quad (13)$$

当 $t \leqslant t_0$ 时,有 $D_t = 0$,这时式(17)右边为 $a_0 + m_0$,而当 $t > t_0$、$D_t = 1$,这时

式(13)右边就突变为 $(a_0 + a_1) + (m_0 + m_1)t$。

根据以上公式,可以运用 y_t 对 a_0、t 和 D_t 回归,并记回归残差为 $\hat{y}_t$,则称 $\hat{y}_t$ 为 y_t 的退化结构突变趋势后的数据过程。实证中,可以用所得到的 $\hat{y}_t$ 对 $\hat{y}_t - 1$ 作退化趋势后的回归:

$$\hat{y}_t = \rho \hat{y}_t - 1 + n_t \quad (14)$$

Perron(1989)证明,在 y_t 为独立同分布的假定下,ρ 的分布依赖于发生突变点之前的观察数与总的观察数之比,而不是标准的 DF 分布。因此,不宜直接使用 DF 临界值确认是否接受 $\hat{\rho} = 1$。同时,为防止式(14)所获得的残差为序列相关,还必须运用下列的增广回归形式(ADF检验):

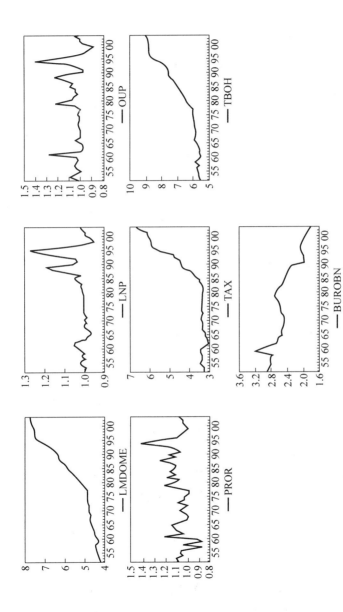

图 2 农村居民收入变动决定中各变量的时间变化趋势图

$$\hat{y}_t = \rho \hat{y}_t - 1 + \Sigma_{i=1}^p \theta_i (y_t - y_{t-i}) + n_t \qquad (15)$$

通过以上两个检验值与临界值的比较,可以确定不同变量的平稳性,从而确立分段回归的具体形式并检验所设立回归模型的合理性。

五、实证结果与命题检验

首先,本文以式(13)为基础建立了均值和趋势均发生突变(1978 年为外生结构突变点)的结构变异退化模型,具体单位根检验结果如表 1 所示:

表 1　外生性结构突变的单位根检验结果

变　量	结构变异的退化模型		Philips-Perron统计量	Philips-Perron 5%临界值	ADF 检验统计量	ADF 检验 5%临界值
INCOME	均值突变	趋势突变	−2.546692	−1.9471	−3.163777	−1.9474
BURDEN	均值突变	趋势突变	−3.148340	−1.9471	−3.450923	−1.9474
TECH	均值突变	趋势突变	−2.762620	−1.9471	−3.975402	−1.9474
TAX	均值突变	趋势突变	−3.266977	−1.9471	−3.555422	−1.9474
PP	均值突变	趋势突变	−3.437251	−1.9471	−3.931813	−1.9474
OUP	均值突变	趋势突变	−4.829748	−1.9471	−5.048856	−1.9474
PROR	均值突变	趋势突变	−5.068629	−1.9471	−3.659013	−1.9474

注:Philips-Perron 检验值和 ADF 检验值以及相应临界值均由 Eviews 软件计算得到。

表 1 显示,方程各变量均为结构突变趋势平稳过程,因此以式(12)为基础构建回归模型是合理的;另外,因为存在以 1978 年为突变点的结构变异,因此可以考虑对其进行分段回归,其中前一时段为 1952—1977 年,后一时段为 1978—2003 年。在具体回归模型选择方面,鉴于共同作为农业生产单位投入成本的构成因素,农业税收水平 TAX 与农业生产资料价格指数 PP 间可能存在着一定的相关关系,我们分别设计分析了模型 2 和模型 3 的分段回归结果;另外,因为农林牧渔业总产值增长率可能受其他解释变量的影响,为避免共线性问题,我们又提供了模型 4 的回归结果(具体见表 2)。

表 2　分段回归结果

因变量	模型 1	模型 2	模型 3	模型 4	模型 1	模型 2	模型 3	模型 4
INCOME	(52—77)	(52—77)	(52—77)	(52—77)	(78—03)	(78—03)	(78—03)	(78—03)
BURDEN	-0.466***	-0.56***	-0.45***	-0.45***	-0.30***	-0.30***	-0.29***	-0.24***
	(-8.55)	(-9.06)	(-7.45)	(-7.64)	(-6.10)	(-6.23)	(-6.23)	(-3.55)
TECH	1.16***	1.03***	1.14***	1.15***	0.93***	0.92***	0.92***	0.90***
	(16.02)	(13.02)	(14.11)	(14.52)	(23.78)	(62.74)	(26.85)	(16.47)
OUP	-0.18	-0.13	0.024	-0.35*	0.37***	0.34**	0.31**	-0.12
	(-1.01)	(-0.57)	(0.13)	(-1.93)	(2.61)	(2.74)	(2.78)	(-0.95)
PP	1.37**	1.87**		1.90***	-0.12	-0.07		-0.07
	(2.48)	(2.78)		(3.47)	(-0.67)	(-0.49)		(-0.28)
TAX	-0.41***		-0.48***	-0.30**	-0.02		-0.005	0.03
	(-3.58)		(-3.89)	(-2.64)	(-0.51)		(-0.19)	(0.68)
PROR	-0.32**	-0.10	-0.47***		-0.62***	-0.60***	-0.62***	
	(-2.24)	(-0.60)	(-3.25)		(-4.60)	(-4.76)	(-4.63)	
常数项	-0.41	-1.59	1.27**	-1.45*	0.41	0.44*	0.37	0.11
	(-0.48)	(-1.61)	(2.22)	(-1.85)	(1.61)	(1.77)	(1.51)	(0.31)
Adjust R^2	0.9692	0.9509	0.9612	0.9630	0.9992	0.9993	0.9992	0.9984
F 检验值	131.92	97.87	124.91	131.01	5355.92	6675.005	6609.57	3200.20
D—W 检验	1.5229	1.1469	1.5796	1.2947	1.8075	1.6872	1.7174	1.4152
LM 检验	0.8068	3.8903	0.6576	2.2141	0.1666	0.5525	0.4718	1.9611

注:括号内数字为系数估计值的标准差,* 表示在 10 的水平显著,** 表示在 5% 的水平显著,*** 表示在 1% 的水平显著;LM 检验所提供的是相应 F 统计量的具体取值。

依据 Adjusted R^2 值和 F 检验值,表 2 中各回归方程的解释度都较高,这验证了前面所构建理论模型的合理性。另外,考虑到有的模型的 D – W 检验值偏低,可能存在残差项的序列相关问题,因此我们提供了 LM 检验的结果,各方程都通过了 LM 检验,因此大体上可认为回归模型的序列相关性问题不显著,同时可推断方程各解释变量间存在着如方程结构所描述的协整关系。

(1)根据表 2,无论在农业改革之前还是之后,农业生产者供养比例的提高对农民人均净收入的提高都产生了显著的负面影响,且这一负面影响在 1952—1977 年显著强于 1978—2003 年。依据前述理论分析,其原因在于改革开放后我国的城镇化进程的加快,农民工外出打工人数增多,并由此产生了一些外出打工收入的回流,这在客观上削弱了农业生产者供养比例提高对农民实际收入水平提高的负面影响。至此可以证明理论命题 1。

(2)从分段回归结果看,在前后两个时段内,农业技术水平的提高对农民实际收入水平的提高都具有显著的正面影响,但这一效果在后一时段要稍微弱于前一时段。这一现象可能来源于边际收益递减规律的作用。总体上看,该实证结果又验证了理论命题 2。

(3)农业税收和农业生产资料的价格变动在改革开放前后对农民实际收入变动的影响具有动态特征。其中,前一时段农业税收负担加重对农民实际收入变动具有显著的负面影响;而在后一时段该效果则变得不再显著。这在一定程度上揭示出了 20 世纪 90 年代以来我国农业税费改革相对失效的原因。在陶然等(2003)以及洪凯等(2004)等人观点的基础上,这一实证结果还同时揭示了本文所提出的农民收入内部决定机制失效的现实存在性。

另外,在农业生产资料价格变动的影响方面,令人费解的是,前一时段农业生产资料价格的提高与农民实际收入变动间呈正相关关系,这似乎不符合一般逻辑。但在改革开放前我国特殊的农业体制下却完全可能存在:由于计划经济条件下的价格制定均由统一的中央计划管理机构完成,并不能够反映市场供求信息,而所有的产品,包括农业生产资料都实施统购统分制度,在这种情况下,一方面农业生产是以生产队为单位的,农民并非是独立自主的生产者,所以生产成本增加对其不会有直接的利益影响;另一方面,在农业生产成本上升时,为保证农村稳定,政府往往会同时通过其他途径加大对农业的补偿,比如增加对农业的转移支付力度等。这样,农业生产资料价格与农民实际收入同步增加便不足为奇。

最后,从后一时段看,农业生产资料价格变化对农民实际收入的影响变得不再显著,由此说明具体的成本因素及具体作用存在变动特征,命题 3 证毕。

(4)根据回归结果,前一时段农产品销售价格的提高与农民实际收入增加不相关,而在后一时段则对农民实际收入存在显著的正向作用。这不仅证明了降低经济赶超程度对推动农民收入增加的正面影响,而且也验证了我国改革开放后的经济市场化进程。当然,这里的回归结果对本文在理论推导过程中所采用的农产品需求外生性假设也是一个很好的证明。另外,鉴于农业产出和农产品价格间的关系伴随市场化的推进而趋于明显,依据命题 4,这意味着 A1 的增加,从而将减弱农业生产者供养比例上升对农民收入增长的负向影响;降低农业技术水平提高对农民收入的正向影响;降低农业生产单位投入成本对农民实际收入水平的作用。以上论断都从实证结果中得到了证明,后一时段 BURDEN 和 TECH 项的效果确实低于前一时段,而农业生产投入成本的影响也变得不再显著。由此不仅证明了命题 4,而且还为前面各命题的实证结果提供了进一步的理论解释。

(5)无论在前一时段还是后一时段,农林牧渔业产值增长率均与农民实际收入水平的提高负相关。从理论上看,这一现象主要来源于农民收入内部决定机制的失效,根据前面分析,由于农产品需求特征所决定的农产品价格变动特征,伴随农业生产的发展,农产品价格将加速下跌,由此造成农业生产单位投入成本、农业技术水平等因素对农民收入增长的影响逐步减弱甚至消失,并最终导致了"增产不增收"局面的产生。至此又证明了命题5。

六、结论和建议

(1)农村剩余劳动力状况对农村居民实际收入变动具有显著影响。从理论和实证结果看,农业生产者供养比例的增加对农村居民实际收入提高具有显著的负面影响,与此相对的命题便是:加快农村剩余劳动力的转移速度将会对我国农村居民实际收入水平的提高产生显著的拉动作用。从我国的实践看,由于农业生产的资源约束较大,第一产业劳动力需求增加有限;另外,即使实施计划生育等政策,但农村剩余劳动力的基数依然庞大,因此设计农村剩余劳动力的合理转移机制极其重要。这不仅可以降低农业生产者供养比例,而且也可以为农村部门注入外生的收入流,从而提高农村居民实际收入水平。

(2)农业技术水平在一定限度内可以推动农民收入水平的提高。从实际情况看,农业技术水平提高无论在改革开放之前还是之后,都对我国农村居民实际收入水平的提高起到了有力的推动作用。但是,在需求外生的条件下,这一机制会受到农产品价格与农业总产出变动关系的制约,在农产品价格产出弹性较高的条件下,农业技术水平提高对农民收入的正向作用将逐步减弱,这也是实证结果所表明的改革开放后我国农业技术提升的收入促进效果逐步减弱的基本原因。

(3)农产品价格的产出敏感度变化限制了传统农业支持政策的有效性。根据以上框架,由于农产品价格的产出敏感度将限制农业生产成本、农业技术水平提高等因素对农民收入水平的实际影响效果,因此旨在通过农民收入决定的内部机制改善农村居民实际收入水平的政策效果往往会受到极大制约。这也是改革开放以来,我国政府为减轻农民负担、提高农民收入做出了很大努力,制定了一系列政策,然而总体实施效果却一直不尽如人意的根本原因所在。

(4) 外部决定机制对提高农村居民实际收入水平具有显著效果。在农产品价格变动特征制约了内部收入决定机制发挥作用的情况下,通过外部力量解决农民收入问题就具有了特殊意义。前面已论证了农村剩余劳动力转移对农民实际收入水平提高的重要作用,本质上看,这一手段主要是借助城镇部门这个外部经济体的吸纳来加以实现的,因此构成了解决农村居民收入问题的重要外部力量。另外,农业技术水平的提升对农民收入的提高也有显著影响,但其实现也必须依赖于政府的科技投入和科普工作,故也属于外部性力量;当然,政府加大对农村公共产品的提供力度同样可以降低农民生活成本,从而对农村居民实际收入水平的提高发挥积极作用。从图1的理论框架看,这些外部力量基本不受农产品价格变动特征的制约,因此可以在农民实际收入水平改善过程中发挥重要作用。

有鉴于此,本文对解决农村居民实际收入问题提出以下政策建议:

首先,应当充分关注外部决定机制对提高农民收入的重要作用。通过加快农业劳动力转移步伐、切实解决农村劳动力安置问题来降低农业生产者供养比例;通过加大农村科技投入力度,推动农业科技推广体制和农产品市场流通体制建设提高农业技术水平;通过加强农村基础设施建设推动农村公共产品享有程度的提升。当然,鉴于以上过程外生于农业生产本身,因此市场机制无法发挥作用,而必须依托政府的有力介入。具体而言,政府必须逐步放弃原有的二元政策,加大对农业基础设施、科技发展以及劳动力流动机制建设的投入力度,从而为农民实际收入水平的提高创造有利条件。

其次,应当建立综合性的农业支持政策体系。总体上看,我国的传统农业支持政策主要是以农业内部的成本-收益分析为基点,其具体手段包括推进农村税费改革、降低农业生产成本并提高农产品价格等,但这一方式在现实条件下受到了明显的限制,一方面,市场经济条件下的农产品价格无法直接掌控;另一方面,由农产品需求的稳定特征所导致的农产品价格变动特征又限制了内部收入决定机制的有效性,在这种情况下,必须将农民收入的外部决定机制纳入进来,通过内外部机制的共同作用推动农民实际收入的切实提高。

参考文献

1. 国家计委宏观经济研究院课题组:"农村税费改革问题研究",《经济研究参考》2000 年第 24 期。

2. 洪凯、温思美、孙良媛:"农业税收比较研究",《管理世界》2004 年第 1 期。

3. 林毅夫:"增加农民收入需要农村基础设施的牢固",《调研世界》2001 年第 7 期。

4. 林毅夫:"中国的城市发展与农村现代化",《北京大学学报(哲学社会科学版)》2002 年第 4 期。

5. 林毅夫:"'三农'问题与我国农村的未来发展",《求知》2003 年第 3 期。

6. 林毅夫、蔡昉、李周:《中国的奇迹:发展战略与经济改革》,上海三联书店,上海人民出版社,1994 年。

7. 马文杰、冯中朝:"构建新型的'粮食直补'体系",《湖北社会科学》2005 年第 2 期。

8. 秦晖:"并税式改革与黄宗羲定律",http://www.wtyzy.net/huangzongxi.htm。

9. 陶然、刘明兴、章奇:"农民负担、政府管制与财政体制改革",《经济研究》2003 年第 4 期。

10. 杨瑞珍:"农民收入升降与国民经济可持续发展的正负效应",《中国软科学》1997 年第 5 期。

11. 喻平:"农民收入增长与经济发展之间关系的实证研究",《中国软科学》2003 年第 6 期。

12. 周其仁:"农地征用垄断不经济",《中国改革》2001 年第 12 期。

(魏杰,清华大学经管学院;王韧,重庆工商大学)

农民工养老困境与保险制度改革

郑拓 刘伟

一、引言

伴随着我国从一个农业大国转型成为一个工业强国,农村、农业、农民在发展过程中存在的问题日益凸显。党中央一直将"三农"问题作为最重要的工作之一,从全局进行了部署,推出了一系列的政策和措施,在发展农业经济、维护农村社会稳定和提高农民生活水平各方面都取得了较为显著的成绩。为了实现全面建成小康社会的目标,中共中央、国务院于 2020 年 1 月 2 日发布了《关于抓好"三农"领域重点工作确保如期实现全面小康的意见》(下称《意见》)。《意见》着重强调了要提升农民群众的获得感、幸福感和安全感,体现了党和国家以人为本、执政为民的政策主张。

作为农村户籍人口中的主要组成部分之一,农民工总量已经超过了 2.8 亿[1]。超大规模的农村劳动力转移,是我国改革开放以来,实现经济高速发展的主要原因之一。但是作为建设与发展的中坚力量,农民工却长期受到中国城乡二元经济结构的限制,游离于社会保障范围之外。随着时间的推移,农民工的平均年龄逐渐升高,特别是第一代农民工已经达到或接近退休的年龄。农民工这一群体的老龄化,以及其养老问题摆在了学者与政策制定者的眼前。马克思曾经论述道:"大工业的本性决定了劳动的变换、职能的更动和工人的全面流动性。另一方面,大工业在它的资本主义形式上再生产出旧的分工及其固定化的专业。我们已经看到,这个绝对的矛盾怎样破坏着工人生活的一切安宁、稳定和保障,使工人面临这样的威胁:在劳动资料被夺走的同时,生活资料也不断被夺走。"[2]伴随着社会化大生产的形成,农民工这一特殊群体一方面由于收入普遍较低,另一方面则离开了土地,因此并不能依赖农村传统上的家庭养老模式。出面组织,以社会保险的形态承担其退休后的养老责任是政府必须承担起来的任务。

为了实现全面小康,我国政府多年以来一直在探索合理的农民工养老保险制度,并做过了多种尝试。在全国层面上,将农民工纳入城镇职工基本养老保险制度或城乡居民基本养老保险制度(2014年以前则是新型农村社会养老保险),并出台了解决劳动力流动问题的《城镇企业职工基本养老保险关系转移接续暂行办法》和《城乡养老保险制度衔接暂行办法》。在地方层面上,为了解决农民工

---

[1]　国家统计局:《2018 年农民工监测调查报告》。
[2]　马克思,恩格斯:《马克思恩格斯全集》第 23 卷,人民出版社,1975 年,第 534 页。

流动大、保险转移接续难和收入相对低、缴费下限也远超其承受水平两个问题,各地区政府推出了一些过渡性的解决办法。其中比较典型的有北京的"双低型"和上海的"综合型"保险模式。"双低型"养老保险在缴费与领取两个环节都适用较低的比例与基数;"综合型"保险将养老、医疗和工伤保险合并缴纳,并在劳动者退休时一次性计算发放应得的养老金。但是数次改革的结果,却是农民工参保又退保,养老保险覆盖率至 2014 年仅为 16.7%[1],且长期得不到提高。

对于各种养老保险政策不受农民工欢迎的现象,学术界做了较为深入的研究与分析。部分学者认为,农民工这一群体的特殊性导致了其对养老保险的需求较低。章莉(2016)通过对 2008—2009 年和 2009—2010 年中国家庭收入调查数据的建模,考察了农民工参保跨期变化情况的影响因素。文章认为,认真贯彻劳动合同法,向农民工提供正式合同可以促进其参加城镇职工养老保险。而提高农民工收入和受教育水平,可以增强其缴费能力和对养老保险政策的理解能力,是我国推广农民工养老保险制度最重要的手段之一。而对于除教育之外的其他因素,如性别、年龄和婚姻状况等,由于不同的学者在研究中使用了不同的数据,得到的结果不尽相同。杨桂宏等(2016)利用"北上广深"四个代表性一线城市的农民工个案信息,进行了二元 Logistic 回归分析。认为在个人因素变量中,农民工的年龄和受教育水平会显著影响其参加城镇职工社会保险的决策。而性别因素并不会影响一线城市农民工参加养老保险的比例。许秀川等(2018)建立了农民工跨期效用最大化的代际交叠模型(Overlapping Generation Model),并用全国 31 个省区市的调查数据进行了实证分析,认为个体的受教育程度、年龄、性别和婚姻对于其参加社会保险都有显著影响。闵星(2017)则根据江苏省南京、南

----

[1]　国家统计局:"2014 年农民工监测调查报告"。

通、徐州三市新生代农民工的访谈数据,指出年龄和婚姻状况不会明显影响到农民工的参保决策,而性别与农民工对于养老保险政策的了解与认可程度会左右其参保意愿。

除此之外,部分学者还对我国农民工的现行养老保险政策进行了考察。胡芳肖等(2019)基于西安市建筑业、餐饮业和环卫业的农民工调查问卷信息,分析认为政策认可程度是影响农民工参加养老保险的最重要因素。由此看来,推进养老保险制度的供给侧改革,提升制度对于农民工的吸引力,是解决农民工参保率低下,退休后老无所养现状的有效手段。对于现行养老保险制度,农民工的抱怨主要集中在过高的缴费比例、过长的缴费年限、有限的待遇水平和不健全的转移接续政策。基于这些问题,有的学者提出了在现有的城镇职工基本养老保险制度和城乡居民基本养老保险制度之外,为庞大的农民工群体专门建立起一种全国统筹的拥有较低缴费率和适当养老待遇的社会养老保险(汤兆云,2019;汤兆云,2016a;汤兆云,2016b)。但是独立的养老保险政策反而会增加制度的碎片化,不利于社会保障体系的全国统筹。同时由于农民工群体的收入普遍较低,独立的养老保险政策无法做到不同收入群体之间的收入再分配,有违"初次分配和再分配都要处理好效率和公平的关系,再分配更加注重公平[1]"的中国特色社会主义分配制度,因此建议未被采纳。

为了贯彻《意见》解决"三农"问题,防止农民工退休后因老返贫、提升农民工群体的获得感、幸福感和安全感,我国在推进养老保险扩面工作,逐步要求农民工加入城镇职工基本养老保险制度或城乡居民基本养老保险制度的同时,从 2019 年开始全面调整平均工资统计口径。由原来的城镇非私营单位就业人员在岗职工平均工

---

[1]　参见"胡锦涛在党的十七大上的报告",http://cpc. people. com. cn/GB/104019/index. html。

资转变为全口径城镇单位就业人员平均工资,除了上海、西藏、天津、贵州、浙江和新疆外,其余省区市的养老保险缴费基数均有不同程度的下调[1],总体上减轻了农民工的缴费负担,增加了现行制度对于农民工群体的吸引力。本文拟在前人研究的基础上,结合最新的相关政策,综合分析农民工参加养老保险之后的费用缴纳与待遇领取,从而厘清现行养老保险制度吸引力不足的症结所在,并据此提出制度供给侧改革的相关建议。本文的结构安排如下:第一部分为引言;第二部分为测算模型的构建;第三部分为相关假定与测算结果分析;第四部分为结论与建议。

二、测算模型

为了分析养老保险制度对于农民工参保吸引力较低的原因,本文拟选取农民工个人养老金平均替代率来衡量最新政策对于参保人员退休后的保障程度。依照现行基本养老保险政策的规定,农民工可以选择参加城镇职工基本养老保险制度(下称城镇职保)或者城乡居民基本养老保险制度(下称城乡居保)。由于两种制度的保费缴纳与养老金发放规定都不相同,本文将构建两种不同的模型,对相应制度进行针对性的测算。

(一) 城镇职工基本养老保险

如果某位农民工选择了参加城镇职保,假定该参保人在其生命中的第 m 年开始缴费,第 M_1 年达到退休年龄退出工作岗位,第 M_2 年开始领取养老金,并于第 T 年死亡。根据《国务院关于工人退休、退职的暂行办法》国发[1978]104 号文的规定,在连续工龄满十年的基础上,男性工人满 60 周岁、女性工人满 50 周岁应该退休。则

---

[1]　参见各省市人力资源和社会保障厅(局)公告。

对于男性农民工来说，$M_1^m = 60$；对于女性农民工来说，$M_1^f = 50$。

对于某一参保人，第 t 年（$t \in [m, M_1]$）个人缴纳的保费有：

$$Con_t^\alpha = max(\pi_t \times 60\%, Inc_t) \times 8\% \tag{1}$$

其中，π_t 是参保人所在地区第 t 年的缴费基数，Inc_t 是该参保人第 t 年的年收入。

由于城镇职保规定参保人必须累计缴纳 15 年保费后才可以领取养老金，且不能用事后补缴的方式增加缴费年限[1]，则必须在 $M_1 - m + 1 \geqslant 15$ 时，参保人才可以在退休后享受养老待遇。

对于该参保人，第 i 年（$i \in [M_2, T]$）每月可领取的养老金总额为：

$$Ben_i^\alpha = \frac{1}{2} \times \frac{\pi_{i-1}}{12} \times \left(1 + \frac{\Sigma_{t=m}^{M_1} \dfrac{12.5 \times Con_t^\alpha}{\pi_{t-1}}}{M_1 - m + 1} \right) \times (M_1 - m + 1)\%$$
$$+ \frac{\Sigma_{t=m}^{M_1} Con_t^\alpha (1 + r^\alpha)^{M_1 - t}}{\eta} \tag{2}$$

其中，r^α 是城镇职保个人账户部分的平均记账利率，η 为个人账户计发系数。根据相关规定，50 岁退休女性农民工的计发系数 $\eta^{50} = 195$；60 岁退休男性农民工的计发系数 $\eta^{60} = 139$。

则参与城镇职保的农民工个人养老金平均替代率可表示为：

$$RR^\alpha = \frac{\Sigma_{i=M_2}^{T} \dfrac{Ben_i^\alpha}{Inc_{M_1}}}{T - M_2 + 1} \tag{3}$$

（二）城乡居民基本养老保险

如果某位农民工选择了参加城乡居保，与城镇职保类似，假定

---

[1] 参见《人力资源社会保障部、财政部关于进一步加强企业职工基本养老保险基金收支管理的通知》，人社部发[2016]132 号。

该参保人在 n 岁时开始缴费，N_1 岁时达到退休年龄退出工作岗位，N_2 岁时开始领取养老金，并于第 T 年去世。同样地，对于男性农民工来说，$N_1^m = 60$；对于女性农民工来说，$N_1^f = 50$。

为了使选择参加不同制度养老保险的农民工待遇具有可比性，假定加入城乡居保的参保人与加入城镇职保的参保人缴纳保费占收入的比例相同，则对于参加城乡居保的农民工来说，第 t 年（$t \in [n, N_1]$）计入个人账户的保费（包括个人缴纳与政府补贴）有：

$$Con_t^\beta = (max(\pi_t \times 60\%, Inc_t) \times 8\%)_{定档} + 60 \qquad (4)$$

由于城乡居保每年的保费是按照缴费档次一次收取，式（4）中的定档表示不高于且最接近城镇职保保费的缴费档次。

与城镇职保不同，虽然城乡居保领取养老金也有最低累计缴费 15 年的要求，但参保人可以延长缴费至满 15 年后再领取应得待遇[1]。对于缴费年限不够的农民工来说，补缴保费期间由于退休而丧失了工资收入，并且也不能领取养老金，因此假定参保人按照国家最低标准每年 100 元进行补缴[2]。对于女性农民工来说，制度规定的退休年龄要早于养老金领取年龄，因此在其退休后继续缴纳城乡居保期间，同样假设参保人按照最低标准进行缴纳。则上述两个时间段中，每年计入参保人个人账户的保费（包括个人缴纳与政府补贴）为 130 元。

对于退休前缴足年限的男性农民工来说，即 $N_1^m - n + 1 \geqslant 15$ 时，参保人第 i 年（$i \in [N_2, T]$）每月可领取的养老金总额为：

$$Ben_i^\beta = \Omega_i + \frac{\sum_{t=n}^{N_1} Con_t^\beta (1 + r^\beta)^{N_1 - t}}{\eta} \qquad (5)$$

---

[1]　参见《实施〈中华人民共和国社会保险法〉若干规定》，人社部发[2011] 13 号。

[2]　参见《国务院关于建立统一的城乡居民基本养老保险制度的意见》，国发 [2014] 8 号。

其中,Ω_i 是参保人所在地区第 i 年的基础养老金,r^β 是城乡居保个人账户部分的平均记账利率。

对于女性农民工和退休前未缴足年限的男性农民工来说,参保人第 i 年($i \in [N_2, T]$)每月可领取的养老金总额为:

$$Ben_i^\beta = \Omega_i + \frac{\Sigma_{t=n}^{N_1} Con_t^\beta (1 + r^\beta)^{N_2 - 1 - t} + \Sigma_{t=N_1+1}^{N_2-1} 130 (1 + r^\beta)^{N_2 - 1 - t}}{\eta}$$

(6)

式(5)、(6)中的计发月数 η 需要按照实际退休年龄计算得出。在城乡居保中,规定的最早退休年龄为 60 岁,此时 $\eta^{60} = 139$。对于需要延后退休年龄的参保者来说,计发月数将随着退休年龄的提升而适当下调。

则参与城乡居保的农民工个人养老金平均替代率可表示为:

$$RR^\beta = \frac{\Sigma_{i=N_2}^{T} \dfrac{Ben_i^\beta}{Inc_{N_1}}}{T - N_2 + 1}$$

(7)

三、相关假定与测算结果分析

本文收集了 2011—2018 年城镇非私营单位就业人员数、城镇私营企业和个体就业人员数、城镇非私营单位就业人员平均工资和城镇私营单位就业人员平均工资,并由此计算出城镇就业人员平均工资。与相同时间段内的农民工平均工资对比来看,虽然 2011—2018 年我国各行业、各身份从业人员的平均工资普遍增加,但由于我国经济下行压力增大的原因,平均工资增速由 2012 年的超过 10%,下降到 2017 年的不足 8%。同时,2015 年我国实行了供给侧结构性改革,此后过剩产能逐步进行淘汰,中小型企业进行了关停并转。对于多数农民工来说,其就业岗位对于劳动者知识和技能要求较少、可替代性较强,客观层面上削弱了农民工工资增长的潜力。从图1可以看出,伴随着我国经济进入新常态,农民工的平均工资增长率连续多年低于城镇就业人口的平均工资,而这种差距每年还在以约10%的增速逐步扩大。因此本文在呙玉红和申曙光(2018)研究的基础上,假定未来全口径社平工资的增长率在2018年的基础上,每五年下降0.5个百分点,最终于2058年降为5%后便维持下去。农民工平均工资的增长率在2018年的基础上,每五年下降0.55个百分点,直到2038年降为5%。

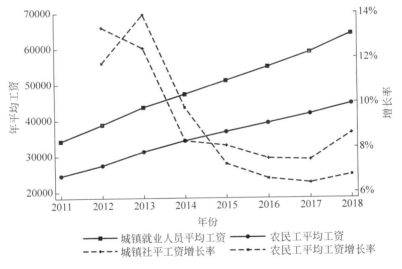

图1　城镇就业人员与农民工平均工资增长趋势

在城镇职保和城乡居保计算和发放养老金待遇时,都分为了统筹账户或基础养老金和个人账户两个部分。对于城镇职保的统筹账户来说,发放数额是根据上年度全口径社平工资来确定的,因此可以做到养老待遇标准与消费水平同步增长。而对于城乡居保的基础养老金来说,虽然也规定了基础养老金最低标准要与经济发展和物价变动状况相适应,但没有给出具体的调节机制。到目前为止,城乡居保的基础养老金标准总共进行过两次调整。在新制度建立初期,基础养老金发放标准很快就从原来"新农保"政策中规定的 55 元提升至 70 元。而后根据人社部和财政部的规定,基础养老金发放标准于 2018 年 1 月 1 日再次提升至 88 元,年均增长幅度约为 6.76%,与同一时期农民工平均工资增长率接近。基于此,本文假设城乡居保中基础养老金每年按照同年农民工平均工资增长率增加。

由于养老金资产关系到所有制度内劳动者退休后的生活来源,因此国家对于养老金资产运行的安全性格外重视。在这样的要求之下,我国在 2016 年以前大部分资金都存入了商业银行中,个人账户的收益率就是银行一年期存款的最高利率。2016 年以后,为了提高城镇职保对于劳动者的吸引力,城镇职工基本养老保险个人账户部分进行了"名义账户制"改革,并确定了 2016—2018 年的个人账户记账率分别为 8.31%、7.12% 和 8.29%。在此基础上,本文考虑到养老金账户资本化运营的收益与国家整体经济发展息息相关,从而保守假定全国社保基金理事会托管下资金年收益率为 5%。城乡居保则更侧重于广覆盖、低水平。制度建立的指导原则在于不论劳动者的行业和户籍,都做到应保尽保,并由中央和地方两级财政在拨付基础养老金之上,对参保者的个人账户依据缴费额度再次进行了 30 元或 60 元的差额补贴。因此城乡居保个人账户长期实行的都是 1.5% 的记账利率。本文认为,城乡居保作为保基本的制度,其运行无法自给自足,需要依赖于财政补贴,记账率很难提高,从而假设城乡居保个人账户的年收益率即为 1.5%。

目前,多数农民工还没有被纳入养老保险的保障范围之内,为了考察理性农民工的参保决策,本文首先测算 2018 年某位典型农民工(即现年龄 40 岁、预期寿命 77 岁、月平均收入 3721 元)在基准假定下参加养老保险与退休后受到保障的情况。

　　表1展示了典型农民工在不同性别条件下,选择参加不同养老保险制度时的缴费负担与待遇水平。由于退休年龄较早,且不能补缴城镇职工基本养老保险,年龄在35岁以上的女性农民工被排除在城镇职保制度之外,造成了制度上对于越来越壮大的女性劳动者群体的歧视。而对于选择参加城镇职保的男性农民工而言,虽然其平均替代率超过了国际劳工组织(ILO)给出的建议最低替代率,但由于缴费下限的设置,其在岗时缴纳的保险费用比例要高于大多数城镇职工,在职业末期甚至超过了10%,给参与制度的农民工生活造成了沉重的负担。

表1　不同群体参保状况

参保农民工群体	在岗时平均缴费比例	平均替代率[1]
参加城镇职保的男性	8.84%	57.86%
参加城乡居保的男性	2.69%	5.24%
参加城乡居保的女性	3.42%	5.32%

资料来源:根据相关数据测算所得。

　　城乡居保制度也存在对于不同性别劳动者群体不公平的问题。女性工人在50岁退休以后丧失了工资性收入来源。为了不中断保险缴费,必须从她们以往的储蓄中支出保费。从而导致了与男性农民工相比,虽然退休后享受到的待遇水平相仿,但女性农民工的缴费负担更为沉重的现象。同时,在制度设计上,城乡居保为了照顾包括未参加工作和从事小型农业生产农民等较低收入群体,缴费标准的额度定得偏低。尽管允许各地区人民政府可以根据本地实际收入情况增设缴费档次,但除了北京、上海等一线城市外,多数地区城乡居保的最高缴费档次仍然定在2000—3000元之间。较低的缴

---

[1]　折现率为3%,参见吕玉红,申曙光:"农民工社会养老保险最优参保策略研究",《华中师范大学学报(人文社会科学版)》2018年第6期,第34页。

费意味着较低的待遇,仅依靠城乡居保的养老金,是无法满足农民工退休后对于维持正常生活养老金的需求的。

通常意义上,农民工是指进城务工人员,也就是拥有农村户籍但从事的是非农产业劳动。与城镇职工不同的是,农民工可能在户籍所在地拥有可供生产经营的土地。农民工就可以在退休后返乡耕种或者直接将土地出租,从而补充养老金收入。近年来,伴随着我国城镇化进程的加速进行,大量农民工,特别是1980年之后出生的新生代农民工,由于长期在城镇中工作生活,与原户籍地拥有较少联系,从而选择转为非农户籍,举家迁入城市,成为市民。但这一转变往往意味着放弃了农村的土地,丧失了以地养老的收入。为了考察土地对于农民工退休后生活的支撑作用,本文假设典型农民工直到去世都没有放弃其所拥有的土地权利。

在我国迈向现代化工业强国的路途中,第一产业的发展权重不可避免地将会下降。每年都会有部分农业用地被建设占用,进行属性转变与开发。同时,伴随着各级政府环保意识的增强,我国又实行了广泛的退耕还林、退耕还草政策。导致了2011年以后耕地面积持续下降的趋势。但是农业安全是我们不容忽视的问题,党和国家屡次强调要保护国家耕地、坚守18亿亩耕地红线,并不断地通过土地整治和农业结构调整等措施增加耕地面积。基于此,本文认为未放弃土地权利的农民工所拥有的土地数量在未来很长一段时间内都不会有显著变化。按照2018年数据计算,农村户籍人口平均每人拥有耕地约3.59亩。

如果农民工退休后行有余力,就可以采取自己耕种所拥有土地的方法,取得较高收入。如果农民工的条件不允许自耕自地,则可以将所拥有的土地出租给其他单位或个人,取得土地租金收入。改革开放以来,我国高速经济发展是体现在方方面面的,在农村从事第一产业生产的人群所取得的平均利润每年都有一定程度的上涨。而耕地的土地成本也随着收入的增长而水涨船高。其中,2013—

2018 年第一产业从业者利润年均增长率为 4.15%,耕地的每亩租金收入年均增长率为 3.08%[1]、[2]。本文据此针对自耕和出租两种不同的情形,分别测算退休后农民工取得的土地收入对于其养老金替代率的增加作用。由于参加城镇职保可以取得合意的养老金替代率,同时参加城镇职保在绝大多数情况下意味着参保农民工放弃了其所拥有的土地权利,因此本文重点考察参加城乡居保制度农民工的情况。

表 2　加入土地收入后不同群体参保状况

参保农民工群体	土地收入方案	平均替代率	增加幅度
参加城乡居保的男性	自耕	11.92%	127.31%
	出租	6.40%	22.04%
参加城乡居保的女性	自耕	13.66%	156.99%
	出租	6.76%	27.18%

资料来源:根据相关数据测算所得。

当把退休后农民工从所拥有土地上获得的收入合并进入养老总收入中,各农民工群体的养老金平均替代率均显著上升。特别是对于选择自耕自地的农民工而言,每年养老金收入增加了一倍有余,为保障农民工退休后的日常生活提供了坚实的经济基础。近年来,随着农民工群体思想的解放以及对物质生活要求的提高,越来越多的女性离乡离土,加入了农民工的行列中,其占比从 2012 年的 33.6% 增加到 2018 年的 34.8%[3]。但是,女性农民工平均工资较低、退休年龄较早的现状导致其不愿或不能参加城镇职保。而城乡居保制度本身所提供的养老金根本无法为女性农民工提供足够的安全感。由此可见,在退休后可以取得土地收入,对于参加城乡居

〔1〕　国家统计局:《2011—2018 年中国统计年鉴》。
〔2〕　中国农业年鉴编辑委员会:《2011—2018 年中国农业年鉴》。
〔3〕　国家统计局:《2012—2018 年农民工监测调查报告》。

保的农民工,特别是女性农民工来说,是十分重要的。

四、结论与建议

(一)研究结论

一项制度或政策推出后不被受众所认可,往往就是因为供给侧层面上,制度或政策的设计并没有考虑到需求方实际的情况与想法。对于农民工这一特殊群体来说,以往的研究已经表明其加入基本养老保险的意愿渐渐增强。但现实却是年初参保、年末退保的现象屡见不鲜,长期以来农民工的养老保险参保率都在低位徘徊。针对参保意愿与参保决策背离的问题,本文构建了农民工在不同条件下基本养老保险的参保模型,并通过典型农民工数值模拟法分别对城镇职保和城乡居保两大参保策略的个人在岗时平均缴费率与平均替代率进行了研究,深入剖析了现行制度不合理的因素。最后,文章又对以地养老的重要性进行了分析。

本文研究表明,对于农民工而言社会现行的养老保险制度主要存在以下三个问题。第一,男性与女性受到的保障不平等。大量农民工取得的工资收入在全社会来说处于较低水平,其所工作的企业甚至不会向他们提供正式的工作合同,导致部分农民工无法加入必须要单位缴费的城镇职工基本养老保险。同时,部分农民工由于知识与技能的匮乏,从事的工作可替代性较强,因此常常面临着被迫换工作或者裁员、失业的情况,导致城镇职保缴费中断。而领取养老金的最低缴费 15 年和不允许补缴的规定,对于 50 岁退休的女性农民工来说,更是雪上加霜。相比于男性,女性农民工更容易受到缴费年限不足的限制,从而影响其对于保险制度的选择。第二,参加城镇职保农民工的缴费负担过重。在 2018 年以前,我国各地区的城镇职保缴费基数通常以该地区城镇非私营单位在岗职工平均工资为准,导致城镇职保的缴费下限要显著高于多数农民工的收入水平,使得农民工根本无法承受缴费负担。2019年以后,为了进行城镇职保的扩面工作,将更多劳动者纳入制度范围之内,人社部将缴费基数调整成为全口径城镇单位就业人员平均工资,缴费下限大幅下降。尽管如此,依旧有少半农民工的保险个人缴费比例高于规定的8%。以近几年的收入增长趋势来看,农民工平均工资增长率要低于全社会的平均水平。由此推断,随着时间的推移,参加城镇职保的农民工缴费负担只会越来越重。第三,城乡居保的保障水平过低。由于制度目标不同,城乡居保基础养老金发放的额度与增长速度都要弱于城镇职保的统筹账户;而城乡居保的个人账户也面临着缴费数额和账户收益率过低的问题。对于参加城乡居保的农民工来说,如果仅依靠制度在其退休后所发放的养老金,无法满足其日常生活的最低需求。

(二) 政策建议

正如马克思所预测的,随着社会化的大生产逐渐替代以家庭为主的生产方式,家庭自我养老保障模式也逐步走向终结,政府必须承担起组织养老保险的责任。农民工群体作为农民重要的组成部分之一,受我国城乡二元结构体制的影响最重。同时,农民工又作为收入较低群体,在养老保险收入再分配的过程中,是受到转移支付的一方。因此,政府不应将农民工这一特殊群体的养老保险责任推向市场,而应以农民工社会的实际需求为牵引,从制度的供给侧进行新一轮的深化改革。才能实打实地解决好"三农"问题,才能实现以人为本、真正增强农民群众的获得感、幸福感和安全感。在研究的基础上,本文提出以下三点建议:

第一,考虑到2013年以前的独生子女政策、人口老龄化加剧和女性预期寿命要长于男性等因素,推迟女性工人退休年龄。从制度上保证男性和女性农民工参加城镇职保的机会平等。这样,也可以适当延长女性农民工的缴费年限,增加养老保险对其退休后生活的保障力度。

第二,从分析中可以看出,不论是农民工的收入增长速度还是我国第一产业人均利润增长速度,都要显著慢于城镇就业人员工资的平均增长。长此以往,我国不同群体的贫富差距会越来越大,不利于全面小康社会的建成。因此,形成合理的农民工最低工资制度并大力发展第一产业,增加农民收入,是我国刻不容缓的工作。

第三,在制度改革的基础上,要大力做好制度普及工作,将更多的农民工纳入城镇职保的保障范围之内。对于参加城乡居保的农民工,可以适当放宽土地改革进程,严格保护其所拥有的土地权利。使得土地收入成为这一部分农民工退休后收入的补充来源。

参考文献

1. 呙玉红,申曙光:"农民工社会养老保险最优参保策略研究",《华中师范大学学报（人文社会科学版）》2018 年第 6 期,第 30—40 页。

2. 胡芳肖,李艳梅,孙玉洁等:"农民工加入企业职工基本养老保险意愿的影响因素实证",《西北人口》2019 年第 3 期,第 78—92 页。

3. 闵星:"城镇化进程中新生代农民工养老保险的参保意愿——基于江苏省调查数据",《江苏农业科学》2017 年第 18 期,第 314—317 页。

4. 汤兆云:"建立相对独立类型的农民工社会养老保险制度",《江苏社会科学》2016 年第 1 期(a),第 32—39 页。

5. 汤兆云:"农民工与中国社会养老保险第四种类型的构建——基于 2014 年流动人口动态监测调查广东省数据的分析",《广东社会科学》2016 年第 5 期(b),第 196—203 页。

6. 汤兆云:"农民工养老保险体制构建的困境及解决思路——基于 2016 年全国流动人口卫生计生动态监测调查广东省数据",《学术交流》2019 年第 8 期,第 122—130 页。

7. 许秀川,张卫国,刘新元:"农民工养老保险参与决策:一个 OLG 模型的考察",《华中农业大学学报（社会科学版）》2018 年第 1 期,第 88—98 页。

8. 杨桂宏,康晓曦,杨琪:"一线城市农民工社会保险参保状况及其影响因素实证分析",《北京工业大学学报（社会科学版）》2016 年第 3 期,第 15—

23 页。

9. 章莉:"农民工参加城镇职工养老保险的影响因素——基于 2008—2010 年面板数据的分析",《中南财经政法大学学报》2016 年第 4 期,第 149—156 页。

(郑拓,中国人民大学;刘伟,中国人民大学)

农业现代化和二元经济转型

龚六堂　赵玮璇

一、引言

　　农业现代化、工业化,以及在这个过程中由于劳动力转移而到来的城镇化和二元转型,驱动了社会经济的不断发展。这不仅是发展中国家走向现代化的必由之路,更是我国全面建成小康社会的重要引擎和衡量社会文明进步的重要标尺。城镇化承接了农村剩余劳动力的转移,为农业现代化提供了物资装备和产业化支撑;而农业现代化则为城镇化提供了食物来源、人力、土地资源和广阔的农村市场。统筹好二元转型过程中农业剩余劳动力和城镇工业部门协调发展的关系,关系到我国工业化、信息化、城镇化、农业现代化等同步发展的大局,也是党和政府高度重视、社会各界深度关切的重大问题。

功能性收入分配问题一直以来都是经济学界所持续关注的焦点。在初次分配中,国民收入分为三大部分:劳动者报酬、资本所得和政府对生产环节直接征取的税赋。初次分配的格局在很大程度上决定了一个社会最终财富分配的格局,而作为三大利益主体之一的劳动者所获取的劳动收入更是直接影响到社会的消费能力与经济的发展状况。

早在上个世纪,库兹涅茨就提出了劳动收入份额随经济的发展呈先下降后上升的趋势的猜想[1],即劳动收入份额变化的库兹涅茨 U 形曲线。近年来,我国众多经济学家也纷纷开始探讨劳动收入份额的变化规律。比如 2009 年李稻葵、刘霖林和王红领提出的劳动收入份额演变的 U 形假说。他们认为劳动收入份额的变化具有 U 形的一般规律,当经济发展到一定水平(人均 GDP6000 美元,2000 年购买力平价),劳动收入份额将会进入到上升通道。本文作者也曾在"二元经济转型中劳动收入份额的 U 形演变规律探析——基于工业部门的实证研究"(赵玮璇,2015)[2]一文中详细论证过劳动收入份额 U 形演变规律的作用机制:农业部门剩余劳动力对现代部门就业市场造成了巨大的就业压力,根据刘易斯的二元经济理论,当完全的二元分割被打破后,大量农村劳动力进入到城

---

〔1〕　布朗芬布伦纳在《收入分配理论》中提到:库兹涅茨对不同国家劳动收入份额变化的零散可比数据作了艰苦的分析,并在美国经济学会的会长致辞中提出的一个著名猜想,即可以把经济增长分为两个具有相反的分配效果的阶段。(布朗芬布伦纳:《收入分配理论》,北京:华夏出版社,2009 年。)

〔2〕　"二元经济转型中劳动收入份额的 U 形演变规律探析——基于工业部门的实证研究",北大未名经英论坛工作论文,2015 年。

市务工,直接对城市的劳动力市场造成巨大的劳动力供给冲击;而当农村剩余劳动力吸收殆尽时,供需条件就会发生改变,工资则开始上涨。

随着近年来我国农业现代化和城镇化水平的不断提高,工业部门劳动收入份额的 U 形轨迹越加完整,先下降后上升的发展规律已得到统计数据的支持。在此基础上,有必要对这一规律进行细化研究,进一步分析农业现代化带来的劳动力流动性的不同大小对演变轨迹所造成的影响,从而制定政策合理疏导我国劳动力的流动。

户籍制度是中国自上世纪 50 年代以来就一直实行的一项人口管理制度。通过户籍属性将居民划分为农业户口和非农业户口,城乡二元户籍制度在城市和农村之间竖起了一道高墙,严重阻碍了农民工城市化的进程。同时,由于户籍制度将诸如就业、教育、住房、医疗、社会保障等与公民切身利益相关的诸多福利权益与户口相联系,这项制度也严重限制了公民自由流动与迁徙的权利。那么,由于历史原因留下来的户籍制度对劳动力的流动性产生了怎样的影响?劳动要素的流动性又是怎样影响劳动收入份额 U 形演变规律的?

下文第二部分是对相关理论的文献综述及分析。第三部分通过数理建模解释了工业部门劳动收入份额随城乡二元转化而呈现的 U 形规律,以及劳动力流动性大小对劳动收入份额 U 形轨迹形状造成的影响。本文通过数理建模的方法,探讨了转化成本对 U 形曲线的影响机制,又通过对中国、印度、玻利维亚三个发展中国家劳动收入份额变化轨迹的比较,分析了劳动力流动性对 U 形轨迹形状的作用规律。最后第五部分是文章的结论以及对中国的政策建议。

二、已有的相关文献及分析

早在古典经济学时期,要素分配问题就已经成为经济学家讨论的重点,李嘉图甚至认为分配问题是政治经济学中的核心问题。在20世纪初期,大量的理论与实证研究表明劳动收入份额在长期内保持稳定,于是人们把"要素收入占比是稳定的"长期视为经济增长的"特征事实"之一。与此相对的是,库兹涅茨(Kuznets & Simon,1955)通过对不同国家劳动收入份额变化的比较分析,发现劳动收入份额随经济的发展呈先下降后上升的趋势,即劳动收入份额变化的库兹涅茨U形曲线。劳动收入份额究竟是符合"卡尔多事实"还是"库兹涅茨事实"成为了之后经济学家争论的主要焦点。国内外许多文献都通过实证的方法提出了自己的观点,如罗长远(2008)认为我国劳动要素收入份额的波动性更符合"库兹涅茨事实"而不支持"卡尔多事实"。周明海等(2010)重新测度了我国改革开放以来的劳动收入份额,发现1998以后劳动收入份额持续下降。而李稻葵等(2009)则提出,在世界各国的经济发展过程中,在初次分配中劳动收入份额的变化趋势呈现U形规律,即劳动收入份额先下降后上升,转折点约为人均GDP6000美元(2000年购买力平价),中国经济未来两年左右在初次分配中劳动收入份额可能进入上升通道。此外,罗长远和张军(2009),白重恩和钱震杰(2010)等都通过省级面板数据的实证分析,验证了中国劳动收入份额变化的U形曲线。

现有文献对劳动收入份额决定因素的探讨主要从三个方面进行。

第一,从西方经典经济学理论出发,探讨劳动收入份额的影响机制。首先,一部分文献基于新古典经济学的框架,以市场完全竞争、规模报酬不变、技术水平不变等为前提,从劳均资本存量、要素替代弹性、劳动者受教育水平、全要素生产率、就业压力和工会的议价能力等方面对劳动收入占比变化的原因进行了探讨。比如谢攀(2009)提出人力资本的提高会使劳动收入份额随之扩大。通过对新古典经济学的假设进行修正,另一部分文献考察了技术进步和不完全竞争的市场结构对于劳动收入占比的影响。如刘丽(2008)指出,我国工资分配比重下降是技术进步偏向于使用资本、节约劳动造成的。

第二,结合时代背景,从经济全球化和经济市场化两大主旋律进行研究。一方面,随着大量新兴经济体的开放以及经济全球化的浪潮,国际间形成了复杂的全球市场体系。通过对外贸易和外商直接投资两种形式,不同要素"讨价还价"的能力发生了不对称性的变化,进而影响到劳动收入占比的大小。比如 Decreuse 等(2011)研究了发展中国家 FDI 的劳动收入份额效应,发现在制造部门内劳动收入份额和 FDI 存量与 GDP 的比率之间存在 U 形关系,且多数国家处于 U 形曲线的下降部分。另一方面,随着前计划经济国家的市场化转型以及大量新兴经济体的体制改革与快速发展,世界上大部分国家的政治制度与经济结构都发生了巨大的改变。许多文献都从产业结构、所有制结构、经济发展水平等方面对劳动收入占比变化的原因进行了研究。例如周明海等(2010)认为企业异质性是劳动收入份额在不同所有制企业中存在大差异的重要原因。不同所有制企业的效率与技术不同,因而经济转型过程中劳动收入份额不断下降。Acemoglu(2000)也认为,国有企业改革的冲击在短期内压低了劳动收入占比。丛屹和闫亚玲(2011)则关注了非农产业偏离度对劳动要素份额的影响。他们指出由于不同产业内劳动要素份额差异较大,因此产业结构的变动及其产业内部特征可以被用于解释要素份额的变动。

第三,结合各国发展过程中特殊的国情解释劳动收入份额变化的原因。姚枝仲和周素芳(2003)关注了劳动力流动对功能性收入分配的影响,他认为劳动力自由流动对于实现地区间人均收入均等具有非常重要的意义。劳动力流动对劳动报酬的影响取决于劳动报酬对劳动供给和需求的弹性,在劳动力无供给弹性的假设下,劳动力的需求弹性对劳动报酬起决定作用。从二元经济的视角出发,夏美萍(2010)提出近年来我国劳动报酬比重下降是在城乡二元分割条件下劳动者的弱势地位加剧造成的。姜磊(2008)则应用刘易斯的二元理论,运用1996—2006年省级面板数据估计了一个计量模型,表明我国劳动分配比例下降的根本原因是二元经济条件下的巨大就业压力、不断提高的劳均资本和人力资本、工会在保护劳动者权益方面的缺位。

在要素流动性方面,已有一些文献探讨了劳动力流动性大小对收入分配所造成的影响。罗长远(2011)通过特定要素模型的分析框架对90年代中期工业部门的劳动收入占比由升转降的现象进行了理论解释和数值模拟。他认为要素市场流动性未能跟上产业调整的步伐,是要素收入分配格局发生变化的重要原因。杨昕(2015)探讨了二元户籍制度下农村劳动力流动对劳动收入占比变动的影响,并提出农村转移劳动力规模的增加会对劳动收入占比的变动产生负面影响。

具体而言,在影响劳动力流动性的因素上,有些文献从交通基础实施入手分析基础设施建设对收入分配产生的影响,有些文献则从制度层面分析制度限制对劳动力流动所产生的阻碍。任晓红和张宗益(2013)发现运输成本对生产要素在城乡之间的收入差距具有双向影响,当农村人口占较大比重时,改善交通基础设施水平能增加生产要素的流动性并缩小要素在城乡之间的收入差距。罗能生和彭郁(2016)发现交通基础设施对我国各省区城乡收入公平的改善有正面影响。在我国二元经济的现实下,全国范围内交通基础设施的完善,使劳动力资源可以在全国范围内优化配置,获得最大的经济回报。在制度层面,姚先国(2012)指出劳动收入占比下降的"中国特色"是我国户籍管理制度、身份等级制度、地方分权的赶超行为等共同作用的结果。

在这些文献中,已有不少讨论到了经济发展过程中二元转型对劳动收入份额变化产生的重要影响,考虑到了农村无限劳动力的供给对城市部门劳动力市场产生的巨大压力,也有文献提及劳动力流动性对工人工资水平的影响。但他们都没有形成一套系统理论,没有对劳动力供给冲击的影响做出系统的解释,更没有进一步探讨劳动力流动性的大小对劳动收入份额变化趋势的具体影响机制。

　　城乡二元分割的户籍制度是阻碍我国劳动力在从传统部门流向现代部分的重大制度限制。总体上看,我国户籍制度大致可分为四个衍进阶段:自由迁徙阶段(1949—1957 年);严格管控阶段(1958—1979 年);适度放宽阶段(1979—1997 年);改革开放新时期(1998 年至今)。改革开放以来,推动户籍制度改革就一直是我国改革的核心任务之一:在 2014 年 7 月《国务院关于进一步推进户籍制度改革的意见》中对人口迁徙自由又进一步做了强调,并要求必须加快户籍制度改革进程,稳步推进相应配套制度的制定与落实,统筹分配公共资源,确保农村与城市平等待遇。2016 年 2 月,国务院印发《关于深入推进新型城镇化建设的若干意见》,9 月又印发了《推动 1 亿非户籍人口在城市落户方案》,要求抓紧实施户籍制度改革,完善配套措施,建立城乡统一的户口登记制度。然而,推进中国户籍改革需要大量资金的支持,中国社科院发布的《城市蓝皮书》(2013)称,目前我国东、中、西部地区农业转移人口市民化的人均公共成本分别为 17.6 万元、10.4 万元和 10.6 万元,全国平均为 13.1 万元。在巨大的资金压力下,户籍制度在长期中仍将继续阻碍劳动力在城乡之间的转移。同时,各省在推进户籍改革中所面临的社会情况和财政压力各不相同,户籍制度改革的进程也会有所差异。因此,各个省份劳动力在城乡间的流动性会有一定差别,进而对其劳动收入份额的变化产生不同程度的作用。因此,从户籍制度入手研究城乡间劳动力流动性大小对劳动收入份额的影响,具有较大的理论价值与创新意义。

　　此外,目前学界对劳动力份额测算的具体方式也存在着较大的争议。联合国的劳动报酬数据没有考虑自我雇佣者的收入,而在李稻葵的实证计量中,以自营收入为主的农业收入被全部计入了劳动收入份额。龚刚和杨光(2010)通过验证统计的工资总额与实际的工资总额之间存在较为稳定的比例关系而以城镇部门工资总额为最窄口径进行实证研究。2004 年前后我国个体经济收入划归的官方统计口径也出现了显著的变化。因此,为了保证统计数据的有效性,我们暂抛开个体经济处理方式的争议,将研究的焦点集中于工业领域,采用工业部门数据进行实证分析。由于排除了自我雇佣的影响,相比已有文献,本文的研究结果更具有可信性。

综上所述,本文的创新之处在于以工业部门为研究对象,在农业现代化背景下讨论了农业部门对城镇的劳动力冲击以及其对现代部门劳动收入份额造成的 U 形变化轨迹。同时,本文提出转化成本来研究劳动力流动性的大小,并以中国、印度、玻利维亚三个发展中国家作比较,实证检验了劳动力流动性对劳动收入份额 U 形轨迹形状所造成的影响。

三、劳动力流动性与 U 形曲线的变动

(一) 劳动力流动性数理模型

为了探究农业部门向城镇劳动力的流动对现代部门劳动收入份额演变的影响规律,本文建立以下数理模型来模拟经济变量的相互影响机制。发展中国家经济起步较晚,市场发展时间较短,一般由众多中小厂商组成,尚未形成垄断性大型企业,因此本文模型将基于完全竞争市场进行分析。同时,根据 Lewis-Fei-Ranis 二元经济模型与西方主流经济学的厂商理论、工资理论、一般均衡理论,本文做出如下假设:

　a) 工业部门以 Cobb-Douglas 函数进行生产;

　b) 生产技术条件不变,无规模效应;

　c) 忽略人口的自然增长;

　d) 商品价格与利率不变,简化商品价格为 1;

e）工资受到生存工资 $\bar{w}$，边际产出 MYL 等多种因素影响，主要由劳动力市场供求压力 P 决定。当供给大于需求时，P 增大，工资下降。

规定变量符号含义：Y 为产出、K 为企业资本存量、L 为劳动力投入量、A 为广义技术变量、w 为实际工资、r 为实际利率。

首先，当城市部门的经济系统处于稳定状态时，各项生产决策符合新古典经济学的假定。资本量 K，劳动力 L，总产出 Y 处于均衡状态 K^*，L^* 和 Y^*，工资等于劳动力的边际产出，即 $w = MYL$。此时，劳动收入份额 $LS = \dfrac{wL}{Y} = \dfrac{MYL \times L}{Y} = \alpha$。

当这个均衡系统受到外部要素的冲击时，均衡条件会被打破，系统进入到一个不稳定的状态。例如，由于户籍制度改革的原因，原本完全分割的二元体系被打破；或是在经济一体化的政策下，原本封闭的劳动力市场开始向盟国开放等。这时，大量劳动力会涌入收入水平更高的现代部门，使现代部门的均衡发生改变。由于劳动力市场上劳动力的供给突然上升，而劳动力需求受到产出量、生产技术等的限制，无法马上调整，工资水平将显著下降。此时的劳动收入份额为：

$$LS = \frac{\omega_t L_t}{Y_t} = \alpha \left(\frac{w_t}{MYL_t} \right) \tag{1}$$

由于调整原有的生产技术需要一定时间，劳动边际产出不会发生太大变化，而工资水平在受到劳动力供给冲击后不断下降，有 $w_t \leqslant MYL_t$，因此总有 $LS \leqslant \alpha$。

进一步，本文假设工资受到劳动力供给压力 P 的影响，供给压力增大时工资下降。

$$\text{定性假设 } w_t = \frac{MYL_t - \bar{w}}{P} + \bar{w} \tag{2}$$

将（2）代入（1）中，得到：

$$LS = \alpha \left(\frac{1 - \dfrac{\bar{w}}{MYL_t}}{P} + \frac{\bar{w}}{MYL_t} \right)^{\frac{\alpha}{1-\alpha}} \qquad （3）$$

在(3)中, $\dfrac{\bar{w}}{MYL_t}$ 数值较小且假设技术条件不变,所以其变化程度也相对较小,可以近似认为劳动收入份额 LS 主要受到劳动力供给压力 P 的影响。

$$令\ P = \frac{劳动力供给}{劳动力需求} = \frac{L_{St}}{L_{Dt}} \qquad （4）$$

同时,考虑在系统均衡被打破之后,企业获得超额利润,资本积累的速度也将改变。在企业不断进行资本积累与扩大生产的过程中,企业对劳动力的需求也相应上升。在此过程中,就业压力 P 经历了先上升后回落的变化过程,相应的劳动收入份额 LS 也会先下降而后回升。具体而言,城市部门劳动收入份额的变化分为三个阶段:

在系统开放的前期劳动力不断涌入,供给量不断增加,而资本的积累速度无法立刻提高,且由于工资下降,社会总需求较低,因而劳动力的需求提高较慢,劳动力供需压力增大,P 值不断增加;在经济发展一定时间后,劳动力涌入速度放缓,而资本在长期之中完成了大量积累,因此对劳动力的需求也相应增加,劳动力市场的就业压力不再增大,经济发展出现转折点;在经济发展后期,农村劳动力吸收殆尽,劳动力供给几乎不再增加,工资不断回升,经济体内需不断提高,相应的社会产品需求也不断提高,故劳动力需求增大,就业压力不断减小直至均衡水平。此后,经济再次恢复到均衡状态。

综上所述,劳动收入份额在受到劳动力供给冲击后将表现为一条 U 形的变化轨迹[1]。

---

[1]　详见赵玮璇:"二元经济转型中劳动收入份额的 U 形演变规律探析——基于工业部门的实证研究",(2015)。

下面,考虑劳动力流动性对劳动收入份额 U 形轨迹形状的影响。要素的流动会受到各种因素的限制,对劳动力流动限制的不同大小,会影响到经济系统变量演变的路径,从而使劳动收入份额 U 形轨迹的形状不同。其中影响最大的是劳动力在城乡间转移时面临的阻力,本文将之称为转化成本。城乡二元分割越严重,转化成本相应越大;同时,农村农业现代化发展越快,所产生的剩余劳动力也越多,对城市中劳动力的供给就越多。在这两种效应的综合作用下,不同经济体现代化过程中劳动力份额的变化轨迹呈现出不同的形状,有的较为急剧,有的较为缓和,因而表现为不同的发展模式。下面,本文将对劳动力流动性大小与 U 形演化轨迹形状的关系建立数理模型进行分析。

设转化成本为 C,系统内原有的劳动力为 L_0,系统外待进入的劳动力总量为 L,在劳动力市场开放以后,随着工资差距的不断减小,每年流入的劳动力递减。

以指数函数模拟人口流入的变化趋势,则第 t 年流入的劳动力量为 $f(t)$。

有
$$f(t) = \frac{L}{C1}e^{-\frac{t}{C}} \tag{5}$$

且有
$$\int_0^{\infty} f(t)\,\mathrm{d}t = L$$

劳动力流量随时间的变化趋势如下图所示:

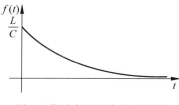

图 1　劳动力流量变化示意图

则就业压力 $P = \dfrac{L_S}{L_D} = \dfrac{\displaystyle\int_0^t \dfrac{L}{c} e^{-\frac{t}{c}} \mathrm{d}t}{L_t} = \dfrac{L(1 - e^{-\frac{t}{c}})}{L_t}$ （6）

又因为此时的 $L_t = \left(\dfrac{Y_t}{AK_t^{1-\alpha}}\right)^{1/\alpha} = K_t \left(\dfrac{Y_t}{AK_t}\right)^{1/\alpha}$ （7）

联立（3）（6）（7）式,有

$$LS = \alpha \left(\frac{K_t \left(\dfrac{Y_t}{AK_t}\right)^{1/\alpha}}{L(1 - e^{-\frac{t}{c}})} \left(1 - \frac{\bar{w}}{MYL_t}\right) + \frac{\bar{w}}{MYL_t} \right)^{\frac{\alpha}{1-\alpha}}$$ （8）

由于 $MYL_t = \alpha \dfrac{Y_t}{L_t}$,为固定比例的劳均产出, $\left(\dfrac{Y_t}{AK_t}\right)^{1/\alpha}$ 表示固定比例的单位资本产出,在技术条件不变时,它们的变化程度都较小。同时,由于 $\bar{w}$ 与 MYL_t 有较大的差距, $\dfrac{\bar{w}}{MYL_t}$ 数值较小,对变量的影响程度也不大。

因而, LS 主要受到 K_t 的影响。

设自变量为 t,当 C 发生改变时,首先函数会在 t 轴上发生横向的伸缩变换。

此外, K_t 的增长速度也将改变。当 C 较小时,大量劳动力进入现代部门,工资急剧下降,资本以较快的速度大量积累,而当 C 较大时,资本的积累速度则减缓。因此,随着 C 的不同,劳动收入份额变化的 U 形轨迹现状也将不同,在转化成本较小时,U 形轨迹变化较为急剧,而当转化成本加大时,U 形轨迹的变化则较为平缓。特别地,当 C 趋于无穷大时,城乡间人口不再流动,U 形曲线退化为一条水平直线。

其变化的示意图如下:

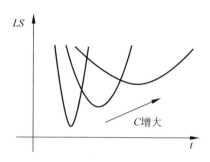

图 2　转化成本对劳动收入份额影响示意图

（二）基于中国、印度、玻利维亚的案例分析

前文已证,由于劳动力要素在城乡之间的流动性不同,劳动收入份额也将表现出不同的演变轨迹。下文将选取三个典型的经济体作为例子,实证说明劳动力流动性的差异如何使其劳动收入份额的轨迹表现出不同特点。

1. 主体国家介绍

出于数据的典型性与可得性等多方面考虑,本文选取了三个新兴发展中国家作为案例进行分析。中国与印度同为人口大国,第二次世界大战之后获得独立,并在持续的经济体制改革中取得了发展,开始了城镇化的进程。在此过程中,中国二元分割现象十分严重,至今仍有严格的户籍制度限制着人口的流动,大量隐性的政治、文化元素更阻碍了农业人口城镇化的转变。不同的是,印度并没有实施人口流动限制政策,乡村部门的劳动力可以自由地进入城市部门寻找工作。然而印度的社会中仍然存在一些隐性的限制阻碍着人口的自由流动。种姓制度作为印度一项深远的社会制度极大地影响着印度人民对改变生活环境的态度,宿命论的思想更让印度人普遍缺乏改变生活条件的积极性。

另外,本文还选取了一个南美洲国家玻利维亚作为对比。巴西、阿根廷等国家存在着十分严重的过度城镇化现象,然而与发达国家不同,拉美国家促使农村移民潮产生的原因并不是农业生产率的提高造成了大量农村剩余劳动力,而是不合理的土地制度和错误的农村现代化模式使得大量农民因农村无法生存而涌入城市,农村人口大规模的转移带有极大的盲目性与不稳定性。如图3所示,在21世纪之前,阿根廷、巴西、智利的城镇化率就已达到80%以上,但这些新进入城市的农村劳动力并未进入工业部门劳动力市场中参与就业,而是长期停留在贫民窟中或从事低端的服务业。因此这些国家并不具有分析的典型性。

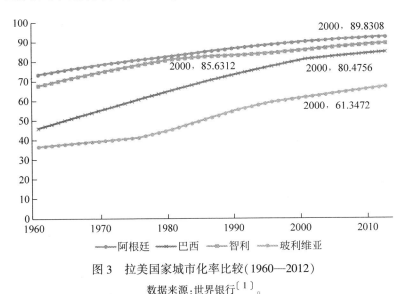

图3　拉美国家城市化率比较(1960—2012)
数据来源:世界银行[1]。

　　玻利维亚作为拉美的一个内陆国家,过度城镇化现象并不严重。同时,从20世纪80年代开始,玻利维亚就开始了经济结构的调整。在新自由主义思想的指导下,玻利维亚实施了私有化的政策,并在90年代对占GDP达70%的国有经济进行了一次大规模的资本化改革。其发展路径与中国有着相似之处;不同的是,作为一

---

[1]　http://data.worldbank.org/

个移民国家,玻利维亚对人口流动的限制比中印更小,不仅没有政治制度上的限制,在思想文化方面,其民众对迁移的积极性也更高。

2. 演化趋势及分析

同上文,印度与玻利维亚劳动收入份额的相关数据可以从联合国工业发展组织(UNIDO)的数据库中获取。而中国的数据则从相关的统计年鉴中换算得出。截取劳动力市场受到冲击后劳动收入份额开始下降之后的数据。下图是三国劳动收入份额随时间演变的散点图:

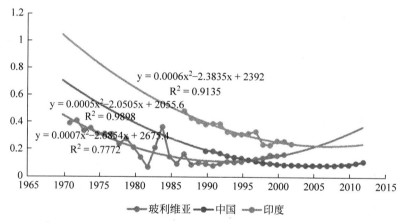

$y = 0.0006x^2 - 2.3835x + 2392$
$R^2 = 0.9135$

$y = 0.0005x^2 - 2.0505x + 2055.6$
$R^2 = 0.9898$

$y = 0.0007x^2 - 2.6854x + 2675.4$
$R^2 = 0.7772$

—●— 玻利维亚 —●— 中国 —●— 印度

图 4　中国、印度、玻利维亚劳动收入份额演化比较(1970—2012)
数据来源:联合国工业发展组织(UNIDO)[1]、中经网统计数据库[2]。

对演变轨迹进行二次项的函数模拟,都具有较高的拟合优度,其中国、印度的拟合优度达到90%。可见其二元转化的过程都具有劳动收入份额演变的 U 形规律。

为了比较这三国劳动收入份额在前期下降的速度,我们选取 U 形曲线的前一部分做线性回归,得到三条不同斜率的拟合回归线。

---

〔1〕　www. unido. org

〔2〕　http://db. cei. gov. cn/page/Default. aspx

如下图所示：

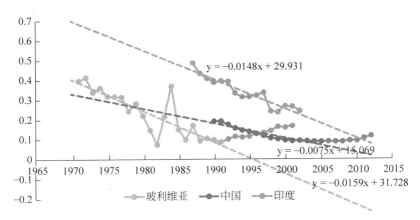

图 5　中国、印度、玻利维亚劳动收入份额下降速度比较(1970—2012)

数据来源：联合国工业发展组织(UNIDO)、中经网统计数据库(同上图)。

图 4 中二次项系数的大小反映了 U 形曲线敞口的大小,图 5 中 x 系数绝对值的大小反映了劳动收入份额下降的速度大小,从这两幅图表中我们可以得出相同的结论:

中国的二次项系数为 0.0005,下降斜率为−0.0075,是三国中变化最为平缓的,可见中国城乡分割的二元体制使劳动力无法快速进入城市,从而对城市工业系统的冲击影响较小,不至于造成劳动收入份额在短时期内的剧烈变化,有效地预防了像拉美与印度般贫民窟现象的出现;但同时也使我国城镇化的速度较慢。从整体来看,中国劳动收入份额的数值也是最低的。可见户籍制度等人口流动限制政策与社会人为阻力严重限制了劳动力对资本的谈判能力,使劳动收入份额一直处于较低的水平,不利于中国内需的扩大与贫富差距的缩小。

印度二次项系数为 0.0006,下降斜率为−0.0148,在三个国家中处于中间地位。而玻利维亚的二次项系数为 0.0007,下降斜率为−0.0159,是三国中变化最为剧烈的。这两个国家都实行着自由的人口流动政策,对人口的迁移没有政治上的限制。然而印度悠久的历史使人们具有恋土的情结,复杂的亲缘关系与家族制度也在无形中约束着人们远迁的动机。此外,具有三千多年悠久历史的种姓制度更是严重限制了人们创造财富的动力。在印度教中,婆罗门利用"灵魂轮回"和"因果业报"来支撑达摩理论,主张只有放弃追求更高的社会地位和财富,认命安于现状才符合"梵"的意思,来生才能进入高一种姓。由于种姓制度而形成的宿命论,使得人们没有积极性去进行人力资本投资,没有积极性去努力追求财富和改变自己的社会地位,这就导致了许多的农村劳动力不愿意向城镇迁移,在客观上对于印度的城市化进程起到了阻碍的作用(熊杰,2012)。与此不同的是,玻利维亚作为初期西班牙的殖民地,是一个种族成分复杂的移民国家,其文化天生具有外向开放与自由发展的基因。因而不论从有形的政治制度上还是无形的思想文化上,玻利维亚对劳动力流动的阻碍都是最小的。在社会自由化改革后,大量的流动劳动力涌入城市部门,在短时间内对原系统造成了巨大的冲击。这反映在劳动收入份额上就表现为一条较为陡峭的 U 形变化曲线。

四、结论及政策建议

　　本文通过数理模型解释了发展中国家随着农业现代化与城镇化而带来的现代部门劳动收入份额随二元转化呈现的 U 形规律,和城乡间劳动力流动性大小对劳动收入份额 U 形轨迹形状所产生的影响。本文提出了劳动力流动过程中可能面临的转化成本,并探讨了这一农业人口向城镇流动的阻碍对 U 形曲线形状影响的作用机制。在此基础上,本文通过对中国、印度、玻利维亚三个发展中国家劳动收入份额变化轨迹的比较,实证检验了劳动力流动性与 U 形曲线形状之间的影响关系:城乡间劳动力二元转化的转化成本降低可能对现代部门造成更大的冲击,从而使劳动收入份额下降过快。

　　据国家统计局最新数据显示,到 2019 年我国城镇常住人口占总人口比重为 60.60%,户籍人口城镇化率为 44.38%,已进入劳动收入份额反弹的区间。面对这一经济发展的必然趋势,我们应认识到目前经济发展模式转型的必要性与紧迫性。在拉动我国经济的"三驾马车"中,投资一直以来都是驱动经济的主导力量,随着资本分配的降低与劳动分配的提高,投资消费共同拉动经济的模式将成为我国未来的发展方式,因而提高内需、合理引导产业结构将成为之后宏观调控的重要任务。同时,随着农业现代化的持续发展以及劳动力不断向城镇部门的转移,我国人口红利必将消失是历史趋势。我国应提早应对,促进产业升级,改变我国在国际分工中的竞争优势,努力向微笑曲线两段上升,从而保证在国际贸易中的地位。

　　另一方面,通过与世界其他发展中国家的比较,可以看到中国在目前发展过程中存在的两大问题:劳动收入份额低于世界整体水平与总体城镇化发展进程略微迟缓。认识到人口流动性对 U 形曲线的影响作用,我们应从合理疏导人口流动的角度入手,调控好我国农业现代化、城市化与工业化的发展速度,防止出现因劳动收入份额过低而引起的贫富分化和因农业人口过快进入城镇而导致的过度城镇化。对此,本文提出如下政策建议:

　　针对我国劳动收入份额整体偏低的情况,我们应在协调好企业积累资本从而升级技术与改善收入分配结构关系的基础上,稳步提高工人工资水平。针对我国总体城镇化发展进程略微迟缓的情况,我们应从多个方面改善劳动力的流动性,提高人口城镇化的速度。根据本文结论,降低城乡间二元转化的转化成本可以加快城镇化的进度。因此,我国应积极促进户籍制度改革,减少人口流动的制度性阻碍。我国户籍制度改革已进入关键时期,对户籍限制的放宽应稳步而有序地进行,不可止步不前也不可激进冒失。此外,我国还应同时促进土地制度改革和农业现代化的进程,通过农业部门生产效率的提高,将更多的农业人口从土地上解放出来;通过推进土地流转制度改革,加快农民工向市民身份的转化,从而实现深度的城镇化和全面的现代化,这也有助于我国早日实现建设社会主义现代化强国的宏伟目标和全面建成小康社会的美好愿望。

参考文献

1. Acemoglu, D., "Labor-and Capital-Augmenting Technical Change.", NBER Working Paper No. 7544, 2000.

2. Decreuse B., Maarekp. "FDI and the labor share in developing countries: A theory and some evidence", http://graham. univ-mrs. fr/IMG /pdf/revised draft-2. pdf, 2011.

3. 白重恩、钱震杰:"国民收入的要素分配:统计数据背后的故事",《经济研究》2009 年第 3 期。

4. 白重恩、钱震杰:"劳动收入份额决定因素:来自中国省际面板数据的证据",《世界经济》2010 年第 12 期。

5. 丛屹、闫亚玲:"劳动要素份额影响因素的实证分析——基于中国省际面板数据的解释",天津市社会科学界联合会. 新规划·新视野·新发展——天津市社会科学界第七届学术年会优秀论文集《天津学术文库》(下)2011 年第 15 期。

6. 龚刚、杨光:"从功能性收入看中国收入分配的不平等",《中国社会科学》2010 年第 2 期。

7. 姜磊、郭玉清:"中国的劳动收入份额为什么趋于下降?——基于二元经济模型的观察与解释",《经济社会体制比较》2012 年第 1 期。

8. 姜磊:"我国劳动分配比例的变动趋势与影响因素——基于中国省级面板数据的分析",《当代经济科学》2008 年第 4 期。

9. 李稻葵、刘霖林、王红领:"GDP 中劳动收入份额演变的 U 形规律",《经济研究》2009 年第 1 期。

10. 李厚刚:"建国以来国家对于农村劳动力流动政策变迁",《理论月刊》2012 年第 12 期。

11. 刘丽:"经济增长过程中工资分配的变动——基于中国经济数据的实证分析",《当代经济科学》2008 年第 4 期。

12. 罗能生、彭郁:"交通基础设施建设有助于改善城乡收入公平吗?——基于省级空间面板数据的实证检验",《产业经济研究》2016 年第 4 期。

13. 罗长远、张军:"劳动收入占比下降的经济学解释——基于中国省级面板数据的分析",《管理世界》2009 年第 5 期。

14. 罗长远:"比较优势、要素流动性与劳动收入占比:对工业部门的一个数值模拟",《世界经济文汇》2011 年第 5 期。

15. 罗长远:"卡尔多'特征事实'再思考:对劳动收入占比的分析",《世界经济》2008 年第 11 期。

16. 任晓红、张宗益:"交通基础设施、要素流动与城乡收入差距",《管理评论》2013 年第 25 期。

17. 王祥峰:"山东省城镇化与农业现代化协调发展研究",山东农业大学 2016 年。

18. 夏美萍:"改革开放以来我国劳动收入份额的研究",暨南大学 2010 年。

19. 谢攀:"中国劳动收入份额影响因素分析——基于省际面板数据的研究",2009 年全国博士生学术会议。

20. 熊杰:"试论种姓制度对印度城市化进程的影响",《社科纵横》2012 年第 4 期。

21. 杨昕:"二元户籍制度下农村劳动力转移对劳动收入占比变动的影响",《人口研究》2015 年第 39 期。

22. 姚先国:"劳动报酬占比下降的'中国特色'",《山东大学学报（哲学社会科学版）》2012 年第 5 期。

23. 姚枝仲、周素芳:"劳动力流动与地区差距",《世界经济》2003 年第 4 期。

24. 周明海、肖文、姚先国:"企业异质性、所有制结构与劳动收入份额",《管理世界》2010 年第 10 期。

25. 周明海、肖文、姚先国:"中国经济非均衡增长和国民收入分配失衡",《中国工业经济》2010 年第 6 期。

（龚六堂,北京大学光华管理学院;赵玮璇,北京大学光华管理学院）

我国农业再保险制度完善与实践创新

罗青　马海超

一、引言

我国是农业大国,2018 年乡村人口为5.64 亿人,乡村人口占全国总人口比例超过40%。尽管第一产业在我国国民经济中的比重不断降低,2018 年第一产业增加值在国内生产总值中的占比仍达到 7%,吸纳超过2 亿人口就业。妥善解决好农业、农村、农民这三个重要问题,成为十六大以后中央政府的重点施政目标。自 2004 年以来,我国政府将解决"三农"问题作为实现社会稳定和经济发展的关键,连续 16 年的中央"一号文件"均着眼于"三农"问题。

与第二产业、第三产业不同,农业具有"靠天吃饭"的特点,受自然因素影响大,水灾、旱灾、风雹灾、冷冻灾等自然灾害往往为农业带来巨大损失,严重制约农业产业发展和农业人口增收,也为国家粮食安全带来潜在威胁。我国国土面积广大,气候差异显著,近年来受全球气候变化影响,气象灾害频发。我国气象灾害的发生具有多种类、高频率、广影响的特点,多变的气象灾害给农业生产造成严重损失。尽管近年来我国农业受灾和成灾面积[1]有下降趋势,但依然受灾害影响严重(图 1)。2018 年,我国农业受灾面积达2081.4 万公顷,占农作物总播种面积的 12.55%;成灾面积达 1056.9万公顷,占农作物总播种面积的 6.37%。根据智研咨询发布的报告,2018 年,我国因洪涝地质灾害造成的直接经济损失为 1061 亿元,因旱灾造成的直接经济损失为 255 亿元,因低温冷冻和雪灾造成的直接经济损失为 434 亿元[2]。

农业保险是对农业风险进行管理的制度,是一种对被保险人在农业生产活动中可能的风险损失进行补偿的保障安排,可有效保障被保险人的农业生产积极性。我国的《农业保险条例》对农业保险有明确界定:农业保险是指保险机构根据农业保险合同,对被保险人在种植业、林业、畜牧业和渔业生产中因保险标的遭受约定的自然灾害、意外事故、疫病、疾病等保险事故所造成的财产损失,承担赔偿保险金责任的保险活动。农户等单个成员参加农业保险之后,相当于将农业风险转移给保险公司,保险公司对农业风险定价并收取保费,承诺在发生农业风险时给予赔偿。由此可见,农业保险是一般保险制度向农业领域的自然延伸,以合同关系为基础,具有市

---

〔1〕　受灾面积指因灾减产一成以上的农作物播种面积。成灾面积是指受灾面积中,因灾减产三成以上的农作物播种面积。

〔2〕　智研咨询:《2019—2025 年中国灾害防治行业市场发展格局及投资价值评估研究报告》。

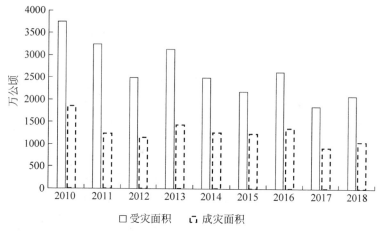

图 1　我国农业受灾面积和成灾面积（2010—2018）

数据来源：国家统计局。

场化、商业化的基本属性。另一方面，为了减轻农户的保费负担，鼓励农户积极参保，降低农业的系统性风险，农业保险公司通常会获得政府的政策扶持和保费补贴支持，因此也具有较强的政策性特征。

随着我国保险业市场的不断发展，我国已逐步建立起农业保险体系。但由于农业风险具有影响范围广、经济损失高的特点，农业保险往往集中赔付压力很大。面对农业巨灾风险引起的巨额经济损失时，农业保险机构承担风险的能力仍然有限，无法实现更有效的风险分散。因此，寻求分散农业巨灾风险的新途径尤为重要。农业再保险是再保险业务在农业领域的一种重要应用形式，是由农业再保险公司对原农业保险人所承担的农业保险风险进行的再一次保险，因而也被称为"农业保险的保险"或"农业分保"。经营农业再保险业务的机构与农业保险机构签订再保险合同框架，承诺当发生农业风险时，农业保险机构可从再保险机构获得一定的赔付补偿，从而达到分散部分或全部农业风险的目的。相比发达国家，我国农业再保险起步较晚，目前还有很多地方存在进一步发展空间。

构建以再保险为基础的农业巨灾风险分散机制,完善相关制度设计,鼓励业界实践创新,对于我国农业产业的健康发展具有重要意义。

二、农业再保险的理论基础

(一) 农业风险管理理论

农业风险管理是风险管理理论在农业范畴的延伸和发展。农业风险管理是指农户对自身生产生活中存在的各种风险进行识别,衡量评估其程度和可能产生的后果,适当采取有效措施予以防范和控制,并将成本和损失控制在最低程度,从而确保农业经营活动正常进行,减少农业风险发生后农户的部分或全部损失。

在 1983 年的风险和保险管理国际协会(Risk and Insurance Management Society, RIMS)年会上,来自世界各国的风险管理专家在美国共同研讨通过了"101 条风险管理准则",作为风险管理的理论依据。基于风险管理基本准则,农业风险管理可以划分为农业风险识别、农业风险衡量评估、农业风险控制等环节,涉及主体主要包括农户、农业保险机构、农业再保险机构、各级政府等。

(二) 农业保护理论

尽管农业在人类文明史中比其他任何产业的历史都更加悠久,但农业就其特点而言表现出明显的弱质性,主要体现在:首先,农业对自然条件依赖极为严重,无论是可改造的地形、水肥等条件,还是不可改变的天气、旱涝等条件,都对农业生产具有重要影响;其次,农产品属于大宗商品,在供给端具有明显的同质性,农户的议价能力差,属于价格的被动接受者;再者,农产品是生活必需品,可替代性差,价格弹性低,农产品的价格波动基本不会改变消费需求,对消费端的传导效应强。

农业保护理论认为,由于农业具有弱质性特点,以及农业在国民经济中占据基础性地位,因此应当将农民的利益置于优先地位,对农业与工业、服务业进行区别对待。基于农业保护理论,大多数国家都将农业作为保护对象扶持其发展。从农业保护的主体角度而言,农业保护就是政府实行政策干预,保证农业发挥其基础性作用,使农业能够更好地适应市场经济。从农业保护的客体角度而言,狭义的农业保护是将农业产业本身作为保护对象,广义的农业保护则是协调工农业的资源配置和利益分配,使得农业和非农业均衡发展。

(三)公共物品理论

公共物品是与私有物品相对而言,是指不能由私营部门通过市场提供,而必须由公共部门以非市场方式提供的物品或劳务。公共物品的范围不仅局限于有形的物品,也包括无形的服务。公共物品具有三个方面的特性:效用的不可分割性、消费的非排他性、受益的不可阻止性。根据非排他性的强弱程度,公共物品可分为纯公共物品和准公共物品。纯公共物品具有完全的或无限的非排他性,理论上可供无限多的人消费。准公共物品具有局部的或有限的非排他性,若超过一定的临界点,非排他性就会消失,拥挤就会出现。

就农业领域而言,由于农业再保险的政策属性,农业再保险体系相当于提供了一套分散农业巨灾风险的社会机制,从而保障农业生产和粮食安全,每个社会公民都将从中受益。与任何公用事业、公益服务类似,农业再保险体系的建立提供了一项社会服务,表现出非排他性,具有公共物品的属性。

三、我国农业再保险的发展历程

我国的再保险业整体上起步较晚,上世纪 90 年代中后期,我国才出现专业的再保险公司。在农业再保险方面,相关的政策和实践只经历了十几年的发展,目前还处在逐步完善阶段,距离发展成熟还有很长的路要走。

在政策方面,2006 年,国务院颁布《关于保险业改革发展的若干意见》,首次提出"探索建立中央、地方财政支持的农业再保险体系"。2007 年,中央"一号文件"再次提出"探索建立中央、地方财政支持的农业再保险体系",中国农业再保险制度建设迈出坚实一步。2008 年,国务院《关于切实加强农业基础建设进一步促进农业发展农民增收的若干意见》再次提出"建立健全农业再保险体系"。2010 年,中央"一号文件"提出"健全农业再保险体系"。2014 年,中央"一号文件"提出"鼓励新型保险再保险模式的开展",并指出"鼓励开展多种形式的互助合作保险"。2019 年,中央"一号文件"进一步提出"扩大农业大灾保险试点"。从"探索建立"到"建立健全",再到"鼓励创新",体现出我国农业再保险制度建设逐渐深化,中央对发展农业再保险的政策支持力度不断加大(表 1)。

表 1　中央"一号文件"关于农业再保险内容

年　份	内　　　容
2007	扩大农业政策性保险试点范围,完善农业巨灾风险转移分摊机制,探索建立中央、地方财政支持的农业再保险体系
2008	建立健全农业再保险体系,逐步形成农业巨灾风险转移分担机制
2009	加快建立农业再保险体系和财政支持的巨灾风险分散机制
2010	健全农业再保险体系,建立财政支持的巨灾风险分散机制
2012	健全农业再保险体系,逐步建立中央财政支持下的农业大灾风险转移分散机制
2013	推进建立财政支持的农业保险大灾风险分散机制
2014	鼓励开展多种形式的互助合作保险,规范农业保险大灾风险准备金管理,加快建立财政支持的农业保险大灾风险分散机制
2017	开展农民合作社内部信用合作试点,鼓励发展农业互助保险
2018	加快建立多层次农业保险体系
2019	扩大农业大灾保险试点和"保险+期货"试点
2020	抓好农业保险保费补贴政策落实,督促保险机构及时足额理赔

在实践方面,2007年,中国再保险集团作为中国唯一一家开展农业再保险业务的保险公司,相继与经营农业保险的承保公司签订农业再保险合作协议,中国的农业再保险体系从此进入探索和实践阶段。2014年11月,中国再保险集团与23家具有农业保险经营资质的农业保险公司共同发起组建中国农业保险再保险共同体(简称"农共体"),中国农业再保险体系进入新的发展阶段。目前,我国已有5家专业性农业保险公司,分别为安信农险、国元农险、中原农险、安华农险、阳光农业相互保险,5家农业保险公司的原保险保费合计收入达到170.4亿元。然而,到目前为止我国还没有专门的农业再保险公司。2019年2月,中国人民银行、银保监会、证监会、财政部、农业农村部五个部门联合印发《关于金融服务乡村振兴的指导意见》,意见中指出"落实农业保险大灾风险准备金制度,组建中国农业再保险公司,完善农业再保险体系",明确提出建立中国农业再保险公司,这将弥补我国专业性农业再保险公司的空白,对于我国农业再保险的发展具有里程碑意义。

中国农业再保险体系的建立和完善,是制度和实践不断融合的产物。目前,中国农业再保险产品分类管理、分保多样化需求、风险量化和评估、灾难保护技术等都处于初级阶段,大量的技术工作刚刚起步,有待进一步发展完善。

四、国外典型农业再保险的模式分析

从全球范围来看,美国、加拿大、韩国和日本等国由于农业保险发展成熟,不仅有较为发达的农业保险制度,而且还有比较完备的农业再保险体系。虽然这些国家的农业再保险发展模式不尽相同,但它们的成功经验值得我国借鉴。

(一)政府下属再保险机构模式——以美国为例

现阶段建立起农业再保险体系的国家之中,美国的农业再保险制度是最为完善的,它属于一种政府机构主导参与型模式。早在1838年,美国就出台《联邦农作物保险法》,明确了农作物保险的目的、性质、经办机构等诸多内容。1938年,联邦农作物保险公司(Federal Crop Insurance Corporation, FCIC)成立,起初主要负责经营农作物保险。1947年,美国颁布《标准再保险协议》(Standard Reinsurance Agreement, SRA),规定私人保险公司经过批准的保单可以从FCIC获得再保险。根据1980年修订的《联邦农作物保险法》,私人保险公司不仅可以参与农作物保险和再保险,还可以担任FCIC的代理人。在政府财政和优惠政策的鼓励下,许多私人农业保险公司纷纷承保,到2001年,FCIC基本不再经营农业保险业务,仅负责经营再保险业务,提供比例再保险和非比例再保险两种形式的再保险业务。在实践中,SRA不断完善,于2014年进行了最新修订,对业务和公司这两个层面上的再保险保障予以规定。

(二) 设立政府再保险基金模式——以韩国为例

韩国为了应对巨灾带来的农业风险,通过立法建立了农业再保险制度,其特点是设立政府再保险基金,提供农业再保险服务。韩国在《农渔业灾害保险法》中规定,政府可以从事灾害保险的再保险业务。依照法律,韩国的农林水产食品部设立了农渔业灾害再保险基金,为农业再保险业务提供必要的资金来源。农渔业灾害再保险基金的主要资金来源包括再保险费、政府财政、其他机构捐款、基金运营收益等,并依照韩国总统令,将基金委托给指定的受托管理人。经营农业保险的水产、山林合作组织、保险公司都需要与农林水产食品部签订协议,明确保险费缴纳、保险金支付等事项。

(三) 政府与商业再保险机构合作模式——以日本为例

为了保障粮食安全,日本对部分有关基本民生的农作物实行法定的强制保险,如小麦、水稻等。为了应对农业风险,日本构建了多重风险保障机制。日本的农业保险组织分为三个层级,第一级为农业共济合作社,第二级为农业共济联合会,第三级为农业共济再保险特别会计处。农业共济合作社是互助性质的基层保险组织,向本地区的所有成员承保,同时向农业共济联合会进行分保。1952 年,农业共济联合会和政府共同出资设立农业共济基金。当农业共济联合会的赔付资金不足时,可申请由农业共济基金为其提供再保险,从而发挥兜底性质的再保险作用。日本构建的多重风险保障机制,可以实现分保后再分保,有效对农业生产的风险进行分散,为农业生产和农民生活提供了保障。

(四)商业化再保险公司模式——以印度为例

印度属于发展中国家,具有经济发展水平不高、农业生产力较低、应对农业巨灾风险能力较弱的国情。印度的农业保险大多是强制保险,选择本国重要的农作物进行承保,主要由国家保险公司或农业保险专业机构提供。印度的农业保险体系中包含多种主体,联邦政府、各邦政府按比例负担农业保险赔款和保费补贴,保险公司实施具体的农业保险计划,银行等其他参与主体则配合保险的销售及投资。印度的农业再保险机制主要由国家经营的农业保险公司承办农业再保险业务,然后分保给国际农业再保险机构,如伦敦再保险市场、新加坡再保险市场等。可以看出,印度的农业再保险由政府和商业机构共同参与,具有较强的商业化属性。

五、我国农业再保险面临的问题与挑战

(一)法律规范不足

农业保险作为一个高风险、低收益、组织管理困难的险种,需要政府的支持和政策的引领,而农业保险相关的法律法规则是农业保险规范运行的核心要素。从国外农业再保险的发展经验来看,农业

再保险较为发达的国家几乎都通过制定法律制度,对农业再保险基金、农业再保险合同等作出详细规定,从而规范农业保险的实施。农业再保险法律法规的完善是农业再保险制度完善的重点,也是农业再保险市场健康发展的重要因素。目前,我国的法律法规缺少对农业再保险的明确规定,《农业法》中并没有再保险相关内容,《保险法》中只对再保险的概念、原保险的被保险人、再保险的接受人和分出人作了简单规定。由于我国农业再保险的法律法规不足、缺乏系统化的法律设计,农业再保险市场中各类主体的权利难以得到明确保障,义务难以明确规定,市场规则的设计和市场运行的监管缺少法律依据。

(二) 财政支持不够

从美国、韩国、日本、印度等国的经验来看,虽然各国农业再保险的发展模式不尽相同,但都与政府的财政支持密切相关。由于国内再保险市场的承保能力有限,目前只有少数再保险公司在国内开展农业再保险业务。一方面,我国对农业再保险的财政支持力度还不够。另一方面,某些农业保险试点项目采取了非货币形式的保费补贴,农业再保险公司无法直接分享此类补贴,在一定程度上制约了再保险公司开展农业再保险业务的积极性。

(三) 市场监管薄弱

监管制度对农业再保险市场的建立和运行具有重要意义。目前,我国的《保险法》和《农业保险条例》均未对农业再保险的合同管理和业务经营进行规范。我国农业再保险监管的缺失,不仅不利于建立公平、开放、规范、有序的市场环境,从长远来看也不利于政府财政支农资金的安全有效使用。建立和完善农业再保险监管体系,弥补规则缺位,是我国农业再保险健康持续发展的必然要求。

六、我国农业再保险发展的政策建议

（一）选择合适的农业再保险发展模式

总结分析世界各国的农业再保险模式可以看出，政府机构模式、政府基金模式、政府和商业机构合作模式、商业化模式各有利弊（具体见表2）。在农业再保险模式的选择上，应当基于我国具体国情，选择最适合我国制度的发展模式。

表2　世界各国农业再保险模式的利弊

国家	模　式	利　端	弊　端
美国	政府机构模式	政策性较强，可直接享受政府的税收减免、补贴等优惠政策	增加政府财政支出
韩国	政府基金模式	受托管理人对基金进行专业化管理	基金管理人的选聘、监督及基金的投资运营方面压力较大
日本	政府和商业机构合作模式	政府作为部分出资人，只扮演最后的"守夜人"角色，发挥最后一道屏障的兜底作用	层级较为复杂，效率受影响
印度	商业化模式	灵活性较高，引入国际一流再保险机构参与	政策性较弱，难以发挥对农业巨灾风险的兜底保障作用

农业再保险作为农业保险体系的重要组成部分，是降低农业系统性风险、提高农业巨灾风险应对能力的有效途径，不能缺少国家的引导和支持。我国农业再保险的经营管理模式应当首要考虑政策性，美国的政府机构模式或韩国的政府基金模式可作为参考样本。与此同时，为了减轻政府财政支出压力，降低基金管理人选聘中的道德风险，可进一步发挥我国的制度优势，以国有企业作为农业再保险运营主体，发挥类似美国FCIC或韩国农渔业灾害再保险

基金的功能,在确保政策传导到位的同时,开展一定的市场化运作。在这一模式下,农业保险业务可继续交由符合条件的商业保险公司经营,而再保险业务则由商业化经营、政策性兜底的国有农业再保险公司主导。

经过农共体过去几年的实践,中国再保险集团在农业保险分保方面积累了一定经验,与国内农业保险公司建立起了比较广泛的业务合作。在国家已明确提出组建中国农业再保险公司的背景下,应充分利用中国再保险集团积累的资源优势,在此基础上整合资本、人才、市场资源,加快中国农业再保险公司的组建步伐,打造国际一流的农业再保险专业机构,发挥国有金融企业的优势,履行国有金融企业的使命和责任。

(二) 完善农业再保险制度建设

通过世界各国的经验可以看出,农业再保险体系的稳固需要立法先行。美国历史上曾对《标准再保险协议》(SRA)进行多次重大修改,韩国《农渔业灾害保险法》确立了政府提供农业再保险的法律基础,日本和印度对重要农作物实行法定的强制保险,均为农业再保险提供了法律制度保障。

我国的农业再保险制度在不断完善,但现有的法律法规还远远不够。我国通过《农业保险条例》《农业保险大灾准备金管理办法》等多个政府文件,对农业保险大灾风险分散机制、大灾风险准备金制度等进行了明确和规范。下一步,应当在农业再保险制度的功能定位、农业再保险市场准入制度、农业再保险理赔制度、农业再保险机构监督管理等方面加强制度建设,完善相关的法律法规,促进我国农业再保险的长期健康发展。

(三) 加强对农业再保险的财政支持

农业再保险属于特殊险种,定价机制较为复杂,商业利润空间有限,国家应给予农业再保险充足的财政支持。在农业保险机构投保农业再保险时,可提供一定的保费补贴,减轻农业保险机构的财务负担。对于专业的农业再保险机构,可在其经营初期给予税收优惠政策,在紧急情况下为其提供优惠贷款,支持其发行债券募资。对于农业再保险专项基金、专项补贴等,应当加大定点投放、精准投放力度,保障专款专用,最大化资金效能。

(四) 加大农业再保险市场监管力度

农业再保险事关稳定农业生产和保障基本民生,应加强对农业再保险市场的监督管理,营造有利的市场环境。在监管主体方面,建议成立专门的农业保险监管机构,专门指导和监管农业保险和再保险市场。在监管内容方面,应提高农业再保险市场准入门槛,不断创新监管方式,积极引导行业自律,提升从业人员的专业素养,维护农业再保险市场的公平竞争和有序发展。

参考文献

1. Goodwin, B. K., "Problems with Market Insurance in Agriculture", *American Journal of Agricultural Economics*, vol. 83, 2001, pp. 643-649.

2. Mario, M., Dmitry, V., "Innovations in agricultural and natural disaster insurance", *American Journal of Agricultural Economics*, vol. 83, 2001, pp. 650-655.

3. Porth, L., Tan, K. S., Weng, C., "Optimal reinsurance analysis from a crop insurer's perspective", *Agricultural Finance Review*, vol. 73, 2013, pp. 310-328.

4. Turvey, C., Nayak, G., Sparling, D., "Reinsuring agricultural risk", *Canadian Journal of Agricultural Economics*, vol. 47, 1999, pp. 281-291.

5. 白玉培:"以再保险为基础的我国农业保险巨灾风险分散机制构建研究",《农业经济》2016 年第 7 期,第 96—98 页。

6. 何小伟、刘佳琪、肖宇澄:"我国农业再保险体系的完善研究",《中国保险》2016 年第 10 期,第 28—32 页。

7. 厉以宁:"改革并不是不要农民,改革需要新农民",《农村工作通讯》2018 年第 3 期,第 57 页。

8. 厉以宁:"让农民成为市场主体",《农村工作通讯》2013 年第 23 期,第 28 页。

9. 厉以宁:"提高农民收入的新路子",《农村工作通讯》2012 年第 3 期,第 49 页。

10. 高岑:"国外典型农业再保险发展模式分析及其启示",《农村经济与科技》2019 年第 2 期,第 212—214 页。

11. 李有祥、张国威:"论我国农业再保险体系框架的构建",《金融研究》2004 年第 7 期,第 106—111 页。

12. 刘珅、陈可欣:"关于发展农业再保险的财政法律与实践探讨",《法制博览》2019 年第 18 期,第 249 页。

13. 龙文军、万开亮、李向敏:"我国农业再保险体系建设研究",《农业经济问题》2007 年第 6 期,第 56—59 页。

14. 吕晓英、李先德:"美国农业再保险制度及其对中国建立农业大灾风险分散体系的借鉴",《世界农业》2014 年第 10 期,第 1—4 页。

15. 吕晓英、李先德:"政策性农业再保险运作方式的动态模拟",《保险研究》2010 年第 7 期,第 46—51 页。

16. 马莉:"美国农业再保险法律制度及其对中国的启示",《世界农业》2016 年第 2 期,第 78—81 页。

17. 王辉、王元建:"我国巨灾再保险发展的困境、对策和路径选择",《金融经济》2019 年第 10 期,第 12—15 页。

18. 王野田、李琼、单言等:"印度农业再保险体系运行模式及其启示",《保险研究》2019 年第 1 期,第 45—57 页。

19. 袁祥州、朱满德:"美国联邦农业再保险体系的经验及对我国的借鉴",《农村经济》2015 年第 2 期,第 124—129 页。

20. 张长利:"农业再保险制度比较与借鉴",《西南金融》2013 年第 4 期,第 34—37 页。

(罗青,内蒙古呼和浩特市委、市政府,和林格尔新区党工委、管委会;马海超,中国投资有限责任公司)

农地金融化中的风险甄别与防范研究

周小全　白江涛

伴随"三权分置"改革的顺利推进,借助金融创新,实现农地金融化以唤醒农村沉睡的土地资源,成为破解"三农"问题的关键一环。然而,农地金融化关乎农民切身利益,防范和化解金融风险不容忽视,本文聚焦政策性、合作性、商业性融合的农地金融化风险甄别和防范措施展开分析,通过剖析农地金融及其创新发展中的主要风险,提出了防范农地金融化风险的措施和建议。

一、引言

在城乡二元结构的背景下,乡村信贷弱势特征显著,农村金融供需关系紧张,直接催生了农村民间金融的兴起和发展壮大,与之相伴的风险也逐渐凸显,例如,凭借"血缘""业缘"和"地缘"等圈子关系来融资,获得资金的稳定性不强,在融资过程中又缺乏科学公允的定价,抑制了融资的规模;地下钱庄和影子银行融资不规范,融资成本较高;民间非法集资案频发等等。另一方面,农村拥有富集的土地资源,但其金融价值却一直以来被严重低估,再加上受制于农地制度及其土地所有权属性,农地金融在过去的很长时间成为了金融创新的禁区,直至十八大以后,农地确权和土地流转等举措纷纷到位,"三权分置"改革正式提出,农地金融化的政策环境才明显改善。同时,农地涉及大约 6.7 亿农民的根本权益,防范金融风险不容忽视,因此农地金融化进程,除了要考虑资本市场赋予的商业性,还需要借助"政策性"引导予以辅助,同时借助"合作性"来实现利益共享和风险共担,只有这样,农地金融化实践才能稳步推进。本文通过研究农地金融化面临的主要风险,从不同维度甄别和解析各类风险,并有针对性地提出相关措施和建议。

二、农地金融的内涵与发展现状

(一) 农地金融的概念

农村土地金融可简称为农地金融,是凭借农村土地承包经营权作为核心基础资产开展融资授信活动的总称[1],农地抵押是农地金融化的初级阶段,也是开展其他农地金融实践的基础,包括农地信托、农地证券化在内等其他形式都是农地抵押融资的延伸和转化[2]。在我国农地流转和农地金融化一直受到《物权法》和《担保法》的制约,农地金融实践成为敏感领域,导致我国农地资源的金融属性一直没有充分发挥出其应有价值,直到 2016 年"三权分置"改革首次提出在"稳定农村土地承包关系,落实集体所有权,稳定农户承包权"的基础上"放活土地经营权"[3],至此农地确权、农地流转、农地质押融资等一系列新突破、新尝试开始正式启动,特别是十九大以后,二轮农地延包、"三权分置"经验推广、增减挂钩指标可跨省调剂等涉农政策频频出台,农地金融所需的政策环境不断优化,农地金融实践也逐步向纵深推进,在这样的趋势和背景下,如何甄别、评价和防范农地金融实践过程中产生的风险,具有极强的时代意义和现实价值。

(二) 我国农地金融实践的发展现状

农地金融实践曾受农地制度的制约成为金融化的禁区,起步较晚,近年来随着我国城镇化进程的推进和农村经济的发展,如何盘活农地资源,助力"三农"问题的解决成为中央高层关注的重点,党的十九大报告中,"三权分置"的尝试以制度的形式得以明确,2018—2019 年的政府工作报告中都将深化农村土地制度改革作为重点来强调,农地金融化的政策环境逐步明朗,通过制度改革盘活农地资源,让农地流转、整合有助于农村从传统的分散化经营模式向规模化、机械化、现代化的运作模式转变,同时也有助于金融资本与农业资本的融合,提升农地利用效率和融资能力。这对于解决"三农"问题,加快建成全面小康社会起到了关键性的作用。

在政策的引导下,我国农地金融实践发展迅猛,主要体现在三个方面:一是农村金融基础设施建设日益完备。根据银保监会发布的数据[4],截至 2016 年末,全国已组建村镇银行 1519 家,村镇银行资产规模达到 1.24 万亿元。全国累计设立小额贷款公司 8673 家,助农取款服务点达到 98 万个,覆盖行政村超过 50 万个,行政村覆盖率超过 90%。农村信贷业务覆盖面明显提升;二是农地相关的金融产品日益丰富。尤其是涉农担保品范围和农地抵押业务的金融产品明显扩展,"三权分置"和"两权"抵押贷款试点顺利推进,以农地质押、农地担保、农地信托、农地证券化以及农地金融保险为代表的多个领域农地金融化业务创新快速展开。银保监会的数据显示：截至 2016 年年末，我国共有 232 个农地抵押贷款试点县，贷款的存量规模为 140 亿元；三是农村金融服务的政策环境不断优化。一方面，货币政策定向发力，涉农业务优先享受包括：存款准备金率、MLF、TMLF 再贴现率等多种定向货币工具的支持，此外，监管层也将涉农业务开展情况与监管考核激励挂钩，引导金融供给向农业倾斜。另一方面是，中央财政加大农业保险保费补贴力度；对农户小额贷款税收优惠；对涉农金融机构下调增值税税率；扩大各类农业保险保费补贴品种、补贴区域，提高补贴比例等。

从全国农地金融的政策环境、金融基础设施建设进展和农地金融产品的设置上看，农地金融化实践所需的各种条件正在日趋成熟，但同时我们必须注意，由于我国特有国情，在农地制度改革和农地金融规范等方面仍处在起步阶段，农地金融实践中隐含着诸多风险，参与主体有必要加强对农地金融风险的认知。

三、农地金融化中的风险甄别

(一) 农地金融化风险概念

国内学术界关于风险的解释，可以归纳为如下六种：(1)风险是结果的不确定性；(2)风险是坏事件发生的概率；(3)风险是实际值对期望值的偏离度；(4)风险是损失的起因；(5)风险是受伤害或损失的结果；(6)风险是多发性维度和破坏性维度的综合指标。上述解释从不同角度揭示了风险存在的波动性（即对期望的偏离）、损失及危害等内在特性，其实质是由于不确定性引致的实际结果与人们对该结果的期望值之间的偏离，这一偏离可能是损失也可能是盈利，风险具有双侧性。但本文所指的风险主要体现在发生"坏事情"的概率。

农地金融化是以获取农业生产所需中长期资金为目的，以农村土地作为信用保证,围绕农地开发、生产、经营,创设各种金融工具而进行资金筹集、融通等金融活动的一种制度安排。套用上述说法,在农地金融化实践过程中,包括政府、金融机构、农户或农地经营者在内的参与主体发生损失的概率就是农地金融化风险。在导致风险释放的诸多因素中信息缺陷是最大的问题,我国农村土地流转情况复杂,信息不充分的问题较为普遍,出于避险考虑,一定程度上抑制了农村金融供给和需求。

(二) 不同农地金融形态的风险

在实践中,农村土地金融的形态不同,风险程度也不尽相同,如按照资本化程度(指金融要素参与农地流转的程度)和外部性(指农地金融业务为农户和社会带来收益或损失的情况)大小可将农村土地金融形态分为四类,不难发现各类农地金融形态所面临的风险存在差异,具体如下:

一是农地信用社融资。这种金融形态的主要特征是:市场化程度低,外部溢出效应有限,对资本市场的影响小。农信社融资的参与主体是自愿自发的,其规模不大,个别农户小额融资需求时可借助这种渠道,通常农信社自有的资金有限,金融供给力度有限。信用社融资的风险等级较低,但也不排除合作社自身的运营风险和地租偿付违约风险。

二是农地信托。该形态的特点是:具有一定的外部性,但是资本化程度相对有限,农地流转运作涉及的农户数量、农地规模以及融资金额都较农地信用社大,其主要风险源自农地流转中的收益增值不稳定,农地经营产生的现金流受天气和市场的影响较大,农业收益的波动带来信托机构的运营风险。

三是农地抵押。该形态借助农地经营权的抵押,从金融机构获取资金,被抵押的农地可用于流转经营,直到农户或农企偿本付息后归还其经营权,一般情况下,农地经营权质押和流转过程参与主体少,主要发生在出质方(农户)和质权方(金融机构)之间,资本化程度比较高,但对农户的影响相对较小,从事农地抵押融资的组织机构多以政策性银行或者农业相关事业单位为主,运营规范性较强。当前农地经营权抵押的实践仍在摸索中,无论是全国性还是地方性的产权交易平台都尚未完善,现有的农地制度也面临新的改革,政策预期以及标的物处置上仍存在着不确定性。这一金融形态的本质是农村承包土地的经营权作为对冲信用风险的抵押物而获取金融信贷,在贷款期限方面,通常抵押标的物的出质时间以及标的物在出质期间的现金流贡献度,只有在抵押期间收益水平足够平抑时间成本和支付风险报酬的情况下,商业性的金融部门才会有意向提供相应期限的货币供给。由于抵押融资规模受制于抵押物的价值,同时考虑到信贷风险补偿,实际获得贷款的额度通常低于抵押物自身价值,融资成本也在银行信贷利率基础上对风险溢价率进行加成。不难发现,农地经营权抵押风险不仅包括处置风险,还存在信贷期限风险,以及农地受天气影响产生的价值波动风险,农地经营权抵押需要借助高度资本化、市场化的风险定价来达成融资双方的均衡条件。

四是农地证券化。农地证券化指的是农地经营权的证券化,凭借农地在农业生产中的价值及其运营过程中带来的收益作为发行证券的基础。证券化是农地金融的高阶产物,由于证券化过程较为复杂,涉及的参与主体也相应较多,例如:证券机构、会计师事务所、资产评估机构、担保增信机构、评级机构、地方政策性基金等。农地经营权证券化的特点是资本化程度高、影响范围广,外部性强,为了有效防范风险,证券化操作的要求也最高,尤其是在 SPV 风险隔离设置和信用监管层面,然而当前我国在农地证券化实操方面的法律规制仍有待完善,再加之我国资本市场发育还不成熟,因此,当前开展农地证券化的主要风险体现在法律风险和制度风险。

表 1　不同农地金融化形态的风险比较

农地金融形态	影响力维度	资本化维度	综合风险评价
农村土地信用合作社	较低	较低	较小
农村土地流转信托	较高	较低	较小
农村土地抵押	较低	较高	较高
农地证券化	较高	较高	较高

四、不同参与主体面临的风险

在农地金融化的过程中,多方参与主体共享利益,共担风险,在风险的传导链条上,各参与主体都面临着自己的风险点,具体如下:

(一) 政府面临的风险

政府在资本市场配置中的作用主要体现在:信息服务、制度建设、政策引导和监管规范等方面,在市场失灵的时期或运作环节,需要主动调控发挥经济职能,改善农地金融环境,应对农地金融化风险也是政府农村工作的重点之一。

一是决策风险与制度风险。决策风险主要体现在建立或完善农地金融制度时,政府需要慎重考虑制度能否实现预期目标、是否具有可操作性、选择何种实施方案、具体实施过程中的配套制度是否能及时到位等等,上述任何一个环节的判断均可能会带来不同效果甚至是巨大的损失。在我国,农地金融走在金融实践的最前沿,作为一种金融创新,必然需要更多新的规制予以匡扶,在既有制度尚未涉及领域还需通过相关配套制度加以补充,此外,新制度与既有制度之间或存在协同互补,或相悖抵触,这就需要不断修订和矫正,在这个过程中政策的细微调整都会引起微观主体在决策上的不确定性,我们将其称为决策风险。

二是金融安全风险。农地金融制度的创新安排或是农地金融工具的创造和应用,都是农地金融体系的重要组构,会影响到国家货币政策、经济政策的运行状况。为防止农地金融业务的开展触及金融安全,需要加强针对性的监管和规范,尤其是注意建立健全与农地项目相关的信息披露制度,信息系统质量关系到预期传导机制的效率,为抑制"逆向选择"和"道德风险"的发生,应加强项目信息监管,构建防火墙制度,防止农地金融风险扩散。

三是资金风险。主要体现在农地金融化过程中,政府不仅要在法律、制度上给予保障,还需要在资金上给予支持(农地金融中的政策性所需)。由于政府所支持的资金来源于财政支出,这部分资金如果不能按照预期目标收回,就会影响到财政资源的有效配置,进而影响到经济的发展。

(二) 农地金融机构面临的风险

在农地金融化过程中,农地金融组织或金融机构一方面要贯彻执行国家的农地金融政策,另一方面要为农户提供农地金融服务,办理具体的业务,这一过程中,金融机构面临的风险主要包括如下几方面:

一是政策风险和法律风险。十九大以来农地制度改革提速,在二轮农地延包、三权分置推广、增减挂钩指标跨省调剂等涉农方面的政策频频出台,农地金融化所处的政策环境正在发生变化,一方面新的政策导向搞活了现有农地运营方式,提高了农地资源的利用效率,但另一方面政策变动期也会带来不确定因素,例如,此前农地金融组织或金融机构制订的经营管理计划,签订的合作协议,以及监管所需的规制规范等或因为政策变化需要调整,适应新环境一定程度上也增加农地金融化的运作成本;再比如,"三权分置"改革正处于从"试点"走向"推广"的过渡时期,部分地区仍需依据我国《土地管理法》《担保法》关于耕地承包权的约束要求,无法利用土地权益及其附着物设立抵押权,因此不同地区在开展农地金融化实践中面临的情况也存在差异,政策和法律的变化更会影响到农地金融化相关业务的执行。

二是农地价值评估风险。当前我国农地评估标准和制定化规范尚不完备,评估方法不能统一,金融机构在审核信贷风险和信贷规模时缺乏足够权威的农地价值评估凭证。如果没有完善的土地、住宅产权交易市场和规范的交易机制做支持,农民抵押权的土地、住宅的资本化都面临价格不确定性,可能会出现大幅波动的风险。

三是信用违约风险。农业生产受季节和气候影响显著,产量不稳定可能会导致市场预期的变化,对农地金融产生抑制,导致信用违约,除了自然因素以外,市场波动是信用违约的另一主要因素,通常情况下两者共同作用。风险的传导路径主要有两个:一是自然因素影响农产品市场的供需结构,带来价格浮动,市场预期伴随价格变化自我加强,通过农种库存、种植生长周期和现金流作用于企业业绩和信贷偿付能力,若不能及时履约则引发信用风险;二是国际国内市场价格联动,例如外贸冲击等外部因素,干扰国内市场价格,影响农业生产意愿,农地经营主体业绩发生波动,最终触及信用违约风险。上述两种传导路径较为常见,尚不包含人为因素,面临经营主体业绩不稳定的情况时,农村信用体系和参与主体的应激反应就更加关键,我国农民和农业生产经营主体的法制化意识、契约精神和受教育水平虽有改善但较发达国家的成熟市场有一定差距,市场波动容易引发道德风险,农户过激反应包括:提前回收土地,增加地租,或直接单方违约等行为,对开展此项信用业务的金融机构带来冲击。

四是违约处置风险。由于缺乏政策法规依据,抵押物处置难以通过法律手段强制执行,使得经营户缺乏按期偿贷的积极性。当前我国土地流转市场尚处在起步阶段,流转交割并不十分活跃,抑制了流转的周期频率,叠加农地的战略属性要求不可改变其用途,这也一定程度减缓了流转速度,提升了质押标的的处置难度,增加了信贷风险,降低了金融机构提供信贷的意愿。除了制度因素,市场环境也是重要的制约因素,主要反映在专业化农地金融中介发展不成熟,例如,我国缺乏专业的涉农抵押信用评估和担保机构以及违约处置机构,这使得在项目启动前,参与主体对标的资产的价值核算和风险评估不足、对项目的增信和担保不足;项目启动后,一旦触发违约,没有充足的风险分担对冲工具,又进一步影响了抵押标的的处置效率。专业的涉农金融中介服务尚显不足,也一定程度上增加了开展农地金融业务的风险。

(三) 农户层面所面临的风险

一是农民权益风险。农地金融中,信托公司难以与单个农户签订委托协议,也就是说委托人通常不是农户,而是负责归集土地使用权的组织,现有实践模式中通常是由村委会、土地合作社等组织完成,或是当地政府直接介入。政府或村委会在介入过程中形成资源垄断,在缺乏市场化运作机制的情况下,农地流转和金融协议的签订,难免会出现利益倾斜、利益输送等寻租行为,加重农户在流转和融资中的弱势地位,提升了抵押标的失权的潜在风险。

二是价值挤占风险。农地金融化的基础是价值评估,随着"三权分置"改革的推进,农地流转的政策环境改善,但是农地经营权的价值核算仍是主要短板,主要体现在:农地价值评估的方法尚未统一;农地融资市场缺乏权威的农地价值评估机构。现有的商业性金融机构针对农地信贷的发放标准较为主观灵活,价值评估的客观性、专业性和公允性直接影响农地流转和金融化的市场活力,此外,价值评估失准也会导致价值偏离和市场扭曲,变相侵害农地价值和农民利益。

五、金融机构视角下的农地金融风险管控

(一) 加强金融机构的内控机制

农地金融服务链的成长离不开金融中介涉农业务的开展,金融机构的专业性也包括价值识别和风险防控,只有审慎评估经营方式和资产质量,加强对风险的识别、量化测算,才能最终实现风险定价。因此,加强金融机构的内控机制,要求金融机构对农地金融化产品及交易,建立完善的内部监督和风险防范制度,防止和降低金融工具风险。

一方面是降低信贷风险。金融机构的内控系统需要建立一套信贷项目打分系统,其中包括:信贷资产结构和质量,并将量化指标与内控制度对接,强制隔离信用风险。在农地抵押融资实践中,除了在贷款的发放和使用环节上事前控制,还应在项目进展中开展风险识别、监测、评估、预警、处置等一系列操作。

另一方面是强化信息监控。针对结构化金融产品,金融机构在发行前应该加强尽职调查,充分了解项目情况,避免产品"带病发行"。发行之后,金融机构应该持续进行发行人信用评级追踪,督促发行人定期披露主体和运营的基本情况。当出现流动性问题或存在违约风险的情况下,金融机构也应该及时督促发行人,披露相关信息并提示投资者风险。

(二) 信用违约风险的防范

受市场因素和自然因素影响,农地使用效率和市场价值存在波动,再加上市场环境尚不完善,农地流转和金融化的过程中容易触发信用违约风险,为此,金融机构需要加强对农地金融化工具的风险定价,在经营户融资成本可接受的范围内,制定较为市场化的合理产品,做到收益和风险相匹配。

同时,农村土地金融需要诚实守信的环境,健全农村信用体系,是提高农地金融化实施保障的重要基础。农村人口的受教育水平相对低于城镇,部分农户的契约精神和法律意识较弱,因价格波动或期限变更等因素导致的违约纠纷也较多,影响农地信用相关业务的开展。因此,既要推动信用体系建设,金融机构也需要在开展业务的过程中,严格按照内控要求,对发行主体和基础资产的信用风险,事前进行有效评估和管控。

(三) 引入保险机制加强风险保障

农地经营权抵押融资中若出现信贷风险,抵押物的处置问题是关键,由于农地资产的特殊性,其流转和变现都需要严格按照农地制度和配套法规执行,作为金融创新在法律规制中也属前沿地带,处置难度较大,在实际操作中,如果抵押物处置不畅,供给一端的金融机构信贷意愿必将减弱,需求一端违约成本降低,变相激励延迟偿贷,供需趋弱的结果必然是市场的萎缩,因此,降低信贷风险,有必要提升农地抵押标的的处置效率,打消金融供给端顾虑。

在这样的背景下,金融机构贷款风险、投资者持有信托产品和证券化产品的投资风险,就必须运用金融工具进行风险分担,因此有必要引入农地金融工具对应的保险产品。保险机构具备丰富的风险管理经验,对于上述的业务风险能够做到客观的风险识别、量化精算,最终对风险进行定价。此外,需要支持和引导保险业大力发展农业保险业务,借助金融工具对冲农地金融化风险。

六、政府视角下的农地金融风险防范

(一) 健全农地金融发展法律法规体系

借鉴成熟市场的发展过程和成果,政府完善相关法律法规后,既可以推动农村土地金融朝规范化方向发展,又能够助力其发展壮大。在农村土地金融中的各类参与主体获得法律保障后,农村土地金融进而实现了较为健康且有序的发展。例如,德国通过颁布《抵押权及破产令》《抵押权法令》在农村土地抵押权的完备性、适格性、安全性方面予以阐述,为土地抵押贷款机构开展相关业务,提供法律和制度保障。美国通过《联邦农业贷款法》《农业信用法》等,在农村土地金融贷款的具体细节上都做了明确的规定,如运作方式、期限等,增强信贷规范,降低信用风险。日本政府制定了《农业协同组合法》《农地法》《农林渔业金融金库法》《农业信用保证、保险法》《农业信用基金协会法》等法律法规,有效地保护了农村土地抵押贷款参与者的合法利益。

我们建议在"三权分置"改革中总结既有成果,并进一步探讨经营权抵押融资方面的法律和制度,在时机成熟时颁布《农村土地抵押贷款法》《农地信托法》《农地证券化法》等具体制度和法律,加强农地金融立法。

(二) 农地金融发展政策支持

农村土地金融业务兼具商业金融和政策金融的双重属性,这就需要从财政、税收等方面对农村土地金融发展都给予积极支持。例如,法国政府不仅从农业预算中拨付大量贴息资金支持农地金融机构,还对农业信贷银行实行税收减免政策,以及法定准备金优待政策;日本大藏省通过直接投资或购买股份的方式承担或充实土地金融机构资本金,通过"财政投融资特别会计窗口"将邮政等金融机构筹措的资金集中起来转借给农村土地金融机构使用,并且以政府利息补偿形式承担农地金融机构的部分贷款损失;美国通过税收优惠的方式支持联邦土地银行开展业务,例如,针对持有联邦土地银行债券的投资人免交地方所得税等。

为此,发展适合我国国情的农地金融,要以鼓励发展土地规模经营为目的,以不改变土地集体所有性质和农村土地用途、不损害农民承包权益、助力"三农"为前提。在此前提下,首先,要调整国民收入在城乡之间的分配格局,实行农村偏向的分配政策,构建多元化、开放性的支农资金供给体系和投入增长机制,形成以财政投入为导向、金融信贷部门资金作支持、民间资本积极参与、农村集体和农民个人共同承担的多元化投资结构,最终实现城乡均衡配置;其次,培养涉农金融机构,借助财税和信贷政策对开展农地金融业务的单位予以支持,只有培养专业的涉农金融服务机构才是促进农地金融业态发展的长效机制。此外,政策支持的着力点需要精准适当,针对主体的经营范围、农地用途、财务状况等指标,分门类、分层级、分阶段地给予相应的补贴、利率、税收等优惠。

(三) 构建完备的金融组织体系

成熟市场发展土地金融的经验表明,培育多元化的参与主体、建设合作金融组织,有利于降低土地金融信用风险,丰富资金来源。例如,德国农地金融组织体系十分完备,自上而下,德国农业中央银行的政策属性很强,商业银行中又细分为土地信用银行和地租银行,自律组织有土地抵押信用协会,基层还有土地抵押信用合作社。美国的政策性土地银行是联邦土地银行,商业性银行有股份土地银行,其他非银行类的金融中介有:农业贷款合作社和联邦农业抵押公司等。由于农业生产存在地域性和分散性等特点,因此在土地金融运转的流程中,包括土地抵押物的测量、评估在内等环节必不可少,而这些环节通常是耗时耗力的,考虑到土地银行的重心和优势是发放贷款及风险管理,因此有必要构建完整的金融组织体系,与土地银行形成高效的产业协作关系,从而减少信用风险和提高制度效率。

总的来看,构建农地金融组织需要市场化导向,借助商业性释放资源配置效能,以政策服务引领,克服起步阶段的信息瓶颈和制度缺口,培养和支持涉农金融中介机构,同时还需要各方参与主体密切合作协同,利益共享、风险共担。金融组织架构方面:构建以农发行等政策性金融机构为核心,农信社和农行为主体,农村互助社、保险公司、信贷公司、资产评估公司等中介机构为辅助,民间资金为重要补充的多元化、多维度农地金融服务系统。分阶段来看,前期可重点发展农村信用合作社;等到市场、基础设施等条件成熟后,可探索建立土地抵押合作社;长远来看,最终需要建立土地银行。

(四) 农地金融发展配套政策

建立健全农地流转市场,这是农地金融健康发展、"三性融合"的前提和基础。农村土地承包经营权流转市场分为一级市场、二级市场两个层次,一级市场是指村集体经济组织依法将土地承包经营权发包给农户,这是用行政手段按人人平等的原则分配的;二级市场是为了进一步合理配置土地生产要素资源而进行土地承包经营权流转的市场,其中的核心是价格形成。为此,可以从以下几方面完善农地金融发展的配套政策:

一是在全国范围内做好地籍调查、土地确权登记以及土地证书颁发工作,推进农地经营权或承包经营权的流转,要规范土地承包经营权流转的运作程序,严格按照民主议定—逐级审批—签订合同—登记生效的程序来规范运作。

二是加强农村经营主体的培训,尤其是对农地流转户的辅导,帮助他们普及相关法律和经济知识,做好思想工作,避免金融实践中产生没有必要的纠纷,此外,一方面对出质方,不仅要提供资金,更要引导主体如何有效率地使用资金,另一方面对质权方,辅导土地经营权流转后在不改变用途的基础上,如何发挥经济效能,此类培训的目的有二:一是提升农地金融供需双方的信息透明度,使其拥有一定的知识储备;二是在"自愿、透明、公平"的基础上,明晰各方权利义务关系,做好提示风险。

三是推出土地价值评估标准,借助市场化力量,鼓励和引导新设或现有评估机构加快实践农地评估,建立和完善农地评估机制;

同时,政府牵头成立权威的农地价值评估机构,核准确权后流转的农地基准价格,跟踪农地价值波动,规定期限内复审的时间周期,并制定规范流转和融资用途的审核程序。

四是加强金融服务中介组织的培养和建设,尤其是涉农资产评估、法律咨询、投融资咨询、保险增信等服务机构,为农地金融业务的开展提供专业的技术支持。

(五) 建立健全农村金融风险补偿机制

建立健全农村金融风险补偿机制,在建设农村担保体系、农业保险制度等方面,主要突破口有四个方面:一是在农地融资增信和担保方面,担保方式的创新是关键。当前农地融资就是要解决质押品较少,价值较低的瓶颈,因此应该在农地经营权抵押的基础上,拓展担保品范围,可以附加包括:实物库存、银行货币资产等流动性水平较高的资产与农地资产打包出质,提升担保能力;二是在财政补贴方面,政府可结合农业保险提供相应财政补贴,提升对农地融资项目的支持力度,也变相增加了主体抵抗风险的能力;三是建立投资者保护基金,当债务人违约、经营机构清算或产品清盘等情形出现时,保障措施能够减少农户以及投资者的损失,以避免可能带来的社会稳定问题;四是不断提高农村土地金融风险的差异化管理水平,从农地金融的各个环节中存在的不同风险点入手,对症下药。例如,防范土地信用合作社风险的重点在于内部风控系统的完善和重点客户的监管;防范农村土地流转信托风险,需要加强提高对信托服务组织的支持力度和管理水平;防范农村土地证券化风险需要完善相关法律法规、信息披露要求、相关担保体系建设等。

参考文献

1. 程惠霞:"农村金融'市场失灵'治理前提再判断,供给不足还是金融排斥",《经济理论与经济管理》2014 年第 11 期,第 101—111 页。

2. 高圣平："农地金融化的法律困境及出路",《中国社会科学》2014年第8期,第147—166页。

3. 胡学红："宜昌市农村土地'三权分置'面临的障碍及其出路",《学习月刊》2018年第6期。

4. 罗剑朝:《中国农地金融制度研究》,中国农业出版社,2005年。

5. 罗剑朝,庸晖,庞玺成："农地抵押融资运行模式国际比较及其启示",《中国农村经济》2015年第3期,第84—96页。

6. 梁爽,张海洋,平新乔,郝朝艳："财富、社会资本与农户的融资能力",《金融研究》2014年第4期,第83—97页。

7. 林乐芬,王步天："农地经营权抵押贷款制度供给效果评价",《经济学家》2015年第10期,第84—91页。

8. 米运生,郑秀娟,曾泽莹,柳松："农地确权、信任转换与农村金融的新古典发展",《经济理论与经济管理》2015年第7期,第63—73页。

9. 万宝瑞："新形势下我国农业发展战略思考",《农业经济问题》2017年第1期,第4—8页。

10. 徐轶博："农村土地金融化的路径与制度保障",《农业经济》2019年第4期,第92—93页。

11. 杨向阳,童馨乐："财政支持、企业家社会资本与文化企业融资",《金融研究》2015年第1期,第117—133页。

12. 于丽红,兰庆高,戴琳："不同规模农户农地经营权抵押融资需求差异及影响因素",《财贸经济》2015年第4期,第74—84页。

13. 银监会:《我国村镇银行资产规模突破万亿元》,新华社,2017年3月3日。

14. 中共中央、国务院:《关于落实发展新理念加快农业现代化实现全面小康目标的若干意见》,新华社,2016年。

15. 张艺晟,曾福生："国外农地抵押制度及经验启示",《世界农业》2015年第1期,第67—71页。

16. 朱德安,杨昭莹,江岚："农村土地银行初探",《河西学院学报》2018年第3期。

(周小全,民生证券股份有限公司;白江涛,上海海事大学)

李旭鸿　刘江涛

新型城镇化进程中的城中村治理研究

一、问题的提出

我国城镇化发展经历了探索发展（1949—1978 年）、快速发展（1979—2011 年）和提质发展（2012 年至今）的三个阶段。2018 年年末，我国常住人口城镇化率达到59.58%，较 1949 年年末提高 48.94 个百分点，年均提高 0.71 个百分点；2018 年年末，户籍人口城镇化率达到 43.4%，比 2012 年年末提高 8.0 个百分点。1949—2018 年，城市数量由 132 个发展到 672 个，其中地级以上城市由 65 个增加到 297 个，县级市由 67 个增加到 375 个；建制镇由 2000 个左右增加到 21297 个。我国城镇化发展取得了显著的成效。在我国城镇化发展进程中,2012 年以来的新型城镇化发展更为全面和均衡:2018年年末,常住人口城镇化率比 2011 年提高了 8.31 个百分点,年均提高 1.19 个百分点;户籍人口城镇化率达到 43.37%,比 2015 年提高了 3.47 个百分点,年均提高 1.16 个百分点。

新型城镇化是经济增长和社会变革的动力。政府高度重视城镇化工作,2013 年召开了改革开放以来第一次中央城镇化工作会议。2014 年国务院政府工作报告指出:推进以人为核心的新型城镇化;城镇化是现代化的必由之路,是破除城乡二元结构的重要依托;今后一个时期,着重解决好现有"三个 1 亿人"问题,促进约 1 亿农业转移人口落户城镇,改造约 1 亿人居住的城镇棚户区和城中村,引导约 1 亿人在中西部地区就近城镇化。2014 年 3 月份,《国家新型城镇化规划(2014—2020 年)》正式发布。2014 年 12 月,国家发改委等 11 个部委联合下发了《关于印发国家新型城镇化综合试点方案的通知》。2016 年国务院印发《关于深入推进新型城镇化建设的若干意见》,全面部署深入推进新型城镇化建设。2019 年国务院政府工作报告提出,促进区域协调发展,提高新型城镇化质量。2019 年 4 月 8 日,国家发改委发布了《2019 年新型城镇化建设重点任务》,其中指出:推动 1 亿非户籍人口在城市落户目标取得决定性进展,培育发展现代化都市圈,推进大城市精细化管理,支持特色小镇有序发展,加快推动城乡融合发展,实现常住人口和户籍人口城镇化率均提高 1 个百分点以上。

在我国城乡一体化和新型城镇化建设的进程中,出现了一种普遍存在的独特现象——"城中村"。城中村是中国城乡二元体制下城市化发展的产物,城中村的现状和治理所面临的问题,聚焦了城乡发展一体化所面临的所有政治、经济、社会、文化、生态等课题。处理好城中村问题是关系到我国新型城镇化建设的重要内容,新型城镇化建设与城中村治理之间的逻辑关系,主要体现在以下方面:

(一) 城中村治理是新型城镇化发展进程中面临的重要问题之一

城中村已经成为我国城乡二元体制一元化演化过程中的典型现象,也是新型城镇化和城乡发展一体化发展需要重点解决的问题之一。城中村虽然在区域上已经成为城市的一部分,但在土地权属、户籍、行政管理体制上仍然保留着农村模式,因此,城中村集中体现了城乡利益格局和利益矛盾冲突。同时,城中村是一种城与乡转型的中间状态,这也是一种均衡,这种均衡必然要走向城市化。如何打破这种均衡,并良性发展,是需要外界力量介入的强制性制度变迁。

(二) 治理好城中村问题将会有效推动新型城镇化的进程

城中村治理是推进新型城镇化建设、破解城乡二元体制、推进城市化的前沿阵地,是城市化各项政策引发矛盾的焦点。城中村改造的主要目标是要走向真正的城市化,逐步将农民转变为城市居民,将村委会改为居委会,按照城市管理模式规范城中村管理,实现城乡发展一体化。处理好城中村问题对于实现我国城乡统筹发展、推进新型城镇化建设、促进社会公平和建设节约型社会都具有重要意义。治理好城中村,将会有效推进我国新型城镇化发展和城乡统筹发展,形成城乡发展一体化的新格局。

(三) 从新型城镇化发展的战略高度,制定完善有效的城中村治理方案

城中村治理的关键在于实现城乡一体化:实施城中村户籍和经济社会管理体制的一元化管理,建立城市与城郊土地和房产的统一市场、化解土地二元制问题等。因此,要从新型城镇化发展的战略高度,制定完善有效的城中村治理方案。比如,充实城市总体规划,

将城中村改造作为重要专题和内容;妥善安排城中村改造项目的时序和规模;注重城中村改造调查以及规划制定中的利益协调;实施城中村地区的动态监测;在城乡一体化发展、土地、户籍、社保、规划、就业、农村集体资产管理等方面,完善城中村治理相关的政策制度。

二、新型城镇化进程中城中村治理的理论分析

(一) 城中村的概念

城中村是城市郊区农村城市化进程中的特殊现象,是由城市建设急剧扩张与城市管理体制改革相对滞后的矛盾所引发的。目前,对城中村的概念,还存在不一致的认识。

1. 学者对城中村下的定义

在西方国家和其他国家中,很少有与中国城中村相类似的现象,加上城中村现象出现时间不长,国外学者几乎没有针对中国城中村进行专门研究。但城中村产生的本质是城市化进程中的城市与乡村的冲突、融合问题,就这方面而言,国外在城乡边缘地带、城市蔓延、都市村庄、贫民区等方面研究的丰富积累,也能给中国的城中村研究提供一定的借鉴和参考。比如,德国地理学家赫伯特·路易斯(H. Louis)是目前公认的最早提出城乡接合部概念的学者。他在 1936 年研究柏林城市结构时发现,某些原属于城市外围的地区被城市的扩展所侵吞,成为市区的一部分,他将这一地域称为城市边缘带。TingWei Zhang(2000)在论文"Land market forces and government's role in sprawl:The case of China"中以中国大城市为例,把中国城市蔓延的模式和驱动力与美国的进行了对比。

国内比较有代表的观点是:张建明(1998)认为城中村是位于城乡边缘带,一方面具有城市的某些特征,也享有城市的某些基础设施和生活方式,另一方面还保持着乡村的某些景观,以及小农经济

思想和价值观念的农村社区;李钊(2001)认为城中村是指在城市快速发展的过程中,城市将一些距新旧城区较近的村庄划入城市建设用地内,这些被纳入城市建设用地的村庄就是城中村;李诚(2005)年认为,城中村不仅是空间概念,更是社会经济概念,它是指在城市建成区范围内所保留着的在社会结构、经济生活、人员身份及管理方式等方面依然传承农业社会特点的农村聚落点;万举(2011)认为,城中村是指在我国转型经济城市化的过程中,耕地被征占、村民已经基本脱离、村庄已被城区包围,但仍保持传统农村社会经济管理体制和空间居住的农村村落;朱烜伯(2018)认为,城中村是在快速的城市化进程中,为满足城市的发展壮大,而被征收原有居住生活的土地,虽然原本的人员及社会关系被保留,同时并入城市区域,物质上完成城市化进程,但是不论是在社会经济、管理制度还是思想素质上,都不同于城市的特殊区域。

2. 本文的观点

虽然没有统一公认的城中村定义,但笔者更倾向于从城乡二元体制的出发点给出定义:城中村是城市郊区农村城市化进程中的特殊现象,是在城乡二元土地管理体制下,城市建设急剧扩张与城市管理体制相对滞后的矛盾所引发的,是指在城市规划用地内仍然保留了部分农村社区的外观形态、人际网络、组织制度、管理模式、历史文化及生活方式的特殊城市社区。城中村现象出现于20世纪80年代中期城市经济体制改革之后,尤其是改革开放较早的东南沿海大、中城市里。广义的城中村包含位于城市规划区内的城边村、远郊村。狭义的城中村仅仅是指位于城市规划建设区范围内的村庄。城中村是中国城镇化进程中的独特现象,是我国城乡二元体制的产物。

(二) 城中村产生的原因解析

城中村产生的原因是多方面的。从制度角度讲,土地集体所有制、宅基地政策是形成城中村的重要制度条件,土地集体所有和宅基地政策,把村民捆在一起,形成了一个基于土地的利益共同体,难以分化瓦解,这与土地私有国家形成了显著区别。从社会角度讲,中国农村宗族和地缘观念很强,安土重迁,这种居住观念构成了城中村存续的社会心理条件;同时,随着城市化的推进和社会经济的发展,土地增值、外来人口急增使得私房出租成为一个利益丰厚的产业,这是城中村得以发展的社会条件。

1. 工业化与城市化的快速发展是城中村现象产生的直接原因

城中村的产生与形成是我国近些年城市化进程快速推进的结果。城市与城市化的快速扩张,必须要有大量土地支撑以满足扩张的需求,必须要通过征收城市周边农村的耕地获得扩展的空间,于是城市近郊的农村就被高涨的城市化浪潮所席卷,实现了"城市包围农村"。城市扩张绕过了农民聚集的村落,只征收了他们的土地资源,而没有将农村人口真正地融入城市,于是一个个的"孤岛",即城中村产生了。因此,工业化与城市化的快速发展是城中村现象产生的直接原因。

2. 城乡二元体制是城中村形成的深层次制度性因素和根本原因

世界上的发展中国家普遍地存在着城乡二元结构(包括社会结构和经济结构),主要表现为国民经济由现代城市工业部门和传统的乡村农业部门所组成。这种二元结构是发展中国家在实现工业化、城市化过程中自然出现的现象。一般发展中国家二元结构是在经济发展因市场机制原因自然形成的,虽然城市产业比农村产业先进,但因为生产要素可以在城乡之间自由流动,城市对农村的经济辐射又能带动农村经济的发展,农村剩余劳动力能够被城市产业逐渐吸收,从而可以使二元结构相互转化。我国的二元结构受集中式计划经济体制和优先发展重工业的工业战略影响,表现出与其他发展中国家不同的特殊性,形成了城乡封闭的二元经济结构与社会结构,以及并存的一系列制度安排,如城乡二元土地所有制、城乡二元户籍身份制度、城乡二元分配制度、城乡二元社会保障制度等。我国实行的城乡二元结构体制是城中村形成的深层次制度性因素,也是根本原因所在。

3. 城中村的经济特征进一步强化固化了二元结构制度

城乡分割的二元结构制度是城中村产生的根源,也是城中村改造中的难点所在,之所以称之为难点问题,关键在于其涉及城中村改造的对象——"农民"的切身利益。可以说,城中村中的农民是二元结构制度的既得利益者,力求维护二元结构制度所产生的生存状态,使其产生了路径依赖,这种路径依赖使得城中村的状况陷入到长期的非效率的锁定状态。农民从二元结构制度中得到很多利益,如农村土地产权制度所带来的租金收益、农村村委会管理制度带来的集体经济的分红和福利等,这使得作为理性经济人的农民强烈地依赖于这种制度安排,并力求维护之。二元经济结构产生城中村,利益驱使使二元经济结构长期存在。城中村改造的一个核心问题就是土地问题,所以城中村的转制和改造,以及进一步的城市化都离不开对土地产权和土地资产经营的研究和探析。

4. 城中村形成的历史文化原因

除了城市化推进的客观因素和制度性的主观因素以外,城中村的形成还有其历史文化原因。在我国乡村社会,宗族通常是村落的一个重要组成部分,宗族和村落重叠现象更为严重。传统观念的文化土壤、都市环境的心理适应以及经济利益的内在牵引是都市村庄得以存续的条件。城中村是以血缘和地缘为基础形成的社区,居民的乡土观念较重,尤其对村落历史的认同,是城中村形成的历史文化因素。

(三) 研究的意义

城中村治理研究具有典型意义。在理论方面,以城中村为对象来研究中国城乡二元分割的体制和产权制度和社会经济管理体制的矛盾、冲突与整合,为我国在城乡二元经济和社会制度向现代一元社会经济转化过程中的利益关系整合、制度变迁提供理论验证和支撑。此外,还可以丰富经济学中的非均衡的中国经济、"城乡二元经济"理论、发展经济学的城乡二元体制制度变迁理论、土地产权、统筹社会保障制度理论等。

在实践方面,研究城中村问题是实现新型城镇化、提升城市竞争力、提高居民生活质量和解决农村富余劳动力就业创业等诸多战略的需要。有效进行城中村治理是正确处理和保护农民合法利益的重要体现;城中村问题的解决是城市化扩张和新农村建设平衡的支点,是实现农民就地进城、带资产进城的重要途径;城中村治理是促进房地产市场健康发展必须正视和研究的重要课题;城中村问题是中国农村土地、户籍、社保、产权等制度改革的前沿战场,城中村治理中的土地、户籍、社保、产权制度改革将为全国制度改革奠定良好基础,积累有益经验。

三、新型城镇化进程中城中村治理的现状及面临的主要问题

在现有城中村调查研究中,对京津、珠三角、长三角、省会城市的城中村调查研究较多,对一般地级市的城中村的研究和调查较少。本文在总结分析现有公开资料的基础上,对黑龙江省牡丹江市的城中村治理进行了详细的调研,主要是对牡丹江市的四个城区(西安、阳明、爱民、东安)所辖城中村的区主管领导、区主管单位领导、乡镇、街道办事处负责人等政府干部、村负责人、农户和租户进

行了大面积、全方位的调查,并对部分调研对象进行了访谈。此外,对中西部地区地级市的城中村问题也做了深入研究,中西部地区的城中村问题同样具有典型性,其调查研究和治理措施的经验,在全国也具有普遍意义。

(一) 城中村治理现状分析

1. 空间分布呈现一定的圈层式格局

我国很多城市都是以老城区为核心进行"摊大饼"式的空间拓展,由于城中村因城市快速扩张而逐渐形成,因此,城中村的空间分布呈现出一定的圈层式格局。以黑龙江省牡丹江市为例,牡丹江市也呈现上述特点,临近农业区域的城市外围区域的城中村数量最多,城市核心区域城中村的数量相对较少,但越是位于城市中心区域的城中村,建筑和人口越是密集。

2. 土地房屋权属性质多样

城中村土地权属主要是集体所有的农用地和建设用地,还有一些已经转为国有,但实质上其土地处置权仍保留在原农村集体经济组织的土地。城中村的房屋类型较多,包括村民自建住房、村集体组织用房、农转居公寓,以及其他少量社会公益或配套用房等,其中有大量村民自建的没有办理权属登记或者权证不齐的房屋。

3. 人员构成与就业状况复杂

城中村居住人员中外来人员占有较大比重,据对沿海一些城市的调查,外来人口普遍占到城中村居住总人口的 60% 以上,最高的村可达到 90% 以上。从牡丹江市西安区调查发现,城中村居住人员的职业成分复杂,除村民外,还普遍有工厂工人、营业服务场所服务人员、个体户以及一定比例的无业人员;城中村内普遍没有发达的工商业,村民的经济收入主要是原种植业、养殖业以及依靠出租房屋、村集体经济分红以及经营小规模的商业、餐饮业等。

4. 公益性公共设施较少

城中村的公共设施中的商铺较多，但教育、文化、体育、绿地、道路广场等公益性设施的数量较少、档次不高；在城中村的土地利用结构上，居住用地的比重较高，而其他的社会公益性用地的比例明显较低。

5. 社区管理主要还是农村管理特征

村民的生活空间形态主要还是传统农村形态。有的村民居住形态虽然已是社区式，但城中村的社会管理基本保留原村委会模式，村委会用于日常运转和公共服务设施建设、维护的经费多为村集体自筹解决。在已经实现撤村改居的城中村，村委会改为社区居委会，其居委会工作人员往往由原村干部转任。

（二）城中村治理面临的主要问题

将城中村治理所面临的主要问题分为城区城中村和新兴城区城中村两类进行分析。

1. 城区城中村治理存在的主要经济社会问题

（1）共性问题

① 私搭乱建现象严重。由于利益的驱动，城中村私搭乱建现象十分普遍，这些房屋大多是违法建设。

② 土地使用中存在问题。村民的宅基地、工业用地、商业用地相互交织，存在非法出租、转让、管理混乱等现象；城中村土地既有国家所有又有集体所有，在改造过程当中应当区别对待，但开发商、政府往往忽视城中村土地的归属，或者认识混乱；存在强制拆迁、土地和房屋征收后补偿标准不统一等现象。

③ 基础设施薄弱。虽然处于城市建成区内，但市政基础设施标准低，配套设施严重不足。

④ 脏乱现象严重，征而未建的地块环境更为恶劣。

⑤ 社会治安存在隐患。城中村人口由村民、市民和流动人口

混合构成,结构复杂,多元文化与生活方式在此交流、冲突、融合,社会管理的缺失和失衡使城中村成为城市社会治安问题的重点关注区域。

⑥ 存在精神文化匮乏现象。村民短期内依靠城中村优越的地理位置而获得土地的征用补偿和土地房屋出租收益,物质财富急速增长。但传统农村文化尚未与现代城市文明接轨,私房出租的巨大收益并未带来村民素质的提高,富裕之后不思进取、不工作、不读书的现象在中青年村民中蔓延。村民文化素质不高、法律意识淡薄使城中村成为新型城镇化进程的主要空间障碍。

(2) 城区"城中村"治理中最需要解决的问题——以牡丹江市为例

以黑龙江省牡丹江市为例,从调查来看,在城中村治理过程中,农户关心的问题(图1),前四项分别是:农民持续的收入来源问题(17.3%);农民转为市民后,能否再享受农村集体经济利益的问题(14.6%);补偿标准较低的问题(18.7%);担心形成"没有工作、没有土地、没有保障"的"三无"农民(17.4%)。其中,农户最关心的是担心补偿标准较低的问题。

在城中村治理过程中,行政村负责人关心的问题(图2),前四项分别是:农民持续的收入来源问题(21.5%);农民转为市民后,能否再享受农村集体经济利益的问题(12.9%);补偿标准较低的问题(14.1%);担心形成"没有工作、没有土地、没有保障"的"三无"农民(19.6%)。其中,村负责人最关心的是农民持续的收入来源问题。在这个问题上,村民和村干部的认识是一致的。

2. 新兴城区城中村治理的主要特点与问题

(1) 新兴城区扩张较快,城中村形成突然,农民缺乏适应准备。城区的城中村是经过十几年甚至几十年的历史形成的,虽然仍是农村经济体制,但人们的生产生活方式早已城市化:脱离了农业生产,收入主要靠住房租赁和其他第三产业,消费全部靠城市提供。但是,

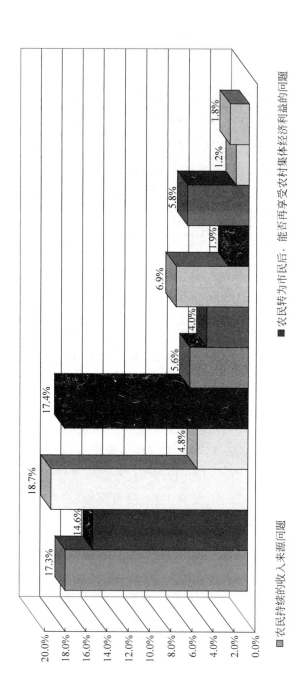

图 1　城中村改造的关键问题（农户）

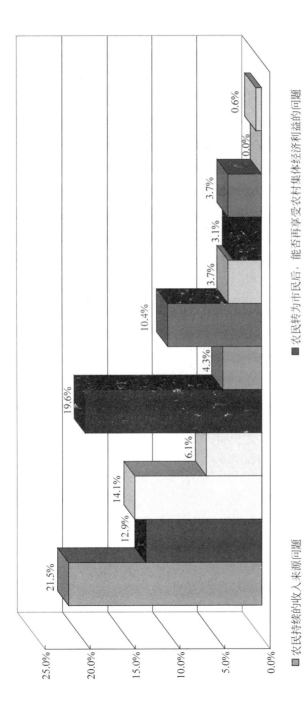

图 2 城中村改造的关键问题（村负责人）

■ 农民持续的收入来源问题
□ 补偿标准较低的问题
■ 担心形成"没有工作、没有土地、没有保障"的"三无"农民
■ 村集体经济股份化、村民变"股民"的法律、税务等问题
■ 村民转为市民后生活方式不习惯的心理失落问题
□ 其他

■ 农民转为市民后，能否再享受农村集体经济利益的问题
□ 农村后续二、三产业的发展问题
■ 从村委会到社区，村民和农村的社会管理脱节问题
■ 村民对农村集体经济股份化后分红、经营绩效、资金安全等的担心
■ 村民已有的违章建筑的定性和处理问题
□ 未选

对于突然失去土地而被城市包围的新兴城区的农民来讲,由于长期受农村生产生活方式的影响,从观念、情感、习惯、能力上都很难适应新的环境。这些人既有对城市物质文明的向往,又有对农村田园风光的不舍,有的对城市文明的很多特征感到陌生而不能自觉接受,有的甚至更缺乏适应城市生活的生存能力。对这些突然成为城中村村民又缺乏城市生活生存适应能力的人,需要政府和社会从以人为本出发,给予更多的尊重和关怀。

(2) 与老城区相比,人均改造投资成本基本相当,但土地价格、商品房售价和规定的容积率明显偏低,改造难度大。

(3) 宅基地用地明显多于城区,空院面积较大和建筑层次较低。在城区,由于有较大的住房需求,村民为了增加收入,在拆迁前多年甚至十几年,几乎已将院落盖满且层次较高,获取了较高的租赁收入。但新兴城区的城中村,比如西安市长安区,较长时期一直是农村经济的生产生活方式,为满足村民农业生产和家庭经济需要,宅基地占地面积一般较大,院落空间也比较大,建筑层次较低,一般为二层。

(4) 抢盖搭建,违章建筑较多。面临城中村改造,不少村民为了获取数额不大的拆迁赔偿利润,在院落空间和低层次建筑上进行加盖抢盖。这种建设,没有任何实质意义的社会财富创造,但将会大量增加安置补偿和拆迁成本,导致社会资源的严重浪费,需要采取有效措施避免和遏制加盖、抢盖。

四、新型城镇化进程中城中村治理的政策建议

(一) 城中村治理模式选择的原则

城中村治理有多种形式,有政府主导型、村民主导型、开发商主导型,更多的是政府、村民、开发商共同改造型。不同地区、不同村庄条件以及不同事件,都可能影响到治理模式的选择。许多地区治

理城中村过程中摸索出来的"一村一策"的改造经验,就说明不同村庄治理模式往往不同。无论选择哪种模式,都要因地制宜根据本地本村的实际情况,采取最佳治理模式;而且无论选择哪种模式,政府相关部门的作用都是极为关键的。

　　建议城中村治理模式选择的原则为:不宜进行大规模彻底消除性质的改造,而应进行综合性质的改造,要进行同所处城市的城镇化阶段及发展阶段相协调的改造;应实施"自下而上"与"自上而下"相结合的改造,实施中小规模的、逐步的改造。城中村治理应根据各地具体的情况,制定适宜的治理目标,选取恰当的治理模式。城中村治理涉及社会组织和社会管理、规划、拆迁(补偿)、融资、集体经济、就业和社会保障等一系列问题,政府应研究制定好各方面的政策措施。

(二) 城中村治理的政策建议

1. 城中村治理中的规划建议

　　(1) 充实城市总体规划,将城中村治理作为重要专题和内容,有效推进新型城镇化建设。城市总体规划应与新型城镇化的进程相一致,应对建成区和城中村地区的建设做到统一规划管理,统筹安排城乡市政基础设施和教育、文化等公共设施,解决外来人口的生活和居住空间需求。

　　(2) 妥善安排城中村治理项目的时序和规模。建设规划要综合考虑城市规划区范围内城中村的现状、农用地和集体建设用地的土地产权属性和范围、整治或改造需求及可行性,统筹安排城中村地区未来的用地结构和空间布局。统筹安排城中村整治或改造项目布局、规模和时序,防止项目安排的任意性。在空间上合理安排待改造城中村的安置场所和回迁住房建设,解决村民的后顾之忧。

　　(3) 注重城中村治理调查以及规划制定中的利益协调。在城中村改造的规划拟定过程中,应注重对各方利益主体进行问卷调查,充分协调各方利益。调查内容应主要包括:城中村现状、问题及成因、村民改造的意愿、改造方式、资金筹集、运作模式、拆迁补偿安置要求和配套政策建议等。应制定城中村改造规划及计划的编制技术规范,主要包括:城中村现状、问题、改造的目标与功能定位、地块划分和规划控制指标、建筑功能和空间结构、实施时序安排、运作模式、拆迁补偿和配套政策等。

(4)实施城中村地区的动态监测。将城中村地区纳入动态监测,及时了解城中村空间资源的开发利用及其变化趋势,掌握城中村空间发展变化的状态,及时发现并纠正违法建设行为,避免新的违法建设活动。

2. 城中村治理中的管理建议

(1)加强城中村的管理与整治。解决安全隐患和市政基础设施不足问题是城中村整治的首要工作。"控制要先于大规模改造",这是城中村治理的关键。在宏观制度供给约束的前提下,只有先行有效的控制,防止新城中村的形成与城中村违法建设的膨胀,才是行之有效的制度安排。因此,首先应进行城中村违章建设的查处与数据库的建立,包括城中村合法与非法建筑、外来人口构成、村民人口结构等的普查,完善投诉举报信访制度,严格巡查制度等举措,并在此基础上,研究建立遏制城中村违章建设的长效机制;其次,对条件成熟的局部城中村进行试点改造,要通过多种手段改善城中村的居住环境,包括:历史文化遗存保护、建筑外观改善、公共空间改善、市政公用设施改善、公共配套设施改善和道路交通设施改善等,为今后积累改造经验;第三,视政府具体财政能力,进行部分廉租房建设,可根据居住年限等条件以满足低收入群体的部分居住需求。通过这一系列措施,在国家宏观治理结构与制度供给约束去除后,为大规模治理改造城中村创造条件与机会。

(2)合理进行城中村改造。通过建筑物的拆除和新建等手段彻底改造城中村的建筑形态和居住环境,原则上改造必须满足城市规划和建设标准,改造后按照相关规定可以取得完全产权,且城中村空间形态基本上和城市一般社区相同。城中村改造通过改变物质空间形态的方式促进城中村社会组织形态等各方面的彻底改变,达到城中村与城市全面融合的目标。

3. 城中村治理中的创新方案:公私合作(PPP)新模式——户籍、土地、财税联动改革

城中村村落的终结,必然伴随着激烈的利益和价值冲突,现在通行的主要模式均存在比较明显的缺陷,是一种"零和博弈"的制度规则,需要根据新时期新型城镇化和城乡一体化发展的要求,建立一种超越"零和博弈"的新的合作和整合机制,即公私合作(PPP)模式,推动城中村的治理与改造。公私合作模式可以在有效改造基础设施、城市面貌,并全面提升城中村地段公共服务水平的基础上,继续发挥城中村地段为城市低收入阶层和外来流动人口提供廉价优质住房的作用,最终建立政府、原土地权利人、外来人口乃至地产开发商等多方的利益均衡。

公私合作模式的主要操作思路为:首先,将城中村土地进行国有化,并可在现行政策法规框架下进行基础设施和房地产开发,避免"小产权房"问题;其次, 政府实行部分征收,用于改善城中村基础设施建设;第三,由地方政府统一按照规划进行基础设施建设改造,灵活运用城市规划手段适当提高建设地段的容积率,确保村民剩余地块的有效增值,从而使村民与村集体愿意无偿让渡部分土地给政府,土地增值后,地方政府可将结余土地公开拍卖,以补贴部分甚至全部基础设施投资;第四,农民保留经区段征收和基础设施改造后大幅增值的剩余土地,村民变"房东","村民"变"股东",同步解决农民后续保障问题;第五,当这些改造完成,全部土地都变成国有土地后,农民开发的住宅就不再是"小产权房",地方政府可以通过收取出租屋管理费、个人所得税,以及今后将要征收的房产税或物业税来获得长期、稳定的税收来源。

参考文献

1. 陈湛:《城市化进程中的城中村问题研究》,云南大学出版社,2009 年。

2. 厉以宁:《非均衡的中国经济》,中国大百科全书出版社,2009 年。

3. 厉以宁主编,章铮、黄涛副主编:《中国城镇就业研究》,计划出版社,2001 年。

4. 李诚:"昆明市'城中村'问题及改造对策研究——以盘龙区东庄村为例",《云南地理环境研究》,2005,17(4)。

5. 李旭鸿、岳林:"'小巷总理'无奈多 管理体制需改革",《经济日报》2013 年 2 月 25 日,第 16 版"调查研究"。

6. 李旭鸿:"破解'农民荒' 效益是关键",载于《人民日报》2011 年 9 月 4 日,第 5 版。

7. 李钊:"城中村改造途径的思考",《安徽建筑》2001 年第 3 期。

8. 万举:《转型中的土地产权冲突与融合》,经济科学出版社,2011 年。

9. 朱烜伯:"人地关系视域下的城中村改造研究",《农村经济与科技》2018 年第 18 期。

10. H. 蒙德拉斯:《农民的终结》,社会科学文献出版社,2005 年。

11. Tingwei Zhang. Land market forces and government's role in sprawl:The case of China. *Cities*,2000:17(2):123-135.

(李旭鸿,香港中联办;刘江涛,银河资本资产管理有限公司)

我国粮食安全问题的隐忧及对策

　　粮食安全问题不仅是一个重要的经济问题,更是一个重要的政治问题,尤其对我们这样一个拥有14亿人口的大国而言,粮食安全问题尤为重要。国家统计局数据显示,2019年我国粮食总产量66384万吨,比上年增长0.9%,增产594万吨,连续5年保持在65000万吨以上。其中,夏粮产量14160万吨,增长2.0%;早稻产量2627万吨,下降8.1%;秋粮产量49597万吨,增长1.1%。分品种看,小麦产量13359万吨,增长1.6%;玉米产量26077万吨,增长1.4%;大豆产量1810万吨,增长13.3%。我国粮食生产实现了历史性的"十六连丰"。然而,在粮食连年取得丰收的情况下,为何每年召开的中央经济工作会议和中央农村工作会议都要把保障粮食安全列为来年经济工作和农村工作的首要任务?因为一个国家特别是人口大国,保障人民吃饭是治国安邦的头等大事,"中国人的饭碗要牢牢端在自己手中,自己的饭碗主要要装自己生产的粮食。"[1]如果中国的粮食出现问题,世界上任何国家都难以帮助解决;如果中国出现粮食危机,世界就会出现粮食恐慌,就会引发全球性动荡。所以要全面建成小康社会,保持经济社会稳定协调可持续发展,必须长期坚持立足国内实现粮食基本自给的方针,以积极务实的对策解决好粮食安全问题。

一、我国粮食生产取得的成就

新中国成立以来,经过长期不懈的努力,我国农业生产取得了巨大成就。我国粮食总产量由 1949 年的 2000 多亿斤,不断迈上新台阶,2013 年我国粮食总产量首次突破 6 亿吨大关,达 12038 亿斤。此后我国粮食产量再上新台阶,相继越过了 6.5 亿吨大关,2015 年我国粮食总产量首次突破 13000 亿斤,之后的 5 年一直稳定在这一水平上,2019 年达 13277 亿斤,创历史最高水平,增长近 6 倍。70年来,在人口由 5 亿增长到 14 亿的情况下,我国人均粮食占有量由209 千克增加到 400 多千克,2012 年达到 435 千克。[2] 棉油糖、肉蛋奶、果菜鱼等农产品稳定发展,油料、蔬菜、水果、肉类、禽蛋和水产品等产量多年稳居世界第一。自 2006 年起,我国不再接受联合国世界粮食计划署的粮食援助,而且我国还逐步成为重要的粮食援助捐赠国。我国用不到世界 9%的耕地养活了世界近 20%的人口,为世界粮食安全做出了重大贡献,我们用行动回答了谁来养活中国人的问题。这些成就表明我国农业综合生产能力确实有了质的

---

[1]　参见 2018 年习近平总书记在黑龙江省考察七星农场时的讲话内容。
[2]　参见国家统计局编《中国统计年鉴 2019》,中国统计出版社,2019 年。

飞跃。

2019 年 10 月 14 日发表的《中国的粮食安全》白皮书全面总结反映了我国粮食安全取得的历史性成就。白皮书指出,党的十八大以来,以习近平同志为核心的党中央把粮食安全作为治国理政的头等大事,提出了"确保谷物基本自给、口粮绝对安全"的新粮食安全观,确立了以我为主、立足国内、确保产能、适度进口、科技支撑的国家粮食安全战略,走出了一条中国特色粮食安全之路。一是目前中国人均粮食占有量达到 470 千克左右,比 1996 年的 414 千克增长了 14%,比 1949 年新中国成立时的 209 千克增长了 126%,高于世界平均水平。二是 2018 年平均每公顷粮食产量达到 5621 千克,比 1996 年的 4483 千克增加了 1138 千克,增长 25% 以上。三是 2018 年我国谷物产量达 6.1 亿吨,占粮食总产量的 90% 以上,比 1996 年的 4.5 亿吨增加 1.6 亿吨,谷物自给率超过 95%。四是 2018 年全国共有标准粮食仓房仓容 6.7 亿吨,简易仓容 2.4 亿吨,有效仓容总量比 1996 年增长 31.9%。政府粮食储备数量充足,在大中城市和价格易波动地区,建立了 10—15 天的应急成品粮储备。

可以说,中国以占世界近五分之一的人口,产出了约占世界四分之一的粮食,依靠自身力量实现了由"吃不饱"到"吃得饱",并且"吃得好"的历史性转变。这既是中国人民自己发展取得的伟大成就,也是为世界粮食安全做出的重大贡献。

二、我国粮食生产存在的问题和隐忧

然而,我国在粮食安全上并非高枕无忧,农业领域内多年积累的矛盾近年来逐渐显现,耕地抛荒现象增多,农村青壮年劳动力流失严重,粮食也开始出现产量、进口量、库存量"三量齐增"的奇特现象,"丰年缺粮"正日益严重,新情况、新问题、新挑战不断凸显。

一是种粮效益长期偏低,抑制并弱化农民种粮的积极性。我国的粮食总产量持续保持在 6 亿吨以上，但不容忽视的是，粮食大丰收并没有带来种地农民收入的大丰收，我们大批量生产的粮食虽然产量很高，但品质并未达到应有的高度，高产与高质的结构失衡，造成低档次产品长期过剩，这种结构性短缺使农民丰产不丰收，再加上农药、种子、化肥等农资价格上涨，以及浇地电费、管理、收割等多种费用，一年下来种粮赚不了多少钱。种粮的效益偏低，导致越来越多的农民选择进城打工而不愿种田，农村抛荒土地增多。特别是当前我国出现了粮食进口增多与农民卖粮难并存的问题。根据海关总署公布的数据，2019 年我国粮食总进口量为 11144 万吨，同比下降 3.6%，其中大豆进口量 8851 万吨，同比增长 0.5%，占当年粮食进口总量的 79.4%。这便出现了我国粮食连年丰收，农产品却靠进口满足需求的悖论。因此新形势下我国农业的主要矛盾已经由总量不足转变为结构性矛盾，主要表现为阶段性的供过于求和供给不足并存。同时由于粮食生产量、进口量、库存量"三量齐增"现象的出现，农民卖粮难的问题不时出现，直接影响种田农民的经济利益。

二是农田水利基础设施薄弱，粮食生产条件需进一步加强。 我国在计划经济时代，农田水利基础设施建设效果较为可观。但是随着经济体制改革，以往主要靠政府扶持、农民出工投劳的模式难以为继，政府的农田水利建设资金投入不足，致使农田水利基础设施供给总量不足。同时，农村没有科学有效的维护手段，在农田水利设施的管理过程中，"责、权、利"不够明确，管理粗放导致效率低下，在长时间的使用中基础设施老化程度加剧，防灾减灾能力薄弱，难以满足我国农田灌溉需要，对稳定粮食生产存在一定隐患。

三是耕地质量退化严重，直接影响粮食生产与食品安全。 随着我国工业化、城镇化的快速发展，农业资源连续多年的高强度利用，使得耕地的肥力和品质出现问题，我国巨大的人口压力和水土资源分配不均的现状，导致耕地资源的压力愈加严峻。目前，我国耕地退化面积占耕地总面积的 40% 以上,水土流失、土地沙化和荒漠化、盐碱化、土壤污染、土地肥力下降等问题,在一些地方表现明显。根据相关调查研究,全国耕地土壤有机质含量为 2.08%,比上世纪 90 年代初低 0.07 个百分点。与 1978 年第二次土壤普查时期相比,我国耕地土壤 pH 平均下降约 0.8 个单位,酸性土、盐碱土面积占耕地总面积的 60% 以上,盐渍化土壤面积约占总耕地面积的 25%。[1] 此外由于固体废物、污水排放等多种原因,耕地重金属等污染问题加重,导致土壤理化性状变差,降低了耕地生态功能和生产能力,严重威胁着粮食生产的质量和安全。

四是农业科技支撑能力不强,在促进粮食稳定生产方面贡献不足。2019 年我国农业科技进步贡献率达到了 59.2%,但相比于欧美发达国家 70%—80% 的农业科技贡献率,我国的农业科技仍存在问题,所能给粮食生产带来的支撑也是远远不够的。长期以来,我国农业科技管理体制中对农业科技的研发和推广一直是分级、分部门管理,队伍建设不是跟着科技任务走,而是跟着"级别"走,难以适应现代农业区域化、专业化生产和经营的需要,特别是信息技术、生物技术、制造技术、新材料技术、新能源技术等正在广泛渗透应用到农业农村各领域,而我们的农业产学研有机结合的机制尚未真正建立,农业科技推广体系建设落后,农业科技成果转化率只有 40% 多,远低于发达国家 80% 以上的水平,造成大量农业科研成果闲置,对增加粮食生产、提高粮食品质的效果不彰。

五是农村空心化问题凸显,谁来种地的问题日渐突出。随着工业化、城镇化快速推进,大量农村人口尤其是青壮年劳动力不断向城市和非农产业转移,农村常住人口逐年减少,不少村庄都出现了"人走房空"现象,农户兼业化、村庄空心化、人口老龄化趋势日益

---

〔1〕　马瑞明、郗文聚:"耕地退化敲响粮食安全警钟",《中国科学报》,2019 年 12 月 3 日,第 5 版。

明显,谁来种地的问题日益突出。本来提高农业生产效率需要有知识、接受新事物快的青壮年,需要掌握农业科技的高素质人才,但目前严峻的情况是,农业的低收入状况促使越来越多的年轻农民弃农进城务工,形成近 3 亿的农民工,留守务农的大多都是老弱妇孺,导致科技农业始终形不成气候,而"70 后"不愿种地,"80 后"不会种地,"90 后"不提种地已造成很多地方大量撂荒耕地,不能不引起警觉。

六是种子研发能力不足,种业安全问题不容忽视。中国是粮食生产大国,也是种子需求大国,常年用种量 125 亿千克,市场规模高达 650 亿元,未来随着种子商品化率的提高,其市场总额将超千亿元。[1] 然而我国虽属于种质资源大国,但种子问题面临的形势比较严峻,玉米种子已经大量进口了,蔬菜种子外国进口比例占 70%左右,严重影响我国未来的粮食安全。我国种业研究起步晚、基础弱、整体竞争力不强、产业分散度高,虽拥有本土化资源、市场、价格和人才优势,但具有育繁推一体化能力的种子企业较少。与之相对,西方的一些跨国种子企业依靠强大的研发实力、雄厚的资金优势、成熟的市场运作和先进的管理经验,已对中国种业构成竞争压力。有关统计数据显示,目前全国共注册种子企业 8000 多家,注册资本在 3000 万元以上的只有 200 多家,有效经营区域为全国的育繁加销售一体化的大型企业 80 家左右,拥有自主品种权的企业也仅 100 多家。全球种业 10 强公司占全球种业市场份额的 60%多,而国内种业 10 强公司占市场份额的比例仅为 1%左右。[2] 如果我国种业市场由"洋品种"占据主导地位,将给粮食安全带来重大隐患。我国种子市场一旦被外国企业控制,我国农业将因种子问题而失声,我国农业的"脖子"就会被人掐住,粮食安全将会受制于人。

〔1〕　黄崎:"种子、粮食、国家安全",《中国乡村发现》2014 年 12 月。
〔2〕　刘定富:"全球种业发展的大趋势",《中国种业》2017 年第 10 期。

三、对策和建议

一是建设高标准农田,确保粮食安全。第二次全国土地调查数据显示,我国耕地面积为 13538.5 万公顷,约合 20.3 亿亩。全国人均耕地 0.101 公顷(1.52 亩),不到世界人均水平的一半。[1] 而且从耕地总量和区位看,全国适宜稳定利用的耕地也就是 1.2 亿多公顷(18 亿多亩),我国的粮棉油及其他农产品就是这些实有耕地生产的。[2] 综合考虑现有耕地数量、质量和人口增长、发展用地需求等因素,我国耕地保护形势仍十分严峻。因此建设高标准农田,不仅能够新增粮食产能,而且能够提升农田的抗灾能力。据评估,建成以后项目区的耕地质量一般提升 1 到 2 个等级,粮食产能平均提高 10% 到 20%,亩均粮食产量提高 100 千克。2019 年 11 月国务院办公厅印发的《关于切实加强高标准农田建设提升国家粮食安全保障能力的意见》提出,到 2022 年,全国要建成 10 亿亩高标准农田,以此稳定保障 1 万亿斤以上的粮食产能;到 2035 年,通过持续改造提升,全国高标准农田保有量进一步提高。根据有关部门测算,到 2022 年全国建成高标准农田 10 亿亩,以此可以稳定保障粮食产能在 1 万亿斤以上,约占我国粮食总产量的 80%,在保障国家粮食安全方面将起到基础支撑作用。[3] 因此建设高标准农田,不仅能以保障粮食产能为首要任务,确保"吃得饱",也能为提供高品质的农产品奠定良好的资源环境基础,实现"吃得好、吃得健康"的目标,从而更好地满足人民群众对美好生活的需要。

----

[1] 陈仁泽:"第二次全国土地调查数据显示:我国耕地数量为 20.3 亿亩",《人民日报》,2013 年 12 月 31 日。

[2] 高文:"我国耕地数量 20.3 亿亩,人均耕地不到世界人均水平一半",《农民日报》,2013 年 12 月 31 日。

[3] 国务院办公厅:《关于切实加强高标准农田建设提升国家粮食安全保障能力的意见》(国办发〔2019〕50 号)。

二是大力培养新型职业农民,化解农业劳动力隐忧。 农业现代化的实现离不开农民的现代化,农民现代化的基础是农民专业化、职业化。因此,应重点培养种养能手、家庭农场主、农民专业合作社理事长等,鼓励和支持农民工返乡务农,多渠道、多层次、多形式地开展农民职业培训;对大中专院校毕业生、农民工、退伍军人返乡务农创业提供资金补助和贷款支持。同时,着力培育专业大户和家庭农场。鼓励有文化、懂技术、会经营的农村致富带头人通过土地依法流转等方式扩大生产规模,培育种养大户,并在此基础上发展适度规模经营的家庭农场。发展壮大农民专业合作,拓宽合作社生产经营范围,延伸农业生产价值链,大力推进一、二、三产业的融合,增加农民在加工、销售环节的收益。加快发展农业社会化服务组织,构建便捷的农业社会化服务机制,使农户享受到低成本、便利化、全方位的社会化服务。

三是强化农田水利建设,降低灾害对粮食生产的影响。 加大农田水利建设,不仅是确保国家粮食安全、提高农业竞争力的需要,也是全面推进现代化建设和构建社会主义和谐社会的需要。应加快推进大中型灌区续建配套和灌排泵站更新改造,加强灌区末级渠系节水改造和田间工程配套,解决农田灌溉"最后一公里"问题。大力发展有效灌溉面积,扩大小型农田水利重点县范围,提高山丘区蓄水保水和抗灾减灾能力。严把农田水利基本建设质量关,建立严格的检查验收制度,加强对水利工程管理,克服重建设轻管理的倾向。同时,把发展节水灌溉作为一项根本性措施,以北方缺水地区为重点,积极推广管道输水、喷灌、微灌等高效节水灌溉技术,大力发展节水型设施农业和旱作农业,落实好最严格水资源管理制度。此外,还应完善防汛抗旱减灾体系建设,加大水利科技推广力度,加强水土流失综合治理,多渠道筹措资金,确保农田水利建设投入,将农田水利建设与农村经济社会可持续发展结合起来。

四是调整种粮结构,下大力气解决增产不增收的问题。 王燕青、李隆玲、武拉平等人的研究结果表明,种粮的经济效益明显低于蔬菜、水果等园艺产品,种粮的比较效益远低于工业生产,比外出打工的收入也要低得多,因此种粮在经济效益上不具有优势,理论上农民在就业选择和作物选择上均不倾向于粮食生产。[1] 因此必须以市场需求为导向发展粮食生产,深入推进优质粮食工程,下决心把不合理的粮食种植面积调减下来,把紧缺、优质品种的生产增加上去,合理调整"粮经饲"结构,在稳定粮食产量的基础上,继续推进粮改饲,积极实施大豆振兴计划,大力发展木本粮油产业,持续推进农业供给侧结构性改革。不断加大政府对粮食生产的补贴,补贴额应与粮食生产成本上升的指数相挂钩,根据粮食产量增加的目标、粮食生产结构调整的目标适当倾斜,大力创建地方知名农产品品牌和增加优质绿色农产品供给。同时,在规范土地流转的基础上,大力发展机械化、规模化种植,从而获得规模化、效率化收益。对大多数农业散户而言,积极鼓励农业多种经营、增加收入,在从事粮食生产的同时,积极鼓励开展经济作物、园艺作物的种植和养殖业、手工业、电商微商的开拓,以便充分利用农业闲散时间,开辟更多收入来源渠道。鼓励家庭农场、农民合作社等新型农业经营主体通过订单农业、入股分红、托管服务等方式,带动小农户共同致富。此外,政府应大力发展普惠金融,解决农户、家庭农场、合作社和农资企业等农业社会化服务组织融资难、融资贵问题,并将粮食最低收购价政策落实落细,让农民种粮"有利可图",让农民种粮稳步增收。

五是创新农业科技体制机制,促进粮食持续稳定生产。实现粮食生产持续稳定发展,根本出路在科技,农业科技是确保国家粮食安全的基础支撑,是突破资源环境约束的必然选择,必须立足我国

---

[1] 王燕青、李隆玲、武拉平:"农民种粮是否有利可图——基于粮食种植成本收益分析",《农业经济与管理》2016 年第 1 期。

基本国情,遵循农业科技规律,把保障国家粮食安全作为首要任务,把提高土地产出率、资源利用率、劳动生产率作为主要目标,大幅增加公共财政对农业科技的投入,建立稳定的、多元化农业科技投入机制,确保农业科技投入强度高于全社会科技投入强度,农业科技投入增长速度高于国家财政收入增长速度。推进国家农业高新技术产业示范区和国家农业科技园区建设,增加涉农领域国家工程实验室、国家重点实验室、国家工程技术研究中心、科技资源共享平台的数量,不断夯实农业科技创新的物质基础。打破部门、区域、学科界限,有效整合科技资源,建立协同创新机制,推动产学研、农科教紧密结合。在应用性和开发性研究方面,引导企业或民间资本加大投入力度,扶持壮大一批农业高新技术企业和创新型企业。引导农业技术创新要素向企业、向田间地头集聚,重视农业科技成果的转化和应用,促进农机装备产业转型升级,全面提升农业机械化水平,建立以实际贡献大小和服务发展能力为核心的评价体系。积极引导科研院校、科技大户、合作社、龙头企业等社会力量参与推广服务,完善农业科技人才评价和流动保障机制,使得农业科研"论文写在大地上,成果留在农民家"。

六是着力抓好种业研发工作,确保种质资源安全。种子是稳定粮食生产、发展现代农业的基础。如果说粮食安全事关国计民生,那么种业安全更是粮食安全的重要基础之一。必须增加种业基础性、公益性研究投入,加强种质资源的收集、保护、鉴定,创新育种理论方法和技术,创制改良育种材料,加快培育一批突破性新品种。在国家层面必须下大力气解决好种子和种子行业的整合问题,下大力气解决好高效低毒种衣剂的研发工作,着力解决好蔬菜、花卉等高附加值经济作物包衣种子的研发和创新工作,持续推进实施水稻、小麦、玉米、大豆良种联合攻关,大力提高种子发芽率和抗病虫害能力。加快建立以企业为主体的商业化育种新机制,支持企业与优势科研单位建立育种平台,鼓励种子企业与农民专业合作社联合建立相对集中稳定的种子生产基地,对符合条件的种子生产开展保险试点,加大种子储备财政补助力度,解决好我国在生物育种和种子加工等方面存在的问题,从而最终提高粮食的单产量。

国以民为本,民以食为天,食以粮为源。粮食安全是任何一个国家、在任何时期都不容忽视的问题。美国前国务卿基辛格曾经说过,"谁控制了石油,就控制了所有国家;谁控制了粮食,就控制了人类。"因此对于一个国家来说,粮食安全是关乎国计民生的大事;对于世界来说,粮食安全是实现和谐世界的保证。据有关数据显示,全球饥饿人口在 2009 年首次突破了 10 亿,约占当时世界人口的六分之一;2011 年 10 月 31 日,世界人口迎来了一个新的里程碑,全球人口达到 70 亿,粮食安全问题更是十分紧迫,饥饿问题成为对世界和平与安全的威胁。对于我们这样一个正处于工业化、信息化、城镇化加速推进的国家而言,确保粮食安全不仅是实现国民经济又好又快发展的基本条件,而且是促进社会稳定和谐的重要保障。"手中有粮,心里不慌",只有保证粮食安全,才能促进农民增收、农业增效和农村发展,才能实现全面协调可持续发展和乡村振兴,才能在许多全球性和全国性重大政治问题的应对上显得自信和从容。

参考文献

1. 陈锡文:《中国农村改革研究文集》,中国言实出版社,2019 年。
2. 陈锡文、罗丹、张征:《中国农村改革 40 年》,人民出版社,2018 年。
3. 陈锡文、韩俊:《中国农业供给侧改革研究》,清华大学出版社,2017 年。
4. 陈锡文、韩俊:《农业转型发展与制度创新研究》,清华大学出版社,2018 年。
5. 温铁军:《三农问题与世纪反思》,生活·读书·新知三联书店,2005 年。
6. 温铁军:《社会主义新农村的基础设施建设与管理问题研究》,科学出版社,2011 年。
7. 刘奇:《乡村振兴,三农走进新时代》,中国发展出版社,2019 年。
8. 刘奇:《中国三农"危"与"机"》,中国发展出版社,2014 年。
9. 胡小平:《我国粮食安全保障体系研究》,经济科学出版社,2014 年。
10. 周慧秋:《粮食经济学》,科学出版社,2019 年。

11. 拉吉·帕特尔:《粮食:时代的大矛盾》,东方出版社,2017 年。

12. 威廉·恩道尔:《粮食危机(增订版)》,中国民主法制出版社,2016 年。

13. 李丰、蔡荣、曹宝明等:《中国粮食发展报告——中国的粮食产业》,经济管理出版社,2018 年。

14. 吴海鹏:《粮食安全的背后》,中国社会科学出版社,2016 年。

15. 何昌垂:《粮食安全——世纪挑战与应对》,社会科学文献出版社,2013 年。

16. 韩俊:《中国粮食安全与农业走出去战略研究》,中国发展出版社,2014 年。

17. 曾志华:《粮食安全监管制度研究》,中国社会科学出版社,2015 年。

18. 中国粮食和物资储备局:《粮食和物资储备改革发展理论与实践》,中国财富出版社,2019 年。

19. 曹宝明:《中国粮食安全的现状、挑战与对策》,中国农业出版社,2014 年。

20. 中华人民共和国国务院新闻办公室:《中国的粮食安全》,人民出版社,2019 年。

21. 亢霞:《我国粮食现代储备体系建设探析》,经济管理出版社,2019 年。

22. 农业部农业贸易促进中心:《粮食安全与农产品贸易》,中国农业出版社,2014 年。

23. 联合国粮食及农业组织:《粮食安全、发展中国家和多边贸易规则》,中国农业出版社,2018 年。

24. 陈诗波、余志刚:《粮食安全与宏观调控》,科学技术文献出版社,2019 年。

25. 李文明:《大国粮食安全的底线思维:预警机制与实现路径》,中国农业出版社,2014 年。

26. 宋洪远:《粮食价格波动、形成机制及调控政策研究》,科学出版社,2019 年。

27. 顾莉丽:《中国粮食主产区的演变与发展》,中国农业出版社,2014 年。

28. 彭留英:《粮食安全视角下我国粮食直接补贴政策效应研究——以山东省为例》,经济科学出版社,2018 年。

29. 陈秀兰、王兴旺:《粮食安全视角下中国大宗农产品消费经济研究》,中国商业出版社,2019 年。

30. 蔡晶晶:《农田水利基础设施合作治理的制度安排》,中国社会科学出版社,2018 年。

31. 吴秋菊:《农田水利的治理:困境与出路》,华中科技大学出版社,2019 年。

32. 刘银喜、任梅:《农村基础设施供给中的政府投资行为研究》,北京大学出版社,2015 年。

33. 周长生、李孟刚:《农田水利工程投资绩效测度及提升路径研究》,经济科学出版社,2017 年。

34. 杜威漩:《小型农田水利设施治理问题研究——制度变迁、对接失灵与耦合治理机制构建》,中国农业出版社,2019 年。

35. 王姣:《基于风险视阈的政府农田水利项目治理体系构建研究》,经济科学出版社,2018 年。

(刘中升,对外经济贸易大学国际经济贸易学院;刘焕性,北京大学光华管理学院)

农村一二三产业融合发展的动因与趋向

周业铮

近年来,农业农村经济发展的一个重要趋势就是一二三产业融合发展。农业经营主体在从事农业生产的同时,通过要素集聚、制度创新和技术渗透,让农业与加工流通、休闲旅游和电子商务等有机整合,形成新技术、新业态、新商业模式。这种农业和二三产业间的交叉渗透融合,挖掘了农业生产环节的新价值,开辟了乡村产业发展的新路径,拓展了农民就业增收的新空间,对实施乡村振兴战略具有重要的实践和理论意义。

一、农村一二三产业融合发展的理论探析

综合国内外研究看,产业融合是把原本比较清晰的产业界线捏合在一起,进行交叉重组,进而培育出新的产业形态和商业模式。实践中,产业融合发展大多经历由技术融合到产品融合,再到制度融合不断推进的过程。农村一二三产业融合既是产业融合的一种类型,又有其自身独特的经济内涵。这种新的经济现象,是对传统产业组织理论、农业经济理论的深化。

(一) 拓展了产业分工理论

产业是社会分工的产物,伴随着社会分工的发展而发展。亚当·斯密较早地将分工引入经济学领域,认为分工是提高劳动生产力,促进社会财富增长的关键因素。大卫·李嘉图提出了基于比较优势的国际分工理论。产业融合和产业分工不是简单的对立和否定关系,是产业在不同层次、领域和范围的分化整合。相应而言,农业一二三产业融合是在产业高度分工的基础上,通过科技创新、制度创新和组织创新等将三次产业分工紧密联接在一起,实现生产效率的更优化。这种"先分后合"方式,是对农业产业形态的再创新,进一步拓展了传统的产业分工理论。

(二) 发展了产业集群理论

迈克尔·波特提出的产业集群理论认为,在一个特定区域的特别领域,集聚着一组相互关联的公司、供应商、关联产业等,通过这种区域集聚构建出专业化生产要素优化集聚洼地,降低信息交流和物流成本,形成区域集聚效应、规模效应、外部效应和区域竞争力。农村一二三产业融合发展,不仅实现了农业内部各类关联主体的集合集聚,通过产业联动、要素聚集、技术渗透、体制创新等方式,将生

产、加工、休闲等产业融合在一起,促进农民增收和农村经济的发展,带来了巨大的外部效应,进一步丰富和发展了产业集群理论。

(三) 创新了二元结构理论

刘易斯二元经济理论提出,发展中国家并存着以传统生产方式为主的农业部门和以制造业为主的工业部门,现代工业部门劳动边际生产率高于传统农业部门的边际生产率,工资水平也高于农业部门。农村一二三产业融合发展,打破传统农业部门劳动力只能流向现代工业部门的路径依赖,通过在农村培育新产业、新业态,就地吸纳剩余劳动力。当综合效益高于城市就业,农村劳动力就将不再单向流向城市,从而探索一条不同于传统劳动力转移模式的新路子。

二、农村一二三产业融合发展的推动因素

农村一二三产业融合发展是一个大趋势,也是一个新课题。从实践看,农村产业融合发展是一个不断创新的过程,正在催生诸多新产业、新业态、新模式,正在推动农业农村经济新旧动能转换,这是技术、市场、政策和改革等多种因素的共同作用。

(一) 居民消费结构不断升级

现代农业发展的过程,也就是产业机构调整的过程,根本机理在于随着收入水平的不断提高,城乡居民的消费需求在持续变化。国际经验表明,人均 GDP 达到 5000 美元之后,健康性、营养性、便利性消费支出将大幅增加。2019 年,我国人均 GDP 突破 1 万美元,多元化、个性化、品质化的消费特征明显。这种消费需要变化在农业上的表现就是,不仅对营养安全、美味健康农产品的需求增加,而且渴望有更多望山看水忆乡愁的好去处。农村一二三产业融合,就是顺应了这种需求变化,是市场机制作用的结果,是经济发展到一

定阶段的必然产物。

(二) 城乡要素流动更加顺畅

城乡要素流动受阻受限,是城乡二元壁垒的突出体现。近年来,我国在统筹城乡发展方面推出了许多改革。比如,建立集体经营性建设用地入市制度、推动城乡交通等基础设施互联互通,等等。这些改革措施,更加推动了城乡之间资金、人才、信息和产品等双向合理流动,为农村一二三产业融合发展提供了要素支撑。据农业农村部统计,以农村一二三产业融合为主导的 62 个国家级产业园共吸引返乡下乡就业人员 14.2 万,撬动金融社会资金投入近 1800 亿元。可以说,农村一二三产业融合发展既是城乡融合发展的结果,也是城乡融合发展的路径。

(三) 农民收入增长遇到瓶颈

近年来,受宏观经济下行压力加大、农业生产成本上升等因素影响,农民持续较快增收和外出就业面临不小的压力,2019 年农民收入增速 6.2%,比 2017 年下降 0.9 个百分点,比 2018 年下降 0.4 个百分点,亟须寻找农民收入新的增长点。推进农村一二三产业融合发展,可以让农民更多分享产业链增值收益,让农民在产业链延伸拓展中充分就业,这是拓展农民增收渠道的重要途径。据农业农村部 153 个农村一二三产业融合先导区的调查数据,产业融合使农户经营收入增加了 67%,融合主体年平均向农户返还或分配利润达500 多元。因此,推进农村一二三产业融合发展,农民有意愿,政府有动力,政策上也有支持。

(四) 农业市场竞争日趋激烈

新时代我国农业生产已由过去的总量不足转向结构性矛盾,表现为供过于求和供给不足并存,供需结构错位。近几年来,不少地方都出现了农产品滞销卖难的状况,日趋激烈的市场竞争,刺激着农业经营主体进一步探索以产业融合为主导的新商业模式,而互联网、大数据、区块链等信息技术的快速发展,又为农村一二三产业融合发展提供了技术条件和平台。现在,农民合作、主体联合、企业抱团、要素聚合日益成为趋势,使乡村发展焕发了新的活力,也正在改变农产品市场竞争格局。

三、农村一二三产业融合发展进展和成效

当前,农村产业融合发展取得了积极的成效,正成为农业农村发展的新趋势。

(一)融合主体不断壮大

一大批引领示范好、服务能力强、利益联结紧的农业新型经营主体及时转变经营理念,成为农村一二三产业融合发展的主体。据不完全统计,截至 2019 年年底,各类返乡下乡创新创业人员累计达到 850 万人,其中 80% 以上创办了产业融合类项目。新型融合主体正在从数量增加到质量提升、从单纯生产到综合带动、从收益独占到利润共享转变,形成龙头企业引领、新型经营主体为主、广大农民广泛参与的"雁阵"格局。

(二)融合业态丰富多样

乡村呈现出"农业+"多业态的融合发展趋势。在农业内部,"种植+"林牧渔,形成鸭稻共生、蟹稻共生、稻渔共生、林下养殖等循环型农业。同时,"农业+"加工流通,形成延伸型农业;"农业+"信息产业,形成智慧型农业;"农业+"文化、教育、旅游、康养等产业,形成体验型农业。很多适宜乡村在农区周边,把田园变"公园"、农区变"景区"、劳动变"运动",原来农业"面朝黄土背朝天"的

景象正在改变。

(三) 融合模式持续创新

近年来,各地通过推进政策集成、要素集聚、功能集合、企业集中,打造标准化原料基地、集约化产业园区、体系化服务网络,培育了一批各具特色的区域产业融合集群。2019 年,全国各类乡村产业园达到 1 万多个,在 1600 多个农产品加工园区中,进驻的大中型企业占 16%,有 100 多家企业集团年销售收入过 100 亿元。乡村休闲旅游营业收入达 8000 多亿元,接待游客达 30 亿人次。农业生产性服务业营业收入超过 2000 亿元,农产品网络零售额达到 1.3 万亿元。

(四) 融合机制更加多元

实践中,农村一二三产业融合经营主体探索建立了"保底收益+按股分红""固定租金+企业就业+农民养老金""土地租金+务工工资+返利分红"等多种紧密利益联结机制,将参与主体共同打造成为风险共担、利益共享的农村产业融合共同体。在股份合作方面,企业的资金、设备、技术与农户的土地经营权、劳动力等要素结合在一起,实现了向资源变资产、资金变股金、农民变股东的跃升,农民增收渠道正在持续拓展。

四、农村一二三产业融合发展的推进路径

农村产业融合发展是一个系统工程,需要纳入乡村振兴的大格局中系统谋划,强化创新引领,突出集群成链,培育新型经营主体,完善利益联结机制,催生新业态、新模式,让农民分享更多增值收益。

（一）创新产业融合发展理念

要把创新作为融合发展的第一动力，培育农产品加工业、休闲农业、电子商务等新产业新业态，引导产业发展由要素驱动向创新驱动转变。要坚持以绿色引导融合，把绿色理念贯穿一二三产业融合全程，增加绿色优质农产品供给，建立低碳、低耗、循环、高效的绿色加工体系，大力发展绿色休闲旅游，实现增效增绿增收，经济社会生态效益有机统一。要坚持以共享推动融合，加快构建联农带农机制，引导新型经营主体与小农户建立契约型、股权型利益联结机制，让农民更多分享产业增值收益。

（二）强化农村发展要素供给

人、地、钱等要素，是农村一二三产业融合发展的基本保障，也是当前推进融合发展亟须破解的瓶颈制约。要按照构建城乡融合发展政策体系和体制机制要求，推进资源要素向融合发展集聚。要加强农民职业技能培训，培育一批懂技术、懂经营、懂管理的复合型人才，吸引各类人才投身发展乡村产业。农村闲置和废弃用地是产业融合发展用地的重要来源，要盘活农村建设用地重点用于支持乡村新产业新业态。要加快健全金融支持体系，加快推进农村商业银行更好回归县域法人机构本源，支持发展农业供应链金融、产业链融合贷款。

（三）培育产业融合发展主体

重点是因地制宜、因时制宜、因业制宜，培育多种形式的融合主体，带动产业互联互通。要发展多种形式的适度规模经营，引导农户以转包、出租、互换、转让、入股等方式流转承包地，发展规模种养业、农产品加工业。大力培育农民合作社、家庭农场等新型经营主体，支持家庭农场与农民合作社联合向加工流通、休闲旅游和电子商务拓展,发挥其在融合中的基础地位。要培育壮大一批产业融合领军型的龙头企业,支持发展大型产业化联合体,带领合作社和农户一起闯市场。

(四) 搭建产业发展平台载体

要进一步引导资金、技术、人才、信息、设施、装备等向园区聚集,打造一批高标准的原料生产基地,建设一批特而强、聚而合、精而美的现代农业产业园、产业融合示范园、产业强镇,带动形成多主体参与、多要素聚集、多业态发展、多模式推进的融合格局。打造一批小众类、中高端、精致化的乡村特色产业生产基地和园区,成为乡村各类市场主体降低成本、抱团发展、提质增效和转型升级的重要载体。

(五) 引导扶持农村创业创新

通过将外出务工人员、大学生、退役军人、科技人员引入到乡村创业,培育文化程度较高的农村中青年的创新能力,推动传统农业向农产品加工、休闲旅游、电子商务等方向延伸,为农村发展增添活力。通过搭建农村创新创业园区、实训孵化基地等平台,发掘农村特色技术人员等措施,增强乡村创新创业能力。持续优化营商环境,提供服务平台,让返乡农民和入乡科技人员、大学生在农村有便利的创业创新条件,实现创业创新促动农村一二三产业融合发展。

参考文献

1. 姜长云:"推进农村一二三产业融合发展新题应有新解法",《中国发展观察》2015 年第 2 期。
2. 宗锦耀:《农村一二三产业融合发展理论与实践》,中国农业出版社,2017 年。
3. 国家发改委宏观经济研究院、国家发改委农村经济司课题组:《产业融合:中国农村经济新增长点》,经济科学出版社,2016 年。

4. 马健:"产业融合理论研究评述",《经济学动态》2002 年第 5 期。

5. 马晓河:"推进农村一二三产业融合发展",《中国合作经济》2015 年第 2 期。

6. 张义博:"农业现代化视野的产业融合互动及其路径找寻",《改革》2015 年第 2 期。

7. 王志刚、江笛:"日本'六次产业'发展战略及其对中国的启示",《管理世界》2011 年第 3 期。

(周业铮,农业农村部乡村产业发展司)

乡村振兴背景下的返贫防范机制研究

田惠敏 张一浩

习近平总书记在党的十九大报告中提出,要实施乡村振兴战略,必须始终把解决好"三农"问题作为全党工作的重点。随后中央一号文件,即《中共中央 国务院关于实施乡村振兴战略的意见》,对实施乡村振兴战略作了全面部署,确定了实施乡村振兴战略的目标任务:2020年乡村振兴取得重要进展,制度框架和政策体系基本形成;2035年乡村振兴取得决定性进展,农业农村现代化基本实现;2050年乡村全面振兴,农业强、农村美、农民富全面实现(新华社,2018)。

乡村振兴战略的提出,是中国发展的必由之路,是实现中华民族伟大复兴进程中的必然要求。实施乡村振兴战略,是决胜全面建成小康社会、全面建设社会主义现代化国家的重大历史任务,是新时代"三农"工作的总抓手。全面建成小康社会决胜期,打赢脱贫攻坚战是现阶段的艰巨任务。

随着农村改革的不断深入和脱贫攻坚的大力推进,贫困人口脱贫速度明显加快。国家统计局公布的数据表明,按照 2010 年标准,1978 年全国农民人均可支配收入 134 元,我国农村贫困人口 7.7 亿人,农村贫困发生率高达 97.5%,而到了 2018 年,农村居民人均可支配收入达到 14617 元,扣除通货膨胀因素,实际增长 15 倍多,年均增长 7.4%,农村贫困人口减少至 1660 万人,农村贫困发生率下降至 1.7%。我国农村从普遍贫困走向整体消灭绝对贫困,成为首个实现联合国减贫目标的发展中国家,对全球减贫贡献超过 70%。如今,随着乡村振兴战略的稳步实施,美丽宜居乡村加快建设,农村人居环境明显改善。2018 年,全国农村地区有 65.3% 的户所在自然村饮用水经过集中净化处理,83.6% 的户所在自然村垃圾集中处理(国家统计局,2019)。

贫困与富裕是一对相对概念。如果目前的脱贫工作质量不高,一些贫困人口即使现在脱贫了,将来也有可能返贫。因此,衡量乡村振兴的成效,关键要看能否做到不返贫,实现脱贫攻坚成果可持续。实际上,实施乡村振兴战略的难点就在于如何做到稳定脱贫不返贫。习近平总书记在参加十二届全国人大五次会议四川代表团审议时强调防止返贫和继续攻坚同样重要,已经摘帽的贫困县、贫困村、贫困户,要继续巩固,增强"造血"功能,建立健全稳定脱贫长效机制,坚决制止扶贫工作中的形式主义。目前表面上看暂时抑制了返贫情形,但仍有部分脱贫的低收入人口面临工作不稳定、抗灾能力低等问题,返贫风险仍然存在。

一、文献综述

　　回顾文献,返贫问题与其防范机制的相关研究较为丰富,国内也取得了一定的研究成果。陈端计给出返贫的定义为"已经在贫困线以上的脱贫人口重新回到贫困线以下",认为返贫是一种动态现象,在农村很常见,消极影响大(陈端计,2006)。而焦国栋与廖富洲认为,返贫一般指已经脱贫的人口又返回到不能维持正常生存的状况,或者是基本纯收入由贫困线以上下降到贫困线以下时的状况,也就是俗话所说的"饱而复饥、暖而复寒"的现象。他们认为,返贫的主体是那些曾经贫困,后来经过努力摆脱了贫困,而由于某种原因再次陷入贫困的人口(焦国栋、廖富洲,2001)。

　　关于返贫成因的研究方面,丁军、陈标平认为,按照返贫涉及的主体,可以分为三个方面:一是处于贫困状态的人们身体、思想、教育、文化等方面的综合素质得不到持续有效的提高,导致"贫困-超生多生-教育水平低-主体素质低-返贫"的恶性循环;二是外部经济、社会环境的不平等,导致贫困地区无法得到持续有效的资源供给;三是贫困地区恶劣的自然与生态环境无法得到持续有效的治理,使贫困人口陷入"贫困—生态环境破坏—自然灾害—返贫"的贫困循环中,难以冲出"贫困—脱贫—返贫"的怪圈,导致减贫效果不明显,脱贫速度趋于缓慢(丁军、陈标平,2010)。而王刚、贺立龙从农村人口的微观视角,以家庭返贫现象概率为因变量,建立Logistic 二元回归模型,通过实证分析来探讨农户返贫影响因素,得出结论:农村家庭户主文化程度、劳动力数量和劳动力健康状况等因素与返贫现象发生概率呈负相关,而家庭赡养负担人数与农村家庭子女教育负担等因素与返贫现象发生概率呈正相关(王刚、贺立龙,2017)。郑瑞强、曹国庆综合当前研究中有关贫困生计脆弱性、多维贫困等影响因素分析结论,将脱贫人口返贫风险成因防范按照其创立的"业务流程再造"视角进行归纳,构建"生计空间重塑"理论以梳理风险因素致贫机理(郑瑞强、曹国庆,2016)。

　　针对上述返贫的成因,如何建立防治返贫的机制成为如今需要重点研究的问题,丁军、陈标平针对上述他们提出的三个不同方面,提出要解决返贫现象、实现贫困人口持续脱贫,就要构建可持续的扶贫模式,主要有促进贫困人口素质的持续提高,确保政府资源的持续供给,保证农村资源的可持续循环等(丁军、陈标平,2010)。杨立雄则针对扶贫攻坚中出现的返贫问题,认为需要做到加快农村弱势群体社会保障制度建设,采取有力措施提升贫困家庭能力,还要改变贫困文化、提升贫困家庭的主动参与性(杨立雄,2016)。

　　综上所述,国内众多学者对于返贫现象进行了深入的研究,主要探讨我国农村贫困现状和现阶段扶贫过程中存在的问题,具有重要的社会价值,取得了众多的成果。中共中央、国务院提出的乡村振兴战略为防止返贫带来许多的机遇与挑战,然而在此背景下,前面的文献中较少涉及乡村振兴战略下的返贫现象,更少涉及乡村振兴战略下的返贫防范机制。本文正是从乡村振兴战略背景出发,探讨当前脱贫攻坚中出现的返贫问题的成因,以及如何采取措施构建返贫防范机制,以巩固脱贫攻坚的成果。

二、我国的返贫现状特征

(一) 不均衡性

　　当前我国返贫具有的不均衡性主要体现在地域上的不均衡与贫困个体返贫程度上的不均衡。从整个地域上来看,我国返贫的地域分布是不均匀的,返贫人口主要集中在中西部贫困地带。东部一些零星的贫困地区返贫程度相对较轻,返贫率相对较低;中西部地区越是自然条件差、贫困程度深的地方,返贫现象越严重。《中国农村贫困监测报告》数据显示,2015—2017 年我国农村贫困人口最多的省份为河南、湖南、四川、广西、贵州、云南等中西部地区,而东部经济较为发达地区,如北京、天津、上海、江苏、浙江等地,已经完成脱贫攻坚工作,且未发生返贫现象。整体而言,我国农村贫困人口规模呈逐年缩小趋势,脱贫工作成果较为显著。而有数据表明,农村返贫率通常维持在 20% 以上,部分特殊年份甚至达到 60% 以上。西北、西南地区作为返贫高发地区的返贫率通常在 20% 以上(万喆,2010)。例如,2009 年受汶川地震等影响,四川的贫困发生率超过了 60%(黄毅,2009)。

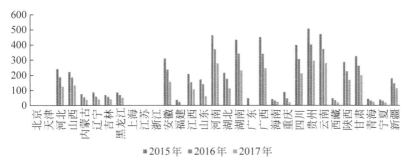

图 1　2015—2017 年全国农村贫困人口规模(单位:万人)

此外,我国农村贫困人口个体因返贫的因素不同,使得个体返贫程度上存在不均衡。导致返贫的因素主要有因灾返贫、因病返贫、因教育费用上升、因当地风俗习惯、因生态恶化、因扶贫项目效益短期等,虽然对不同贫困人口返贫所起的作用不同,但是其所导致的结果大都是重新回到贫困状态。

(二) 频发性、复发性

脱贫人口由于客观因素与主观条件的脆弱性,较易频繁发生返贫现象。若外部客观不利因素发生时,如由于防御灾害的措施、医疗条件、交通设施等未得到有效改善而导致的返贫,或内部自身因素,如自身的身体素质、思想水平、文化技能等没有得到提高而导致的返贫,即便他们曾经脱贫了,也极易再次发生返贫,甚至会多次重复。尤其是经济基础差的地区的脱贫低收入人口,抵御经济风险的能力薄弱,往往会重复陷入"脱贫—返贫—再脱贫—再返贫"的循环之中,甚至脱贫后富裕起来的脱贫人口也会因家庭经济条件突然恶化而返贫。

(三) 危害性大

从政策贯彻的实施结果来看,较高的返贫率与返贫人口会大大降低农村扶贫开发效果,甚至会导致贫困人口净增加,这将极大地影响农村脱贫目标的实现。农村贫困人口未能脱贫,带来的是农村贫困人口不能真正享受民生红利带来的便利,就不会真实拥有获得感、幸福感与安全感,反过来给社会带来更多的不安定因素。

同时,主观上看,返贫的出现导致了贫困人群丧失其生存条件和能力,因而沉重打击了返贫人口的脱贫信心。许多农村贫困人口在经历了多次返贫后,脱贫致富的信心越来越小,这又会在客观上进一步加大脱贫攻坚的难度,制约着农村脱贫致富的步伐。因此,返贫比单纯的贫困更具有危害性。

返贫现象的存在,无论是对我国新时代的"三农"工作,还是对实现全面建成小康社会,尤其是未来乡村振兴的决定性进展,都是一个非常值得研究的重要课题。

三、返贫的成因分析

(一) 政策原因

曾经,传统的粗放式扶贫模式不仅帮扶资源整合程度低,扶贫参与主体合作效度浅,而且帮扶项目和资金分散,存在严重的碎片化问题。相比而言,如今的精准扶贫具有更强的实践导向性和制度针对性,弥补了长期以来农村脱贫攻坚成效不足的缺陷,是精细化理念和分类思想在农村贫困治理中的创设性运用,也是转变扶贫思路,摆脱"灌水式"和"输血式"扶贫模式的正确选择。但精准扶贫仍存在一些潜在问题,致使刚脱贫人口又会面临返贫的风险。

首先,一些地方扶贫工作还不够扎实,主要表现为形式主义、弄虚作假,比如花巨资打造盆景工程迎检、接待费用超标等问题突出,并未真实考虑到农村贫困人口的实际需求。例如,某农村为实现精准扶贫政策指标,耗费大量国家扶贫资金建成易地扶贫搬迁安置房,却未考虑到农村贫困人口最基本的生产来源——农业耕作,无法解决部分村民就业、生产及生活保障问题而大量空置,甚至有时在评定搬迁名额时,存在标准不一和强迫搬迁行为,种种现象均可能导致刚脱贫的农村人口再度返贫。

其次,脱贫攻坚与防止返贫的政策落实不够精准,缺乏一套科学的返贫预警机制。不少地方建档立卡的数据不清晰,脱贫标准不规范、脱贫过后政策扶持未能跟上等问题仍持续存在。我国自2011年开始每年农村居民贫困标准为2300元/人,在扶贫开发的过程中,政府划定贫困线的目的在于统计贫困人口,并针对这些贫困人口实施反贫困政策,可以说贫困线是一个最低标准。但在实际操作过程中,贫困线成为扶贫开发的最高标准,达到目标后便不再做返贫调查,放松了对脱贫群众的后续跟踪管理。原贫困人口脱贫之后,不能继续享受带有扶持性质的项目、资金等政策照顾,自我发展能力又相对虚弱,脱贫后的生计难以为继,结果只能是重新返回贫困状态。同时,许多脱贫人群长期在贫困线附近游走,脱贫难以致富,扶持政策未跟上,这些必然导致此类人群返贫。

（二）主观部分:返贫人口自身

一是贫困人群与刚脱贫人群自身的能力缺乏,主要表现在文化教育方面落后,知识技能水平较低。目前贫困地区和贫困人口的教育发展状况并不乐观,仍有不少需要继续改进的地方。根据国务院扶贫办的调查,我国贫困县仍然面临教育经费投入不足、非义务教育阶段家庭困难学生接受教育难、教育资源供给紧张、非义务教育阶段的学校教育对贫困人口吸引力不足等问题。受教育水平偏低、专业技能缺少或水平不高,致富能力弱化,是农村脱贫人口返贫的重要原因。由于农村贫困人口普遍文化程度低、素质差,其对于农业方面的科学技术知识与生产劳动技能的掌握程度也就相对较低,生产的农副产品产量低、质量差,生产经营管理水平较为落后,竞争力较弱。随着农业生产现代化水平的不断提高,现代生产方式转型,许多知识技能水平相对较低的脱贫人口遭遇"适应难、就业难、发展难"等生计可持续发展困境,从而导致返贫。

二是贫困人群与刚脱贫人群的观念滞后。在扶贫过程中,有许多贫困户经过政策扶持,其收入能暂时达到贫困线以上,但其贫困落后的观念却根植于其落后的思想之中,难以立即改变,会再度返回贫困状态。归根结底,许多贫困人口经过扶持,物质生活有了一定提高,但是其思想观念却依然是封建落后、陈旧保守的状态。不仅如此,刚脱贫人群对待脱贫攻坚事业的积极性不高也是返贫的重要原因之一。一些脱贫户在脱贫攻坚过程中,没有深刻认识到摆脱贫困是要经过自力更生与艰苦奋斗才能取得的,反而把其看成是政府的日常工作和任务,把脱贫和发展的希望寄托于上级政府,自己则对脱贫返贫抱着无所谓的态度,这种对脱贫的态度会给政府与社会带来较大的财政压力与政策压力,于政府与贫困人群而言并非双赢的选择;甚至有些贫困户只认为"知足常乐",刚脱贫时只满足于当下吃饱穿暖的生活,至于小康、富裕的生活则没有任何动力,甚至颓废到好逸恶劳、好吃懒做的地步,也不愿主动劳动致富,这样的脱贫状态同样也不会持久。

第三,因病返贫是一个不可忽视的返贫因素。国务院扶贫办公布的数据显示,截至2015年年底,因病致贫、返贫户占建档立卡贫困户比例达到44.1%,涉及近2000万人;2018年年末,全国农村贫困人口仍有 1600 多万,其中有 561 万是因病致贫、因病返贫的。在各种致贫原因中,因病致贫在各地区都排在最前面。因病致贫家庭是脱贫攻坚的一大难点。吉林省扶贫办 2016 年已建档立卡的贫困人口是 70 万,其中 45.5% 是因病致贫、因病返贫的,约 31.85 万(李丹,2016)。云南省数据显示,云南全省仍有因病致贫返贫人口达 10.51 万户、39.28 万人,需救治人员规模排在全国前列,2018 年全省建档立卡贫困人口住院人次、费用呈现较快增长的态势,保障资金支出压力大,全省 59.5% 的因病致贫返贫人口集中的 27 个深度贫困县多位于边远山区、深山区、民族地区(陈静、胡攀,2019)。人类的生存发展过程中疾病不可避免,但因病返贫仍然是脱贫人口占比较高的因素,仍需亟待解决。造成因病致贫的原因主要是贫困人口的身体状况较差,再加上由于医疗负担较重导致的经济文化落后,医疗、养老保障制度不健全等,需要引起政府部门的高度重视。

(三) 客观部分:环境因素

生态环境的恶化为脱贫工作带来巨大的工作量,这其中最重要的问题是原先恶劣的自然环境导致的因灾返贫,频繁的自然灾害仍然是导致目前返贫的重要影响因素。农业对自然条件有着强烈的依附性,而我国是个农业大国,农业生产技术水平低,防灾抗灾的能力较低。就全国范围而言,我国虽然有许多方面有利于发展农业生产,但不利的方面如灾害天气频繁多发等,对各地区生产建设和人民生活也常常造成不利的影响。如旱灾、洪灾、寒潮、地震等灾害对我国影响较大,每年都会直接带来数以亿计的财产损失,尤其是我国的西南、西北地区,生态环境脆弱,地形地貌比较复杂,气候恶劣,自然灾害更加频繁,也由此导致了更多的返贫人口出现。国家地震台网中心数据显示,2019 年地震灾害造成我国 19 人死亡,427 人受伤。其中,我国大陆地区发生地震灾害事件 13 次,直接经济损失约 59 亿元。总而言之,从农户生计视角,自然资源是贫困人口生计活动的基础,灾害会破坏农户生计并造成人员伤亡和财产损失,进而使得农村扶贫形势更加严峻,加剧返贫现象。

更严重的是,后续农村贫困人群破坏生态环境的行为加剧生态恶化,导致返贫的恶性循环。由于人们缺乏对自然规律和经济规律的认识,轻视水土保持,毁林毁草种粮,造成森林植被等资源遭到毁灭性破坏,水土流失严重,生态环境日益恶化。而恶劣的自然、生态环境必然会直接或间接地影响贫困地区的生产和人们收入的提高,陷入"贫困—破坏生态环境—更加贫困"的恶性循环,从而加剧了经济的贫困,导致返贫的产生。

(四) 社会发展部分

我国农村贫困地区的社会发展相较于城市较为落后,主要体现在基础设施建设、社会保障制度体系、产业结构落后与缺乏产业的可持续支持等。

首先,贫困地区的基础设施建设落后。一般来说,一个地区的富裕程度与当地基础设施完善程度成正相关的关系,同时基础设施建设具有乘数效应,对于基础设施的投资,可带来数倍的国民收入和财富的增加。基础设施的改善对促进贫困地区的经济、社会发展有着重要的作用。但实际上,我国大部分贫困地区的基础设施却依然很薄弱,仍存在交通不发达、基础设施建设资金不足、基础设施建设供给不足等问题。显然,薄弱的基础设施对脱贫的持久性起着多方面的制约作用,例如交通、通信等设施的落后,会阻碍贫困地区与外部环境的交流和沟通,限制了贫困人群的观念更新和对外部信息的理解,使刚脱贫人口容易再度返贫。

其次,农村贫困地区的社会保障制度体系未完全建立。完善的社会保障制度可以保证贫困人口基本的物质生活所需,有效减轻生活方面的经济负担。2006 年《中共中央关于构建社会主义和谐社会若干重大问题的决定》提出,到 2020 年要构建社会主义和谐社会,其目标和主要任务中包含"社会就业比较充分,覆盖城乡居民的社会保障体系基本建立"。目前,虽然我国社会保障体系建设已取得举世瞩目的成就,覆盖城乡居民的多层次社会保障体系基本建立,基本医疗保险已基本实现全民参保,但是当前我国城镇社会保障体系的完善程度明显高于农村,国家财政支持明显向城镇倾斜,而农村的社会保障制度普遍较低,贫困地区的社会保障制度体系更处于一种落后的、分散的低水平状态,保障面较窄,保障水平偏低,一些政策措施并未得到强有力的执行,资金难以得到有力保证,部分地区还存在政策落实不到位,与实际需求有一定差距等问题,需要进一步加强体系建设。

最后,农村贫困地区的产业结构落后。相比城市等发达地区而言,贫困地区的产业结构较为落后,第一产业的劳动人口占比大,第二、第三产业的劳动人口相对占比小。相比于工业、服务业等受自然环境限制小的第二、第三产业而言,第一产业的劳动人数最多,而创造产值则在三个产业中最低,因此其单位面积创造的产值也低得多,即人均水平较低。同时,缺乏产业的可持续支持也是脱贫再返贫的重要原因。在推动产业扶贫过程中,出现了一些短期化倾向的经营层面问题,一些地方急于求成,优先发展"短平快"产业,导致表面上的脱贫,而返贫风险仍然存在且巨大。例如,在一些贫困地区,政府将财政资金用于直接购买商铺、利用租金等支持贫困户的方法,于贫困户而言,收入看起来暂时上去了,但脱贫的根本能力并未提升;于地方而言,看似完成了任务,但可能陷入表面上的"数字脱贫",违背了激发脱贫内生动力的初衷,不是长远之策。

四、乡村振兴背景下的返贫防范机制构建

《中国扶贫开发报告(2017)》指出,中国低收入农户收入增长乏力,返贫压力上升,政府需要关注并有效应对低收入人群返贫的

风险,若不采取有效的措施予以缓解,扶贫过程中就会出现返贫的巨大风险(李培林等,2017)。

(一) 政策方面

要贯彻落实精准扶贫政策,坚决打好精准脱贫攻坚战。打赢脱贫攻坚战是实施乡村振兴战略的底线要求,防止返贫现象的发生。要抓住农村经济发展的关键要素,有序实现乡村振兴。农民是实施乡村振兴战略的主体,实施乡村振兴战略需要紧紧依靠亿万农民,因此,要坚持以农村人民为主体,充分调动和发挥广大农民积极性、主动性、创造性,让广大农民成为乡村振兴战略的最直接的受益者。同时,政府要加强对乡村振兴战略的金融支持,推进金融扶贫,以维护广大农民根本利益为出发点,引导社会资本积极参与乡村振兴战略,充分依靠市场的力量,激发和释放实施乡村振兴战略的动力。金融扶贫的作用不仅带来资金,更重要的是为当地搭建起金融基础设施,营造良好金融环境,积蓄未来长远发展动力。因此,要做好金融扶贫的建设工作,让银行业金融机构立足其职能定位,完善其工作机制和服务政策,聚焦深度贫困地区和特殊贫困群体,持续加大扶贫资金投入,创新扶贫金融产品和服务模式,以大力支持农业农村优先发展,提升农业发展质量,做到真正构建防范返贫的长效金融机制。

(二) 主观方面

一是要加强贫困人口的教育与培训,提高人口素质。通过对返贫人口的再教育,转变其陈旧的思想观念,从根本上提高他们的素质和脱贫致富的能力,以彻底解决返贫问题。因此,当地政府应当加大当地的人力资本投资,加强基础教育、职业技术教育等,通过教育和培训使农村贫困人群增强其脱贫致富的能力和自我发展的能力,全面提高当地贫困人口的素质。

二是提升贫困人群的积极性,调动农民参与乡村振兴建设的积极性是实施乡村振兴战略的动力源泉。政府可以采取引导和强制性措施,把贫困群众自主脱贫致富的积极性和主动性充分调动起来,促使贫困人群主动接受必要的教育,提高贫困人口自身的文化水平,积极引导其树立脱贫致富的主体意识,使他们主动认识到自身的贫困与落后,改变原来消极的思想观念,激发其脱贫的主观能动性,认识到在政府的帮扶下,靠他们自己的努力改变贫困落后的命运,从而抑制返贫现象的发生。

三是要加强社会医疗保障建设,完善农村医疗保障制度,加大农村医疗设施建设。政府要加强贫困人群的疾病预防工作,以基层医疗卫生机构为中心,建立健全疾病防控网络和工作机制。同时要高度重视低收入群体的健康管理,提高高血压、糖尿病等主要慢性病的规范管理率,加强对重性疾病患者的管理,加大对低收入人群的干预力度,降低贫困人口的发病率。

(三) 客观方面

政府要建立健全灾害救助机制,防止因灾返贫现象的发生。中国位于世界灾害相对多发的区域,而目前贫困地区的发展水平还不够高,应对灾害能力相对较弱,尽管中国已在应灾设施建设方面取得重大进步,但新的灾害和带来的影响层出不穷。因此,要加强对防灾和救灾的科技支撑体系的建设力度,进一步建立健全贫困地区各类自然灾害的监测预报系统,加强对当地地震、泥石流、洪涝灾害、气象灾害和森林防火等自然灾害的预警监测,不断完善预防预警机制,做好应对灾害的应急预案。

同时,政府可采取措施做到生态扶贫以保护环境,使贫困人口建立资源合理利用与可持续利用的观念。政府在引导建立返贫预防机制时,要做到统一规划、系统开发、综合治理,在系统理论的指导下,制定符合自然规律和经济规律的科学规划,保障贫困地区的自然、经济、社会良性循环,做到资源的可持续利用,走出区域性返贫的困境。

考虑到对原贫困地区的生态开发难度大与人类改造活动导致的生态环境不可逆性,生态移民是解决返贫问题的一个有力的措施。生态移民的基本思想是调整人口分布,通过异地开发来移民扶贫,有计划、有步骤地实施移民搬迁,有利于减轻生态环境的人口压力,逐步恢复和重建原本脆弱的、不平衡的生态系统,从而使贫困人口摆脱贫困,带来明显的社会效益、经济和生态效益。

(四) 社会发展方面

首先,加强贫困地区的交通水利等方面的基础设施建设,促进农村贫困地区民生改善,提高贫困地区的自我造血功能,增强自我积累和自我发展的能力。在建设基础设施时,注意基础设施建设的建养并重,确保基础设施建设的资金充足。政府要加大中央和地方财政对基础设施建设的支持力度,合理确定当地农村基础设施建设的财政补助标准,充分考虑基础设施使用过程中各种潜在的风险隐患,列出本地基础设施改造和完善的建议计划,并有效监督管理当地的基础设施,建立基础设施养护的长效机制。

其次,政府要优化贫困地区的产业结构,以产业扶贫来防止返贫现象的发生。经济增长的部门结构是减贫效应的重要影响因素之一,农业部门比重下降导致的经济结构的变化对减贫产生积极的影响。农业是农村减贫的基础部门,要实现持续的减贫并使贫困人口的收入稳步上升,必须对传统农业进行改造,同时大力发展二三产业,把第一产业的发展与二三产业的发展融合起来,大力发展当地的特色产业,以产业带动居民真正实现脱贫致富,以市场为导向,科学制定产业规划,在形成稳固特色扶贫产业链的基础上,与当地的贫困居民紧密结合,保证让产业扶贫取得实际效果。例如,湖南省益阳市安化县将精准扶贫作为其政府工作的头等大事,扎实推进脱贫攻坚行动,通过建立现代农业产业园,调动聚集当地农户,推出特色安化黑茶,打造其特色产业链,以自媒体宣传等方式进行销售推广,使得安化县得以全面完成各项脱贫核心指标,于 2019 年 4 月顺利实现贫困县摘帽。

参考文献

1. 陈端计:《构建社会主义和谐社会中的中国剩存贫困问题研究》,人民出版社,2006 年。
2. 陈静、胡攀:"云南因病致贫返贫人口减少 60.7 万人",http://www.chinanews.com/sh/2019/03-14/8780303.shtml,2019 年 3 月 14 日。
3. 丁军、陈标平:"构建可持续扶贫模式　治理农村返贫顽疾",《社会科学》2010 年第 1 期。
4. 国家统计局:"沧桑巨变七十载 民族复兴铸辉煌——新中国成立 70 周年经济社会发展成就系列报告之一", http://www.stats.gov.cn/tjsj/zxfb/201907/t20190701_1673407.html,2019 年 7 月 1 日。
5. 黄毅:"汶川地震贫困村灾后恢复重建工作将加快推进速度",http://www.gov.cn/jrzg/2009-05/21/content_1321468.htm,2009 年 5 月 21 日。
6. 焦国栋、廖富洲:"扶贫攻坚中的返贫现象透视",《学习论坛》2001 年第 1 期。
7. 李丹:"我省'因病致贫、因病返贫'的人口约 31.85 万",http://health.cnjiwang.com/jlmyh/201605/2069108.html,2016 年 5 月 17 日。
8. 李培林、魏后凯、王萍萍、檀学文、李静:《中国扶贫开发报告(2017)》,社会科学文献出版社,2017 年。
9. 万喆:"新形势下中国贫困新趋势和解决路径探究",《国际经济评论》2016 年第 6 期。
10. 王刚、贺立龙:"返贫成因的精准识别及治理对策研究",《中国经贸导刊》2017 年第 8 期。
11. 新华社:"中共中央 国务院关于实施乡村振兴战略的意见",http://www.gov.cn/zhengce/2018-02/04/content_5263807.htm,2018 年 2 月 4 日。
12. 杨立雄:"高度重视扶贫攻坚中的返贫问题",《中国民政》2016 年第 5 期。
13. 郑瑞强、曹国庆:"脱贫人口返贫:影响因素、作用机制与风险控制",《农林经济管理学报》2016 年第 15 期。

(田惠敏,国家开发银行;张一浩,对外经济贸易大学统计学院)

粮食生产安全保障的规模经营之路：焦点与启示

武舜臣　曹宝明

一、引言

　　如何利用有限的资源条件生产出足够多的粮食，一直是一个世界性的难题。在人多地少的中国，对该难题的回应显得更为迫切(王济民等，2018)。几十年来，我国一直高度重视农业生产，在粮食经营制度上，也一直在探索和变革，先后经历了"个体小规模经营—集体大规模经营—个体小规模经营"的否定之否定(吴振方，2019)，最终迈入了新式规模经营的发展之路。

　　自此，农业规模经营便被看作提升农业竞争力，实现中国农业现代化的重要路径

(张磊、罗光强,2018),推进农业规模经营也成为农业政策的主要目标(何秀荣,2016)。在农业、农村自身发展及政府推动力量的共同作用下,我国农业规模经营有了长足的发展(孙新华,2017;钟真,2018)。《中国农村经营管理统计年报》数据显示,土地流转面积由2008 年的 1.09 亿亩快速扩大到 2018 年的 5.39 亿亩,2018 年流转面积是 2008 年的 4.95 倍;土地流转率由 2008 年的 8.85%快速上升到 2018 年的 33.83%,年均上升 2.27 个百分点。目前,多种形式规模经营面积占承包耕地面积总数的比重超过 30%(杜志雄、肖卫东,2019),小规模家庭经营及其基础上的适度规模经营已成为维系粮食安全不可或缺的两条路径(尚旭东、朱守银,2017)。

相比于小规模家庭经营,规模经营有更趋经济理性、更厌恶风险的经营主体(尚旭东、朱守银,2015;武舜臣等,2019),以及以利润最大化为优先、土地产出率逐渐弱化甚至退出的目标函数(国务院发展研究中心土地课题组,1992)等差异化的经营特征。随主体数量和经营面积的日益增长,规模经营已成为粮食生产安全保障的重要组成部分。然而,因规模经营中的经营"非粮化"现象,以及规模经济及单产提升效应的乏力,让维系粮食安全的规模经营之路充满争议,动摇了政府继续推进规模经营的决心。因此,在坚持小规模家庭经营和规模经营两条路径维系粮食安全的原则下,有必要厘清规模经营路径中出现的新争议,以之作为政策调整依据,并最终实现提升规模经营的粮食生产安全保障能力的目标。

二、胜出的规模经营路径与粮食生产安全新挑战

自 20 世纪 70 年代末到 80 年代初的家庭承包经营改革开始,即便出现过农业产出的快速增长,理论界对家庭经营是否为理想经营模式的质疑也从未停止(远宝剑,1985;桂华,2017)。在粮食增产的停滞期间,这种质疑变得更为强烈。质疑的反面,便是对更合适

经营模式孜孜以求的探索。近年来,面对劳动力成本提升背景下农业竞争力的持续下降,农场规模细小问题再次被认作瓶颈问题和根源问题(何秀荣,2016)。为摆脱困境,理论界给出了两条完善路径:一是继续在小规模家庭经营的基础上实现提升粮食竞争力;二是在坚持家庭联产承包责任制基础上,尝试以规模经营替代小规模家庭经营,追求规模经济。从最终结果看,第二条路径得到了更多的认可。

(一)以小规模家庭经营提升粮食竞争力的两个局限

与有竞争力的"标准化"模式相比,从小农户自身特征出发的改进措施面临如下两个制约,也正是这两个制约,让第一条路径失去了吸引力。

第一,小规模家庭经营有限的生产率提升空间。有限的经营面积决定了,即便再多的补贴也无法在有限经营面积下获得粮食作物生产的竞争力。从事实出发,想提高小规模家庭经营的竞争力,需依靠"资本和劳动双密集"高附加值的农业(黄宗智,2017)。

第二,小规模农户与大市场结合中的过高成本。众多小规模农户参与市场交易,结果是过高的交易频率与对应的高交易成本(庄丽娟,2000)。

于是,在改造小规模农户成本高昂且空间有限的背景下,替代性的规模经营应运而生。而且,随着农业劳动力流出的加快和农地制度改革的推进,规模经营更显优势,在我国农业经营中的地位也得到进一步的巩固。

(二)以规模经营替代小规模家庭经营的两个支撑

与提升分散的小规模家庭经营竞争力相比,规模经营属于另一个范畴的替代性改变,选择该路径有如下两个支撑:

第一,随着农村人口老龄化的逐年加剧和外出务工人员的不断增多,规模经营是对"谁来种粮"问题的回应(尚旭东、朱守银,2017)。农业劳动力的减少意味着更高的劳均耕地面积,具备了发展规模经营的基本条件。此时发展规模经营,要做的只是如何改革既有的土地制度以提高土地配置效率(张红宇,2002),这也正是近几年农地"三权分置"改革的初衷。

第二,随劳动力成本提升,粮食种植的比较劣势凸显,以保障经营主体种粮积极性为目标的政策效应递减,难以为继。缺乏竞争力是学界对小规模、分散化家庭经营方式较为一致的判断,也成为支持规模经营的必要基础。这里暗含的假设是,规模经营能够实现规模经济,克服小规模家庭经营竞争力不强的弊端。

(三) 以规模经营保障粮食生产安全的不足与挑战

纵然,以上两个方面的改变都不约而同地奔向了"规模经营"这个答案,政策导向上抑或实践中,也都呈现出规模经营大发展的趋势。然而,若干矛盾的出现却打破了规模经营的"万能药"属性。

第一,追求利润最大化的规模经营主体种植结构选择更趋灵活。更多的资金积累、更完善的市场信息、更丰富的技术手段让规模经营主体种植结构的选择更趋灵活。尤其是对于一些以延伸产业链为目的的规模经营主体,其种植结构更是直接服务于生产、加工等环节。不同于以往,大面积、连片的"非粮化"更容易受到理论界和决策层的关注,并伴随着更多争议。

第二,规模经营中规模经济不显著(陈健,1988;王嫚嫚等,2017)。表现为大而不强的规模经营主体仍然摆脱不了脱离补贴独自盈利的窘况。而且,与小规模家庭经营不同,没有盈利的规模经营主体有着强烈的非粮化经营趋势乃至跑路可能,会导致粮食生产的更大波动。

第三,另一个事实是,土地产出率与盈利的不同步性放大(黄祖辉、陈欣欣,1998;刘莹、黄季焜,2010)。在高产量低收益和低产量高收益不可调和的情形下,理性的规模经营主体会毫不犹豫地选择后者,这又成为粮食安全保障的一大隐患。

因此,作为弥补小规模经营在保障粮食安全方面缺陷的规模经营,并没有很好地达到既定的政策期许。而且,由于规模经营本身的特殊性,又给粮食生产保障提出新的要求。当前,以规模经营保障粮食安全有三个必须要回答的问题:第一,规模经营的农地是否大概率用于粮食作物;第二,粮食适度规模经营是否具有可持续性;第三,可持续的粮食规模经营能否保证粮食产量。针对规模经营中以上三个焦点,本文将依次阐述并给出结论,以为规模经营中的粮食生产保障提供针对性政策建议。

三、规模经营与"非粮化"经营

(一) 规模经营与"非粮化"关系研究的发展脉络

从推进伊始,"规模经营"就与"非粮化"一词有了千丝万缕的联系。改革开放以后,最早的规模经营推行于上世纪 80 年代中期。差不多同一时间,"统购"被合同订购取代,在更低的粮食收购价及更开放的种植选择空间下,经济作物种植得到了恢复和发展,也出现了 1978 年后的第一次非粮化。此时,诸多围绕"结构调整"及"规模经营"的文章中,开始有越来越多的学者注意到"规模经营"中的"非粮化"问题(王列昭等,1987)。

"规模经营"与"非粮化"关系被学术界第二次聚焦是在 1999—2003 年,政策的频繁调整和粮食产量的下降是当时的时代背景。国家统计局数据显示,2003 年粮食播种面积占比仅为 65.22%,达到了至今为止粮食播种面积占比的最低点(图 1)。此时,在论及粮食安全问题的诸多文章外,围绕种植结构和规模经营的关系问题也再次得到关注(王志谦,1999;王兴运,2000)。

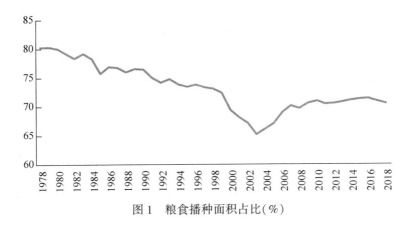

图 1　粮食播种面积占比(%)

与前两次研究的起因不同,规模经营与"非粮化"关系研究的第三次聚焦发生于土地流转快速发展及粮食种植比重持续平稳增长的 2008 年之后。此时,针对规模经营形成路径(流转、入股或托管)、主体特征(工商资本、家庭农场或合作社)与"非粮化"关系的研究再次成为研究的焦点(武舜臣等,2019)。

截至目前,解释两者关系的文献尤为丰富,但诸多文献都建立于同一个逻辑基础,即规模经营的诸多特征与"非粮化"的关系实际存在,抑或规模经营是"非粮化"趋势的关键因素,遗憾的是,多数文献引以为基础或分析对象的案例或样本,总存在这样那样的选择偏差。张宗毅(2015)曾指出,在比对部分流转土地"非粮化"案例与当年全国非粮作物播种面积比例后发现,土地流转并未提升"非粮化"比例。

(二) 规模经营与"非粮化"关系的判断

以往多数研究认为,规模经营与"非粮化"的关系,受困于"小块地无人种,大块地非粮化"的矛盾。然而,根据上文对规模经营与"非粮化"关系研究历程的梳理可知,规模经营与"非粮化"的关系可能更加复杂。对此,本文将遵从如下几点,重新对两者关系进行判断。

第一,粮食作物与非粮作物的经营特征差异。相比于粮食作物,经济作物有盈利空间大、销售风险高、劳动力需求多等特点。正是因为作物间种植特征上的巨大差异,让不同作物间的经济规模存在较大差异(张宗毅,2015)。

第二,经营主体的理性程度和决策空间。一个理性的经营主体,会在收益和风险权衡的基础上选择最终的种植结构(钟甫宁等,2016)。随着经营规模的扩大,经营主体的选择会有两个方面的变化,一是劳动力、土地等成本逐渐显性化(何宇鹏、武舜臣,2019),经营主体的调整经营目标越发趋向利润最大化(李文明等,2015)。二是在他人农地经营权或他人劳动力支配权的获得中,不同获得模式下出现了有限的经营决策水平和劳动力支配能力。也就是说,基于现有的农地制度,实现规模经营后的种植选择不仅取决于经营主体的选择,也与规模经营实现中的农地控制权配置有关(武舜臣等,2019)。

第三,地理条件、乡土民俗、技术进步等可缩小粮食作物和非粮作物经济规模的因素。在一定的技术水平下,地理条件对农地经营的成本收益有着至关重要的作用(吴振华,2011)。对于不适合大型机械化的地区或盐碱地,理性经济人不会去从事规模化粮食生产。乡土民俗对种植结构的影响主要有两个层面,第一是由于农户对粮食作物的依赖,由此产生了对规模经营主体"非粮化"的排斥和阻碍(武舜臣等,2019);第二,部分地区村民会因为非粮主体的高租金抬高本地区地租,结果是过高的地租挡住了潜在的粮食规模经营主体,在当地形成规模化的非粮作物种植。技术进步的改变也会打破原有的经营均衡,如近年来不少针对经济作物的农业机械逐渐发展,为劳动力高成本下经济作物比较优势的提升提供了条件。

结合以上三点可知,规模经营与"非粮化"并不存在直接联系,规模主体的最终选择,仍取决于有限能力下的最大化目标的追求。

但是,规模经营主体确实比有着种植惯性的农户更趋于经济理性。随着技术进步和流通环节的不断完善,粮食作物在盈利方面的比较优势将进一步下降,"小块地无人种,大块地非粮化"的矛盾也有其存在的可能性。

四、规模经营与规模经济

以规模经济衡量经营主体的可持续性并不完全,国际竞争力、补贴差异等都是影响两者关系的重要因素。然而,从本质上讲,存在规模经济是经营主体存活的重要基础。因此,本文从规模经济角度对"粮食适度规模经营是否具有可持续性"给予分析和回应。

克服农地小规模的弊端,扩大经营规模获取规模经济效益是我国实行农地规模经营的逻辑起点(许庆等,2011)。然而,事实是,规模经营主体未必可实现规模经济。根据《新帕尔格雷夫经济学大辞典》(约翰·伊特韦尔等,1992)的定义,规模经济描述的是经营规模扩大带来产品单位成本降低的现象。以农产品平均成本的改变来衡量规模经济有其合理性。

(一) 农业规模经济存在性的判断及解释

规模经济是推动规模经营支持者的基本出发点(普罗斯特曼,1996)。然而,规模经营主体,尤其是政府推动形成的规模主体,却存在普遍的生存难题(张磊、罗光强,2018)。如果农业不存在规模经济,扩大农户耕地规模已成为所谓"深化改革的突破口"之类的结论便没有了足够的理由支撑(陈健,1988)。因此,有必要就农业规模经济的存在性展开讨论。

农业是否存在明显的规模经济。纵然,不少学者承认农业存在明显的规模经济。但陈健(1988)从结果角度出发举了一个十分生动的反例:即便是以市场调节为主的国家,其农业也始终未能出现大规模的生产厂商。那么,从理论角度看,农业可形成规模经济的条件是什么?

规模报酬递增是引起规模经济的重要原因。在农业劳动力过剩的假设前提下,小规模基础上以增加土地投入实现生产性扩张,必然会有一个规模报酬递增的过程。此时,扩大生产规模使平均成本下降,会出现经济效益或规模经济。然而,另一个可能是,随农业劳动力非农化就业转移的加快,类似农业劳动力过剩的原本生产基础被完全肢解,规模经营建立于新的劳动力、资本和土地组合之上,规模经济的决定将由农户层次的"内在经济"向跨农户的"外在经济"转变(许庆等,2011)。此时,随经营规模的扩张能否继续存在边际报酬递增的过程就难以判断。

当然,管理成本的降低及大量采购原材料打折等也是规模经济出现的重要原因。无论如何,从理论分析看,尽管农业领域的规模经济有其存在的可能,但受限于其他条件,并不能给予绝对的答案。从这个角度看,以实践为基础的考察可能更有意义。

规模经济存在性的检验可基于生产成本及生产效率两个方向。从既有文献看,关于我国农地经营规模对粮食生产成本影响的文献较少(许庆等,2011)。除 Tan 等(2008)、许庆等(2011)、何宇鹏和武舜臣(2019)等学者以微观调研数据或案例得出土地经营规模的扩大有助于降低单位生产成本外,更多的讨论集中于成本降低的反面——生产效率提升的层面展开。与成本层面的研究类似,生产效率层面的研究也多数支持规模经济的存在。

而且,随劳动力流动政策的放开以及农村土地制度的进一步创新,基于要素市场管制导致的高昂成本逐年下降,农地的规模经济特征愈加明显。其中,无论是得出经营面积与生产效率正相关(如吕挺等,2014;曹瑞芬、张安录,2015;鄢姣等,2018;孙艳等,2019),抑或生产效率随经营面积的扩大呈现"倒 U"型趋势(贾琳、夏英,2017;冀县卿等,2019),都一定程度支持了农地规模经济的存在。

为何存在或不存在规模经济? 陈健(1988)指出,由于生产要素流动上的困难以及政府的频繁干预,规模经营的形成成本极其高昂。于是,规模经济在农业生产领域中的实现更加困难。这一方面,农地制度的障碍及潜在的交易成本问题成为研究的核心。罗必良(2000)从交易费用和管理成本的角度出发,阐述了农业规模效应不显著的原因。考虑到无论何种成本,最终都会反映到规模经营主体的成本收益当中,这部分的讨论不再赘述。重要的是,与规模经济的形成更依赖农业的自然属性及市场属性不同,该部分对规模经济的影响更依赖制度与政策,也是政府干预并保证规模经济实现的主要环节。

(二) 规模经济与经营可持续性的再探讨

基于前文分析,能否直接得出我国农业规模经营具备规模经济的结论? 一个更为常见的回应是,即便有效率的提升,也并非源于规模变化,而是来自其他新要素投入(舒尔茨,2013)。但可以肯定的是,相比于家庭经营为主的小块土地经营,随着规模经营的扩大,新要素投入的可能性大大增加。周晓时等(2018)的研究表明,过小的农业经营规模将无力承担和非农产业对等的教育投资回报,农地规模经营将有助于吸引更多的新要素,规模经济特征也将愈发明显。

尽管规模经济的实现可以降低单位成本,带来更多的经济效益。然而,在开放环境下,实现规模经济不一定意味着可以盈利。对此,政府的政策干预有其必要性,却也导致了新的扭曲问题。近年来,随着政府的大力推进,补贴依赖型的经营主体大量出现,形成了新的补贴食利者群体。然而,即便是这部分群体中的"精英群体"(蔡荣等,2019),仍不能摆脱经营效率偏低的现实,以及离开补贴就亏损的格局。如果大规模的主体经营仍需在政府补贴下才有竞争力和盈利能力,那何必要改变原本的小农户经营模式? 当然,成本下降效率提升是一回事,增加单位产量是另一回事,这就涉及下面的讨论。

五、规模经营与土地产出率

在我国,可耕地高度稀缺,这就意味着粮食安全对耕地的更高依赖性,以及以土地产出率作为农地规模合理基本指标的必要性(石恰如、张俊仁,1987;国务院发展研究中心土地课题组,1992)。然而,根据王诚德(1989)对土地投入和土地产出的分析,土地产出率与规模经营之间并无必然的内在联系。国务院发展研究中心土地课题组(1992)也指出,从适度规模经营农户角度看,土地仅仅是作为投入要素,提高土地产出率不再归属其目标函数。任治军(1995)进一步指出,规模经营是与增产目标相悖的结论,他认为,一旦实行规模经营,资本对劳动的替代可以降低成本、提高劳动生产率和农民收入,同时也会导致一定程度的粗放经营和土地生产率下降。因此,政府单纯出于提高粮食产量的目的而大规模推行规模经营的政策显然并不可取。

(一)规模经营与土地产出率矛盾的本质

规模经营与土地产出率之间的矛盾主要体现在"规模主体利润最大化目标与土地产出率目标的不一致"。在规模经营中该现象之所以突出,有两个方面的原因:

第一,原本的原因:单产和收益的不同步。即很多情形下,追求单产的提高可能会导致收益的下降。黄祖辉和陈欣欣(1998)、黄宗智(2017)都以复种指数为例,阐述过双季稻或三季稻种植,只能提高单位面积产量,不能提高单位面积收益的事实。单产目标和收益目标的不相容,便成为了规模经营与土地产出率产生矛盾的根源。

第二,规模经营的特殊性:经营主体更趋理性。一般而言,经营

213 粮食生产安全保障的规模经营之路:焦点与启示　213

规模越大,收入结构更依赖农业经营,经营主体的经营活动也更趋理性(王嫚嫚等,2017)。正因为此,规模经营越大的主体,更趋向于追求利润最大化的目标。

规模经营中,以上两点原因相互交错,放大了土地利用率(复种指数)与农户收益的不同步性。在理性经营主体追求利润最大化的同时,土地产出率开始下降,呈现出规模经营与土地产出率不一致的现象。

(二) 规模经营与土地产出率的研究梳理

在之后的规模经营研究中,粮食大规模经营未显现出可预见的较高单产,规模与土地产出率负向相关的结论也被不断证实。目前,小农场具有较高土地生产率已得到国内多数研究的支持(李强、周培,2011;何秀荣,2016)。相比于一般农户,规模经营主体的经营优势主要体现在单位成本的节约,单产方面基本持平甚至有所下降的事实比比皆是(尚旭东、朱守银,2015)。其中,按照时间顺序,将国内相关实证研究梳理如表1。

表1　规模经营与土地产出率下降的实证研究梳理

年份	作　者	研　究　对　象
1996	万广华、程恩江	农业部与澳大利亚阿德莱德大学的抽样调查
2000	姚监复	江苏、浙江3个县大型农场
	林善浪	江苏武进市物价局调查数据
	陈欣欣等	浙江10村农户
2001	张忠根、史清华	浙江农村固定观察点农户
2003	卫新等	浙江150户规模经营大户
2006	高梦滔、张颖	中国8省1354个农户
	刘凤芹	东北农村
2008	杨学成等	山东省普通农户
2010	李谷成等	1999—2003年湖北农户数据
2011	贺雪峰	安徽繁昌调研
2014	吕挺等	江苏省金坛市水稻生产的调研数据

（续表）

年份	作　者	研　究　对　象
2017	唐轲等	2003—2013 年中国农业部全国农村固定观察点 8 个粮食主产省的农户微观调研数据
	顾天竹等	全国 8 省的抽样调查数据
2019	危薇、杜志雄	粮食型家庭农场

六、结论与启示

不可否认，规模经营在农业中的重要性日趋提升，且更有愈演愈烈之势。当前的粮食生产保障，将面临一元主体向多元主体的转变。原有的家庭承包经营主体不会被短期替代（何宇鹏、武舜臣，2019），新的规模经营主体也会后来居上，两者共同保障着国家的粮食生产安全（尚旭东、朱守银，2017）。

新形势下，经营主体的粮食生产更趋向经济理性，随着农村土地制度的进一步创新，规模经营主体的利润最大化追求和对应的规模经济特征也会更加显现。后果是，无论种植结构抑或粮食单产，只能成为追求利润最大化的规模经营主体的"派生选择"。如果单产更高的粮食作物不能带来更高的利润率，政府层面的粮食安全目标与经营主体层面的利润最大化目标就会越发偏离，既有的扶持政策就有调整的必要。基于此，本研究对规模经营下的粮食生产政策有如下启示：

第一，调整粮食安全补贴结构，更多补贴向缺乏竞争力的小农倾斜，巩固维系小农户群体的粮食保障功能。在推进规模经营的过程中存在着政策资源向规模主体倾斜的现象，抛开 2015 年"三项补贴"改革中的支持资金外，各式各样的土地、税收等优惠政策呈现鲜明的"垒大户"特征。在总量补贴有限的情形下，小农户的补贴力度受损。考虑到小农户才是竞争力最弱的群体，补贴结构的逆向倾斜显然不合适。

第二,积极调整针对规模经营主体的政策目标,推进以增产为导向的农业支持政策体系向以竞争力为导向的农业支持政策体系转型。减少对规模经营主体的直接政策干预,以制度改革和服务为基础,培养规模经营主体的规模效应,打造优势劣汰的市场竞争机制。推行规模经营,目的在于提升农业竞争力,如若培养出更多的补贴依赖型规模经营主体,显然与原本的政策初衷不符。

第三,规模经济与土地产出率不一致的问题需得到重视,应设计相应的扶持政策加以干预。根据国家粮食安全保障需要,为规模经营主体设置高产粮食作物播种比例及相应的补贴。在不影响规模经营主体优质作物生产竞争力的基础上,尽可能匹配政府的粮食安全目标。

参考文献

1. 国务院发展研究中心土地课题组:《农地规模与农业发展》,南海出版公司,1992 年,第 39—42 页。

2. 西奥多·W. 舒尔茨,梁小民译:《改造传统农业》,商务印书馆,2013 年,第 95 页。

3. 约翰·伊特韦尔、默里·米尔盖特、彼得·纽曼:《新帕尔格雷夫经济学大辞典》,经济科学出版社,1996 年,第 84 页。

4. 蔡荣、汪紫钰、杜志雄:"示范家庭农场技术效率更高吗?——基于全国家庭农场监测数据",《中国农村经济》2019 年第 3 期,第 65—81 页。

5. 曹瑞芬、张安录:"中部地区农地流转经济效益分析——基于湖北省 27 个村 313 户农户的调查",《中国土地科学》2015 年第 29 卷第 9 期,第 66—72 页。

6. 陈健:"农业规模经济质疑",《农业经济问题》1988 年第 3 期,第 3—6 页。

7. 仇焕广、刘乐、李登旺、张崇尚:"经营规模、地权稳定性与土地生产率——基于全国 4 省地块层面调查数据的实证分析",《中国农村经济》2017 年第 6 期,第 30—43 页。

8. 杜志雄、肖卫东:"农业规模化经营:现状、问题和政策选择",《江淮论坛》2019 年第 4 期,第 11—19 页。

9. 高建设:"农地流转价格失灵:解释与影响",《求实》2019 年第 6 期,第 92—

106 页。

10. 高梦滔、张颖："小农户更有效率？——八省农村的经验证据"，《统计研究》2006 年第 8 期，第 21—26 页。

11. 顾天竹、纪月清、钟甫宁："中国农业生产的地块规模经济及其来源分析"，《中国农村经济》2017 年第 2 期，第 30—43 页。

12. 桂华："土地制度、合约选择与农业经营效率——全国 6 垦区 18 个农场经营方式的调查与启示"，《政治经济学评论》2017 年第 8 卷第 4 期，第 63—88 页。

13. 何秀荣："关于我国农业经营规模的思考"，《农业经济问题》2016 年第 37 卷第 9 期，第 4—15 页。

14. 何宇鹏、武舜臣："连接就是赋能：小农户与现代农业衔接的实践与思考"，《中国农村经济》2019 年第 6 期，第 28—37 页。

15. 贺雪峰："论农地经营的规模——以安徽繁昌调研为基础的讨论"，《南京农业大学学报（社会科学版）》2011 年第 11 卷第 2 期，第 6—14 页。

16. 黄宗智："中国农业发展三大模式：行政、放任与合作的利与弊"，《开放时代》2017 年第 1 期，第 128—153 页。

17. 黄祖辉、陈欣欣："农户粮田规模经营效率：实证分析与若干结论"，《农业经济问题》1998 年第 11 期，第 3—8 页。

18. 冀县卿、钱忠好、李友艺："土地经营规模扩张有助于提升水稻生产效率吗？——基于上海市松江区家庭农场的分析"，《中国农村经济》2019 年第 7 期，第 71—88 页。

19. 贾琳、夏英："农户粮食生产规模效率及其影响因素分析——基于黑、豫、川三省玉米种植户的调查数据"，《资源科学》2017 年第 39 卷第 5 期，第 924—933 页。

20. 李谷成、冯中朝、范丽霞："小农户真的更加具有效率吗？来自湖北省的经验证据"，《经济学（季刊）》2010 年第 9 卷第 1 期，第 95—124 页。

21. 李强、周培："农村土地流转的两难选择与突破路径"，《经济体制改革》2011 年第 6 期，第 72—75 页。

22. 李文明、罗丹、陈洁、谢颜："农业适度规模经营：规模效益、产出水平与生产成本——基于 1552 个水稻种植户的调查数据"，《中国农村经济》2015 年第 3 期，第 4—17 页。

23. 林善浪："农村土地规模经营的效率评价"，《当代经济研究》2000 年第 2 期，第 37—43 页。

24. 刘凤芹："农业土地规模经营的条件与效果研究：以东北农村为例"，《管理世界》2006 年第 9 期,第 71—79 页。
25. 刘莹、黄季焜:“农户多目标种植决策模型与目标权重的估计”,《经济研究》2010 年第 1 期,第 148—157 页。
26. 罗必良:“农地经营规模的效率决定”,《中国农村观察》2000 年第 5 期,第 18—24 页。
27. 罗伊·普罗斯特曼、李平、蒂姆·汉斯达德:“中国农业的规模经营:政策适当吗?”,《中国农村观察》1996 年第 6 期,第 17—29 页。
28. 吕挺、纪月清、易中懿:“水稻生产中的地块规模经济——基于江苏常州金坛的调研分析”,《农业技术经济》2014 年第 2 期,第 68—75 页。
29. 任治君:“中国农业规模经营的制约”,《经济研究》1995 年第 6 期,第 54—58 页。
30. 尚旭东、朱守银:“家庭农场和专业农户大规模农地的‘非家庭经营’:行为逻辑、经营成效与政策偏离”,《中国农村经济》2015 年第 12 期,第 4—13 页。
31. 尚旭东、朱守银:“粮食安全保障背景的适度规模经营突破与回归”,《改革》2017 年第 2 期,第 126—136 页。
32. 石恂如、张俊仁:“土地生产率是衡量农业规模经营的主要技术经济指标”,《农业经济问题》1987 年第 12 期,第 21—25 页。
33. 孙新华:“地方政府干预与规模农业发展——来自皖南河镇的经验”,《甘肃行政学院学报》2017 年第 2 期,第 114—123 页。
34. 孙新华:“农业经营主体:类型比较与路径选择——以全员生产效率为中心”,《经济与管理研究》2013 年第 12 期,第 59—66 页。
35. 孙艳、石志恒、孙鹏飞:“规模经营能否提高种植大户的经营效率——以甘肃玉米种植大户为例”,《中国农业资源与区划》2019 年第 40 卷第 3 期,第 78—84 页。
36. 唐轲、王建英、陈志钢:“农户耕地经营规模对粮食单产和生产成本的影响——基于跨时期和地区的实证研究”,《管理世界》2017 年第 5 期,第 79—91 页。
37. 万广华、程恩江:“规模经济、土地细碎化与我国的粮食生产”,《中国农村观察》1996 年第 3 期,第 31—36 页。
38. 王诚德:“农地经营规模与经济发展——对中国农业发展基础构造的理论思索”,《经济研究》1989 年第 3 期,第 47—53 页。
39. 王济民、张灵静、欧阳儒彬:“改革开放四十年我国粮食安全:成就、问题及建议”,《农业经济问题》2018 年第 12 期,第 14—18 页。

40. 王建英、陈志钢、黄祖辉、Thomas Reardon：“转型时期土地生产率与农户经营规模关系再考察”，《管理世界》2015 年第 9 期，第 65—81 页。

41. 王列昭、崔保林、杨培才、刘静：“种植业适度规模经营发展过程探讨”，《农业工程学报》1987 年第 1 期，第 21—32 页。

42. 王嫚嫚、刘颖、陈实：“规模报酬、产出利润与生产成本视角下的农业适度规模经营——基于江汉平原 354 个水稻种植户的研究”，《农业技术经济》2017 年第 4 期，第 83—94 页。

43. 王兴运：“种植业结构调整要注意处理好三个关系”，《理论观察》2000 年第 4 期，第 9—10 页。

44. 王志谦：“关于农村产业结构调整错误倾向举例”，《专业户》1999 年第 7 期，第 38 页。

45. 危薇、杜志雄：“新时期家庭农场经营规模与土地生产率之间关系的研究”，《农村经济》2019 年第 3 期，第 6—14 页。

46. 卫新、毛小报、王美清：“浙江省农户土地规模经营实证分析”，《中国农村经济》2003 年第 10 期，第 31—36 页。

47. 吴振方：“农业适度规模经营：缘由、路径与前景”，《农村经济》2019 年第 1 期，第 29—36 页。

48. 吴振华：“不同地形区稻谷生产经济效益比较及影响因素分析——基于湖北、湖南、重庆 500 户稻农调查数据”，《农业技术经济》2011 年第 9 期，第 93—99 页。

49. 武舜臣、于海龙、储怡菲：“农业规模经营下耕地‘非粮化’研究的局限与突破”，《西北农林科技大学学报（社会科学版）》2019 年第 19 卷第 3 期，第 142—151 页。

50. 许庆、尹荣梁、章辉：“规模经济、规模报酬与农业适度规模经营——基于我国粮食生产的实证研究”，《经济研究》2011 年第 46 卷第 3 期，第 59—71 页。

51. 鄢姣、王锋、袁威：“农地流转、适度规模经营与农业生产效率”，《资源开发与市场》2018 年第 34 卷第 7 期，第 947—955 页。

52. 杨学成、赵瑞莹、岳书铭：“农村土地关系思考——基于 1995～2008 年三次山东农户调查”，《管理世界》2008 年第 7 期，第 53—61 页。

53. 姚监复：“中国农业的规模经营与农业综合生产率——访华盛顿大学农村发展所徐孝白先生”，《中国农业资源与区划》2000 年第 5 期，第 22—24 页。

54. 远宝剑：“关于家庭经营规模的几个问题”，《社会科学辑刊》1985 年第 1

期,第67—71页。

55. 张恒春、张照新:"增产增收视角下玉米种植户适度规模分析——基于全国8423份调查数据",《湖南农业大学学报(社会科学版)》2015年第16卷第3期,第13—18页。

56. 张红宇:"中国农地调整与使用权流转:几点评论",《管理世界》2002年第5期,第76—87页。

57. 张磊、罗光强:"现实与重构:我国粮食适度规模经营的困境与摆脱——基于川、湘246个稻作大户的调查",《农村经济》2018年第5期,第28—33页。

58. 张忠根、史清华:"农地生产率变化及不同规模农户农地生产率比较研究——浙江省农村固定观察点农户农地经营状况分析",《中国农村经济》2001年第1期,第67—73页。

59. 张宗毅、杜志雄:"土地流转一定会导致'非粮化'吗?——基于全国1740个种植业家庭农场监测数据的实证分析",《经济学动态》2015年第9期,第63—69页。

60. 钟甫宁、陆五一、徐志刚:"农村劳动力外出务工不利于粮食生产吗?——对农户要素替代与种植结构调整行为及约束条件的解析",《中国农村经济》2016年第7期,第36—47页。

61. 钟真:"改革开放以来中国新型农业经营主体:成长、演化与走向",《中国人民大学学报》2018年第32卷第4期,第43—55页。

62. 周晓时、李谷成、刘成:"人力资本、耕地规模与农业生产效率",《华中农业大学学报(社会科学版)》2018年第2期,第8—17页。

63. 庄丽娟:"我国农业产业化经营中利益分配的制度分析",《农业经济问题》2000年第4期,第29—32页。

64. Tan S., Heerink N., Kruseman G., et al., "Do fragmented landholdings have higher production costs? Evidence from rice farmers in Northeastern Jiangxi province, P. R. China," *China Economic Review*, Vol. 19, Issue 3, pp. 347-358.

(武舜臣,中国社会科学院农村发展研究所;曹宝明,南京财经大学粮食和物资学院)

乡村治理转型下的全面脱贫

傅帅雄 黄顺魁

　　中国乡村治理研究始于 20 世纪 90 年代，特别是三农问题的提出，引发了学术界对乡村治理问题的大量思考和研究。2013年习近平总书记提出"精准扶贫"后，如何将精准扶贫与乡村治理问题相结合成为当前研究和讨论的一个重要课题。十九大报告提出要在 2020 年实现现行标准下农村贫困人口脱贫的重大目标，同时还提到要坚持乡村振兴战略，加强农村基层基础工作，健全自治、法治、德治相结合的乡村治理体系。在这样一个大背景下，乡村振兴战略作为脱贫攻坚的一个有机衔接，为打赢脱贫攻坚战，全面建成小康社会提供了重要思路，同时对于当前的乡村治理提出新的要求。

一、乡村治理下全面脱贫面临的挑战

（一）农村"空心化"问题突出

在中国工业化与城市化高速发展进程中,农村人口大量流失,从而出现农村"空心化"问题。一方面,农村中青年劳动人口大幅减少,留在农村的多以老人和儿童为主,劳动力的缺失直接影响农村产业发展,阻碍了农村经济活力的提升。另一方面,农村人口的大量流失,导致很多村民因在外务工无法亲身参与农村自治事务,时间一长甚至产生漠不关心的态度,甚至忽略自身所具有的自治权力和义务,这也直接影响了中国农村村民自治的治理效率,对现有的乡村治理体系提出了新的挑战。

（二）农村"精英捕获"问题

大量人口的外流,反而给农村的相对精英阶层提供了机会和平台,利用这些机会和平台,农村的相对精英阶层便掌握了更多的资源分配话语权,并在这个过程中实现套利。在原有村民自治的治理体制下,一旦权力平衡被打破,那必然使得有限的资源配置失去公允,从而在农村形成各种分化的矛盾。如在贫困户精准识别工作的前期开展中,就曾出现大量精英捕获的问题。一方面,参加民主评议的村民代表对扶贫政策了解不清楚、把握不到位,在识别过程中的随意性、主观性较大;另一方面农村的相对精英阶层利用自己在资源分配上的话语权,绕开民主评议中的监管环节,并在少数人的精英团体中达成利益联盟,实现自己的偏好。这样的结果势必导致评议的标准和结果出现偏差,无法保证公开公平公正地确定扶贫对象。

（三）农村基层党组织建设薄弱

习近平总书记在中央扶贫开发工作会议上指出，"抓好党建促脱贫攻坚，是贫困地区脱贫致富的重要经验"，强调"要把夯实农村基层党组织同脱贫攻坚有机结合起来"。农村党支部是党在农村的基层组织，是村各级组织和各项工作的领导核心，村党支部和党员干部在脱贫攻坚中发挥了重要作用。但当前村干部薪酬待遇仍然较低，上升渠道相对狭窄，很难吸引年富力强、能力突出的党员留村任职。一些老党员文化程度不高，思想保守陈旧，不敢大胆开拓创新，年轻党员人数较少，党组织后备力量青黄不接、后继乏人的现象不容忽视，还有部分农村党员干部主动服务群众的意识不强、担当意识不强，一些村干部私卖土地，损害群众利益，从而影响了基层群众对党组织的信任和依赖。同时，一些地区的党建扶贫工作出现职能单一、认知偏差等问题。各帮扶单位未能转变思路，多考量经济效果，单一给予物资帮助脱贫，忽视抓被帮扶单位的党建工作，未能充分发挥村"两委"及党员干部的主观能动性，带动贫困户脱贫。总体来看，村"两委""能力不足"的问题比较突出，基层党组织的战斗力和组织力与脱贫攻坚任务的需要仍有较大差距。

（四）行政事务负担日益增大

村委会是村民自我管理和自我服务的自治组织，但在具体的日常生产生活中，却承担着大量来自县乡两级下派的行政事务。比如，对于贫困户的评定、扶贫台账的制作、扶贫任务的考核检查等等，都要求村委会承担相应的行政事务，村级事务行政化的特征日益明显。在这种情况下，对原有的村委会成员的知识结构、工作能力都提出了新的挑战和要求。同时，由于行政村没有土地或其他资源，无法从征地或者土地开发中获益，村集体经济薄弱，行政经费和党建经费依赖上级拨付且资金有限，在许多民生项目上难有作为，严重制约了基层党组织为民办事的能力,削弱了基层党组织在农村的威信和影响力。

(五) 农村集体经济发展动力不足

大多数农村底子薄、基础差,集体经济发展滞后,再加上资源匮乏,交通不便,集体经济的发展后劲也明显不足。首先,村经济合作社作为村级集体经济的市场主体,很难找到合适的带头人,多数村干部畏难思想较重,对于如何发展集体经济也缺乏思路,以致在许多农村出现由政府扶贫资金担保贷款没有合作社敢贷的现象。其次,村级集体经济的来源单一,除了基本的财政支出外,绝大多数村集体只能靠从有关部门争取本村建设项目,获取部分劳务收益用于村级的运转经费。对于一个村集体而言,一旦没有强有力的集体经济基础,那么农村基础设施和民生项目的建设就只能寄希望于政府,而政府的配给资源有限,不可能大水漫灌,这又会使得村集体的发展缺乏动力。最后,产业扶贫带动作用不强。政府主导的扶贫项目存在与市场规律脱节的现象,在资源的配置上过分强调政府的作用而忽视市场作用的发挥,众多贫困地区特别是山西、河南、安徽、湖北等中部地区的贫困县,产业单一且相似度较高,导致确定扶贫产业并发掘其潜力难度较大,选定的扶贫产业项目可持续性差,有的项目缺乏市场连接、技术支持、服务支持,扶贫效果不明显。甚至有的项目花了钱、出了力,不仅没有获得贫困户或群众的认同,反而起到了相反的作用。

二、乡村治理下全面脱贫的经验借鉴

(一) 第一书记的派驻

派驻的第一书记主要肩负三方面的任务,一是强化基层党组织的建设,解决村委会不团结、组织软弱涣散等问题,通过严肃党组织生活,提高党员思想政治觉悟,进一步加强党对农村工作的领导。第二是推进精准扶贫工作,带领开展贫困户的精准识别以及建档立卡工作,加大政策的宣传落实,制订脱贫实施计划,为农村产业的发展规划思路,并带领村民脱贫致富。第三是提升乡村治理能力,进一步规范村民自治制度,提高干部依法办事能力,促进村级事务的公开、公平和公正,进一步完善村规民约,弘扬文明新风,带领村级组织开展为民服务工作,共同构建和谐新农村。因此,在第一书记选派过程中,精准选派显得尤为关键。除了要考虑第一书记所具备的基本素质能力外,还要充分结合派驻所在农村的实际情况。比如,对于党组织软弱涣散的农村,派驻的第一书记应该选择政治站位高,具备一定领导力和凝聚力的人选;对于畜牧生产为主的农村,派驻的第一书记应该有畜牧相关的知识技术,能够支持和帮助当地的畜牧产业发展;对于道路基础设施落后的农村,派驻的第一书记可以是来自于财政局或建设局的相关工作人员。总体而言,所派驻的第一书记自身具备了资源优势、组织优势和政治优势,同时在选拔的标准上还要求有良好的党性和较高的政治领悟,他们直接参与到乡村治理中,不仅可以盘活乡村治理资源,同时还优化了乡村的治理结构,打破了原有的权力平衡,为乡村治理模式的转型以及乡村治理能力的提升注入了新动力。

(二) 工作队的派驻

按照扶贫工作要求,贫困村的对口帮扶单位会安排专人成立工作队开展驻村帮扶工作,驻村工作队作为原有乡村治理体系中的外来力量,在推进农村脱贫攻坚进程中发挥了重要作用。驻村工作队一方面有帮扶单位的大力支持,另一方面工作队自身也具备更多的人力资源和社会资源,因此在争取项目建设、推动农村产业发展上都形成了巨大推力。特别是在农村产业发展方面,驻村工作队能够结合农村的实际资源禀赋,合理规划产业发展思路,并通过观摩宣传、引进扶持、试点推行等多种形式将新的发展理念传递到村民当中，从而激发并整合形成一种新发展动力，带动更多的村民参与到产业扶贫工作中来。在原有的农村治理模式下，农村的产业发展一直缺乏动力，而缺乏动力的一个关键因素则是产业发展的核心凝聚力和引导力的缺失，村民对于尝试新的产业、新的发展模式存在畏险情绪，而驻村工作队所带来的不仅是产业发展的思路和具体帮扶，更多的是给村民带来了发展的信心，让村民看到未来产业发展的希望，从而在生产发展中形成了积极向上的合力。这正是驻村工作组在乡村治理和发展过程中所带来的巨大变化。另外，驻村工作组的职责重点就是帮扶贫困户脱贫，因此在资源配给以及利润分配上都能充分照顾到贫困户，这在一定程度上避免了政府帮扶资源在具体实施过程中所出现的"大水漫灌"以及"精英捕获"的问题，有效地提升了乡村治理效率。

（三）技术人才的派驻

农村农业人才的缺失，是当前农村农业发展所面临的一个重要问题，而科技特派员制度的不断完善，越来越多的技术人才下乡参与帮扶脱贫，有效地缓解了这一问题。农村产业的发展离不开理念的更新和技术的支持，特别是农业本身，技术的投入不仅能够大幅度提高生产效率，改善产品质量，同时还能因地制宜优化农业资源配置，充分发挥本地农业生产优势，从而获得较高的市场回报。因此，在脱贫攻坚过程中更需要技术人才的支持。比如，普通的菜地通过技术改造发展大棚蔬菜，产量不仅增加，而且通过错季生产也为村民带来更多的劳动回报。再比如，果林经济的发展，如何根据当地气候、土壤等条件寻找适应生长，同时还广受市场喜爱的水果，如何引进嫁接，如何防治虫害等等，这些都需要技术的大力支持。由此可以看出，技术决定着农村产业的转型和发展，如何构建一个涵盖技术示范、培训、指导和咨询等多方面、多层次的科技服务体系,也是未来乡村治理转型重点考虑的内容。

(四) 返乡人才的吸引

农村脱贫需要带头人,合作社的发展也需要带头人,没有带头人,没有形成合力、形成发展规模,那么光靠过去小农经济的发展模式很难在农村的产业发展上取得新的突破。然而,带头人不仅要有胆识、有魄力、有知识、有经验,同时还要对农村有深厚的感情。只有对农村有感情,才能真正激发投入建设农村的积极性,真心为产业的发展、农村脱贫贡献自己的力量。因此,对于从农村出去读书学有所成的技术和经营管理人才,以及外出务工掌握一定技能并积累相应经验的农民工,都是可能返乡创业并成为脱贫发展带头人的重要人选。当越来越多的人才返乡参与乡村建设的时候,农村空心化的问题将得到有效缓解,乡村少数精英掌握资源分配话语权的现象也会日益减少,这必然会对乡村治理结构带来新的调整和优化。

三、乡村治理转型下全面脱贫的实施路径

(一) 强化基层党组织建设

一方面,强化村“两委”班子建设,进一步创新干部选拔任用机制,要在如何选好、选准农村基层党组织带头人上下功夫,通过换届选举、组织调整等手段选拔优秀青年进入村级干部队伍,积极培养后备人才,注重从熟悉农村情况、热心乡村事业、口碑好、学历高的年轻人中发展党员,优化党员结构,推进党员队伍形成合理梯队。加强以基层党建、民主法治、农村发展和党风廉政为主要内容的干部培训,构建农村党员干部长期轮训的科学机制,切实提高农村“两委”干部的政治认知高度和乡村治理能力,为农村党组织选优配强“头雁”。引导广大农村党员积极发挥先锋模范作用,加强党在农村的执政基础,对于违规违纪干部要严肃处理,绝不姑息。另一方

面,要进一步探索农村基层党组织活动开展新模式,找准党建工作与农村改革发展的结合点,充分调动大家工作积极性。加强党建引领,促进贫困村党组织带头人和致富带头人两支队伍有机融合,既要把村党组织带头人和有致富能力的党员培养成致富带头人,又要把优秀致富带头人发展成党员、培养成村"两委"带头人,不断提高基层党组织凝聚力、战斗力和创造力。

(二) 建立长期的工作派驻机制

第一书记、驻村工作队以及技术特派员等派驻机制在打好脱贫攻坚战中发挥了重要的作用。为了进一步巩固脱贫攻坚成果,持续推进乡村振兴战略,那么有必要在充分总结经验的基础上,研究并建立长期的工作派驻机制。工作派驻机制中应包括人员选派、帮扶支持、绩效考核、提拔任用,让政治素质过硬、工作能力出色、具备开拓创新精神、热心三农发展的优秀干部,愿意来到农村,成为一支懂农业、爱农村、爱农民的"三农"工作队伍。

(三) 完善人才吸引的激励机制

吸引人才返乡创业,需要建立和完善与之相对应的吸引激励机制,特别是在农业产业发展方面,是否有项目配套扶持资金,是否有创业担保贷款,是否有相应的村民培训服务,是否在土地使用上得到村组的支持,这些都是返乡人才会重点考虑的因素。其次,要因地制宜制定产业发展规划,明确当地重点产业的发展方向,同时通过互联网或者微信等方式,将相关政策、农村现有发展条件等信息向在外工作的人群定向发放,鼓励和引导在外人才结合自身优势返乡创业。另外,对于农牧业发展急需的技术类人才更需要积极争取,可以通过线上指导、柔性引进或者技术入股等多种形式,与大专院校和科研机构开展合作,把更多的新科技、新生产理念引入到农牧业的发展中来,整体提升农村生产效率。对于优秀的返乡创业人才,可以推荐选拔进入村"两委"班子,具体参与到乡村治理、经济发展和乡村振兴的工作中来。

(四) 激发经济发展活力

农村经济的发展活力源于对农村各类生产资源的激活,因此,需要进一步通过改革创新来释放包括土地、技术以及人力资本在内的制度新红利。首先,要深化农村土地制度改革,鼓励农村集体经济组织在符合规划的条件下开发集体建设用地,通过入股联营等形式盘活集体资产。同时,引导农村经济合作社、家庭农场通过土地使用权的流转不断扩大生产规模,降低生产成本,在生产数量和质量上取得竞争优势。其次,进一步加大"扶志、扶智"的力度,通过宣传、观摩、引导等多种方式切实转变贫困户落后的生产生活观念,不断增强其发展生产和脱贫致富的主观自觉。最后,要加大对农村返乡创业大学生以及农民工的科技培训力度,使之成为依靠科技实现脱贫致富的带头人,为科技成果在农村地区转移转化打通"最后一公里",真正实现创新驱动的精准扶贫。

(五) 优化自治、法治、德治相结合的治理体系

加强集体民主管理,规范和完善民主决策,确保重大事项经村民代表大会通过,做好公告公示,保障好村民的知情权、参与权、表达权和监督权。健全乡村治理的监督机制,保障乡村治理各项事务的规范运行。通过组织开展干部专项培训,进一步增强农村干部的法治观念,不断提高法治能力,规范法治行为,对于村霸以及宗族恶势力要严厉打击,绝不姑息。深入挖掘乡村熟人社会蕴含的道德规范,弘扬优秀传统文化,将涵盖文明乡风、美丽乡村的社会主义核心价值观融入到乡村治理的德治当中,不断优化乡村治理体系。

参考文献

1. 高莉娟："乡村振兴背景下干部驻村精准扶贫研究述评与展望"，《地方治理研究》2018 年第 2 期，第 67—78 页。

2. 匡远配、周丽、夏玉莲："农户脱贫的乡村合作治理问题研究——基于五省 1218 户农户的调查与分析"，《农村经济》2019 年第 5 期，第 1—8 页。

3. 刘婧娇："脱贫、发展、关联——中国农村贫困治理的反思与展望"，《云南社会科学》2018 年第 4 期，第 25—31 页。

4. 秦良芳、陈卓、游昭妮："精准扶贫背景下的乡村治理研究综述"，《社会科学动态》2019 年第 2 期，第 42—49 页。

5. 万秀丽："精准扶贫视野下'空心化'农村治理探析"，《甘肃社会科学》2017 年第 2 期，第 124—128 页。

6. 徐琳、樊友凯："乡村善治视角下精准扶贫的政治效应与路径选择"，《学习与实践》2017 年第 6 期，第 30—37 页。

7. 许汉泽："扶贫瞄准困境与乡村治理转型"，《农村经济》2015 年第 9 期，第 80—84 页。

(傅帅雄,北京大学光华管理学院;黄顺魁,深圳市大鹏新区改革与发展研究中心)

资本下乡及其对乡村社会治理的影响与对策

王军礼 张晓欢

党的十八届三中全会提出,鼓励和引导工商资本到农村发展适合企业化经营的现代种养业,向农业输入现代生产要素和经营模式。由此,农业现代化的规模化认识不断提高,国家鼓励资本下乡的激励政策加速出台,促使大量工商资本下乡。尤其是,党的十九大以来,国家提出实施乡村振兴战略,资本下乡迎来了历史性机遇。资本对乡村社会这一有机系统的嵌入,不仅会引发农业经营机制和农地制度改革发展,也在塑造着乡村社会的新格局,引发乡村社会格局调整,并对乡村社会治理改革提出新要求。为此,本文基于世界资本下乡的规律和经验,重点研究当前和未来一个时期内,我国资本下乡趋势及其对乡村社会治理的影响和对策。

一、世界资本下乡经验及我国资本下乡趋势

在世界区域经济发展中,城市工商资本下乡表现出了一定的阶段性和多样性。资本下乡的规模化发展往往是在城市经济发展到一定程度之后才开始的,在城乡资本互动之处,往往是乡村资本先被城市"抽走"。改革开放以后,鉴于国家整体区域经济发展的需要,大量乡村资本流入城市,表现出了"取之于农,用之于城"的特征。随着我国新型城镇化战略和乡村振兴战略的实施,城市资本呈现出了开始"反哺农村"的趋势,并且表现出了多元化和多样化特征,资本"取之于城,用之于农"的现象可能成为常态。

(一) 关于资本下乡的主要理论回顾

资本下乡的实质是城市和乡村之间资本要素的流动,其相关理论研究,主要集中在区域经济的空间关联效应、资本要素的空间流动规律和社会资本理论三个方面。

1. 资本下乡的空间关联效应解释

在区域经济发展中,聚集性和差异性是其基本特征。一般认为,率先发展的地方是包括资本要素在内的多重要素集聚之地,相对应的地区则是资本要素被抽走的地区。在城市和乡村经济发展中,城市往往被看作区域发展的增长极,是周边乡村增长的诱导单位(Higgins and Savioie,1988)。在城市增长极的带动下,城市和乡村会逐渐形成显著的"中心—外围"结构,也称"核心—边缘"结构(Nalasp et al.,2001),城市聚集资本和技术,是区域发展的动力所在,乡村则接受中心的辐射和带动,城市和乡村之间形成了一个相互依存的空间系统,但乡村往往依赖于城市对它的

控制作用。

随着城市和乡村之间的交流和互动,乡村地区接受城市辐射和带动效应或逐渐增强,甚至出现资本从城市向乡村地区大规模回流的现象。乡村地区的新业态和新发展平台演变为城乡之间新的增长极和核心地区。解释这一现象的主要理论是弗农(1996)的梯度推移理论,该理论认为梯度推移过程是动态的极化效应与扩散效应共同作用的结果,城市系统是推移过程的载体(王育宝、李国平,2006),城市资本向乡村移动是典型代表。与此理论类似的还有1974年诺贝尔经济学奖获得者冈纳·缪尔达尔提出的回波效应和陆大道(1986)在1984年"点—轴"系统的渐进式扩散模式和"涓滴效应"等。

2. 资本下乡的要素空间流动解释

资本、技术、人才等要素在城市和乡村之间的流动是促进城市和乡村经济社会发展的微观动因。资本要素从城市向乡村流动是资本的成本控制效应、集聚效应、规模效应、收益递增效应等影响的结果。

在经典经济学理论的发展过程中,工商资本一直被视为影响商品价值的重要因素,是农村地区产业发展的主要推动力。在英国古典经济学家配第初步提出土地及劳动"生产要素二元论"之后,古典经济学家亚当·斯密在他的代表作《国富论》中,提出了劳动、资本和土地"生产要素三元论"。马克思在《资本论》中提出,工商资本的累积,促进了产业规模的扩大和产业结构的优化,是主导和推动规模化、产业化生产的基础。美国经济学家 W. W. 罗斯托对不少欠发达地区的国情进行考察研究后指出,影响农业地区经济发展的主因在于工商资本的缺失。

乡村资本的缺失与否取决于资本在乡村经济集聚效应的发挥和治理。美国经济学家纳克斯提出,欠发达地区低收入、低储蓄能力,引起工商资本形成不足,导致生产率难以提高,低生产率又造成低收入,周而复始形成一个恶性循环。要想打破这一恶性循环,需要在乡村建立新的增长极和"反磁力中心"(E. Howard,1898)。一旦乡村新兴产业集聚中心建立,产业集聚效应、规模效应和收益递增效应随即产生,资本下乡便会逐渐成为一种潮流和趋势,乡村地区便会获得新的经济社会发展。

3. 资本下乡的社会资本理论解释

在社会资本理论中,社会资本是个人或群体的社会关系、社会地位的总和,较好的社会资本有利于提高社会生产效率,从而帮助达成目标。美国学者科尔曼指出,社会资本能凭借自身优势,为社会主体的生产经营活动提供帮助,从而让社会主体实现目标、完成任务。当社会主体在社会结构中所处的地位越高,可以获得和调动的社会资源就会越丰富,从而得到更多的好处,就可以实现社会资本向经济效益、社会效益的转变。显然,与乡村社会主体相比,携带城市工商资本的社会主体具有较高的社会地位和更广阔、更丰富的关系网络,在乡村地区的投资和市场竞争中,容易占据优势地位。

因此,在一定条件下,城市工商资本下乡将对"三农"领域进行改造,推动乡村经济和社会的全面发展。工商资本进入"三农"领域后,凭借其资金、信息、技术、组织等优势,居于发展的主导地位,有利于在更高层面整合"三农"发展资源,从而促进"三农"问题的解决。同时,工商资本的进入,也将导致基层党委政府、村"两委"、村民之间的强关系网络发生变化,并作为嵌入角色形成弱关系网络。对城市工商资本下乡加以规范引导,形成情感融合、相互信任、互相依赖的关系网络,是促进城市工商资本和社会资本与乡村振兴有效互动、解决"三农"问题的重要途径。

(二) 世界典型国家的资本下乡经验

在世界城乡经济互动的进程中，一些国家采取了相对有效的资本下乡和管制措施，有力促进了资本下乡和乡村地区经济社会的协调发展。

1. 美国：管制和激励并行，促使资本向乡村扩散

研究报告显示，美国不少大都市外围产业链上的村镇居民"幸福指数"甚至高于市内居民。中产阶级家庭沿着产业链向郊外扩展，传统城乡结合部的工作环境和生活质量好于市中心。形成这种结果的主要驱动因素是，美国通过各种措施促使经济和社会发展的生产要素(如把城镇工商业积累的庞大的科技、人力、物力、财力等资源吸引到农村去)沿交通干线向城郊和农村扩散，呈现出城市工商资本"点轴"发展带动城乡网络化发展的特征。

美国城市资本向乡村资本扩散的过程中，首先是靠市场力量，其次是靠政府力量，两种力量相互补充、相互促进。从市场力量看，美国远郊和乡村充分利用自身的资源优势，吸引城市企业前来投资和经营。比如，美国农场主拥有大量土地，一些农场以土地为资本参与现代化和城市化进程，不少早期的庄园主因此而成为资本家或实业家。从美国政府力量看，美国政府不仅积极推进资本下乡的各种立法工作，也充分发挥了行政的宏观调节作用：一是联邦和地方立法机构在制度和体制设置方面适时立法监管；二是地方政府注重扶持进入乡村的小企业，使得乡村劳动大军大多数受雇于小企业。

2. 日本：细化配套措施，不断消除资本下乡的制度壁垒

在日本乡村振兴的过程中，日本政府的一系列根本性制度安排成为资本下乡的核心因素。一是城乡居民享受同等的政治经济待遇，在户籍、政治权利、社会保障和人员流动等政策上对城乡居民一

视同仁。战后经济高速发展时期,日本大量农民离开土地转换生计模式,有些大企业甚至采用"集团就职"方式,到农村中学整班招收毕业生务工。日本政府一方面为新务工的农民提供与城市居民相同的社会保障;另一方面严格要求企业保障劳动者就业,采用"终身雇佣制"等方式确保农民不会因失业而陷入困境。这在很大程度上避免了农民在"失地"后再"失业"所带来的严重后果。二是消除阻碍人员、资金等经济要素在城乡间流动的壁垒,促进各种资源向农村和落后地区流动。在大量农村人口进城的同时,也有很多日本城市居民希望到农村和小城镇居住或投资从事农业经营。日本建立了较为完善的农业耕地和农村住宅流转体制,鼓励城市人口到农村居住或投资,吸引了大批返乡人才和退休人员回乡投资和居住,提升了乡村地区的经济社会活力。三是日本通过建立统一的社会保障体系、建设高标准的农业企业、维持农产品较高价格以保障农民收入等措施,以城市消费者出资的形式对农业进行隐性补贴。为增加农民收入,日本在对外贸易中多利用高关税、高检疫检验标准等有形或无形"保护壁垒",在国内则通过农协等行业组织或地区组织将农产品维持在较高价格,以保障农民收入。

3. 越南:加强土地管制和人才培训,鼓励发展乡村经济与
　　就地择业

受城市化和工业化影响,越南土地尤其是耕地流失现象严重,大量肥沃的土地被各种资本项目挤占,但转让相关土地的农民通常只能获得相当于土地农业产出价值的补偿。与此同时,土地流失导致的农村剩余劳动力转移和就业问题也日益突出,成为越南社会发展过程中的一大难题。为此,越南政府采取了一系列措施,促进城市资本下乡,使得当地企业吸纳更多的人员就业,较好地解决农村稳定和生计问题,引导和促进了乡村地区经济社会协调发展。一是对建设项目加强审批,保证项目不对环境和当地人民特别是农民的

生活造成负面影响,努力减少资本下乡对农民的冲击。二是在项目审批过程中,向社会进行公示,征求农民意见,保证项目以恰当的方式执行,努力减少资本下乡带来的社会摩擦。三是对非法转卖土地使用权、浪费土地的个人和机构进行严惩,杜绝资本下乡对乡村土地资源的浪费。四是加大对失地农民开展职业培训的力度,为资本下乡提供必要的人才和劳动力支撑。

(三) 我国资本下乡的现状与趋势

由于政府支持和市场驱动等原因,资本下乡正迎来历史性机遇期,下乡资本的来源、投资领域和投资方式等呈现出多元化发展态势。

1. 改革开放以来,农村社会化金融服务缺位

新中国成立以来,一段时间的城市投资偏向政策,导致城乡投资差距日益扩大(表1)。农村金融一直是三农领域中的热点问题,连续几个中央一号文件都对发展农村金融进行了布局。其中一个重要原因是各种金融机构在农村设点都是只存不贷,农村资金被现在的银行抽水机从农村抽到城市,农村缺少资金。目前,农村金融体系由农村信用社、农业银行、农业发展银行这三家银行构成"三驾马车"的基本框架,但这三家银行由于经营目标、服务对象以及规模实力等原因使得目前农村社会化金融服务缺位,信贷投入不足,严重影响着农村经济的健康发展。而且,农村金融机构大多只是开展存、贷、汇等传统的商业银行业务,以及贷款的期限、利率、额度等不能满足现代农村对资金的基本需求。党的十六大以后,国家提出大力推进城乡统筹,鼓励城乡一体化发展,市场的力量导致城乡投资差距持续扩大。有些乡村地区发展趋向形成了一个"低收入-低资本形成-低收入"的循环。如果劳动力人口从乡村迁出,进入城市工作,将会导致承包地撂荒和宅基地空心化的情况。

表1　我国城镇固定资产投资与农村固定资产投资的比值

年份	城乡投入比	年份	城乡投入比	年份	城乡投入比
1983	2.4	1995	3.6	2007	5.9
1984	2.3	1996	3.3	2008	6.2
1985	2.8	1997	3.3	2009	6.3
1986	2.8	1998	3.8	2010	23.5
1987	2.6	1999	3.9	2011	33.3
1988	2.6	2000	3.9	2012	37.1
1989	2.5	2001	4.2	2013	41.3
1990	2.6	2002	4.4	2014	46.6
1991	2.6	2003	4.7	2015	53.0
1992	3.0	2004	5.2	2016	59.9
1993	3.7	2005	5.5	2017	66.1
1994	3.9	2006	5.6	2018	63.3

注:1995—1996年,除房地产投资、农村集体投资、个人投资以外,投资统计的起点为5万元;自1997年起,除房地产投资、农村集体投资、个人投资以外,投资统计的起点由5万元提高到50万元;自2011年起,除房地产投资、农村个人投资外,固定资产投资的统计起点由50万元提高至500万元。为便于比较,1996、2010年数据作了相应调整。从2011年起,城镇固定资产投资数据发布口径改为固定资产投资(不含农户),固定资产投资(不含农户)等于原口径的城镇固定资产投资加上农村企事业组织的项目投资。
资料来源:国家统计局网站。

2. 近年来资本下乡迎来历史机遇期

近年来,随着国家对三农补贴加大和市场力量驱动,资本下乡呈现出新增长趋势,数据显示2014年我国财政用于"三农"的支出为1.4万亿元左右,到2017年国家对"三农"补贴增加到近2万亿元;地方也不断增加资金支持,其中,广东省安排616.8亿元用于支持实施乡村振兴战略,比上年增长125.9%,加上其他用于"三农"的资金,总规模将达1054.5亿元。这既有政策原因、经济原因,也有社会公益原因。一是过去16年来中央一号文件均鼓励资本下乡,要求依靠"投资兴业"的方式服务乡村振兴事业,落实和完善融资贷款、配套设施建设补助、税费减免、用地等扶持政策,明确政策边界,保护好农民利益;二是实施乡村振兴战略是党和国家的重大决策部署,进一步健全了投入保障制度,创新投融资机制,加快形成财政优先保障、金融重点倾斜、社会积极参与的多元投入格局,确保投入力度不断增强、总量持续增加;三是乡村资本市场需求迎来爆发期,根据中国社科院发布的"三农"金融蓝皮书,中国"三农"金融缺口高达 3.05 万亿元。随着制定金融机构服务乡村振兴考核评估办法以及改进农村金融差异化监管体系,以及各地深入开展乡村营商环境专项治理,不断提升资本下乡服务效能,将引导和撬动更多社会资本投向农村方面。

3. 未来资本下乡领域和方式呈现多元化趋势

我国工商资本下乡在来源和方式上呈现出多元化特征:一是从资本下乡的主要资金来源看,主要包括地方政府资金和中央政府的转移支付投入、市场化运作的工商业资本、来自金融机构的信贷以及各级政府和社会各界对乡村投资的补贴,呈现出多渠道多源头的特征;二是从投资领域看,根据问卷星平台调查的 338家下乡资本数据,资本下乡以农业经营为主,并逐步向农村资产盘活、生态修复、基础设施建设等具有一定外部性的领域拓展,近 60%企业从事着两种或两种以上的业务,其中以农业种养殖+农产品加工、农业种养殖+乡村旅游等组合业务为主,业务多元化趋势明显;三是从资本和农户及各类主体结合看,"公司+农户""公司+村集体""公司+农民合作社""公司+政府"等多种形式并存,根据问卷星平台调查的 338 家下乡资本数据,"公司+农户"占到 75%;四是从利益联结方式看,一般是企业支付农民土地租金、劳动工资或产品价格,更加紧密的利益联结方式如"土地保底价+分红"等方式也逐步涌现。

二、资本下乡对我国乡村社会治理的影响

资本下乡导致强势市场组织在乡村崛起,其独特的垄断性和话

语权会对乡村社会秩序和治理方式带来较大影响,不仅会改变乡村原有社会结构,对乡村利益格局、农村社会保障、"乡—村"关系、村治资源等产生深远影响,也会对乡村社会治理的思想观念和方式方法产生较大影响。

(一) 资本下乡会影响到原有"乡—村"关系,使乡镇政权下沉,从而影响村"两委"组织体系与治理权威弱化

根据国家社科基金"村民自治中的重难点治理研究"项目对 79 个乡镇的调查,53.6%的资本下乡由乡镇政府主导,只有 26.6%的比例认为乡镇和"两委"是指导关系。乡镇政府作为政府终端和农村联系最为紧密,成为政府中资本下乡的最终执行主体,并伴随资本下乡的政绩考核和财税效益等诱导而下沉,会使村"两委"和村民在资本下乡的过程中逐渐丧失话语权。《村民委员会组织法》第一章第四条模糊了村委会在村民自治中的地位。在资本下乡中,我国农村村委会可能面临市场信息闭塞、资源缺乏的困境以及村财乡管或村账乡管等问题,导致村级"两委"被动地依赖于乡镇政府。有的乡镇政府机构将资本下乡相关事宜纳入政务范围,下派指标,以命令方式推动资本下乡的领导代替指导。

当前中国以项目制为核心确立了新的国家治理体制,打破了国家通过乡村基层组织实现与农民对接的间接治理模式,形成了国家直接与农民对接的直接治理模式;村级组织的治理任务主要体现在履行乡镇的任务和争取项目两个方面,资本下乡这一新主体的进入,为乡村带来新鲜血液,但是村"两委"由谁主导工作未加明确,有些地方因此互相矛盾。资本下乡这一主体的进入对乡村治理构成新的大挑战。

(二) 资本下乡会调整原有乡村权力格局

在中国现行体制下,招商引资是政府行为,政府引导资本下乡。

在市场化程度仍然较低、农业现代化仍然处于起步阶段、农地流转市场仍然没有形成的条件下,资本下乡的政府引导模式在短期内难以改变。农民在资本下乡的过程中逐渐处于弱势地位。国家社科基金"村民自治中的重难点治理研究"项目对 79 个乡镇的调查显示,20%的合同由政府和公司签订。

对河南多地村庄的调研显示,下乡资本在经济上打破了村庄原有格局,通过经济利益和政治利益诱导,不同程度地影响到村庄的政治格局。村级组织只能在有限的空间内协调作为资本下乡组织载体的涉农企业与农户之间的矛盾,弱化了村级组织与农户之间的关联,使村庄治理公共性减弱。

(三) 非经济逻辑的资本下乡可能浪费资源

鼓励资本下乡是国家区域协调发展的重大战略,也是全面建成小康社会和实施乡村振兴战略的关键举措。为此,国家出台了大量的转移支付和各种奖金补贴政策,投入了大量的资金扶持各种企事业单位。遗憾的是,调查发现,有的资本下乡并没有遵循经济逻辑,而是遵循"补贴逻辑",其目的是骗取国家对农村农业和农民的补贴(涉及骗取农业补贴、贫困户、"五保户"补助、危房改造补助、退耕还林补助等,审计署报告显示,仅 2015 年就有 7.38 亿元涉农补贴被骗取),并没有真正参与到乡村产业发展和社会建设中来。这种情况,严重违反了国家相关政策法规,浪费了资源,耽误了乡村振兴的进程。就乡村治理而言,激化了乡村社会矛盾,污染了乡村社会风气,加大了乡村社会治理难度。

三、政策启示与建议

资本下乡在促进乡村振兴的同时,也给乡村社会治理带来巨大冲击。乡村社会治理的主体、内容、方式等均需及时作出调整,并在相关制度配套改革和政策措施方面及时作出恰当回应,开创资本下乡背景下乡村社会治理新局面。

(一) 优化"乡—村"关系,明确乡镇政府和村级"两委"对资本下乡的职责

明确乡镇政府对资本下乡的引导和监管职责,为资本下乡营造良好营商环境。一是转变乡镇政府职能,将其职责限于引导、服务和监督的范围内,即引导下乡工商资本为村民提供服务,对资本的后期经营进行监督以保障村民的利益。二是针对资本下乡中政府行为问题,健全监督体系和制定奖惩措施。加强政府审计部门的审计监督和来自自下而上的社会监督,审计监督需要政府权力的授予和自身独立性的增强,社会监督需要表达渠道的拓宽与畅通,有效地将群众的社会监督转化为对政府行为的奖惩。

划清"两委"相应权限,增强村级"两委"财权,为多元均衡乡村关系提供社会土壤。一是从底层强化以村"两委"为代表的村庄力量,明确村支委的领导核心地位和村委会作为村民自治组织的中心作用,划清各自权限,提高对下乡工商资本的对话权、议价权和维权能力,以更好应对资本下乡。二是村支委主要负责引导和监督,在资本下乡过程中,村支委的作用在于引导村民以更好地适应社会资本的进入,监督企业和村委会,防止出现违背国家政策及有损村民利益的行为。三是明确村级组织的财权范围,将乡镇政府由审批向审核转变,降低村级组织对乡镇的依赖性。

(二) 改善乡村社会治理权力结构,厘清乡村与工商资本关系,建立利益共享长效机制

厘清村企关系,建立村支"两委"和下乡资本组织对话新机制。一是法理上强化村庄主体的议价权,明确村一级自治主体作为村民利益代表的角色定位,保证村民能及时通过村民委员会向下乡工商

资本提出合理的补偿要求。二是禁止下乡工商资本相关人员尤其是企业管理人员以任何形式进入村"两委",防止企业资本变相支配村庄资源。三是探索建立如村企协调会等一类中间组织,由村庄和相关下乡工商资本各派对等数量的代表,不定期围绕双方关系的问题举行会议,通过平等协商表达各自的利益诉求,基层政府可以根据地方实际情况指定一名以上法律和政策咨询人员,帮助协调村企关系。

构建企业与村民之间的长效利益联结与分享机制,做到"与农分利",实现利益共容。一是明确政府与市场的作用偏向,政府做好涉农企业和农户的引导、服务工作,支持农户有效地参与企业经营分利和合理的利益诉求。二是引导涉农企业承担更多社会责任及对乡村公共事务予以更多关注。充分发挥市场的作用,规范、创新农村土地流转方式,制定流转土地收益的常态增长机制,推进农地股份合作制。三是鼓励涉农企业放宽雇工标准,加强农户技能培训。四是强化监督及政策法规的实施,建立涉农企业融资监管、资产评估及社会责任评级机制,支持较大的涉农企业建立独立的风险保障基金,以化解和弥补企业经营给农户带来的风险和利益损失。

(三) 提高农户和农户组织参与治理能力,创新村民自治形式

拓展信息传播渠道,提高农户参与度。一是打破乡镇政府对下乡工商资本相关信息的垄断,拓展信息沟通渠道,加强村级组织与乡镇政府及下乡工商资本直接的信息交流,提高工作事物透明度,降低下乡工商资本和乡村组织的风险。二是建立完善的农户参与机制,对关乎农户切身利益的信息,做到公开透明,并给予农户选择的权利;保障农户对下乡工商资本经营领域合法性及经营行为的监督权利。三是保障土地流转农户的发展权利和家庭基本生活来源,建立多层次、动态养老、医疗、就业和收入保障体系,确保农户个人的财产性收入和土地入股的保值增值。

增强乡村农户组织化程度,加强村民自治。一是发挥村委会、农民中的经济精英和文化精英的作用,大力发展多种形式的新型农民合作组织,增强乡村治理的动力和活力。二是建立村委会和农民组织之间的有机衔接机制,增强农民依靠合法化、制度化手段保护自身权益的意识和能力。在不干涉合法农民组织内部结构和正常运转的情况下,积极利用农民组织的力量推进村民自治,实现对农民组织的有效管理和利用。三是在制度层面强化村一级自治主体的独立地位和力量,鼓励村"两委"以平等协商的方式将部分村庄事务委托给农民组织,促进村庄治理的良性运转。探索以行政村为单位的"农地管理企业"或"土地流转服务中心",作为全体村民的代表与涉农企业谈判的平台,集中有效地表达自身合法意愿,维护合法权益,增强农户的公平谈判地位和话语能力。

(四) 优化乡村资源产权制度,提升村集体经济组织参与治理的能力

要加快乡村集体资源产权改革,尊重农民和村集体市场交易主体地位,实现乡村生产要素资源社会收益的最大化。一是畅通资本下乡和乡村资源整合通道,充分尊重农户和集体经济组织对乡村资源收益分配权,避免下乡资本过度强势;二是积极吸引返乡创业精英参与村集体经济组织的经济事务活动,组建相对规范的市场化村集体组织,掌握市场谈判的主动权;三是政府对下乡资本的鼓励不能过头,不能为吸引资本下乡牺牲农民和村集体的经济利益,甚至破坏乡村治理秩序。

(五) 充分重视资本下乡的非经济效应,并放大资本下乡的正向社会效应

资本下乡不仅会带来良好的经济效应,也会带来各种非经济效应,必须管理好下乡资本,为乡村社会发展做出最大贡献。一是建

立健全资本下乡的管控机制,对资本下乡的非正当目的及时管控,尤其是对补贴资金要加强监管,防治非法骗取补贴,减少资源浪费和社会负面效应;二是充分利用部分下乡资本建设人文乡村和美丽乡村,对乡村文化建设和生态环境保护给予足够的重视;三是鼓励公益性社会组织投资乡村建设,鼓励社会资本参与乡村社会的PPP项目建设,在补齐乡村社会的基本公共服务和基础设施短板上适当加大投资力度;四是加强基层党组织、村自治组织、村民和各种资本下乡的经济组织之间关系协调,建立良好的互动沟通机制,在党的领导下充分尊重各个组织、各个社会阶层的意愿,为乡村公益性事业和全面发展做好服务工作。

参考文献

1. 陈英华、杨学成:"工商资本投资农业问题研究述评",《农业经济》2018年第7期。

2. 董筱丹、温铁军:"乡村治理与国家安全的相关问题研究",《国家行政学院学报》2015年第2期。

3. 郭朝阳:"资本下乡进程中的基层治理困境研究",《浙江师范大学》2016年第7期。

4. 贺雪峰:"工商资本下乡的隐患分析",《中国乡村发现》2014年第10期。

5. 焦长权:"资本下乡与村庄的再造",《中国社会科学》2016年第1期。

6. 李云新、阮皓雅:"资本下乡与乡村精英再造",《华南农业大学学报(社会科学版)》2018年第9期。

7. 林雍:"让资本下乡结出乡村振兴硕果",《农村·农业·农民(A版)》2019年第1期。

8. 陆大道:"2000年我国工业生产力布局总图的科学基础",《地理科学》1986年第6期。

9. 罗兴佐:"警惕乡村治理中的资本化现象",《中国乡村发现》2018年第6期。

10. 马华、王松磊:"我国城乡一体化背景下的公司下乡与乡村治理",《农业经济问题》2016年第4期。

11. 马九杰:"资本下乡需要政策引导与准入监管",《中国党政干部论坛》2013年第3期。

12. 秦中春："建构社会资本下乡良好环境"，《农村经营管理》2018 年第 12 期。
13. 王敏："资本下乡：争论、问题与对策"，《现代管理科学》2018 年第 8 期。
14. 王育宝、李国平："狭义梯度推移理论的局限及其创新"，《西安交通大学学报(社会科学版)》2006 年第 9 期。
15. 温亚霖："资本下乡的驱动机理及其影响文献综述"，《农业科学研究》2018 年第 9 期。
16. 徐田华："工商资本下乡困境的经济学分析"，《安徽农业科学》2019 年第 2 期。
17. 曾红萍："地方政府行为与农地集中流转——兼论资本下乡的后果"，《北京社会科学》2015 年第 3 期。
18. 张良："资本下乡背景下的乡村治理公共性建构"，《中国农村观察》2016 年第 3 期。
19. 周飞舟："农民上楼与资本下乡：城镇化的社会学研究"，《中国社会科学》2015 年第 1 期。
20. Higgins E. B. , Savioie D. J. , *Regional Economic Development*, London：Unwin Hyman Ltd Press，1988：70.
21. Nalaspa, Pueyo L. F. , Sanz F. , " The Public Sector and Core-Periphery Models"，*Urban Studies*，vol. 38（10），2001：1639-1649.

(王军礼,国务院发展研究中心公共管理与人力资源研究所,北京大学能源经济与可持续发展研究中心;张晓欢,国务院发展研究中心公共管理与人力资源研究所)

实

践

篇

金融扶贫模式创新研究——中国国际经济咨询有限公司方案 车耳 董禹

一、我国农村金融扶贫现状分析

（一）金融扶贫模式单一、投入总量不足

目前,我国金融扶贫以扶贫贴息贷款为主。在经济欠发达的贫困地区,地方政府没有更多的可支配资金,扶贫贴息资金的投放主要依靠向中央申请专项资金支持,受制于贴息限额的控制,因此每年能够获得贴息贷款的农民数量有限。在扶贫资金的使用形式上,往往为一次性投入,难以针对贫困地区和贫困户形成稳定的支持,可持续性较差。财政扶贫贴息资金在贫困农户的选择

上也缺乏有效的瞄准机制,造成使用效率低下,并且扶贫贴息贷款向非贫困户、向产业转移的现象也比较普遍。由于我国目前还没有形成对小额信贷机构的扶持机制,以贫困农民为服务对象的金融扶贫组织举步维艰。金融扶贫方式仅局限在贴息贷款,模式比较单一,而在国际上广泛采用的小额信贷等金融扶贫手段在我国发展也极不均衡。

(二)金融扶贫的政策体系不健全

当前一些地方政府还未建立稳定的扶贫投入机制,没有从改善国家宏观发展环境的角度对扶贫的重要性进行全面认识,未能在各自的职能范围内充分履行扶贫责任,并制定和落实扶贫政策,未能形成完整的扶贫政策体系。此外,我国民营组织和社会扶贫力量也还未在扶贫工作中发挥相应的作用。

(三)缺少金融扶贫长效机制

广大农村地区,特别是贫困地区不仅在信贷总量上显示出与其发展潜力和经济规模不相适应的下降趋势,而且金融网点不断减少,金融服务不足,整个农村金融体系出现了萎缩的现象。贫困地区公共财政缺位、农村资金外流和农村信贷资金不能得到有效满足等现象进一步制约了我国农村贫困地区的自我发展。

贫困地区的农村金融生态是一个综合的系统,包括社会信用环境和信用意识、抵押担保体系、农业保险以及农村的互助资金组织体系等诸多方面。长期以来,一些地方金融扶贫工作始终难以取得预期效果,关键问题是贫困地区的金融生态环境较差,社会信用意识薄弱,加之扶贫贷款的效益较低,违约率较高,一些金融部门对贫困户的"惜贷、慎贷"现象仍然比较普遍。

(四)金融扶贫部门之间的协调沟通有待加强

金融扶贫是一项社会系统工程,涉及政府扶贫主管部门、财政部门、银行和保险等金融机构。在金融扶贫的实施过程中,政府主管部门、财政部门和金融机构的责任和目标往往不一致。政府部门更加强调金融扶贫的社会效益;而金融机构需要在社会效益和经济效益之间平衡,既要尽到社会责任,又要防控风险,实现保本微利的可持续经营目标。这造成了目前到户扶贫贴息贷款的发放方式缺乏各部门之间的协调性和计划性,部门之间的条块分割现象明显,不利于对贫困户的长期跟踪扶贫,也不利于扩大对贫困村、贫困户的贷款覆盖。

(五) 贫困地区和贫困人口的自我发展能力较弱

目前,我国的贫困地区大多处于交通不便、自然环境恶劣的偏远区域,文化教育等公共服务发展滞后,贫困人口的相对素质较低,"等、靠、要"的旧观念依然存在,自我发展、自我积累、自我致富的能力比较差。当前我国的扶贫模式主要是通过贫困地区基础设施等外部项目的"输血式"扶贫,没有与贫困农户自身发展能力提升的"造血式"扶贫很好地结合起来。这样就造成尽管一些地区的扶贫项目较多,但真正的贫困户并没有通过扶贫项目实现脱贫致富。

二、金融扶贫创新模式——GSIF 模式

(一) GSIF 模式简介

针对传统金融扶贫模式存在的不足,通过制度设计构建一个可持续的、有效率的、可复制的金融扶贫创新模式——GSIF 模式(谐音:"基富"模式,即让基层人民都富裕起来),以满足贫困地区减贫与自我发展的需要。GSIF 模式中的 G 代表政府(Government),主要指财政资本的供给;S 代表社会(Society),主要指社会资本的募集;I 代表产业(Industry),主要指产业方的参与,并带动贫困地区产业的发展;F 代表金融(Finance),指的是金融资本的参与和金融模

式的运用。GSIF 模式可以称为:政府引导下的、金融资本与社会资本共同参与、金融机构管理、多方协作下的以带动地方产业发展的扶贫创新模式。

(二) GSIF 模式的优势

1. 提高了扶贫资金的可获得性

GSIF 模式中所包含的资本除了财政资本和金融资本外,还有社会资本和产业资本。因此,GSIF 模式极大拓宽了扶贫资金的来源渠道。目前仅靠财政资本和金融资本无法破解扶贫"资金慌"的困局,而与此相对应的是,经过近些年的发展,一部分企业和个人积累了大量财富,但这些财富可能仅仅是作为存款沉淀在银行中。若能在政府的引导下,撬动社会资本参与扶贫,能够极大地减轻政府的扶贫压力。扶贫不再只是政府的事情,先发展起来的地方、先取得较好发展的企业和个人都可以成为扶贫资金的供给方。

同时,GSIF 模式由金融机构参与资金的管理。金融机构具有较为广泛的资金来源渠道以及较强的资金调剂优势,能够比较准确地把握地区经济发展情况和产业特征,并具有较强的信息甄别和信用审查能力,对社会资金能够产生相当程度的"诱导效应",能够带动多层次、多元化的扶贫投资活动,并有益于分散扶贫投资和开发的风险,加速扶贫资本的形成。

2. 提高了扶贫资金的运用效率

从资金配置效率上看,由于财政资金的无偿性,难免带来投资的低效率、资金漏损和挪用等问题。而社会资本和产业资本的参与,并通过金融化运作,能够保持资金运营的效率和收益性。从资金配置导向上看,金融机构在长期的投融资活动中积累了有关各地方、各产业、各类项目的丰富信息,能够提高资源的配置效率,并通过自身融资优势和增信能力实现农村各种资源要素优化配置,促进劳动力合作、生产合作、土地合作等,促进连片贫困地区生产力的发展。

3. 增强了扶贫模式的可持续性

若仅仅依靠财政资金进行扶贫,落实到每个贫困户手中的只是少量的资金,这些帮扶的钱用完后,贫困户又返回到贫穷的状态,即出现脱贫人口的"返贫"现象。这样的扶贫模式是不可持续的,深层次原因在于外部扶贫资源的有限性。

农村制度缺失(农村扶贫制度、社会保障制度等),扶持资金不足,基础设施和公共服务滞后等,使贫困地区因缺乏外部支援而陷入经济困境,贫困主体的自我积累和发展能力也因此受到制约,最终形成"贫困—扶贫资源不足—经济困难—返贫"的恶性循环。另外,贫困地区人口整体素质的限制以及贫困地区生态环境的日益恶化,都对传统金融扶贫模式的可持续性提出了巨大的挑战。

因此,在扶贫的过程中,必须对制度设计、资源供给、人口教育、产业发展的生态适应性进行全局考虑、统筹规划。在 GSIF 模式中,社会资本、产业资本和金融资本的参与,提高了资源供给的可持续性。产业方的参与,能给贫困地区带去先进的技术和丰富的产业发展经验,再加上对贫困地区人口的培训和就地就业,使扶贫实现从"输血"到"造血"的改变。同时,GSIF 扶贫模式的前提是政府引导,因此,扶贫过程固然要保障资本运用的效率,但绝对不是以追求效率为首要目标,还需要保障扶贫产业发展的可持续性。

(三) 与中信集团进行扶贫战略合作的理由

在 GSIF 模式中,选择中信集团为产业提供方,以及选择中信信托作为扶贫资金的管理人,主要有以下几点原因。

1. 中信集团具有履行社会责任的意愿

中信集团自创办开始,其主要发展宗旨就是为我国改革开放和现代化建设服务的。经过 30 多年的发展,中信集团已经在诸多业务领域中进行了卓有成效的探索,取得了较好的经济效益,在国内外树立了良好的信誉,为国家的改革开放事业做出了重大贡献。

中信集团在创造社会财富的同时,积极履行社会责任,集团投入了大量资金用于援藏、扶贫、绿化等社会公益事业,取得了良好的社会效益。中信建设履行国际社会责任的相关案例入选中国扶贫基金会《中外企业履行国际社会责任优秀案例集》。在援建安哥拉的项目中,中信建设赞助19名安哥拉农业技术人员到新疆石河子大学,接受为期1年的现代化农业技术专业培训;赞助10名安哥拉规划专家赴清华大学、中国城市规划学会、中国城市规划设计研究院等开展为期1个月的研修交流及观摩活动;配合委内瑞拉住房部"我设备齐全的家"活动,投资1300万元人民币为蒂乌娜项目住户捐赠家具设施。中信资源投入约500万元人民币用于赞助哈萨克斯坦基础设施建设等工程。中信集团履行社会责任的工作得到了政府部门和社会各界的充分肯定。国务院扶贫办授予中信集团扶贫办"扶贫先进单位"等荣誉称号。

可见,中信集团作为国有企业,有强烈的履行社会责任的意愿,且已经参与到国内外的扶贫事业中,积累了丰富的促进贫困地区产业发展的经验。

2. 中信集团拥有较强的综合实力和丰富的产业资源

中信集团目前已发展成为一家金融与实业并举的大型综合性跨国企业集团。其中,金融涉及银行、证券、信托、保险、基金、资产管理等行业和领域;实业涉及房地产、工程承包、资源能源、基础设施、机械制造、信息产业等行业和领域。

截至2013年年末,中信集团总资产达42997亿元,净资产2719亿元,全年实现营业收入3751亿元,净利润378亿元。自2009年以来连续五年入选美国《财富》世界500强企业排行榜,2014年排名第160位。2014年8月,中信集团借壳中信泰富完成在香港的整体上市,中信泰富更名为"中国中信股份有限公司(CITIC LIMITED)"(即"新中信")。

中信集团旗下有众多产业可与扶贫项目相对接,如中信建设、中信旅游、中信医疗健康产业等。中信建设在其援建安哥拉的项目中,积累了丰富的贫困地区产业开发的经验。中信旅游和中信医疗健康产业集团可以开拓贫困地区的旅游项目、医养项目等。

3. 信托制度独有的优势和中信信托卓越的资产管理能力

为何选择中信信托作为扶贫资金的管理人,这是由于相比较代理、合同、委托等相似的制度,信托有着特殊的"委托-受托-受益"的三方结构,并且由《信托法》规定了信托财产的独立性和闭锁性,这使得信托取得了"准法人"的地位,从而拥有了权益重构、风险隔离等多重功能,在经济活动中有着独特的价值。

"权益重构"指的是所有权与受益权相分离、信托财产的权利主体与利益主体相分离。一方面,受托人享受信托财产的名义所有权,他可以像真正的所有权人一样,管理和处分信托财产。另一方面,受托人的这种权利又不同于民法上的所有权概念,受托人的处分权不包括物质上损坏或从权利上抛弃信托财产的自由,更不能将管理处分信托财产所产生的利益归于自己享受。相反,受托人必须妥善地管理和处分信托财产。"权益重构"是信托区别于类似信托财产管理制度的根本特质,也是信托制度的"效率"来源。因此,由信托公司进行扶贫资金的管理和运营,能使得扶贫基金的运作更具效率、目标更加明确、权益结构更加清晰。

我国目前有68家信托公司,中信信托凭借其出色的资产管理和运营能力,已成为我国资产管理规模最大、综合经营实力稳居行业领先地位的信托公司。同时,中信信托在其经营发展中从未停止过金融创新和履行企业社会责任,一直在践行"接地气"的创新发展。2013年10月,中信信托推出国内首单土地承包经营权流转信托,信托的介入实现了更有效率的"金融下乡",解决了长期以来农村难以得到更多金融支持的问题,扶持和推动了当地农牧业的发展。随后,中信信托又在业内创新性地推出消费信托,通过信托交易结构的设计,不仅为产品和服务的生产方提供了资金支持,还给其提供了广阔的产品和服务销售渠道。比如,将消费信托与土地流转信托相结合,农产品生产方一方面获得了资金支持,另一方面借助中信信托的渠道优势,农产品获得了广阔的销售渠道。可见,中信信托具备较强的资产管理能力、资源整合能力、践行社会责任的意愿,由其作为扶贫资金的管理人,能够吸引更多的社会资本的参与,并更好地带动贫困地区的产业发展。

三、"减贫公益信托基金"的设立与运作

(一)"减贫公益信托基金"的法律基础

基金将基于国务院扶贫办、中信集团及受助贫困县(或片区)所属省级政府签订的三方合作框架协议设立和运作。合作框架协议应对三方各自的权利义务做出概括性的规定,具体的权利义务分配将体现于具体扶贫项目的实施协议中。

(二)"减贫公益信托基金"的设立与运作

1. 基金的设立

每一个受助贫困县(或片区)可设立一只基金,基金规模视受助地区发展需求及资金募集情况而定,基金存续期限根据实施协议的约定,并根据当地资源与产业对接后的成效进行调整。

基金资金来源于中信信托有限责任公司(以下简称"中信信托")所成立的专项信托计划,信托计划份额的认购方分别为:中央财政资金(15%)、省级政府财政资金(15%)、金融扶贫资金(10%)、社会资金(60%)。社会资金由中信信托设立并发行信托计划进行募集。中信信托负责基金的管理与收益分配。

2. 基金的运作

基金投向中信集团负责建立并运作的受助贫困县(或片区)的

产业。中信集团将根据受助贫困县(或片区)的本地优势资源及产业基础,结合集团各子公司的经营优势,如土地信托、生态旅游、健康养生等,为受助贫困县(或片区)提供相应行业发展所需的资金、技术,建立当地劳动力就业技能培训机制,帮助受助贫困县(或片区)脱贫致富。

(三)"减贫公益信托基金"的原则与机制

1. 基金的原则

基金的运作将遵循"益贫、稳健、可持续"的基本原则,以帮助受助贫困县(或片区)形成可持续发展能力为根本目的。(1)"益贫"原则。"益贫"原则是指基金以有益于贫困地区和贫困人口减贫、发展为指导思想和基础性原则。基金作为信托计划这一金融产品的运作平台,是对扶贫机制的手段进行的一种创新,其根本目标依然是帮助农村贫困地区和贫困人口尽快实现脱贫致富,与全国人民共同奔小康。(2)"稳健"原则。"稳健"原则是指基金的运作和管理首先应当考虑投资资金的安全性,其次才是基金本身的保值和增值。基金作为一项公益性的金融产品,中央和地方政府的财政资金是其重要的组成部分,保障基金收益的安全性既是对广大纳税人负责的体现,也是基金实现可持续投资能力的必要基础。(3)"可持续"原则。"可持续"原则是指基金在保障整体资金安全性的前提下,同时对具体项目的投资也要注重合理收益的可实现性。基金的创新性在于用财政扶贫资金带动社会资金投入扶贫工作,而社会资金并非无偿捐助,因此满足社会资金对于回报的需求是基金实现滚动发展、进而实现减贫工作可持续的重要因素。

2. 基金的机制

为实践上述原则,基金将建立三大机制,为基金提供一个规范性的运作框架。(1)风险管控机制,即基金管理人要对基金的全程运作进行风险预判、识别及控制。(2)激励约束机制,即通过合作框架协议及相关法律文件,对合作各方权利义务、收益分配以及监督机制进行合理安排,让财政资本成为源头活水,让社会资本"有利可图",实现财政资本带动社会资本的可持续性。(3)农户参与机制,即将受助贫困县(或片区)本地农户实现就地就业比率放入基金效益评估体系,以能否帮助贫困人口实现普遍就业作为项目是否开展的必要考量指标,以提高本地农户整体劳动素质的方式夯实脱贫致富的人力资源基础。

(四)"减贫公益信托基金"的效益分析

1. 社会效益

每一个扶贫项目都将是中信集团在经过充分科学考察的基础上,利用自身的金融与产业优势,以帮助受助贫困县(或片区)发展资源优势为目的进行设立,因此在基金存续期间,受助贫困县(或片区)将逐步建立起适合本地资源禀赋的产业,帮助适龄劳动人口普遍实现就地就业,直接或间接带动贫困地区的教育、医疗事业的发展,实现受助贫困县(或片区)阶段性脱贫并杜绝返贫,最终形成一定的自我发展能力的社会效益。

2. 经济效益

具有一定的经济效益是充分调动社会资本参与扶贫工作积极性的重要因素,而中信集团在履行企业社会责任的同时,也必须向集团投资人及集团企业自身的发展负责,因此所有基金投资项目都必将经过详细和深入的考察和论证,同时严格控制项目经营风险,这为实现扶贫项目的经济效益提供了前提条件。基金的经济效益将主要来自于以下几个方面:一是项目本身获得的经营性收益;二是产业联动获得的整体性收益;三是地方政府税收优惠、投资补贴等政策性收益等。

综上所述,GSIF 模式作为一种创新性的扶贫模式,既有必要性,也有可行性。GSIF 模式在保留传统财政扶贫模式政府引导功能的基础上,既能充分发挥大型企业集团如中信集团的综合性产业优势,实现扶贫工作的针对性、可复制性以及可持续性,又能通过对具备制度优势的信托金融工具的运用,为实现"造血"式扶贫提供重要的支持和保障。

参考文献

1. 厉以宁、张铮:《环境经济学》,中国计划出版社,1995 年。
2. 于鸿君、蔡洪滨:《经济学理论与中国道路》,北京大学出版社,2011 年。
3. 蒲坚、张继胜、车耳:《论信托》,中信出版社,2014 年。
4. 蒲坚:《解放土地》,中信出版社,2014 年。

(车耳,北京大学光华管理学院;董禹,天大研究院)

构建扶贫脱贫的长效机制——基于宜宾市的实践探索

罗来军　李振举

进入新时代，党的十九大发出了精准脱贫攻坚战的总攻令。党的十九大报告指出，要动员全党全国全社会力量，确保 2020 年我国现行标准下农村贫困人口实现脱贫，贫困县全部摘帽，解决区域性整体贫困，做到脱真贫、真脱贫。在第十九届中央政治局常委同中外记者见面会上，习近平总书记再次发出掷地有声的庄严承诺——全面建成小康社会，一个不能少；共同富裕路上，一个不能掉队。脱贫攻坚，是习近平总书记最牵挂、最关心、花精力最多的事。十八大以来的每年新年，习总书记在国内第一次考察都是到贫困地区，多年来已经数十次深入老少边穷地区访贫问苦。习总书记不仅在实践上亲临第一线,而且还提出了思想理论,所提出的精准扶贫、精准脱贫思想理论,具有高度的战略性和指导性。理论与实践相结合,使中国的扶贫事业成为了一项前无古人的壮举。

四川省宜宾市深入学习贯彻习总书记脱贫攻坚思想和指示,坚定执行党中央、国务院扶贫脱贫部署,经过多年奋斗,取得了丰硕成果,而且还提出先于全国全省一年实现贫困人口全部脱贫,全面建成小康社会,成为我国脱贫攻坚的先进典范。对于党和国家部署的脱贫攻坚战伟大事业,时间紧任务重,总结经验、克服艰难、坚定前行,才能更好更快地实现得到人民认可、经得起历史检验的脱真贫、真脱贫。为了深挖宜宾脱贫攻坚的成功经验和先进模式,作者在过去一年多的时间里,到宜宾各个贫困地区,深入调研,总结经验。

一、中国扶贫脱贫研究概括

关于扶贫脱贫,对中国而言是大问题,对世界而言同样也是大问题,学者们对此做了大量的研究。概括来讲,有关研究主要分为精准扶贫理论逻辑的研究和产业扶贫的不同方式的研究。在精准扶贫理论研究方面,姬咏华等学者提出精准扶贫首先是如何精准地确认扶贫对象,并对此提出了应明确扶贫对象识别程序、完善扶贫对象识别制度、改革扶贫对象识别标准、加强扶贫对象识别监督;在精准扶贫逻辑研究中汪波、王雄军等认为精准扶贫应物资扶贫、能力扶贫、精神扶贫三者相统一,应由单纯追求物质脱贫转向能力脱贫,进而发展至精神脱贫,最终形成三位一体脱贫方式;向德平等从精准扶贫的社会背景分析,介绍了精准扶贫研究的理论基础,系统梳理了精准扶贫研究的主要内容,概括了精准扶贫研究的主要特征,从社会治理和精准扶贫关系出发对未来扶贫发展面临的问题进行了全面分析;由于传统的扶贫机制对于不具备脱贫能力、缺乏脱贫动力的贫困群体脱贫难以形成益贫性经济增长机制,中央党校经济学部精准扶贫课题组提出应在精准扶贫的机制上加以创新从而实现益贫性经济增长机制;郭远智等通过对近年来扶贫数据系统的研究,分析了精准扶贫和乡村振兴之间的内在逻辑和实现机制。在对于产业扶贫方式的研究中,刁瑷辉等提出在产业扶贫的同时应考虑产业发展要与生态环境相和谐,应以绿色生态的产业扶贫发展之路来实现脱贫;为了培育贫困农户的可持续生计能力,郎亮明等对建立产业示范的科学扶贫模式和减贫效应做了系统的分析,认为应以政府、大学、基础农业部门三部门来带动产业发展从而带动农村贫困人口脱贫,并形成一套科学的扶贫机制;有学者认为在产业扶贫中乡村治理体系的科学性、进步性起着至关重要的作用,所以提出应加强乡村治理能力的科学性与进步性。

为了更好地实现 2020 年全面建成小康社会的目标,许多学者对脱贫进行了多方面的系统分析和研究,对不同社会背景、不同文化、不同地域等方面给出了不同模式的扶贫机制以及扶贫举措,但是,针对具体一个地方的具体扶贫举措,以及具体扶贫地方及其具体扶贫举措是否具备可推广价值,尚需要进一步跟踪、考察、挖掘、归纳和推广。为此,本文对宜宾市的具体扶贫地方和举措进行深入调研和挖掘。

二、宜宾市扶贫脱贫实践

作者了解到,宜宾市属于国家乌蒙山集中连片特困地区,其中国家乌蒙山集中连片特困地区县 1 个、四川省乌蒙山集中连片特困地区县 4 个,4 个县属于少数民族比照县,九个县(区)属于革命老区县,全市建档立卡贫困人口基数 11.22 万户、38.79 万人,贫困村471 个,贫困发生率 8.7%,农村贫困人口占全省贫困人口 5.97%、贫困村占全省贫困村 4.1%。宜宾市的扶贫脱贫任务和负担十分繁重,然而,惟其艰难,才更显勇毅;惟其笃行,才弥足珍贵。宜宾市对扶贫脱贫工作高度重视,坚定执行党中央、国务院的扶贫脱贫部署,进行全市动员,激励人人投入,发动了一场全民参与的扶贫脱贫人民"战争"。经过宜宾市领导和人民的奋斗,扎实地办好了习总书记最牵挂的脱贫事项,多年来连续攻坚克难,取得了让党和人民满意的成绩单。据介绍,2014—2018 年实现精准减贫 35.47 万人,占贫困人口总数 91%,贫困发生率从 8.7%下降到 0.8%,下降 7.9 个百分点;精准退出贫困村 422 个,占贫困村总数的 90%;高质量实现 4 个贫困县摘帽,占贫困县总数的 80%。

宜宾市不仅已经取得了丰硕的脱贫成果,而且还在第一个百年奋斗目标实现的关键历史阶段,提出了更高要求。即 2019 年全市贫困人口全部脱贫、贫困村全部退出、贫困县全部"摘帽",将实现全面完成脱贫目标任务,全面巩固提升脱贫成果,全面消除贫困现象的战略目标。

习总书记曾指出,脱贫攻坚是一场硬仗。宜宾市打赢了多个阶段性硬仗,而且还要坚定地打赢 2019 年全部脱贫的最后硬仗,凭什么? 凭的最关键因素是扶贫脱贫的体制机制创新,构建并落实好的体制机制。习总书记早在 2015 年的中央扶贫开发工作会议上发表重要讲话时就指出,要坚持精准扶贫、精准脱贫,重在提高脱贫攻坚成效;关键是要找准路子、构建好的体制机制,在精准施策上出实招、在精准推进上下实功、在精准落地上见实效。

经调研和分析得出结论:宜宾市多次打赢扶贫脱贫阶段性硬仗的体制机制创新,不仅有效解决了宜宾市的特殊性问题,还对全国全世界的普遍性问题具有很好的借鉴参考价值,甚至一些体制机制设计能够"直接拿来",在其他地方的扶贫脱贫工作中进行复制性应用。其中最有代表性的、成效最为显著的做法有三种:"歇帮"机制、"借牛还牛"模式、"五补五改"模式。

（一）"歇帮"机制

作者在首次接触"歇帮"一词时产生了疑惑，"歇帮"顾名思义就是停歇帮助的意思，难道是真的对贫困人员放弃帮助吗？据介绍，"歇帮"不是不帮，而是为了更好地帮，通过加强教育管理，告诫贫困户不要只想着"等、靠、要"，让贫困户认识到自己是脱贫的主体，主动与帮扶干部一道，共同努力。"歇帮"机制以"负面清单"方式倒逼贫困群众主动参与脱贫，进一步激发了贫困户脱贫内生动力，实现了由"要我脱贫"向"我要脱贫"的转变。上面就是"歇帮"机制设计的精妙之处。这一机制主要包括五个"什么"。

什么情况下"歇帮"？ 各贫困村由乡镇党委政府指导驻村工作队、村"两委"和第一书记组织召开村民代表大会，根据本村实际情况提出存在的问题及建议措施，以"负面清单"的方式，累计列出对不执行政策规定和村规民约、推卸赡养老人责任、故意造成老人贫困、婚丧嫁娶活动中大操大办、违法乱纪、参与黄赌毒等24项"歇帮"指标，对达到3项指标以上的贫困户就要"歇帮"。同时，明确贫困户应该做什么、不应该做什么、不能做什么、禁止做什么，让贫困户享受扶贫政策的同时，也面临违反规定的惩戒。

什么程序决定"歇帮"？ 一是建立"歇帮"对象初步名单。成立"歇帮"执行监督小组，对本村所有贫困户分户建立工作台账，收集每户参与脱贫攻坚的具体情况，对符合标准的贫困户列入"歇帮"对象初步名单。设立举报窗口，接受村民直接反映有违反"歇帮"24条指标行为的贫困户，经谈话、警告或严重警告仍不改正的贫困户列入"歇帮"对象初步名单。二是决定"歇帮"对象名单。初步名单交由村民代表大会讨论表决通过，报执行监督小组审定后列为"歇帮"对象，执行周期为3—6个月，纳入执行监督小组重点监督范围。

用什么措施防止"脱帮""落帮"？ "歇帮"是不是就没有人管了、没有人帮了。为防止这一问题，探索了有效的防范机制，防止

"脱帮""落帮"。一是落实责任督促帮。按照"一户一策"的原则，对"歇帮"户制定"复帮"措施，落实责任人员。二是基层组织巧力帮。解决"歇帮"贫困户基本生产生活困难，组织参加"农民夜校"，加大对"歇帮"户的思想教育和感化，引导贫困村民树立自力更生、艰苦奋斗的创业精神。三是帮扶干部智力帮。由第一书记、对口帮扶干部等与"歇帮"户结"对子"，深入"歇帮"户家中面对面谈心谈话，耐心细致宣传脱贫攻坚政策措施，让贫困户看到主动脱贫的前景。四是社会团体齐力帮。充分发挥贫困村比较优势，引进龙头企业、专合社和种养殖大户，建立"龙头企业+贫困户""专合社+贫困户"等包户帮扶机制。

在什么情况下"复帮"？ 贫困户在"歇帮"期间，经过思想政治教育、感恩奋进教育、法律法规教育等，能自觉遵守"歇帮"机制各条约，对所违反条约有深刻的认识，主动改变自身的不足的，恢复帮扶。

以什么程序"复帮"？ 思想上有进步、行动上有改变的"歇帮"贫困户在"歇帮"时间到期后，通过向村"两委"提交"歇帮贫困户复帮申请书"，经程序表决确定是否停止"歇帮"，恢复其原有的帮扶机制。对暂时还需"歇帮"的贫困户，继续加强教育引导，直至恢复帮扶机制。

"歇帮"机制实效如何？有例为证。屏山县书楼镇五峰村贫困户罗泽海回忆当时被"歇帮"的场景，内心觉得对不起干部、对不住党的好政策。他介绍，以前住的是土草房，穷得叮当响。2013 年被评为贫困户后，帮扶干部三番五次地上门做他的思想工作，希望他尽快改造住房、发展产业。但罗泽海心里有自己的"小算盘"，他说，"当时，我不愿意发展产业、建房，其实我是想再等等，看政府能不能再多给点补助。"由于多次思想帮助无果，2017 年 2 月，村里决定对其"歇帮"3 个月。看到其他贫困户顺利住进新房，而自己只能住在土墙倾斜的老屋里，看到别的贫困户积极发展产业，而自己的土地还是只有那点微薄收入，罗泽海的思想一点点开始松动，最后他主动找到干部，承认不积极、不主动的思想误区，愿意建房、发展产业。但"歇帮"期限未到，按制度规定，村里拒绝了罗泽海发展产业的贷款申请。罗泽海一下子没了主心骨："那个时候，感觉到自己都像被大伙儿抛弃了一样，心里受到强烈震撼，一有机会就去找干部说说心里话，寻求他们的支持与帮助。"三个月期限一到，经过考察，村里恢复对其帮扶。他如愿借到4000元产业周转金，种了3亩李子、10亩核桃，套种4亩魔芋。而后又修起了新房，儿媳妇进门了，生了一个大胖孙子，儿子从外地打工回来，开了摩托车维修店。到2018年，罗泽海一家已经过起了红火的日子。

像罗泽海这样转换观念、成功脱贫的例子不在少数，凸显了"歇帮"机制的成效。"'歇帮'是指针对脱贫不积极、不支持工作、违法乱纪的贫困户，暂停所有帮扶的惩戒性措施，其目的是激发贫困户的内生动力，只有内生动力真正激发出来了，脱贫成效才能持续巩固，脱贫质量才能持续提升。"书楼镇五峰村驻村领导胡云芳介绍说。

通过实施"歇帮"机制，宜宾市的脱贫攻坚工作更接地气、更受群众支持、更得贫困户理解，工作更具实效性。据介绍，截止到2019年9月，全市共给予"歇帮"处理162户，已对态度端正、表现积极的159户结束"歇帮"。通过"歇帮"，贫困村里怨天尤人的少了，专注致富信息的多了；喝酒打牌的少了，交流发展经验的多了；拨弄是非的少了，互助互爱的多了；铺张浪费的少了，勤俭节约的多了。

（二）"借牛还牛"模式

据介绍，宜宾屏山县新市镇何家坪、观音村是推行"借牛还牛"模式的成功典型。两个村由于地理位置偏远、山势险峻、土地贫瘠而被列入该县的重点贫困村，两村共有贫困户104户442人，贫困发生率25%。作为重点贫困村，面临着增收无门、致富无方的严峻难题,除了传统的小型种养业外,缺乏有规模有特色的主导产业。面对难题,村"两委"积极探索,确定了该村主导产业的发展方向——肉牛养殖,创建了屏山县金源肉牛养殖农民专业合作社。三年前成立的金源肉牛养殖专合社,注册资金 500 万元,占地面积 2374 平方米,可同时容纳肉牛养殖 200 余头。截至 2019 年 9 月,该专合社投入 480 余万元,养殖肉牛 2 批次 170 多头。到目前为止,该专合社仍是该县资金投入最多、规模最大的肉牛养殖基地。

如果能把贫困户加入到这一产业中来,就能解决他们的就业和增收问题。然而,一开始,贫困户因为无资金、无技术、无销路,参与的积极性不够。为了解决这一卡脖子问题,村"两委"创新体制机制,探索推行"借牛还牛"模式,深入考察和研讨了"借牛还牛"模式的运作机制。"借牛还牛",即财政扶贫资金不再分散给各贫困户,而是入股到肉牛养殖专业合作社,并折合成股权分给贫困户。一方面,贫困户可以从肉牛养殖业的发展中获得股权收益;另一方面,合作社利用财政扶贫资金购买仔牛,而后"借"给贫困户饲养,贫困户把肉牛养大后"还"给合作社,合作社支付养牛的费用,贫困户获得劳务收入。"借牛还牛"模式,实现了贫困群众变股东、扶贫资金变资本、促进了产业持续发展和贫困户持续增收的目标。

"借牛还牛"模式的体制机制设计,在专合社与贫困户之间搭起了一座合作共赢的桥梁。金源肉牛养殖专合社为贫困群众带来了四重收益保障,即"种植收益+养殖收益+股权收益+二次分红",部分贫困户还有第五重、第六重、第七重收益保障——劳务收入、利息收入、土地租金。

一是种植专用青料,保证土地收益。由专合社免费提供草种,专合社提供肥料、技术,按 200 元/吨回收,可享受 5% 的保底分红收益和二次分红。青料种植户每亩种植收入可获 2000 元以上的收入。二是分散饲养,保证基本收入。贫困户与专合社签订协议并获得 1 至 5 头仔牛,通过按肉牛增重部分定价结算(认养)或按 2000

元/头的劳务费结算（寄养）两种方式进行分户饲养。专合社保障贫困户保底收益 2000 元/头。三是量化入股，扩大增收渠道。合作社先后争取债权资金、产业扶持基金、三峡种子基金，专合社经营无论盈亏，按年利率 5%/股，作为股权人的保底分红。两年来，贫困户共享受股权量化收益 9 万余元。四是二次分红，实现叠加效益。参与量化股权的持股人，除股权量化带来的保底分红外，还将按持股比例，在专合社年度营业利润中获得二次分红。另外，贫困户可安排到牛场务工，收入 100 元/天，或获得割草劳务收入 120 元/天；专合社建养殖基地和种草示范基地，贫困户可获得土地租金。

"借牛还牛"模式助推精准扶贫改革，构建了一个共生、共存、共享的利益共同体，实现贫困群众脱贫增收、专合社增效增值、产业做大做强的乘数效应，成功将肉牛养殖产业打造成了两个贫困村脱贫发展的特色主导产业。从实践上来看，2019 年 1—9 月，专合社带动农户肉牛养殖达到 1535 头规模，实现年产值 1300 多万元，贫困户实现户均年增收 1 万元以上。作者与何家坪贫困户师廷光交流时，他高兴地说："我认养了 5 头牛，还种了草，10 个月下来，多收入 1 万余元。"

（三）"五补五改"模式

宜宾市有关领导介绍，在扶贫脱贫资金的使用上，宜宾市下了大功夫，费尽心思想办法提高财政资金的使用效率，并尽力动员社会资金参与，为此探索推行了"五补五改"模式，取得了良好成效。

一是实行"补改投"模式。即改变传统财政资金直接投入方式，将财政资金以市场投资的方式注入新型市场主体，财政资金使用效益得到了极大提高。比如上面的"借牛还牛"模式，专业合作社对财政资金进行市场化投资，而贫困户获得相应的股权以及参与产业发展的机会。

二是实行"补改金"模式。即改变传统财政资金直接补助方式,建立产业发展基金和扶持周转金。采取政府支持、多元化投入方式,组建产业发展基金,推动农业基础设施建设、产业开发、新农村建设以及城乡统筹发展。

根据有关领导的介绍,2015 年市级财政设立贫困村产业扶持基金,截止到 2019 年上半年,产业扶持基金达到 2.9 亿元,其中,贫困村产业扶持基金达到 2.6 亿元,非贫困村产业扶持基金规模0.3 亿元。贫困村产业扶持基金规模达 50 万元/村。已累计发放基金 2.1 亿元,其中贫困户借款发放 1.4 亿元,惠及 1.9 万贫困人口;支持村集体经济发展发放 0.7 亿元,惠及 1.8 万贫困人口。

三是实行"补改租"模式。即改变传统财政资金建设项目方式,推行"建设(购买)-租用-移交"和政府购买公共服务。"建设(购买)-租用-移交"是市场主体投入资金建设农村公路、水利设施、农产品加工场所及设备等基础设施,经验收合格后,政府年度付费租赁使用或回购产权,有效吸引了社会资本的投入,解决了财政投入压力。

对于这一模式,笔者深入探究了蚕桑龙头企业智溢公司的情况。2015 年市级财政用农业科技推广应用专项资金 50 万元购买了该公司的"桑枝香菇"研发和推广服务,通过坚持"政府支持推动、龙头企业统筹、专合组织服务、科技培训支撑、生产统分结合、产品统一回收、品牌包装营销"的发展方式,增加了冬春两季蚕棚空置利用。上述服务取得了显著成效,2019 年 1—9 月,贫困户户均增收达3500 元以上。

珙县恒远桑枝食用菌专合社是其中的佼佼者。珙县孝儿镇党委书记罗伟介绍,专合社于 2016 年 7 月成立,同年 12 月加入珙县智溢茧丝绸公司管理的兴溢桑枝食用菌专合社,成为桂香分社,现有贫困户社员 79 户,2019 年 1—9 月专合社生产桑枝食用菌 35 万袋,其中自行种植 18 万袋,分户种植 15 万袋。专合社实行菌袋托管、入股分红、技术培训、提供菌袋、跟踪服务、保底回收等措施,首先是对完全缺乏产业发展能力的贫困户实行产业发展托管模式,按专合社、贫困户7∶3比例分成,最低利润按每个菌袋1元计算;其次是项目资金量化,玉峰村61户176名贫困人口,专合社按照入股资金5%向贫困户保底分红;第三是实行"二次分红"模式,利润按专合社、贫困户7∶3比例分成。面对作者的询问,玉峰村贫困户王少富手捧菌袋兴奋地说:"这就是我的钱袋子,专合社提供菌袋和技术,还包回销,今年我种了3000个菌袋,今年行情好,价格高,纯收入超过1万元了!"

四是实行"补改保"模式。即改变传统财政资金直接奖补方式,采取注册融资平台和设立分险金方式,将财政资金直接注资政府性担保平台,为带动产业发展的新型主体提供担保贷款。同时,分县(区)设立产业发展分险金、贫困户住房贷款分险金等风险保障功能性资金,增强金融机构放款的信心,撬动更多金融资本、民间资本、社会资本流向涉农项目和扶贫地区。

据介绍,市级财政从2015年起到2019年,连续五年注资农业担保公司3500万元/年,为农业综合开发提供资金投入保障。目前,市农业担保公司在保余额达6亿元,自成立以来撬动银行信贷资金28亿元,为145户涉农企业提供600多笔融资担保服务。

作者发现,"补改保"模式对扶贫脱贫提供了极大助推力。举个例子,宜宾自然香茉莉花种植专合社2015年6月成立,2017年技改扩能,新建厂房2500平方米,基础建设和设备需投入500万元,正当专合社一筹莫展时,区农担公司带银行主动上门,进行授信,成功获贷100万元。专合社乘势前行,发动五福、高林、红光三个村的群众种植茉莉花500多亩,通过提供种苗、技术、保底回收、二次分红等办法,今年324户花农直接获得现金收入218万元。红光村贫困户陈春明告诉作者:"我家过去种茉莉花1.5亩,卖花收入7000余元、二次分红2400多元,今年种了3.3亩,很快就会有更大效益了。"

五福村党支部书记余学根也给作者讲："现在农村留守老人和儿童多,这个产业好,不择劳动力,老人和儿童都可以干,盛花期只有 40 多天,每亩可收入 5000 元以上,今年我村栽了 230 多亩,明年还要发展一点。"

五是实行"补改贴"模式。即改变传统财政资金直接扶持方式,加大财政对农业经营新型主体贷款贴息贴费的补助力度,降低对农业投入的社会融资成本。比如,设立农业产业化发展专项资金,对农业龙头企业和专合社产业项目固定资产投入贷款和收购农产品流动资金贷款贴息补助。再比如,县(区)政府转变扶持方式,通过贴息政策创新开发了"好牛贷""小额贷"等金融产品,为贫困户金融信贷投入产业的资金贷款进行三年全额贴息,充分调动了农民筹资投入生产的积极性。

三、宜宾经验对扶贫脱贫工作的启示

到 2020 年,我国要实现现行标准下农村贫困人口脱贫、贫困县全部摘帽的目标。目前是关键期,如何做到脱真贫、真脱贫,最终圆满完成祖国的脱贫伟业,科学有效的体制机制是根本保障。作者认为,对宜宾在扶贫脱贫工作中探索出的体制机制创新进行科学总结并加以推广,具有重要意义。

在各地的扶贫工作中,都会遇到一个共性的难题,即一些贫困人员不愿意接受和参与扶贫工作。于是乎,在脱贫实践中出现了"上头热下头冷""干部着急群众不急""戴着贫困帽子不愿摘"等现象。由于一些贫困群众思想认识不到位、安于现状、脱贫信心不足等原因,出现严重的"等、靠、要"思想,缺乏内在动力,致使扶贫工作难以纵深开展,即使脱贫了也会很快返贫。船上人不用力,岸上人挣断腰。宜宾推行的"歇帮"机制,设计出一套严密的、环环相扣的体制和制度,有效破除了贫困户的"等、靠、要"思想,促使贫困户自身积极地投入脱贫行动之中。

在各地的扶贫工作中,还会遇到一个共性的难题,即如果培育不出脱贫致富的产业以及就业机会,脱贫致富就难以持续,就会成为无源之水、无本之木。宜宾所探索的"借牛还牛"模式,是在扶贫脱贫的工作中找出发展产业这个根本出路,确定贫困地区的比较优势,开发和培育主导产业。"借牛还牛"模式之所以有推广价值,其奥妙之处在于,解决了贫困户不愿参与产业发展所存在的无资金、无技术、无销路的"三无"困扰。通过解决这些困扰,贫困地区的产业发展难题也就解决了,贫困户的回报以及就业也解决了,这就能够实现贫困户稳定持续的增收致富,贫困地区的发展也拥有了可持续源泉。

在各地的扶贫工作中,还会遇到另外一个共性的难题,即缺乏投资资金和发展资本。贫困地区之所以贫困,就是缺钱,这会带来恶性循环。缺钱就无法投资项目和发展产业,没有项目和产业,就不能创造利润和获得收入,没有收入就会陷入持续贫困。为此,贫困地区的投融资问题,是制约脱贫的重要问题。宜宾市创新政府财政投入方式和路径,探索实行了"五补五改"模式,有效释放了财政资金活力,吸引了社会资金参与,既确保了财政资金不流失,又增加了脱贫投资新保障。

脱贫,不仅是中华民族几千年以来的梦想追求,而且是世界各国一直以来面临的全球难题。我国第一部诗歌总集《诗经·大雅·民劳》有言:"民亦劳止,汔可小康。惠此中国,以绥四方。"2000多年前,我们的先民就渴求脱离贫困、步入富裕的小康生活。国际社会一直致力于扶贫工作,但贫困问题依然是当今世界面临的最严峻挑战之一。联合国发布的有关数据显示,全世界在脱贫方面取得了积极进展,但是各国在减少贫困人口等方面仍然任重道远。根据国内外脱贫情况和研究,宜宾等地成功的脱贫模式的总结、推广和宣传,不仅具有中国意义,也具有世界意义。一方面,党的十九大在进入新时代之际发出了脱贫攻坚战的总攻令,确保第一个百年奋斗目标圆满实现;另一方面,中国的成功脱贫成为了世界减少贫困的重大成果和重要经验。

参考文献

1. 姬咏华:"找准扶贫对象方能'对症下药'",《人民论坛》2017 年第 19 期,第 74—75 页。
2. 汪波、王雄军:"精准扶贫的实践逻辑与理论创新",《行政管理改革》2018 年第 11 期,第 44—47 页。
3. 向德平、王维:"精准扶贫的研究理路与未来议题",《新疆师范大学学报》2020 年第 3 期,第 1—9 页。
4. 中央党校经济学部精准扶贫课题组:"创新精准扶贫体制机制",《理论视野》2016 年第 6 期,第 28—31 页。
5. 郭远智、周扬、刘彦随:"贫困地区的精准扶贫与乡村振兴:内在逻辑与实现机制",《地理研究》2019 年第 38 卷第 12 期,第 2819—2832 页。
6. 刁瑷辉:"产业扶贫如何走好绿色生态发展之路",《人民论坛》2019 年第 24 期,第 104—105 页。
7. 郎亮明、张彤、陆迁:"基于产业示范站的科技扶贫模式及其减贫效应",《西北农林科技大学学报》2020 年第 20 卷第 1 期,第 9—18 页。
8. 曾庆捷、牛乙钦:"乡村治理中的产业扶贫模式及其绩效评估",《南开学报》2019 年第 4 期,第 87—96 页。

(罗来军,中国人民大学;李振举,内蒙古科技大学经济与管理学院)

三农发展与金融支持——基于欠发达贫困地区模式探析

丁志勇　马　杰

自古以来,三农问题就是世界各国普遍存在的客观事实,主要表现在农村经济发展落后、农业产业结构单一、农民生活较为贫困等方面,问题根源主要是由二元经济结构导致的,解决三农问题的关键是实现城乡经济的协调发展、农业产业的结构升级、农民收入的持续增长,才能有效促进三农发展。本文基于欠发达贫困地区三农发展重大历史发展机遇,基于三农问题在中国经济发展中所处的特殊重要战略地位,以及三农发展和金融支持的良性耦合,重点研究全球金融支持三农发展的经验模式,深入探讨欠发达贫困地区人口素质、社会保障、经济结构、资源禀赋、贫困特征等状况,就如何解决农村贫困难题、农业产业发展、农民收入增加提出策略选择和对策建议。

一、全球金融支持三农发展的模式探析

从全球各国金融支持三农发展模式来看,美国、德国、日本等发达国家经历了较长的发展过程,形成了不同特色、不同模式的经验和做法,对中国金融支持三农发展具有较强的借鉴意义和实用价值。

(一) 美国模式

美国是全球农业发展最先进的国家,是全球最大的农产品出口国,拥有农业种植一体化、加工链条多元化、经营管理专业化的家庭农场,1862 年出台《莫里尔法案》鼓励高等院校设立赠地学院,专门培养农业科技、机械技艺等专业人才,搭建农业科技产、学、研、用的基地,助力农业科研成果的转化,建立起种植、加工、销售、经营为一体的农业发展体系。美国支持三农发展的政策性金融机构由政府统一建立,主要有农民家计局、小企业管理局、商品信贷公司等机构,农民家计局是由农业部负责管理,重点支持农村社区发展、农业技术援助、农民房屋购建、农场主融资贷款和涉农工商企业项目融资。小企业管理局是由国会出资创办的政府贷款机构,专门为农工联合小企业提供融资期限长、利率优惠大的贷款和担保。商品信贷公司是联邦政府的直属机构,资本金来自国库,运用金融方式调控农业生产规模,发放农产品抵押贷款、仓储设备贷款,实施农产品灾害、差价补贴。美国农村合作金融机构由联邦政府的农业信贷管理局监管,主要由联邦中期信贷银行、合作社银行、土地银行等组成,联邦中期信贷银行是由生产合作社投资的合作金融机构,下设多个生产信贷协会和办事处,重点投放动产质押条件下的中短期农业贷款。合作社银行由 13 家农村合作银行组成,主要为农业合作社提供项目融资和金融服务,在农村信贷总份额中占比较大,发挥着重要支撑作用。联邦土地银行实行合作社股权所有制,下设农业信贷合作社,重点向农场主、加工生产者、涉农企业商提供贷款,重点支持长期农业投资项目。美国农业保险体系主要由美国农业风险管理局、联邦农作物保险公司和商业保险公司组成,农业风险管理局承担农业保险政策、农业再保险、开发农业保险新品种和风险补偿等职责。联邦农作物保险公司主要开展多风险农作物、团体风险保险、冰雹险和其他收入保险,长期直接进行农业项目融资,发挥着稳定农村信贷市场的作用。商业保险公司负责农业保险的销售、理赔等一体化服务,为金融机构农业贷款融资提供风险保障。

(二) 德国模式

20 世纪 50 年代,德国出台《土地整治法》《农业法》,实行土地的集中整治管理,发展高质量规模农业,加大乡镇基础设施建设,提升教育医疗服务能力,吸引企业总部在城镇设点,推动产业在乡镇布局,增加农民就业机会,建立城乡之间同等发展条件,形成产业和人口"逆城市化"发展态势。德国建立农民协会组织,注重农民职业教育,保护农民合法权益,提升农民专业化水平,在农业产业发展、农业技术革新、产品市场拓展、政策法律咨询上发挥重要作用,已成为政府、企业和农民之间的沟通平台。德国农业部成立乡村战略司,重点支持农村基础设施建设、农业产业研发创新、社会文化保护、农民就业发展机会和生态环境优化等方面,解决农村人口结构和区域经济协调发展难题。德国是合作金融机构的创始国,19 世纪中叶雷发巽、舒尔茨成为信用合作组织最早发起人,雷发巽立足于农村信用合作社,在莱茵地区建立世界第一家农村信用合作社,帮助德国恢复农村经济,舒尔茨立足于城市信用合作社,重点支持手工业者和商人。随着雷发巽、舒尔茨合作金融组织的逐步扩大和发展,两大合作金融系统合并成为德国合作银行体系,分为中央合作银行、区域合作银行、基层地方合作银行三个层次,中央合作银行是合作金融组织的协调机关,分管合作银行体系资金管理和结算支付,属于德国财政部金融监督局和联邦中央银行监管。区域合作银行由基层地方合作银行组成,主要从事项目融资、结算支付、咨询顾问等金融服务。基层地方合作银行由农民、企业、合作社组成,主要开展资金结算、信用卡、证券和保险等业务。德国合作银行体系层次分明、独立经营,重点服务农业发展多样化和一体化,是德国农村金融的重要支撑力量。

(三) 日本模式

第二次世界大战后,日本出台《农地改革法》《农业协同组合法》《农协合并助成法》等法规奠定农协的基础作用,日本农协具有事业特征、农业团队和合作社的性质,以服务农民为根本,直接进行农业生产,代表农民合法利益。《农地改革法》的出台是为解决日本的土地问题、粮食危机,由政府统一征购土地,成立地主、自耕农、佃农组成的农地委员会,依靠农地特色资源,因地制宜发展区域农业产品和配套产业。《农业协同组合法》定位农协是服务农民的合作社,着力提升农业生产力和农民经济社会地位。《农协合并助成法》推动农协大规模的合并,由基层农协与市、町、村级政府联合成立农政协议会,确定农协在农村经济中的主导地位,农协把地产地销作为产业融合战略,推动区域土特产品生产加工,重视乡村农业技术人才培养。日本政府出台完备的财政补贴政策,实施农产品加工销售补贴、贫困地区直接补贴、农地整理流转补贴、食品安全补贴、市场价格补贴等措施,为农村经济发展、农业产业优化、农民收入提高给予重要支持。日本农村金融架构以合作性金融为主,政策性农村金融为辅。农协是最大的农业合作性经济组织,农村合作金融机构是依托于农协的金融组织,农民入股农协,农协入股农信联,农信联入股中央农林金库,中央农林金库是农村合作金融体系的最高层机构,包含农业合作、林业合作及渔业合作三个组织,农信联是由都、道、府、县级的机构组成,是农村合作金融体系的中层机构,基层农协是最底层信用组织,农协、农信联、中央农林金库作为一个金融机构发挥着重要作用。日本政策性农村金融机构主要包括中小企业金融公库及农林渔业金融公库,重点支持金融机构无法覆盖及融资意愿低的贷款项目。总的来说,日本农村发展主要依靠政府财政支持,合作金融机构是核心力量,政策性农村金融是有效补充,日本农村金融发展体系较为健全。

(四) 中国模式

自 1921 年中国共产党成立以来,逐渐把三农问题作为革命工作的重要任务。随着中华人民共和国成立,农民真正实现当家做主,为解决三农问题奠定政治基础。新中国建设初期,土地改革改变旧社会不公平的土地制度,使每个农民拥有自己的土地,农业产业迅速得到恢复,农民生活水平得到改善。改革开放以来,中国实行家庭联产承包责任制,三农发展拉开改革序幕,粮食、棉花和农副产品年年丰收,乡镇企业迅速发展,农民收入快速增长,但城乡经济差距扩大矛盾依然突出。20 世纪 90 年代后,中国面对二元经济产生的三农问题,取消实施了几千年的农业税,出台诸多惠农政策法规,农业生产方式实现机械化,农民土地承包经营权得到维护,新型农村合作医疗制度有效建立,农村水利基础设施明显增强,农民最低生活保障体系及时搭建,农业科技创新能力极大提升,社会主义新农村建设步伐加快,三农发展取得历史性突破。中国农村金融体系主要由政策性金融机构、合作性金融机构、商业性金融机构组成,农村政策性金融机构主要是指 1994 年成立的中国农业发展银行,重点支持农副产品收购、农村交通基础设施建设、农村水利资源开发、农业科技创新项目、农产品流通市场建设、农产品加工企业生产等方面融资,有效发挥价格保障、精准扶持的重要作用。农村合作性金融机构主要包括农村信用社、农村商业银行、农村合作银行、村镇银行等,重点服务于农村的存款、贷款和结算业务需求,金融网点和从业人员绝大部分布局在县域和乡镇,是支持三农发展的核心金融力量。商业性金融机构主要包括国有商业银行、邮政储蓄银行等,主动参与三农改革与发展,在县域增加金融机构网点,扩大涉农企业、农民贷款的规模和范围,有的金融机构还设立"三农金融事业部",着力满足农村优势产业、农业示范基地、中小微企业和重点农户的金融需求。

二、欠发达贫困地区三农发展困境

欠发达贫困地区三农发展关系到改革开放大局,关系到城乡协调发展,在中国未来发展全局中具有特殊重要的战略地位。欠发达贫困地区存在生态环境较为脆弱,结构性矛盾十分突出,自我发展能力不强,区域发展不平衡,对外开放程度较低,区位优势尚未有效发挥,城镇化进程和社会保障体系滞后,城乡二元经济结构格局尚未打破等诸多难题。

(一) 欠发达贫困地区农村发展面临困境

欠发达贫困地区普遍存在着区域内环境闭塞、自然条件恶劣、土地资源匮乏、基础设施落后、生态环境恶劣等诸多困境,主要表现在以下方面:第一,农村的基础设施建设严重滞后。欠发达贫困地区交通路线长、道路路况差、维护养护难,城乡间交通运输物流成本较高,不同程度地制约农村经济社会发展。农村电力基础设施不完善,农村电网升级改造工程不到位,变配电容量低、电压等级低、运行线路老化等问题没有得到完全根除,农村工业用电体系还不完善。通信基础设施不发达,网络基站未完全覆盖农村所有地域,宽带进村入户工程尚未全部实施,信息技术在农村应用还不广泛,制约农村信息化工程建设。第二,农村自然资源和生态环境恶劣。欠发达贫困地区自然资源贫乏,土地资源紧缺,生产条件较差,水资源较为缺乏,且分布不合理,不同季节水资源储量不均衡,水利基础设施不健全,农田灌溉条件不充足,水资源开发利用水平较弱,不能充分满足农业发展需要。农村生态环境急需关注,农村污染排放较为严重,乡镇企业工业污染较大,生活垃圾污染问题突出,环境治理设施建设滞后,退耕还林、人工植树、围栏封育等生态修复能力较弱。

(二)欠发达贫困地区农业发展面临困境

欠发达贫困地区农业发展面临着现代化农业生产水平低下、农业产业结构不合理等问题,主要表现在以下方面:第一,土地资源和土地流转仍需创新。农业发展使用的土地资源匮乏,人均耕地面积较少,耕地质量较差,优质农田占比较小,土地存在"非农化"现象。土地流转难度较大,城市与农村争地矛盾突出,农业土地利用率、产出率较低,严重影响农业产业规模化、链条化、一体化的经营。第二,现代化农业生产能力有待增强。目前,传统农业与现代农业并存的局面还未完全打破,农业产业化企业、农业合作社、家庭农场的总体数量占比不高,农业规模化种植、机械化收割、链条化加工水平与发达国家相比还有一定差距,农业人均粮食产量、人均经济效益不高,农业产业科技研发实力不强,不能完全适应现代化农业发展需要。第三,农产品产业升级步伐急需加快。农产品现代化加工水平、劳动生产效能和市场竞争能力较低,农产品加工附加值不高,产业发展整体规模偏小,市场品牌效益培育不够,精深农产品加工产业链不全,传统产业升级改造速度较慢,农产品产业价值链与工业化、信息化、城镇化发展环境不匹配。

(三) 欠发达贫困地区农民发展面临困境

第一,农民专业素质不能适应现代农业需要。农村青壮年高素质劳动力大多数都向城市流动,寻求较为稳定的打工、经商机会和较为优越的生活环境,留村务农的多为中老年人和专业素质偏低人员,从而导致真正务农的劳动力素质不高,农业专业化、规模化生产能力不足,懂农业专业知识的技术骨干缺乏,不同程度地影响现代农业产业的快速发展。第二,农民享有的教育及医疗资源较为贫乏。长期以来农村教育资金投入明显不足,农村教育经费缺口较多,欠发达贫困地区乡村教师工资发放都存在问题,农村优秀骨干教师大多流动到发达城市,致使农村优秀教师队伍不稳定,农民子女享有的教育质量受到一定的制约。农村医疗卫生服务体系不够健全,新型合作医疗覆盖面不全,农民看病难、看病贵的难题依然突出,尤其是农村社区卫生服务体系作用发挥不充分,乡镇卫生院的医疗设施和机器设备不充足,农村医疗工作者专业素质不能完全达到业务要求,农民享有的医疗资源与城市相比差距较大。第三,农民人均收入与城市的差距越来越大。农民收入来源较为单一,农产品价格波动不大,农业生产成本逐年提高,现代农业发展步伐较慢,且影响农业产业经营效益的因素较多,从而导致农民收入增长相对缓慢,与城市之间的差距越来越大。

(四) 欠发达贫困地区金融发展面临困境

第一,农村有效金融需求不足。农村经济主体有效金融需求与城市相比有较大差异,基础设施建设资金不到位,相对应的有效金融需求也不足。农业产业受业务发展规模、投入产出效能等客观因素限制,导致有效融资需求普遍较低,从而制约农村经济的高质量发展。第二,金融机构网点设置较少。金融机构网点分布不合理,网点过于向城市集中,欠发达偏远贫困地区则成为金融服务盲区,还有个别城镇及农场无金融机构网点。农村金融机构网点设置与金融服务需求不协调,每万人拥有金融机构网点最少。农村金融机构类型较为单一,金融机构以农村合作银行、邮储银行、农信社等为主。第三,金融业务发展较为缓慢。农村金融服务品种单一,以存款、贷款、结算等业务为主,新型金融产品覆盖率较低,存款资金外流现象较为严重,农村地区存贷比显著低于城市平均水平,造成欠发达贫困地区经济发展"失血"。农村金融生态环境欠佳,缺乏有效的失信惩戒机制,贷款融资门槛较高,信贷资产质量较差,影响金融机构业务发展的积极性。第四,农村信贷支持力度不足。随着股份制改革和信贷集中审批体系升级,商业银行贷款审批权限大都上收到更高层级,融资投向重点为大城市、大企业、大项目,欠发达贫困地区大企业、大项目较少,致使农村融资支持力度较弱,从而严重制约农业产业的快速发展。

三、金融支持三农发展的对策建议

在中国全面实施乡村振兴战略的重大历史机遇背景下,欠发达贫困地区面临生态环境恶劣、自然资源贫乏、人口素质较低、社会发展落后和金融支持不足等现实问题,如何科学制定支持三农发展的特殊金融政策,引导信贷资金有效支持农业产业发展,帮助欠发达贫困地区农民生活水平达到小康标准,充分发挥金融对农村经济的助推器作用,是当前重点探讨研究的热点问题。

(一)不断完善政府宏观政策体系,积极推进农村金融改革创新

第一,积极搭建三农发展政策扶持体系。政府应依托宏观政策调控的窗口指导和桥梁纽带作用,透过各层级政府压实工作责任,运用政府调节和市场调节两种方式,搭建财政转移支付、税收优惠

减免、政府投资补贴、退耕还林补贴于一体的政策扶持体系,真正激发三农发展的内生活力,将三农政策与资金投入、资源禀赋、产业发展、农村建设、农民生活有机融合在一起,形成三农政策的集成优势,切实发挥政府宏观政策对三农发展的推动作用。第二,大胆探索三农发展体制创新模式。建立健全三农发展同相关政策统筹协调、有效衔接的支持体系,深化三农发展体制改革和机制创新,搭建适合三农发展的市场体系,鼓励各种形式的民间投资,扶持涉农中小微企业的发展成长,推动三农产业的科技进步和技术创新,提升农业科技在三农发展中的作用,加大农村教育资源和医疗设施投入,提高农民人均收入和社会保障水平,提升农民综合素质和文化生活水平,形成助推三农发展的体制机制创新模式。第三,充分发挥农村宏观金融政策合力。在经济政策高位推动三农发展的模式下,农村金融政策制定与匹配应紧紧把握欠发达贫困地区各项政策的脉搏,建立扶持性的区域金融政策体系。实施央行主导的区别对待、有保有压农村信贷政策,引导金融机构出台涉农贷款专项优惠政策,精准支持农业产业的快速发展。实施扶持性的财政补贴政策,依据金融机构发放涉农贷款总额的一定比例,由国家财政给予适当补贴。实施金融机构核销呆坏账优惠政策,放宽金融监管涉农贷款不良率考核标准,给予更多贷款核销、拨备补提、资产处置等方面优惠政策。

(二) 尽快完善农村金融组织体系,尝试建立金融人才支援机制

第一,完善三农发展金融服务体系。建立政府、银行、企业三位一体的合作发展平台,完善银行、保险、证券、债券等农村金融市场体系,积极推进村镇银行、农民资金互助社建设,形成布局合理、高效安全、功能完善的现代三农金融体系。政府筹建成立股份制的三农发展银行,由财政牵头投入资本金,专门负责农村基础设施建设、

农业中小微产业发展、农民日常生产经营等融资需求,构建适合欠发达贫困地区三农发展的多元化、多层次的金融机构。第二,加快农村金融机构布局发展。政府出台鼓励乡镇设立金融机构的优惠政策,加大自助银行、自助设备和电子机具布放,扩大金融机构在乡镇的业务服务范围,解决三农发展金融服务不到位、不全面的难题。实施乡镇金融机构税收减免优惠政策,对支农贷款进行财政贴息和适当利率下浮,不断增强欠发达贫困地区农村经济圈的金融集聚力和辐射力,实现偏远乡镇和农场金融服务的全覆盖,逐步形成功能齐全、分工协作的多层次农村金融服务体系。第三,建立金融人才交流扶持机制。政府、人民银行、银保监会牵头实施欠发达贫困地区三农发展金融人才对口支援工程,建立对口支援金融机构间业务培训、人员交流机制,选派优秀金融管理专业人才定期到欠发达贫困地区金融机构挂职、交流,着力提升农村金融机构专业服务水平。建立三农发展金融人才顾问制度,组织研发团队开展农村金融产品创新,启动农村金融人才引进基金,吸引高素质金融人才留在当地,培养一支业务精湛、作风优良的农村金融干部队伍。

(三)持续优化农村金融生态环境,提升农村金融科技服务水平

第一,全面推进农村信用体系建设。政府主导构建制度完善、执行有力、监督到位的三农发展信用体系,形成法制公平、市场规范、信用良好、金融稳定的农村金融生态环境,建立社会诚信程度较高、征信体系服务到位、融资企业遵规守信、金融债权有效维护、金融资产质量优良、金融安全有所保障、执法环境高效有力的农村信用保障体系,严厉打击恶意逃废金融债务的行为,积极营造守信得利、失信失利的良好氛围,实现三农发展与金融生态良性互动的健康发展局面。第二,建立三农发展信用保障体系。政府应出台欠发达贫困地区担保机构扶持政策,牵头出资设立农村信用担保机构,

建立金融风险担保基金和产业发展基金,重点支持企业农产品收购、农民采购生产资料等融资担保需求,大力发展普惠、民生等领域政策性担保业务,彻底解决贷款难、抵押难和担保难的问题。建立多层级的农业保险体系,把农业保险作为政策性保险范畴,启用中央财政资金给予经营补贴和重点扶持,建立受灾农民生产自救型保险补贴,给予各类农业保险业务税收减免。第三,切实提高农村金融科技水平。制定支持三农发展金融科技规划,拓宽农村金融科技服务领域,提升农村金融机构科技研发能力,不断提升结算支付、国库结算代理、跨行支付等金融基础系统建设,建立智能化、一体化农村金融大数据平台。加大适合三农发展金融科技产品创新力度,发展金融同业间交叉性金融工具和业务品种,建立差异化、扶持性的农村金融科技管理架构,优化农村金融风险控制技术手段,努力满足农村多样化金融科技需求,不断提升农村金融科技综合服务水平,从而有效促进三农的可持续发展。

(四)不断扩大农村信贷规模总量,重点支持中小企业快速发展

第一,持续加强信贷投入宏观政策指引。政府应疏通三农发展信贷政策传导机制,通过银企座谈会、金融运行分析会和实地调研等形式,为银企之间牵线搭桥,支持金融机构合理投放涉农贷款。突出欠发达贫困地区金融支持重点,提升三农发展中薄弱环节金融服务能力,保证农村基础设施重点项目资金支持,以三农信贷投入来稳固农业发展基础,提高民生保障工程金融服务水平,从而实现金融支持三农发展的有效落地。第二,引导商业银行改进信贷管理机制。商业银行应研究制定农业产业信贷配套政策和实施方案,鼓励新增存款合理转化信贷资金,适当下放支农贷款审批权限,提升农村贷款投入份额占比,建立有利于三农经济发展的信贷管理体系,以创新机制来引导激励农村金融业务发展,围绕农村经济发展

重点规划,立足区域特色农牧业和优势资源产业,加大特色农业经济区建设力度,结合农业优质项目配套信贷资金投入,提高农村信贷资金利用效率,切实满足三农发展的有效资金需求。第三,有效满足三农中小企业资金需求。政府制定出台农村中小企业贷款奖励政策,督促金融机构设立农村中小企业专营机构,以改善农村中小企业金融服务为突破口,提高农村金融机构产品创新水平,优化农村信贷资金配置结构,采取续贷、展期、调整还款计划等灵活措施,有力支持农村中小企业信贷资金投入。鼓励农村中小企业使用短期融资债券、中期票据和集合票据等融资工具,实现中小企业融资多样化需求,充分发挥农村金融在中小企业发展中的核心作用。

综上所述,三农问题根本上是要靠加快农村经济发展和解决贫困地区难题来实现,金融支持三农发展应与当前农村经济发展实际相适应,必须以科学发展理念来谋划金融支持新定位和新思路,积极探索金融支持三农发展的新模式,努力实现经济与金融的有机融合。

参考文献

1. 韩国农村经济研究院:《韩国三农》,中国农业出版社,2014 年。
2. 周再清:《"三农"金融机构协调发展研究》,中国金融出版社,2013 年。
3. 李军、段志煌等:《农业风险管理和政府的作用——中美农业保险交流与考察》,中国金融出版社,2004 年。
4. 阿比吉特·班纳吉、埃斯特·迪弗洛:《贫穷的本质》,中信出版集团,2018 年。
5. 解安:《"三农"有解——"三农"重大现实问题研究》,人民出版社,2018 年。
6. 贺雪峰:《谁是农民——三农政策重点与中国现代农业发展道路选择》,中信出版集团,2016 年。
7. 农业农村部信息中心:《中国"三农"网络舆情报告》,社会科学文献出版社,2019 年。
8. 张杰:《中国农村金融制度调整的绩效:金融需求视角》,中国人民大学出版社,2007 年。

9. 约翰·冯·杜能:《孤立国同农业和国民经济的关系》,商务印书馆,1997年。

10. 西奥多·W.舒尔茨:《改造传统农业》,商务印书馆,1987年。

11. 白钦先:《各国农业政策性金融比较》,中国金融出版社,2006年。

12. 荀文峰等:《乡村振兴的理论、政策与实践研究——中国"三农"发展迈入新时代》,中国经济出版社,2019年。

13. 蔡昉、王德文、都阳等:《中国农村改革与变迁——30年历程和经验分析》,格致出版社,2008年。

14. 岳志:《现代合作金融制度研究》,中国金融出版社,2002年。

15. 韩俊等:《中国农村改革(2002—2012)——促进三农发展的制度创新》,上海远东出版社,2012年。

16. 张立中、胡天石等:《农村与区域发展理论与实践案例分析》,人民日报出版社,2016年。

17. 熊德平:《农村金融与农村经济协调发展研究》,社会科学文献出版社,2009年。

18. 贾俊民等:《中国"三农"发展规律与战略目标研究——基于中国六千年历史演进逻辑与国际比较视野的宏观考察》,中国财经出版传媒集团,2018年。

19. 杨轶婕、杜鹃等:《三农问题:从历史、现状到未来》,上海科学技术文献出版社,2016年。

20. 陈雪飞:《农村金融学》,中国金融出版社,2007年。

21. 张晓山:《中国农村改革与发展概论》,中国社会科学出版社,2010年。

(丁志勇,中国工商银行股份有限公司,北京大学光华管理学院;马杰,中国社会科学院研究生院)

企业主导还是农户主导？——张家口尚义、沽源县农业规模经营模式比较研究

一、问题的提出

习近平总书记指出，"发展多种形式适度规模经营，培育新型农业经营主体，是建设现代农业的前进方向和必由之路。"选择合适的农业规模经营形式，对推动农业发展和实现乡村振兴有重要意义。从实践看，农业规模经营存在多种形式，如专业大户（规模农业经营户）、家庭农场、农业合作社、农业（龙头）企业、农业社会化服务等，各类不同的规模经营形式总体上又可划分为两大类型。一是企业主导，如农业企业、农业社会化服务组织等，由外来力量进入农村，主

导推动农业不同环节和领域的规模经营与产业化,企业掌握生产经营主导权,农户仅作为土地、劳动力等要素的供给者参与收入分配。二是农户主导,如专业大户、家庭农场、农业合作社等,由农村内部力量依托当地资源和条件主导农业规模经营和产业化,农户以不同的交易形式,将土地、资金、农机等资源进行一定程度的集中,并掌握生产经营主导权,企业仅作为产品的终端客户或者参与部分服务环节。

在实践中,企业主导与农户主导两种类型的农业规模经营普遍存在,但对于不同地方的农业规模经营应由企业还是农户主导,仍存在一定争论。理论界对各类不同的规模经营形式的适用条件、利弊影响进行了许多研究,但往往是选取某一种规模经营的具体形式进行孤立分析,系统性的比较研究相对较少,对研判和选择农业规模经营的主导力量参考作用有限。针对这一情况,本文选取河北省张家口市主要种植蔬菜的两个县份——尚义和沽源的案例进行比较分析。尚义县的浩丰公司是外来企业对蔬菜进行标准化、规模化生产经营的典型案例,而沽源县闪电河乡的错季蔬菜市场,则是农户自发对接细分市场形成规模化经营的典型案例。两地位置、气候、政策相近,两个典型案例启动时间比较接近,又都是规模化生产蔬菜以供应批发市场和快餐巨头,具有一定的半自然实验性质。对这两个案例的对比分析,可以比较好地考察主导力量的不同如何影响农业规模化经营的路径、结果和质量。

二、企业主导的农业规模经营——尚义县凯盛浩丰蔬菜生产基地

(一) 基本情况和背景

尚义县位于河北省西北部、内蒙古高原南缘,地处晋冀蒙三省区交界区域。全县总面积 2632 平方千米,人口 19 万人。2019 年全

县地区生产总值 41.6 亿元,同比增长 2%;财政收入 3.86 亿元,同比增长 8.1%。全县耕地面积 116 万亩 。白萝卜、生菜等 7 种蔬菜远销日本、韩国等。

凯盛浩丰(张家口)公司 2004 年入驻尚义县,是国家重点龙头企业青岛浩丰食品集团有限公司的全资子公司,也是张家口市农业产业化龙头企业,集蔬菜育苗、种植、保鲜加工、销售为一体。目前在尚义县七甲乡自有蔬菜基地 6500 亩,年供应保鲜蔬菜 20000 余吨。从调研数据看,浩丰在尚义有两家蔬菜种植基地,分别通过村委会和农户托管流转土地,共有 460 户农民参与租赁,生产旺季平均雇用农民 350—400 人左右。浩丰租赁土地后,均预先垫付种子、化肥等原料费用,提高了农民的参与积极性。

浩丰选址尚义县,主要基于以下条件:一是气候条件适宜。尚义平均海拔 1300 米,属大陆性季风气候,年平均气温 3.6 摄氏度,年降水量 330—420 毫米,无霜期 100—120 天,光照充足、气候冷凉,是理想的绿色蔬菜种植基地。二是土地价格低廉。虽然尚义县相对张家口市其他县份,土地较为贫瘠,但流转价格低,一般每亩 350—500 元,部分较差地块每亩 80—100 元。三是市场区位条件好。尚义距北京较近,蔬菜可专供北京奥运会、残奥会,因靠近消费市场,物流成本较低。

(二)生产流程

浩丰的母公司凯盛浩丰食品集团在山东、上海、福建、河北等地建立了 11 处自有核心示范基地,种植面积上万亩,利用基地所处经纬度的不同以及得天独厚的海拔优势,实现多品种蔬菜 365 天周年大批量均衡供应。浩丰在张家口市自有蔬菜基地 6500 亩,部分区域可实现复种,年种植面积达 10000 余亩。基地建有育苗智能玻璃温室 3200 平方米,春秋大棚 200 座,并配备了先进的滴灌设施。每年大约 3 月份开始育苗,6 月份开始采收,大约 10 月初采收结束,是凯盛浩丰食品集团周年供应链中6月至10月的重要原料基地。

以浩丰第一批生菜耕作日历为例,自3月下旬经犁地、悬地等田间耕作及选种、育苗等后台工作后,4月开始犁地、撒肥、插苗等,5月开始滴水保活、追肥、打药等,6月采收及运输。由于浩丰对于蔬菜生长的温度、湿度等自然条件做到精确控制,企业可根据采收时间倒排日程,随时调拨机动土地进行模块化生产,保障6月到10月每日蔬菜的足量供应。

表1　凯盛食品集团生菜全年供应生产表

时　　间	地　　点
12月20日—4月10日	福建
4月10日—5月10日	上海
5月10日—6月10日(春茬)	青岛、陕西
6月10日—10月10日	河北
10月10日—11月20日(秋茬)	青岛、陕西
11月20日—12月20日	上海

表2　浩丰尚义蔬菜基地第一批生菜耕作日历

时间		田 间 工 作	后 台 工 作	内　　容
3月	下旬	犁地、悬地、撒肥、起垄、铺膜、铺带、滴水	选种、育苗	一亩地一个拖拉机犁100亩1天(10小时)
4月	上旬	犁地、悬地、撒肥、起垄、铺膜、铺带、滴水	选种、育苗、选地块	同上
	中旬	犁地、悬地、撒肥、起垄、铺膜、铺带、滴水		同上
	下旬	移栽、定植、人工插苗		4月20日开始移栽,6月10日收第一批,一个工人一天插3亩地苗,一般4月20日第一批120亩

时间		田间工作	后台工作	内　容
5月	上旬	滴水保活（7天）蔬菜发根并追肥（4天）、植保		滴水1天，再等6天，地下管道灌肥，一天追30亩地，4天120亩，植保下农药，一台设备一天300亩地
	中旬	伸松（2—3天）、追肥、打叶面药、放置10天		伸松2—3天，同时除草，伸松后，让菜生长10天，再追磷钾肥
	下旬	追肥、打叶面药、放置10天		第一轮追肥后生长10天再追第二轮肥
6月	上旬	追肥、打叶面药、放置10天		第二轮追肥后生长10天再追第三轮肥
	中旬	采收（5—9天）		根据流动的采收计划采收，收获时评估产量，通知销售
	下旬	运输（内地3—4天，出口15天）		库存警戒线是70吨，低于这个线要补货

　　浩丰集团在竞争激烈的国际市场环境中，依托国际化种植技术及专业化管理方式，在全国布局基地、实行错季生产，打造了国内领先的农业现代化企业。其蔬菜种植经营主要有以下特点：一是生产经营标准化，产品质优价高。浩丰按照较高的国际标准生产供应蔬菜，并按不同质量标准出售国际国内市场，其中出口类生菜价格最高达每吨8000元以上，供应国内生菜也在每吨3800元以上。二是产品质量控制严，形成技术溢出效应。浩丰从国外引进先进种植技术，其生产条件须经麦当劳、肯德基等客户按标准聘请第三方机构审核，在测水、测肥、光照、温控等方面严格把关。由于浩丰在采收等环节不断优化流程，其种植技术对于当地农民具有较好的溢出效应。三是管理团队专业，经营效益良好。浩丰管理团队50人，均为

职业经理人,90%来自外省,分红与利润挂钩。专业化的人力资源管理模式及技术、生产、销售等全产业链流程效率改进,将企业销售利润率提高到30%左右。四是销售渠道广,市场占有率高。浩丰集团采用订单生产,客户主要面向世界500强企业。70%的生菜供应全国30%的市场,包括肯德基、必胜客、海底捞等;30%的生菜出口韩国、日本、新加坡等国。五是在田间地头"初加工",降低经营成本。浩丰在尚义县七甲乡租有加工厂,占地面积40亩,建有预冷库、保鲜加工车间、仓储冷库等设施,保证田间初加工使蔬菜迅速制冷,加工成本每亩可节约500元。

（三）配套政策

尚义县政府在促进产业融合和探索先进生产管理经验方面,为当地农业规模经营提供了一定支持。一是探索先进生产经验和管理模式。政策为上万亩供京蔬菜基地配置太阳能杀虫灯和粘虫板,推广早育苗、早定植、早上市的生产经验,发展订单蔬菜,实施商品化用水、节约化灌溉。二是打造产业联合体。政府支持企业联合种植合作社、家庭农场、种植大户等,发展燕麦种植基地,形成产业基地和贫困村连片带动、贫困户抱团发展的产业联合体。

（四）存在问题

虽然农业企业下乡有利于促进农民增收,提升当地经济效益,且具有较好的技术溢出效益,但是相对以农户为主导的生产经营方式,仍然面临一些挑战。一是经营管理成本高。浩丰生产环节雇用人数多、分工细,包括专业技术人员、财务人员、生产记录人员等,亩均人力资源成本较农户高1000元左右。二是国际市场风险大。浩丰的生菜种子主要源于进口,中美经贸摩擦后,关税显著增加,不仅种子成本提升,且因质量标准变化,入关通过率降低。2019年开始,浩丰改用国产种子替代进口种子,但数量和质量均不稳定。此外,有农户反映张家口其他县域存在企业收购农产品时挑剔质量、压低价格、克扣农户的情况,这可能也是当地农业企业一定程度上存在的普遍问题。

三、农户主导的农业规模经营——沽源县闪电河乡反季节蔬菜生产

(一) 基本情况和背景

沽源县地处河北省北部,闪电河上游,与尚义县一样隶属于张家口市。2018 年末全县总人口 22.5 万人,生产总值近 60 亿元,2018 年同比增长 8%,财政收入 5.3 亿元,农作物播种面积 145 万亩。沽源县是全国蔬菜种植大县,2018 年全县蔬菜播种面积 31 万亩,总产 139.7 万吨。每年有数十万吨错季蔬菜外运到北京、天津、山东等十多个省市,出口到日本、韩国、新加坡等国家。

闪电河乡距沽源县城 10 公里,总面积 227 万平方千米 (34 万亩),户籍人口 1.3 万人,常住人口 9800 人,是全国最早和最大的错季蔬菜生产基地。闪电河蔬菜交易市场以闪电河流域的蔬菜基地为依托,主要经营土豆、菜花等 20 多个蔬菜品种的销售批发,日均客流量 5000 多人次,日交易蔬菜平均达 130 万千克,交易额达到 2.4 亿元,是北方地区最大的错季蔬菜交易市场之一。

从调研情况看,闪电河乡错季蔬菜的规模化生产销售,主要由农户自发组织形成。闪电河乡能在错季蔬菜种植上率先起步并形成可观规模,主要是基于以下条件:一是气候条件独特。闪电河乡地势高气候冷凉,夏天温度仅 17—18 摄氏度,拥有种植适宜错季蔬菜的温度条件。二是土地资源状况较好。全乡耕地面积 13 万亩,水田近 7 万亩,三分之一土壤富含硒元素,适宜种植生菜、土豆、甘

蓝等作物。全乡土地集中程度较高(表3),水田有一半进行了流转(表4),其中马铃薯地流转约2.3万亩,其他蔬菜约1.3万亩。蔬菜种植户人均种植面积在30亩以上。土地优良的自然禀赋和流转集中为错季蔬菜规模化经营打下了扎实基础。三是起步早、经验足。闪电河乡从1998年开始种植错季蔬菜,是全国最早的错季蔬菜种植基地,全乡蔬菜种植户达3000多户,占人口的三分之一。乡内大户普遍有十年以上的种植经验。

表3　闪电河乡土地分布

土　地　面　积	户　　　数	备　　注
15亩以下	10户以下	未参加二轮承包地
15—20亩	500户左右	分家导致分地
20—25亩	1000户左右	/
25—30亩	2500户左右	/
30亩以上	1000户	买地有300—400户

表4　闪电河乡历年土地流转面积(单位:亩)

年份	2008	2009	2010	2011	2012	2013
面积	2300	2700	180	16689	4680	0
年份	2014	2015	2016	2017	2018	合计
面积	13650	990	6250	2244	340	50023

(二) 生产流程

闪电河乡的农户尤其是大户,普遍采用大型农机具进行种植,技术相对先进,并且能享受到当地农业龙头企业的技术溢出效应,错季蔬菜的单茬生产流程和农作日历安排与浩丰区别不大(表2)。蔬菜一年分为早、中、晚三茬,早茬4月中旬种植,7月初收获,时间比浩丰晚10天左右。中茬5月初种植,晚茬6月初种植,分别在8月至10月收获。中茬和晚茬在蔬菜供应中占主要部分(表5)。

表 5　闪电河乡错季蔬菜生产流程简述

	早　茬	中　茬	晚　茬
育秧	3 月底	4 月底	5 月底
种植	4 月中旬	5 月初	6 月初
收获	7 月初	8 月初	9 月初至 10 月

虽然生产的大致流程一致,但在一些关键技术环节上,闪电河乡农户与浩丰相比还存在差距。

一是生产时间精确控制。农户对蔬菜生产的温度、水分等条件相对缺乏控制,只能估计大致的生产和收获时间,无法像浩丰一样精确倒排生产日期和控制生产流程。二是种子、农药、化肥选择。浩丰使用的种子为专门选育的瑞克斯旺品种,农药为麦当劳指定的无残留农药,肥料肥力高、氮磷钾含量稳定,与农户差距明显。如当地的生菜种子成本为 50 元/亩,亩产在 1 吨至 1 吨半,浩丰种子成本为当地的 10—15 倍,但品质更好、耐药性更强、货架期更长。浩丰的肥料亩产与农户的普通肥料亩产差距至少为 500 千克。三是收菜分送效率。农户由于资金不足无法购买 100 多万元一套的真空预冷机,只能收菜后送工厂预冷,需要耗费一天的加工时间。浩丰则是收菜后在种植地直接预冷,压缩了物流成本。

(三) 配套政策

沽源县和闪电河乡政府总体上对错季蔬菜种植的发展持"顺其自然"的态度,并未扮演主导角色,但客观上在培育行业发展过程也采取了一些积极措施。一是规范土地流转。沽源县在 2013 年统一规定,土地流转交易采用经纪人方式,并陆续设立流转服务中心,推广标准化流转合同。二是推广滴灌技术。2010 年开始实施膜下滴灌节水工程,通过财政补贴典型示范带动农民使用,节约肥料、工时、电能等效果明显。三是开辟交通"绿色通道"。2011 年沽源县完成了省道半虎线"蔬菜基地"闪电河乡至承德段中修工程 23.853千米,公路修补面积总计 4 万多平方米,并为蔬菜运输车辆发放"通行证",解决路难行、菜难运的问题。

(四) 存在问题

尽管闪电河乡的错季蔬菜发展早、规模大、辐射广,但当前正面临一些突出问题,可能威胁到产业发展。一是大户短期行为导致地力耗竭。闪电河乡蔬菜种植户中马铃薯占相当大的比例。从技术上看,马铃薯需要与燕麦轮作,才能保证地力可持续,避免植物感染疫病。然而当地燕麦亩产仅 200 斤左右,单价按 1.2 元/斤计算,毛收入仅 240 元/亩,仅为马铃薯的 10%,即使加上轮作补贴 1 亩亏损也在 150 元左右。由于大户主要是租用土地,且租约难以长期维持,没有保障地力的积极性,大量大户都不间断种植马铃薯,产生了较为严重的地力损耗和疫病情况。据当地乡镇干部反映,预计 2019年所有马铃薯都会感染疮痂真菌,照此趋势持续,预计 10 年内产业将发生萎缩。二是地租上涨挫伤大户积极性。普通农户由于合同没有违约金约束等原因,违约机会成本小,作为土地供给者与大户在土地租用的谈判上处于优势。当地地租从 2014 年约 2000 元/亩,到 2019 年已涨至 3000 元/亩,年均增长在 200 元左右。地价的迅速上涨导致许多大户放弃经营。三是种植户贷款难。当地正规的农业贷款渠道主要包括邮储银行和农信社,贷款利率在 10% 左右,但贷款门槛较高,供应有限。据当地干部反映,农户贷款必须送礼请客。一般蔬菜大户种地得靠"抬钱"周转,为期 3 个月,30 万—50 万元的个人借款年利率在 15% 左右。

四、对两个典型案例的比较分析

根据调研情况,我们对尚义的企业主导型规模经营和沽源县的农户主导型规模经营作了对比,总体情况见表 6。

表 6　浩丰与闪电河乡蔬菜规模经营模式比较汇总

	相　同　点	区别点(浩丰)	区别点(闪电河乡)
总体背景	国际蔬菜市场质量需求上升,国内农业规模化经营条件改善	麦当劳、肯德基进入中国带来高质量供应商需求和先进种植技术标准	农户自发利用气候条件供应错季蔬菜
适用条件	—	对气候、位置、土壤、基层治理等要求严格,普适性较弱	条件相对宽松,普适性强
农作日历	单茬生产流程类似	模块化程度高,倒排时间、多段种植、精确控制供应日期,投入种子、化肥、农药、采收机械等成本高效益高	模块化程度低,分早、中、晚茬,尚未摆脱"靠天吃饭",投入种子、化肥、农药、采收机械等成本低效益低
市场范围	属于批发市场	定位高端市场,进入门槛高,战略合作长期直供	定位中高端市场,进入门槛较低,通过中间商进入大规模批发市场
融资便利性	—	总部财务公司包办融资,融资成本率8%,成本低、便利性高	依靠农村金融机构和农村个人借贷,融资成本率为10%—15%,成本高、便利性低
经济效益	—	研发、生产、销售等全产业链流程效率改进,高成本高收入,销售利润率30%	生产流程效率改进,低成本低收入,销售利润率15%

	相　同　点	区别点(浩丰)	区别点(闪电河乡)
社会效益	—	覆盖经营面积6500亩,460户,地域和作物普适性差,存在垄断和克扣问题	覆盖经营面积7万亩左右,超过3000户,地域和作物普适性强,没有垄断和克扣问题
生态效益	因租用土地,改善环境动力不足	因客户生态要求较高,总体上维持和改善生态环境	因短期行为不进行轮作,地力耗竭和疫病传播问题严重,环境破坏可能导致产业萎缩

(一) 背景条件

1. 总体背景

浩丰和闪电河乡农业规模经营的总体背景有相通之处。从外部看,国际市场对蔬菜质量要求迅速攀升,客观上提升了蔬菜种植的固定成本。经营主体组织规模经营以摊薄成本的诉求更加迫切。从内部看,城镇化推进导致闲置土地增多,农村产权制度改革尤其是土地流转相关改革的推进,道路、灌溉等基础设施的完善,也使得规模经营交易成本更低,更易操作落地。

2. 适用条件

从浩丰和闪电河乡的案例对比看,企业主导的规模经营,对自然和社会条件要求更严格。浩丰选址在尚义县,主要是在当地冷凉气候的前提下,尚义又相对偏南,日照充足,生长周期长,从而满足全国不间断蔬菜供应的要求。浩丰流转土地还需村委会或大户协调,降低大规模流转成本。由于气候、位置和条件要求严格,浩丰在尚义的经营面积仅为6500亩,总体规模有限,难以复制推广。

农户主导的规模经营,在实现条件上更为灵活,由于没有全年不间断供应的硬性要求,加之大户在流转土地上较企业具有信息优势,闪电河乡的错季蔬菜生产模式具有较强的可推广性,覆盖面远远超过浩丰,总种植面积达到近7万亩,是浩丰的10倍。

(二) 经营流程

1. 农作日历

浩丰与闪电河乡蔬菜种植的农作日历,既有相同之处,又有很大区别。

从相同点看,浩丰与闪电河乡蔬菜的单茬生产流程基本一致,都采用大型机械、滴灌覆膜技术等提高节水节肥效果。农户在生产技术上会自觉向龙头企业模仿看齐,形成技术的溢出效应,这也使得张家口市整体的蔬菜生产技术水平在全国处于相对领先地位。

从区别点看,一是流程模块化程度不同。浩丰在蔬菜单茬生产流程标准化的基础上,实现了根据目标采收时间倒排生产流程模块,可随时安排多段生产,以精确保证供应链的稳定和质量。闪电河乡农户则仍处在"靠天吃饭"的阶段,主要依赖于自然条件和生长周期,对蔬菜出货时间和质量的控制能力有限。二是投入水平和质量不同。浩丰在种子、化肥、农药和采收机械等农业生产资料的投入水平远远高于闪电河乡的农户,因此亩产水平、产品质量和物流效率方面与农户拉开了明显差距。尤其是麦当劳等大客户对浩丰在育种、农残等方面的高标准指导,客观上帮助浩丰形成了蔬菜生产技术的门槛优势。

2. 市场范围

浩丰和闪电河乡的蔬菜生产总体都属于批发市场,但在市场销售方面也存在显著区别。一是目标细分市场的层级不同。浩丰的客户主要是麦当劳和肯德基,资质认证门槛极高,但订单规模大且价格稳定,属于高端市场。闪电河乡的错季蔬菜主要供应城市商超、国外出口以及部分本土快餐品牌,在市场层级上属于中高端,订单规模大但价格波动性较大,农户对市场风险和成本压力的抗性较弱。二是销售渠道不同。浩丰与主要客户麦当劳、肯德基具有长时间的战略合作关系,对客户进行标准化直供。闪电河乡农户则主要依靠收购蔬菜的二道贩子将蔬菜贩运至闪电河蔬菜交易市场,中间商造成的流通成本较高。

3. 融资便利性

浩丰和闪电河乡在经营融资便利性方面的区别也十分明显。尚义县的浩丰生产基地,融资由企业总部财务部门专门负责,2019融资成本率约为8%,便利性强、成本低;闪电河乡蔬菜种植大户的平均经营规模仅300亩左右,缺乏抵押资产和信用保障,融资成本率达到10%—15%,融资难、融资贵问题突出。

(三) 总体效益

1. 经济效益

从经济效益角度看,浩丰代表的企业主导型规模经营,经济效益显著高于闪电河乡代表的农户主导型规模经营。浩丰的规模经营模式尽管人工管理成本稍高,但实现了包括研发、生产、经营、销售等全产业链环节的标准化、模块化,在较高成本下实现了更高的收入水平,2019年销售净利率超过30%。同时浩丰还形成了显著的技术溢出效应,带动了当地蔬菜种植技术的提质升级。闪电河乡农户的规模化经营和效率改进主要局限于生产环节,人工经营成本较低,但单产和销售收入水平也相应较低,销售利润率在15%左右。在效率改进方面,企业主导型规模经营具有优势。

2. 社会效益

从社会效益角度看,闪电河乡代表的农户主导型规模经营在普适性上,显著优于浩丰代表的企业主导型规模经营。一是农户主导型的规模经营适用条件相对宽松,推广性强。闪电河乡错季蔬菜规模经营覆盖的经营面积是浩丰的 10 倍,尽管单个农户增收幅度可能稍逊,但因规模经营增收的农户数量超过 3000 户,远远超过浩丰的 460 户。同时农户主导的规模经营既可用于蔬菜等经济作物,也可适用于燕麦等粮食作物,而企业往往由于利润空间有限,不愿意参与粮食作物经营。二是农业企业因规模较大,在县域内往往具有相对垄断地位,与农户谈判议价能力不对等。据农户反映,由于企业在原料质量、品级等方面存在设卡、克扣等问题,许多种植户不愿给农业企业供货,宁愿销售给二道贩子。在带动农户增收方面,农户主导型规模经营具有优势。

3. 生态效益

由于浩丰和闪电河乡都是租用土地进行规模化经营,企业和农户作为经营主体改进环境的动力都不充足。浩丰由于技术先进、租约较长,且客户有较高的无公害、无残留要求,尽管没有专门的环境整治措施,但总体上对当地环境起到的还是维持和改善的作用。闪电河乡的马铃薯种植户则由于租期有限,且种植户竞争形成了"囚徒困境",普遍未采取可持续保护地力的轮作种植,导致了较严重的地力耗竭和疫病问题,负面生态效益明显。从可持续发展角度看,企业主导的规模经营具有优势。

五、政策建议

(一)选择层面

从浩丰与闪电河乡农业规模经营的比较分析来看,企业主导和农户主导的农业规模经营各有适用条件和利弊。不同地区、不同阶段应当根据实际条件审慎选择合适的农业规模化经营模式,在经济效益、社会效益和生态效益方面取得综合平衡。在模式选择层面,建议注意以下三条原则:

一是空间上因地制宜。不同地区应根据气候、土壤、水源等自然条件，以及基层治理、营商环境、文化民俗等社会条件，探索选择合适的农业规模经营主导力量，禀赋较优质的地区应积极引进优质企业，走高质量发展道路；禀赋相对有限的地区则应在招商引资上注意稳健审慎，充分依靠农户内生动力，避免好高骛远、拔苗助长。

二是时间上分段推进。大部分禀赋相对平均的地区，在推动农业规模经营时建议先走以农户为主导的发展路径，推动农民普遍增收。在技术、市场、资本等条件相对成熟后，果断培育和引进企业成为新的主导力量，提高产业竞争力，避免因农户短期行为和恶性竞争影响产业可持续发展。

三是政策上填平补齐。对企业主导的规模经营，政策上应注意提升农户参与度和保护农户权益，补齐企业主导的规模经营在社会效益上的短板。对农户主导的规模经营，政策上应注意鼓励技术改进，加强统筹协调，硬化实化环保监管，推动提质升级和可持续发展。

（二）操作层面

浩丰和闪电河乡规模化经营总体上都是企业或农户主导的农业规模化经营的成功范例，从调研中可以看出，在一定地区和阶段范围内选择了合适的发展路径，还需要在操作层面充分发挥比较优势，优化资源配置，改善经营环境，真正做到"把好事办好"。

1. 企业要"高举高打"，积极引领农业规模经营高质量发展

一要强技术。大力增加研发投入，积极主动学习国外国内先进模式标准，打造高质量专业化人才队伍，培育农业领域核心技术优势。二要搭渠道。积极延伸价值链，对标高端市场生产、管理、环保等标准门槛，集中力量跨越"护城河"，打造"全年无休"供应链，形成稳定的高质量市场渠道。三要善管理。推动全产业链模块化、弹性化、流程化、智能化运营，持续提升研发、采购、生产、物流、营销等

各环节运行效率。

2. 农户要"特事特办"，着力推动农业规模经营特色化发展

一要找特色。充分发挥地方气候地理、土产特产、文化历史等方面信息优势，以及行动灵活、决策迅速的组织优势，形成若干具有引领效应、品牌效应的特色产品，精耕细作、细分市场需求，形成竞争优势。二要勤积累。在明确定位基础上，针对特色产品和细分领域保持十年以上长期投入，形成地方有特色的分工体系、经验积累和文化氛围，为打造优质品牌夯实基础。三要谋长远。发挥好基层党组织、行业组织和合作社作用，加强行业自律和农户间协调沟通，合理平衡短期与长期利益，避免在生态环境、产品质量等问题上"竭泽而渔"。

3. 政府要"润物无声"。持续改善农业规模经营的禀赋条件

一要引资源。加强农村道路、高标准农田、冷链物流水渠机井、信息网络等基础设施建设，畅通资源下乡渠道，提高农村土地生产力和附加值。通过小额贷款、担保、期货、保险等多重手段拓宽农民资金渠道，降低农户融资成本。二要明规划。加强顶层设计，引导产业集聚，明确区划分工，避免重复建设和恶性竞争。严格划定土地轮作、病害预防、污染物排放等环保"红线"，推动农业规模经营绿色、协调、共享发展。三要建机制。持续优化农村土地流转、人才返乡入乡等资源流动的体制机制，完善基层干部激励机制和容错纠错机制，激发企业、农户和农村基层组织的内生动力和创造活力。

参考文献

1. 刘凤芹："农业土地规模经营的条件与效果研究——以东北农村为例"，《管理世界》2006 年第 9 期，第 71—79、171—172 页。
2. 刘静："沽源县蔬菜产销现状问题和对策建议"，《农业与技术》2015 年第 5 期，第 162—163 页。

3. 张丽华、林善浪、霍佳震："农业产业化经营关键因素分析——以广东温氏公司技术管理与内部价格结算为例"，《管理世界》2011 年第 3 期，第 83—91 页。

4. 周立群、曹利群："农村经济组织形态的演变与创新——山东省莱阳市农业产业化调查报告"，《经济研究》2001 年第 1 期，第 69—75、83—94 页。

（赵心泽，国家发展改革委价格司；韩非池，国家发展改革委就业司）

『三农问题』与农民收入分配

赵　菁　张建武

一、引言

　　"三农问题"分别指农业、农村、农民三个领域的问题,这个概念最早由我国"三农问题"专家温铁军于1996年正式在报刊发表,此后渐渐进入大众视野。2000年3月,中国民间"三农问题"研究者、湖北省监利县棋盘乡党委书记李昌平向朱镕基总理致信,信中提到"农民真苦,农村真穷,农业真危险",进一步使"三农问题"引起广泛关注。自2004年起,中央一号文件连续17年聚焦"三农问题",表明"三农问题"在中国特色社会主义现代化建设中的重要地位以及党和政府解决"三农问题"的决心。

农民问题是"三农问题"的核心。农民一直在我国人口结构中占较大比重。新中国成立以前,农民约占总人口的90%,是人民群众中的绝对主体。中国共产党进行土地革命,使耕者有其田,充分调动农民的积极性,最终取得新民主主义革命的胜利。新中国成立以后,农民占总人口的比重虽然持续下降,但仍处于主体地位:1978年提出改革开放时,农民占比82.08%;1992年提出建设小康社会时,农民占比72.54%;2015年提出打赢脱贫攻坚战时,农民占比43.9%。无论改革、奔小康还是脱贫攻坚,农民都是影响改革进程和发展成果的关键群体。

农民收入问题又是农民问题的核心。邓小平同志认为,贫穷不是社会主义,社会主义的本质之一是实现共同富裕[1]。改革开放以来,我国经济取得了世界瞩目的成就,人民生活水平显著提升,但农民却成为贫困人口主要集中的群体,特别是生活在偏远地区的农民。2018年,城乡居民人均可支配收入比(按当年价格)为2.69:1,相比国际标准2:1仍有较大距离。根据现行农村贫困标准(2010年标准:以2010年不变价格为基准,农村贫困标准为每人每年2300元),截止到2018年年底仍有1660万农民处于贫困线以下。这些问题成为我国2020年全面建成小康社会的现实挑战。农民在总人口中占比大,提高农民收入能极大地提高全国人民的平均水平。农民收入问题是关乎"三农问题"能否妥善解决、现代化成果能否为全体人民共享、全面建成小康社会目标能否实现的重大课题。

二、我国农民收入分配的量化描述与特征

国民收入分配指一个国家的劳动者(包括城镇居民和农村居

---

[1]　参见《邓小平文选》第3卷,人民出版社,1993年,第63—64、373页。

民)在一定时期内(通常为一年)新创造的价值的总和在社会成员之间分配的过程,包括初次分配和再分配两个阶段。初次分配指与生产劳动有直接联系的分配,再分配指在初次分配的基础上再次进行的分配,通常表现为转移支付、福利补贴等,它与生产活动不直接相关。对农民收入分配的量化描述既要考虑总收入水平,也要考虑各组成部分的结构。此外,由于我国特殊的城乡二元结构以及区域发展差异,农民收入问题还需考虑城乡差异以及区域差异。可以从绝对与相对两个方面对农民收入分配问题进行量化描述。数据来自《中国统计年鉴》和国家统计局网站,以 1978 年为基期,做平减处理。

（一）对农民收入绝对水平的量化描述

1. 农民人均收入水平的变化

选取人均收入为衡量农民收入水平的指标,得到农民人均收入实际值的变化趋势。由图 1 可见,自 1978 年起,农民人均收入呈上升趋势,其中有三个时期上升较快:1978—1984 年年均增长 14.72%,1992—1996 年年均增长 9.94%,2004—2018 年年均增长 7.88%。此外,1991 年出现负增长,较 1990 年降低 3.22%。

特征一:农民人均收入整体上升,局部下降,阶段性快速增长。

2. 农民收入中各组成部分的变化

农民人均收入可分为工资性收入、家庭经营收入、财产性收入和转移性收入四个部分,家庭经营收入又可以分为农业经营收入和非农业经营收入,各种收入来源呈现不同的变化趋势。

图 2、图 3、图 4 分别从不同角度描述了农民人均收入结构的变化趋势。由上述三幅图可见:各种收入来源在水平上均呈上升趋势,但上升速度和幅度不同;在比例上有升有降,趋势不同。具体分析如下:

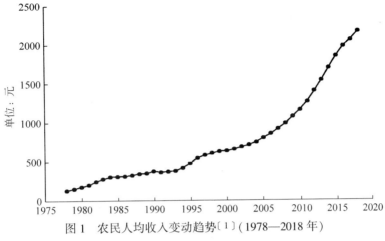

图 1　农民人均收入变动趋势[1]（1978—2018 年）

资料来源:中华人民共和国国家统计局,历年《中国统计年鉴》。

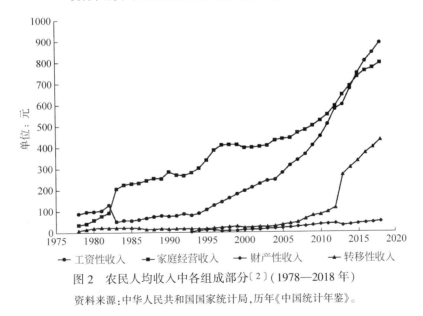

图 2　农民人均收入中各组成部分[2]（1978—2018 年）

资料来源:中华人民共和国国家统计局,历年《中国统计年鉴》。

---

[1] 从 2013 年起,国家统计局开展了城乡一体化住户收支与生活状况调查, 1978—2012 年农民人均收入以"人均纯收入"为指标,2013—2018 年以 "人均可支配收入"为指标。下同。

[2] 1992 年以前的财产性收入包括在转移性收入内。下同。

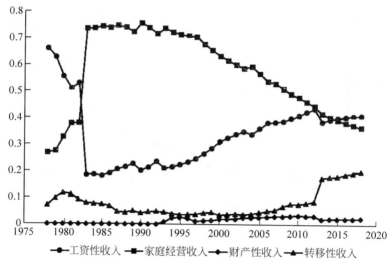

图 3　农民人均收入中各组成部分占比(1978—2018 年)

资料来源:中华人民共和国国家统计局,历年《中国统计年鉴》。

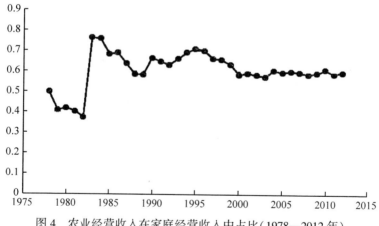

图 4　农业经营收入在家庭经营收入中占比(1978—2012 年)

资料来源:中华人民共和国国家统计局,历年《中国统计年鉴》。

(1)家庭经营收入:1978—1982 年年均增长 27. 14%;1983 年发生跳跃式上升,比 1982 年翻一番,这一跳跃式上升主要来源于家庭经营收入中农业收入的增长(从 35. 03 元增长至 156. 51 元);

1993—1997 年增长速度也较快,年均增长 9.98%;2000 年后稳步上升,年均增长 3.91%;"家庭经营收入/农民人均收入" 与 "农业经营收入/家庭经营收入" 两个比值自 1983 年起逐步降低,后者稳定在 60% 左右的水平。

（2）工资性收入:起初,工资性收入高于家庭经营收入,但由于 1983 年以后工资性收入不再包括集体分配收入,因此有所下降,开始低于家庭经营收入;按增长速度可分为三个阶段,第一阶段为 1983—1992 年,年均增长 6.05%,第二阶段为 1993—2003 年,年均增长 11.71%,第三阶段为 2004—2018 年,年均增长 9.57%;工资性收入占比自 1983 年起逐渐提加,2015 年首次超过家庭经营收入。

（3）财产性收入:虽呈上升趋势,但增长幅度远低于其他三种收入来源,在农民人均收入中占比最小。

（4）转移性收入:在农民人均收入构成中低于家庭经营收入和工资性收入,高于财产性收入;1978—2003 年间未见明显增长,变化趋势几乎呈一条直线;2004 年起开始逐年上升,2004—2012 年年均增长率 18.99%,2013 年发生跳跃式上升,2013—2018 年年均增长率 9.90%。

特征二:从水平来看,各部分收入总体呈上升趋势,但增长速度不同;从比例来看,家庭经营收入与工资性收入占主体,转移性次之,财产性收入最少,工资性收入与转移性收入占比逐渐上升,家庭经营收入占比大幅下降,财产性收入占比小幅下降,近年来工资性收入占比超过家庭经营收入。

（二）对农民收入相对水平的量化描述

1. 城乡收入差距的变化

城乡居民共同参与国民收入分配。由于我国特殊的城乡二元结构,城市相对发达,农村相对落后,因此描述农民收入分配,还需考察与城镇居民的相对情况。选取城乡居民人均收入之比作为衡量城乡差距的指标。由图 5 可见,城乡居民人均收入比在 1.82—3.14 波动。2005 年以前波动频率大:1978—1983 年下降,1983—1994 年整体上升,1994—1997 年下降,1997—2003 年上升。2007 年达到峰值 3.14,之后逐年下降,到 2018 年降为 2.69。

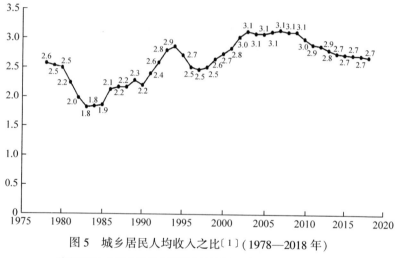

图 5　城乡居民人均收入之比[1]（1978—2018 年）

资料来源:中华人民共和国国家统计局,历年《中国统计年鉴》。

人均收入中各收入来源的城乡差距也随时间发生变化。由图 6 可见,各部分收入的城乡之比呈现不同的变化趋势。工资性收入之比总体下降,但仍处于 4∶1 的较高水平;经营性收入之比总体上升,但仍小于 1;财产性收入之比 1997—2002 年下降,2002—2012 年基本不变,2013 年跳跃式上升,随后逐年下降,但是显著高于 2013 年以前的水平,当前城乡财产性收入之比超过 10∶1;转移性收入之比先上升后下降,2013 年跳跃式下降,而后基本不变,维持在 2.3—2.6。

---

〔1〕　城镇居民人均收入以"人均可支配收入"为指标。

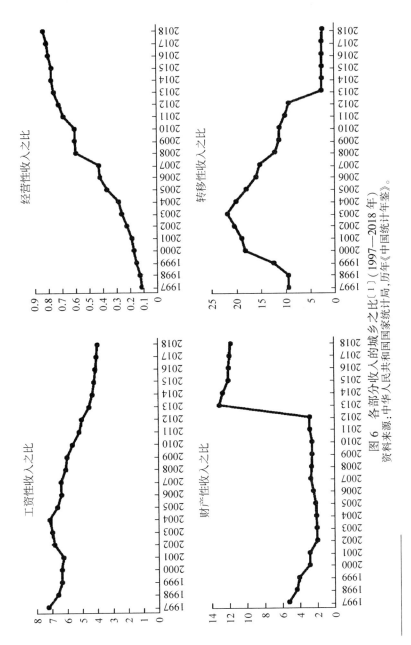

图 6　各部分收入的城乡之比[1]（1997—2018 年）

资料来源：中华人民共和国国家统计局，历年《中国统计年鉴》。

[1]　1997 年以前，对城镇居民收入的统计未区分工资性收入和经营性收入，因此此处只将 1997—2018 年各收入来源的城乡收入进行对比。

　　特征三：从人均收入来看,城乡差距呈现波动态势,虽然从2007年起逐渐缩小,但仍高于 2∶1 的国际标准;从各收入来源来看,工资性收入的城乡差距有所缩小,但城市依然高于农村,农村的经营性收入高于城市,但差距逐渐缩小,财产性收入的城乡差距在2013年显著扩大,近年虽然有所缩小,但城市仍远高于农村,是四种收入差距中最大的,转移性收入的城乡差距先扩大后缩小,城市高于农村,且近年来基本不变。

　　2. 区域收入差距的变化

　　我国区域发展差异不仅体现在城市地区,也体现在农村地区。因此,有必要考察农民收入分配的区域差异。根据《中国统计年鉴》,可获得2000—2018年按东、中、西和东北地区分组的农民人均收入资料[1]。由图7可见:各区域农民人均收入均逐年增长,且增长速度相近,东、中、西、东北地区的年均增长率分别为 6.23%、7.32%、7.67%、7.10%;东部地区农民人均收入始终高于其他三个地区,东北地区居第二位,中部地区居第三位,西部最低。

　　特征四:随着经济发展,各区域农民的生活水平都有所提升,但存在明显的区域差异,呈现东部、东北、中部、西部依次降低的特征。

　　3. 农民内部收入差距的变化

　　从数据来看,沿海发达地区农民收入高,内地欠发达地区农民收入低。收入差距体现了经济发展的公平程度,如果差距过大,则发展欠公平,低收入群体没能享受经济发展的成果。可用基尼系数来描述农民内部收入差距。根据国际惯例,基尼系数小于0.2表示收入分配绝对平均,0.2—0.3表示收入分配比较平均,0.3—0.4表

---

〔1〕　东部地区:北京市、天津市、河北省、上海市、江苏省、浙江省、福建省、山东省、广东省、海南省;中部地区:山西省、安徽省、江西省、河南省、湖北省、湖南省;西部地区:内蒙古自治区、广西壮族自治区、重庆市、四川省、贵州省、云南省、西藏自治区、陕西省、甘肃省、青海省、宁夏回族自治区、新疆维吾尔自治区;东北地区:辽宁省、吉林省、黑龙江省。

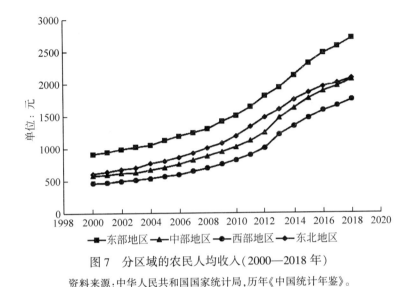

图 7　分区域的农民人均收入（2000—2018 年）

资料来源:中华人民共和国国家统计局,历年《中国统计年鉴》。

示收入分配相对合理,0.4—0.5 表示收入分配差距较大,大于 0.5 表示收入分配悬殊。根据《中国统计年鉴》中农民人均收入五等份分组数据,计算得出我国农民收入在 2002—2018 年间的基尼系数。由图 8 可见:基尼系数在 0.366—0.396 波动,但总体呈上升趋势,特别是 2013 年后增长趋势明显,接近 0.4。

特征五:我国农民内部的收入分配相对合理,但差距正在扩大,2018 年已接近 0.4"分配差距较大"的警戒线,需要引起注意。

三、我国农民收入分配特征的成因

我国农民收入分配呈现上文所展示的五大特征,有其特定的成因,涉及多方面的因素,现对各个特征的成因分析如下。

(一) 经济发展促进农民收入提升,制度因素影响增长速度

从全国范围来看,以人均收入为指标衡量的农民收入水平呈现整体上升、局部下降、阶段性快速增长的特点。农民收入的整体提

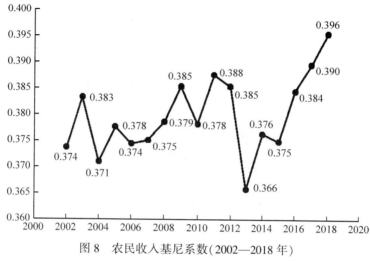

图 8　农民收入基尼系数(2002—2018 年)

资料来源:中华人民共和国国家统计局,历年《中国统计年鉴》。

升得益于我国整体经济发展。自 1978 年改革开始,我国对社会主义市场经济的认识不断清晰,制度变迁不断向更加有利于经济增长的方向发展。改革初期,广大农村地区进行生产经营制度改革,释放了农村经济活力,农民收入出现第一个快速增长时期。1992 年邓小平发表南方讲话,1993 年我国开始建立社会主义市场经济体制,农民收入出现第二个快速增长时期。2003 年我国进入完善社会主义市场经济体制阶段,农民收入出现第三个快速增长时期。

(二)农民劳动生产率不断提高,要素市场发展缓慢阻碍财产性收入提高,二次分配向农村地区倾斜

经济发展不仅促进农民总收入增长,也促进了各种收入来源的增长,但各种来源增长的动因不同。

工资性收入主要指劳务收入,它的增长与农民的劳动生产率及就业机会的增加息息相关。随着农民整体生活水平的提高以及国家对义务教育的普及,农民接受教育的机会增加,劳动力素质有所

提高,且伴随着城市化发展,知识的外溢性使城镇周边的农民得以学习新的知识,掌握新的技能,这些都促进了农民劳动生产率的提高。此外,城市化进程的不断推进与非农产业在农村地区的不断发展还为农村劳动力提供了更多就业机会。工资性收入逐渐成为农民收入的最主要来源,这体现了我国经济发展过程中非农产业的发展以及农村劳动力参与城市化建设程度逐渐加深的过程。

家庭经营收入指的是农民通过农业或非农业经营活动所取得的收入,农业或非农业经营收入增加都可以推动家庭总经营收入的增加。其中,农业经营收入是实行家庭联产承包责任制后农民获得收入的主要方式。1982 年中共中央批转《全国农村工作会议纪要》,实质上认可了家庭联产承包责任制作为一种社会主义集体经济生产责任制的地位,确保了家庭联产承包责任制在农村地区广泛推行。1983 年农业经营收入从 35.03 元增长至 156.51 元,极大地推动了农民家庭经营收入的增长。非农业经营收入是伴随农村经济改革深化而产生的一种收入来源,表现在农民从工业、商业等第二三产业中获得的经营性收入,体现了农民收入多样化发展的特点。虽然农业经营收入自 1983 年起逐渐降低,但它仍然是农民经营性收入中最稳定的来源,近年来在经营性收入中所占比重维持在60% 左右的水平。

财产性收入主要指通过投资和财产租赁等方式所取得的收入,财产要素增加或财产要素价值增加都可以推动财产性收入的增长。它与流通政策相关,政策准许财产流通,财产的价值才能体现出来。受农村土地、金融等要素市场发展相对滞后以及农民金融知识相对匮乏等多种因素的影响,财产性收入对农民收入的贡献一直处于较低水平。

转移性收入主要指农民在国民收入二次分配中所获得的收入,通常与国家的财政政策、支农政策有关。随着我国经济发展和扶贫工作推进,财政中用于补贴农民的转移支付增多。进入 21 世纪以来,转移性收入在农民收入结构中所占比重逐年上升,特别是 2013 年显著提升。截至 2018 年,转移性收入占比接近 20%。这充分说明了党和国家全面建成小康社会的决心,体现了社会主义共同富裕的本质。

(三) 城乡二元结构是城乡收入差距的根源,特定历史条件下的户籍制度固化了该二元结构,从而阻碍了城乡收入差距的缩小

城乡收入差距的根源在于城乡二元结构,城市经济发达,农村经济落后。新中国成立前,西方工业文明与市场经济对我国的冲击便已加速城乡分离。新中国成立后,计划经济时期"以农养工"的工业化发展策略使城乡差距进一步扩大。尽管改革初期广大农村地区通过实行家庭联产承包责任制使农民收入有所提升,城乡收入差距有所缩小,但自 1984 年我国明确提出社会主义有计划商品经济理论后,更大力度的改革却主要在城市范围从沿海到内地展开,此后城乡收入差距呈扩大趋势。从 1984 年到 21 世纪初,城乡收入差距虽有波动,但二元结构依然存在,到 2007 年达到峰值 3.14 以后,城乡差距才逐年缩小。然而,当前城乡收入 2.69∶1 的比例依然大于国际标准 2∶1。

户籍制度是我国破除城乡二元结构的一大障碍。新中国成立初期,我国先后在城市和农村实行户口登记制度,将户籍分为"农业户口"和"非农业户口"两种。该制度在当时起到了稳定社会、保障计划经济有效实施的积极作用,但也埋下隐患:城乡居民一经登记入册,一般不能随意变更。随着户籍制度不断演变,其功能从最初的户籍管理,到限制人口流动,再到表征享有资源分配的权利。户籍制度已经成为设立在城乡居民中的一道高墙,阻碍城乡收入差距缩小,其阻碍作用主要体现在以下几个方面:

1. 限制农民人力资本提升

由于户籍制度带来资源分配差异,农村的教育、医疗、就业资源相对稀缺,相对城镇而言,农民普遍受教育程度低、健康状况差、就业机会少,这极大地限制了农民人力资本的提高,导致农村劳动力素质普遍较低,只能从事低劳动报酬的工作,形成城乡工资性收入差距。

2. 限制农村劳动力流动

户籍制度限制农村劳动力自由流动,使城乡劳动力市场割裂,无法通过要素流动来缩小区域间的要素价格差异。此外,剩余劳动力被限制在农村地区,使农村地区人口规模维持在较高水平,造成生产资料效能低、劳动生产率低,进而农民收入水平低的局面。

3. 与社会保障制度紧密相关

我国的社会保障制度与户籍制度紧密相关。从时间来看,以最低生活保障制度为例,早在1993年我国便开始了城市低保制度的试点工作,到1999年实现全国668个城市和1638个县政府所在建制镇的全覆盖,而到2003年我国才开始农村低保制度的建设工作,2007年才要求在全国建立农村低保制度。从数量来看,2013年以前城镇居民人均转移性收入几乎都在农村居民的10倍以上,最高时达20倍,形成巨大的城乡差距。这一情况到2013年以后才得到缓解。

4. 间接限制农业经营模式发展

以小农户为主的家庭经营是中国农业经营的主要形式。一方面,户籍制度将劳动力限制在农村地区,使农村存在剩余劳动力,从而间接巩固了这种农业经营形式。小规模的家庭经营无法实现规模效益,不利于提高农民劳动生产率,进而不利于提高农民的经营性收入。另一方面,户籍制度使城乡资源分配不均,农村科技发展水平低,农民经营管理能力弱,制约了农业经营模式从传统转向现代的步伐。此外,被户籍制度固化的城乡二元结构中,农村地区非农产业以及市场经济发展远落后于城镇,农村营商环境相对较差,致使农村在原本占优的经营性收入方面的优势逐渐丧失,城乡经营性收入差距正在缩小。

5. 间接限制农民财产性收入增加

户籍制度通过固化城乡二元结构,间接限制了农民财产性收入的增加。农民的财产以土地、住房和储蓄为主,结构相对单一。在土地方面,农村土地所有权归属不明,土地产权的流转无保障。在住房方面,相对城镇而言,农村住房价值低,且需求量少,主要是自有住房,无法像城镇地区那样进行房屋买卖或租赁。在储蓄方面,农村地区金融市场滞后,农民普遍金融知识匮乏,既没有投资渠道,也没有投资动机。在农民财产性收入低的同时,城镇居民的财产性收入却大幅提升,特别是 2012 年我国主要城市房屋价格快速增长,致使 2012 年以后城乡财产性收入之比高达 12∶1。

(四)非均衡发展战略导致农民收入呈现区域差异

我国经济改革采取的是非均衡发展战略,改革先在沿海地区试行,然后逐步向内陆地区推广。相对于中、西部地区而言,东部沿海地区市场经济发展快、开放程度高,进而在全国形成了经济发展水平由东到西依次降低的格局。农村的发展水平受所在区域经济发展水平的制约。在经济发达区域的农村,农民受到正的城市外部经济影响大,劳动力素质较高,知识技能水平较高,进而劳动生产率也较高,农业现代化程度深,非农产业发展快,财政中用于补贴农民的转移支付较多。因此,农民收入的区域差异呈现由东到西依次降低的特点。

(五)区域发展差异等因素导致农民内部贫富差距扩大

除了收入分配的城乡差距外,农民内部正在扩大的贫富差距越来越引起注意。导致这一差距的主要原因在于区域发展不平衡,在此基础上,以下因素也加剧了差距的扩大:首先,各地自然条件差异,低收入农民往往来自自然资源匮乏、生态环境恶劣的贫困地区,农业的弱质性与自然条件对非农产业发展的限制作用在这些地方体现得非常明显;其次,低收入农民对农业收入依赖度高,而农业相对于非农产业来说收益率低,因此,对农业收入依赖度高的农民而言,其收入水平及增长速度往往低于对农业收入依赖度低的农民;最后,人力资本对收入有重要影响,低收入农民的人力资本水平极低,容易陷入智力贫困、因病致贫的恶性循环。

四、农民收入分配对经济社会的影响

(一) 对农民消费水平的影响

英国经济学家凯恩斯在其著作《就业、利息和货币通论》中提出绝对收入假说,认为消费是实际收入的稳定函数。虽然此后很多学者对凯恩斯的消费理论提出质疑,针对收入与消费之间的关系提出了多种研究成果,但收入影响消费这一论断早已得到共识。收入水平影响消费水平,而消费直接影响效用。农民收入增长,消费水平进而效用水平提高,这将会使农民的幸福感得到提升。

(二) 对农民扩大再生产的影响

农民的收入除用于消费外,还可用于投资,进行扩大再生产。扩大再生产是农民获得持续收入增长的重要手段。扩大再生产可分为外延式与内涵式两种类型,具体来说:农民单纯增加生产要素的数量属于外延式扩大再生产,这种再生产有利于农民获得规模收益;农民改进技术和管理、提高劳动力素质,属于内涵式扩大再生产,这种再生产有利于农民提高劳动生产率、资本收益率。这些再生产方式都可以为农民收入持续增长提供动力。

(三) 对实现小康社会的影响

2020年是我国全面建成小康社会、实现第一个百年奋斗目标之年,需补齐全面建成小康社会的短板,坚决打好精准脱贫攻坚战。全部脱贫是衡量全面小康的硬指标,农民收入水平的高低直接影响农村贫困人口能否如期脱贫、贫困县能否全部摘帽、区域性整体贫困能够解决等关键任务,进而影响全面建成小康社会目标的实现。

(四) 对农村消费市场的影响

当前,扩大内需已经成为确保经济稳定健康发展的一项战略选择。党的十九大报告指出,消费已经成为我国新时代经济增长的主要驱动力,而农村潜在消费空间巨大。截至2018年年底,我国农村有5.64亿人口,占全国总人口的40%,是一个非常庞大的消费群体。近十年来,农村比城市展示出更强的消费势头。由图9可见,近十年来农村居民人均消费增长率几乎都高于城镇居民。增加农民收入有助于刺激农村消费市场,释放农村消费需求,进而在我国需求约束型经济态势下推动总供给总需求向新的均衡发展,促进经济增长。

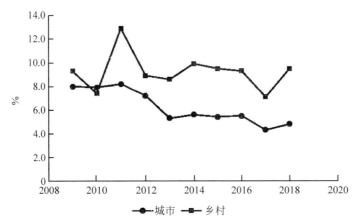

图9　城乡居民人均消费水平增长率(2009—2018年)
资料来源:中华人民共和国国家统计局,历年《中国统计年鉴》。

（五）对社会稳定的影响

"三农"问题是我国经济社会发展中的重大问题,关乎社会的和谐与稳定。其中,农民问题是"三农"问题的核心,农民收入问题又是农民问题的核心。解决好农民收入问题,提高农民收入水平,缩小农民内部和城乡之间的收入差距,保障低收入农民基本生活水平的同时,不断提高农民整体的生活质量,是国家长治久安的有力保障。

五、建议

提高农民收入,缩小城乡、区域收入差距,要从阻碍农民收入增长、造成收入差距的原因入手,具体可分为以下几点。

（一）提高农民劳动生产率

农民人均可支配收入中接近80%来自工资性收入和家庭经营收入,这两部分收入的增长能有效提高农民收入,而它们在很大程度上取决于农民的劳动生产率。可以通过多种渠道提高农民的劳动生产率。首先,建立统一的城乡劳动力市场,为农村劳动力创造就业机会,享受城市化发展中正的外部性,提高劳动技能,接受新的技术手段;其次,加强农村文化教育与医疗卫生建设,提高农民的人力资本价值,特别是在贫困地区,应加强扶贫与扶志扶智相结合,激发贫困群众提高劳动力素质的内在动力和自我发展能力;最后,适度扩大农业经营规模,落实好财政、信贷等扶持政策,优化资源配置,提高劳动生产率。

（二）拓宽农民增收渠道

对于一部分农民来说,农业收入是唯一的收入来源,收入结构单一且不稳定,容易受自然因素影响。因此,应扩宽农民增收渠道,通过培育休闲农业、乡村旅游、创意农业、农村电子商务等新产业、新业态,促进农民工返乡创业,把农业多功能价值发掘出来,增加农民收入多样性,以提高农民收入抗风险能力,为农民收入提供更多增长机会。

(三) 保障农民财产权利的实现

农民财产性收入增长空间大。在土地方面,应加快落实农村土地流传,完善相关制度规定,加强农村土地经营权流转的规范管理和服务,充分发挥农民在土地流转中的主体地位,建立健全土地流转中介机构与市场,完善社会保险、劳动力迁移等机制,保障流转顺利进行。在金融方面,推进农村金融体制改革发展,不断增强农村金融服务能力,加快农村金融产品和服务方式创新,增强农民投资理财观念。

参考文献

1. 西奥多·W.舒尔茨著:《改造传统农业》,商务印书馆,2006 年。
2. 白永秀:"城乡二元结构的中国视角:形成、拓展、路径",《学术月刊》2012 年第 5 期。
3. 陈琦、赵敏娟:"收入分配视角下的农村居民消费研究",《软科学》2012 年第 12 卷第 26 期。
4. 陈锡文:"关于解决'三农'问题的几点考虑——学习《中共中央关于全面深化改革若干重大问题的决定》",《中共党史研究》2014 年第 1 期。
5. 程瑞、陈宇航:"浅谈三农问题与我国农村的未来发展",《中国集体经济》2017 年第 4 期。
6. 崔占峰:"二元结构异化与城镇化进程中的'三农'命题——兼论新型城镇化的前提与起点",《贵州社会科学》2014 年第 8 期。
7. 符坚、吴红宇:"广东省农村居民家庭收入分配差距的计量与分析",《统计与决策》2004 年第 7 期。
8. 陆学艺、杨桂宏:"破除城乡二元结构体制是解决'三农'问题的根本途径",

《中国农业大学学报(社会科学版)》2013 年第 3 期。

9. 聂荣、高艳、储德银："中国农村居民收入分配差距的时空演变——基于 Dagum 基尼系数分解",《财贸研究》2015 年第 4 期。

10. 杨永华："舒尔茨的《改造传统农业》与中国三农问题",《南京社会科学》2003 年第 9 期。

11. 于乐荣、李小云："中国农村居民收入增长和分配与贫困减少——兼论农村内部收入不平等",《经济问题探索》2013 年第 1 期。

12. 张晓辉："中国农村居民收入分配实证描述及变化分析",《中国农村经济》2001 年第 6 期。

13. Harris, John R. and M. P. Todaro, " Migration, Unemployment & Development: A Two-Sector Analysis," *American Economic Review*, vol. 60. 1, 1970.

14. Jacob Mincer, "Human Capital and Economic Growth," *Economics of Education Review*, vol. 3(3), 1984.

15. Oded Galor, "Income Distribution and the Process of Development," *European Economic Review*, vol. 44. 4-6, 2000.

(赵菁,广东外语外贸大学经济贸易学院;张建武,广东外语外贸大学经济贸易学院)

乡村振兴战略下农村实用人才队伍建设——以北京市延庆区为例

刘学亮 胡晓宇

作为一个有着近 6 亿农业人口的农业大国,"三农"问题是关系繁荣发展的关键性问题。为了更好地解决"三农"问题,关键与核心在于促进作为"生产力中最活跃的因素"的人的发展。为此,2007 年 11 月 8 日,中共中央办公厅、国务院办公厅印发的《关于加强农村实用人才队伍建设和农村人力资源开发的意见》(以下简称《意见》),要求大力推进农村实用人才队伍建设。为了贯彻落实《意见》要求,2011 年 8 月,北京市制定实施了《首都农村实用人才中长期发展规划纲要(2010—2020 年)》(京组发〔2011〕26 号)(以下简称《纲要》),极大地促进了京郊农村实用人才队伍建设。2017 年 10 月,党的十九大提出了"实施乡村振兴战略"的伟大决策,把"解决好'三农'问题作为全党工作重中之重",明确要求要"培养造就一支懂农业、爱农村、爱农民的'三农'工作队伍"。2018 年,为实现 2020 年全面建成小康社会的目标,中央出台一号文件《关于实施乡村振兴战略的意见》,强调要把农村人力资源开发放在至关重要的位置,以期"造就更多乡土人才,聚天下人才而用之"。从而为乡村振兴提供坚实的人才支撑,这一系列政策的出台实施,为作为京郊的延庆加强农村实用人才队伍建设提供了绝佳契机。

一、京郊地区加强农村实用人才队伍建设的必要性

农村实用人才队伍在推进实施乡村振兴战略、带领农民增收致富等方面有着不可替代的重大作用。京郊地区自《纲要》实施以来,尤其是在国家层面上实施乡村振兴战略以后,农村实用人才对京郊经济社会发展的促进作用显著而独特,凸显了加强农村实用人才及其队伍建设的极端必要性。

(一)是促进农民增收致富的迫切要求

农村实用人才是具有各项实用农业技术,是农村首先富起来的那部分人。难能可贵的是,他们在自己富起来的同时,还出于浓浓的乡情和对父老乡亲们的深情厚谊,不忘先富带后富,愿意也有能力带领广大乡亲发财致富,对一些有发展意愿的农户,不仅在产业上引导、技术上帮扶,而且还能够在市场上引路甚至在资金上支持;对一些没有发展意愿或发展信心不足的农户,经常口苦婆心地进行劝说和鼓励。近年来,通过他们的带头引领作用,一批批农家实现了脱贫致富。例如,北京市延庆区八达岭镇里炮村党支部带领村民创建里炮果品合作社,组织带领村民进行苹果种植技术革新,带动

本地农户 150 户,辐射带动周边农户 1000 多户,每户每年增收数万元。

(二) 是推进农业科技应用的现实要求

值此全面建成小康社会的关键节点,我国农业和农村发展状况是突出短板,而导致这一短板最为关键的因素,莫过于科学技术服务不到位、"三农"科技含量较低所致。农村实用人才队伍作为一个心怀较高科学理想、敢于并善于接受新生事物的群体,在农业科技专家与广大农户农民之间起着联结纽带和桥梁作用,是新兴农业实用科学技术主要的承载者、应用者、推广者,对提高年农业生产科技含量功不可没。

(三) 是优化农业发展方式的必然要求

当前,我国农业发展面临着生产环境严重破坏、耕地面积减少且质量下降、农业用水严重短缺等严峻形势,传统的农业发展粗放模式难以为继,迫切需要转变农业生产、经营和资源利用方式,走高效、安全、绿色的农业发展之路。农村实用人才作为京郊地区最为活跃的农村经济主体和市场主体,是农业发展方式优化升级最重要的推动者、组织者和参与者,在延伸产业链条、推动农村"三产"融合发展方面发挥着不可替代的重要作用。

二、当前北京市延庆区农村实用人才队伍建设的主要做法及突出短板

近年来,北京市延庆区十分重视农村实用人才队伍建设,根据本区现代农业产业区域实际情况和发展需要,以增总量、提素质、调结构、增实效为目标,围绕"精准帮扶"培育新型职业农民,鼓励农民围绕农业开展创业兴业,依靠人才推动农业的发展与建设,着力

打造一支新形势下集科技、营销、管理于一体的复合型农村实用人才队伍,收到了良好成效,同时也存在着一些问题与不足。

(一) 主要做法

北京市延庆区依靠科技促进产业的转型与升级。在进一步提高人才总量和提升技术能力的基础上,更加注重农村实用人才创新意识、经营理念、科技知识等内涵素质的培养提升。

1. 聚焦中心工作,推进农村实用人才培养储备

(1) 围绕冬奥会筹办举办,培养冰雪产业实用人才。围绕年初制定的《北京市延庆区冬奥会和冬残奥会人才行动计划》,大力培养发展农民专业滑雪人才,同时根据区域地理优势,有针对性地对张山营镇等冬奥会赛场周边农村劳动力进行滑雪技能、专业技术和雪场综合服务培养培训,打造特色冰雪小镇,组建延庆区“农民滑雪队”、成立延庆滑雪协会等社会组织,通过志愿服务、公益活动等形式,普及滑雪知识技能,宣传乡镇风采,带动全民参与到服务保障冬奥会筹办举办工作中,提高农村就业率。引进专业滑冰滑雪教练,面向社会开设滑雪课程,开展“万人上冰上雪”系列活动,邀请专业滑冰滑雪教练员为学员授课,进一步提高了老百姓对冰雪知识和技能本领的掌握,使普通的滑雪滑冰爱好者向滑雪滑冰运动员、志愿者逐步转变。开展冰雪产业技能培训,组织农民开展造雪压雪、雪具维护保养等技能培训,通过培训使其掌握冰雪工作技能,力争使更多的农村劳动力在赛会期间及赛后能够实现就业。同时为延庆发展冰雪体育产业,提供人才智力保障。

(2) 紧抓世园会筹办窗口期,大力培育园艺产业人才。以世园会时保障为主题。与北京林业大学互建“世园会人才培养基地”和“就业实践与教学实习基地”。在北京林业大学园林学院组织专题研修班,开发培养园艺景观设计及旅游商品与文创产品研发专业人员,遴选延庆园艺科技与产业需要的职业骨干教师、中高级技术人

员、企业管理人员,在中国农业大学开展"园艺科技与产业"为主题的高级研修培训班。在井庄镇柳沟村和旧县镇西龙湾村打造多个世园精品主题庭院,围绕主题庭院提升人才实践能力,推广世园文化,引导鼓励农村实用人才创新创业。依托延庆第一职业技术学校,组织与世园会相关乡镇的农村劳动力开展园林绿化工、花卉管护工等专业的职业技能培训,累计1000余人取得中级职业资格证书,培养储备了一批具备职业资格技能的园艺园林实用人才。

(3)突出精准帮扶,打造特色农村实用人才队伍。有效激发各类人才引领与示范作用,根据贫困人口的具体状况实施精准帮扶,针对低收入村较多的乡镇,围绕发展特色产业、打造优美环境、发展民俗旅游、形成沟域集群等方面开发培养实用人才。组织开展民俗旅游服务及餐点制作、家政服务、园艺修剪、植物种植、安全生产管理等培训班。积极引导农村实用人才结合区域特点,因地制宜创新发展模式,以"农户+公司""互联网+农业"等形式,带动产业发展。刘斌堡乡以民俗旅游、绿色产业为主导,为进一步提高经营效益,由乡政府牵头,学习房山区韩村河村级运营管理模式,结合本乡实际情况,针对山楂小院、多彩田园观赏园和花茶、青山园迷你动物园等产业,因地制宜进行了调整改造,并外聘专家和老师开展针对不同产业特色种植、管理知识培训。针对广源居有机绿色基地也打破传统经营模式,形成有机绿色销售路径。乡政府帮扶企业通过互联网+、海报、电视等方式进行宣传,带动绿色产品走进超市,正确引导企业打造品牌形象。增加农民就业岗位的同时,有效提升了本地区经济水平。

2.搭建合作平台,推进农村实用人才队伍建设

(1)深入实施"1+1+X"工程,强化实用人才开发培养。年初,召开农村实用人才开发培养部署会,继续深入实施"1+1+X"工程。由优秀农业科技人才及土专家组成了"1+1+X工程农技人才服务队",农学院专家担任顾问,乡土专家在实操上给予经验传授,对

129名培养帮扶对象进行帮扶,逐级提升农村实用人才的综合能力。坚持从培养源头入手,优化和改善农村实用人才内部结构,结合延庆绿色发展需要和都市型现代农业发展要求,尤其是围绕世园会的筹办,在园林花卉、民俗旅游、社会文化等新型农村实用人才的培养工作上给予了重点关注和支持。针对世园会围栏区搬迁村专门开设园艺培训,内容涉及病虫害防治、管护、苗木培育、果树修剪等园林园艺专业知识以及餐饮服务、旅游手工艺品设计制作等就业技能。开设"园艺大讲堂"专题培训班,对主管农业、旅游的乡镇干部进行国内外花卉、果树、观赏蔬菜应用与发展现状等主题培训,拓宽了人才工作思路。张山营镇姚家营村围绕中草药种植产业,着力推进"1+1+X"工程,积极与培养指导教师、专业技术人员、乡土专家进行联系对接,明确了年度培养对象和工作方案,确定了以"农户+合作社"模式带动农户走向富裕的经营路子。目前,年初拟培养的实用人才已经能够熟练掌握中草药种植技能和管理经营方式,经济收益得到明显提高。

(2)持续深化"院镇共建",构建区域人才合作。继续巩固和健全"院镇共建"模式,形成多方监督、动态调整的共建共管机制,多方参与共同培养农村实用人才。继续与北京农学院合作,重点打造"院镇共建"工作品牌。充分发挥农学院智力资源和科技人才的作用,规划和指导乡镇产业的发展,以产业育人才,培养一批农村实用人才,依靠人才反哺,进一步促产业提升,帮助各乡镇推进农业科技创新和产业转型升级,实现产业与人才互相融合、互相促进。通过"院镇共建",包含现场授课和帮扶指导等内容的田间学校、知识讲堂等形式多样的教学缤纷呈现,对实用人才真正授之以渔,实现了实用人才在产业技能的提升和对产业布局的理解与把控,推动了农村产业良性持久发展。

(3)继续推动"卓越提升"工程,打造本土人才优秀品牌。通过调整优化培养重心,引导农村实用人才从事生态产业、绿色农业、创新科技等符合地区功能定位和发展实际的领域,通过分层分类开展培养培训,实现总量增加、素质提升、结构优化的总体目标。同时进一步发挥优秀农村实用人才的示范带头作用,分阶段组织优秀农村实用人才参加各级各类专题培训。通过理念更新、观念转变,提升参训学员在帮扶带动示范工作中的积极性和主动性。通过层层带动,逐步形成以领军型实用人才为示范、高级实用人才为重点、中级实用人才为主体、初级实用人才为基础的梯队化的人才培养体系。实现农村实用人才队伍整体素质提升显著,在产业和地区间的分布更趋合理。

3. 丰富培养模式,提升农村实用人才培养效果

(1)开展订单式与菜单式相结合的培养培训模式。今年,围绕服务保障世园会冬奥会筹办举办,延庆区制定实施了"五年大培训"行动方案,按照"企业下单、机构培训、政府服务"的订单模式,由单位提出用工需求,开展精准培训,有效提高用人单位吸收农村劳动力水平;同时按照"机构举办、个人参加、政府买单"的工作机制和模式,"机构举办"就是要求培训机构承担起具体实施人才培训的职责,在制定课程目录时,必须以"服务保障冬奥世园、推动延庆绿色发展"为宗旨,结合延庆劳动力就业的个性特点与具体状况,着眼于参训者的知识增长与技能提升;"个人参加"就是鼓励劳动力积极参加培训,提高职业技能水平,个人本着自觉自愿的原则,根据自己的具体实际和培训需求来选择参训培训课程;"政府买单"就是政府要加大对人才培训的支持力度,为其提供资金、物质等保障。截至目前,已开展的培训约两万人次,包括冬奥冰雪运动、花卉园艺产业、餐饮客房服务、电工焊工实用技术等领域,各类农村实用人才队伍数量上得到极大充实、在素质上得到大幅提升,同时也为世园冬奥的筹办举办以及区域产业发展提供了人才保障。

(2)注重项目化管理,大力培育新型职业农民。积极培育农村实用人才优秀创业项目,将相对成熟的人才项目化管理方式应用于

农村实用人才开发培养工作上,激发乡镇及各种形式农民组织对实用人才培养的自主性和积极性,以有限的资金撬动了社会广泛对实用人才的投入。2019年,延庆区继续依靠优秀项目资助和创业项目评选两个平台推进实用人才的项目化管理。区委组织部对其全部实施全过程跟踪管理,开展导向性考核,研判项目实施情况,协助乡镇研究改进措施,推进项目落实,保障实用人才培养的实效性。通过大力开展优秀人才创业项目评选活动,积极宣传和推荐延庆本土创业人才,培育了"华海田园""四季花海""葡语农庄"等一批人才创业品牌,带动农民实现增收致富。

(3)坚持协同化发展,打造农村实用人才联盟。在京津冀协同发展的背景下,延庆区率先推动农业生产区域一体化,今年,继续与怀来、赤城等地开展农业合作,北京利民丰收马铃薯专业合作社在脱毒马铃薯育种方面,与赤城、沽源、张北等地开展合作育种,在沽源租赁1000余亩耕地进行良种培育,有效地带动了两地农民增收,年产量达30余万斤,产值60余万元,户年均增收近万元。推动本地区的马铃薯产业在河北、山西等地显现出优势,并以此培养出一批区域共有的育种实用人才。同时,为了进一步扩大区域间的农业产业合作,以前期共建共享的农村实用人才示范实训基地为交流平台,积极开展农村实用人才互访互问,共同推动农村产业方面的一体化发展。

4. 强化保障措施,确保农村实用人才培养务实有效

(1)不断优化顶层设计。坚持围绕中心,服务大局,统筹谋划人才发现、选拔、培养等工作,着力健全领导有力、分工明确、配合密切、运转有序的组织领导体系。在建立健全联席会议的基础上,创新情况通报、工作会商等新型人才工作机制,切实增强人才工作的动力与合力。在全区农村实用人才工作领导小组整体统筹下,各乡镇相应成立了农村实用人才开发培养工作领导小组,明确了主管领导、工作部门和责任人;各村以党支部为核心,党支部书记为具体责

任人,形成了区、乡镇、村垂直贯通共同培养的工作格局和三级管理的运行机制。

（2）加大政策倾斜力度。在工作资金、人才激励等方面提供必要的支持与保障。加强对农村人才培训培养等工作资金支持,加大投入力度,从今年起,由每年200万的人才专项资金增加至每年300万,为人才选拔、开发培养和科学使用提供资金保障。加强人才表彰激励力度,及时发掘、选树农村实用人才典型,发挥优秀实用人才示范带动作用,激发农村各类人才脱颖而出,对于在这一工作中做出突出贡献的集体和个人给予激励和奖励。

（3）营造人才工作良好氛围。及时发掘农村各种各类人才中的先进典型,在媒体上广泛宣传职业农民典型事迹以及"工匠精神",2019年,刘斌堡乡多彩田园山楂小院被选入北京电视台"四海漫游"节目进行报道;充分利用微博、微信、公众号、微视频等新媒体宣传手段对那些做出突出贡献的优秀人才进行宣传推广,如"土豆夫妻""野菜小王子"等。对于农村实用人才的开发培养,充分营造出政府支持、社会重视、百姓关注的良好局面,切实推动实用人才工作良性发展。

（二）突出短板

在肯定延庆区农村实用人才队伍建设成绩的同时,还应看到其中存在的种种问题与不足。归结起来,其突出短板主要在于人才结构、培养方式及建设机制三个方面。

1. 农村实用人才结构不尽合理

① 专业结构不合理,不能适应一二三产业融合发展形势。目前,延庆区实用人才仍以传统的生产型和技能型产业为主,但市场服务型、经营管理型等方面的专业人才相对较少,会展农业、休闲农业等新兴产业方面的专业人才尤为匮乏,远远不能满足全区产业结构转型升级的人才需求。

② 年龄结构方面也不尽合理,难以形成一个老中青比例协调的人才梯队。全区 35 岁以下农村实用人才占比不到全区总数的 20%;而 40 岁以上的占到总数的 70%以上,人才队伍存在着严重的青黄不接、后继无人现象。

③ 学历结构不合理,影响了人才对于农村新兴科技的接受和推广能力。全区大多具有较高文化素质的农村年轻人才都选择了弃耕从商,以至于农村实用人才队伍学历层次相对较低。据统计,全区农村实用人才共 4559 人,其中具有大专及以上学历者 2407 人,仅占比 55%;中专及以下学历者 2512 人,占比 45%。

2. 人才培训力度不够

当前,在种种主客观因素的影响下,延庆区对农村所急需的各种人才的选拔和培养还不能有效满足农村发展的现实需要。

① 培训的针对性不强。在人才培训过程中,存在着为培训而培训的现象,尽管也举办了一些专题培训班,但在课程安排上理论课程安排多而实践教学安排较少。

② 培训的精准性不够。在对不同的专业合作社人才进行培训时,通常采用千篇一律的培训教材、内容和模式,学员该学的和想学的"有用"知识被淹没在大量的通识性知识的海洋之中。

③ 人才培训模式单一。人才培训时通常采用老师讲、学员听的单向灌输的教学模式,对作为成人的农村实用人才而言,板正地坐在教室里静下心来听课实属不易,因而难以实现既定的培训目标和达到相应效果。

3. 人才队伍建设保障机制不健全

① 领导机制不健全。个别乡镇主要领导党管人才意识不强,对人才开发培养重视不够,致使全镇农村实用人才队伍建设缺乏顶层设计,导致了各吹各调、各自为战的现象。

② 财政保障机制不安全。一些乡镇在重视程度不够、资金缺乏等主客观因素的影响下,不能为农村实用人才队伍建设拨付足够

的资金,以致很多建设计划尤其是培训项目都不能得到真正落实。

③ 激励机制不健全。缺乏必要的考核和奖惩实施细则,存在着干不干一个样、干好干孬一个样,从而不能有效激发相关人员推进农村实用人才队伍建设的积极性与主动性。

三、延庆区进一步强化农村实用人才队伍建设的重点方向

基于以上分析,延庆区要进一步强化农村实用人才队伍建设,应继续深入贯彻落实十九大精神,深入学习贯彻习总书记关于乡村振兴、农业发展以及人才工作等相关方面的重要指示精神,围绕2019 年世园会和 2022 年冬奥会,继续加大农村实用人才工作力度,在进一步提升技术能力的基础上,更加注重农村实用人才科技创新意识、市场经营头脑、文化知识素养、开拓创新精神等内涵素质的提升,打造一支致力于农村繁荣和农业发展,具备一定农业科技知识和生产经营能力,适应现代农业发展需要的科技型、营销型、管理型的农村实用人才队伍。

(一)继续推进精准帮扶,围绕就业质量提升培育实用人才

继续加大力度,通过扶持产业、培养科学致富能力等形式对低收入群体进行精准帮扶,让更多的低收入户成为农村实用人才。围绕服务保障世园冬奥,结合生态农业、园艺花卉苗圃产业等开发培养农村实用人才,切实提高农村劳动力就业率,促进群众增收致富。强化对广大农户的科技帮扶,广泛开展"科技下乡""田间学校"等多种形式的技能与知识培训,重点解决经济发展相对落后村的脱贫问题,尤其是解决它们在发展符合自身特点和基础优势的各种特色产业过程中的技术问题。

(二)进一步加强区域合作,打造人才合作平台

围绕与张家口市委组织部联合印发的《关于北京市延庆区河北

省张家口市联合建设西北部生态涵养区人才管理改革试验区的实施意见》中的重点任务,尤其是涉及农村实用人才的相关工作,我们将进一步加强两地人才联合培养力度,积极探索成立农村实用人才联谊会,建立联合基地,举办联合培训班。促进人才抱团发展、合作共进,壮大两地实用人才整体实力和产业发展能力。同时继续加强与北京农学院等高校的合作,借助高校科技资源推动农村实用人才培养,实现实用人才开发培养和高校科技成果转化共促共赢。

(三) 促进实用人才升级培养,推动整体工作提质增效

以繁荣农村、服务农户为导向,面向农村重点选拔、着力培养一批高层次、复合型、多面手人才。重点加强对农业专业大户、农民专业合作社、专业技术协会、产业化龙头企业负责人的培养,以实训基地体验式教学、聘请知名专家讲学、赴兄弟县区交流培训、以赛促训等多种形式确保培训质量,提升培训效果。按照"有趣、有料、有效"的学习原则开展的体验式学习,让农民学员产生极致学习体验的同时,也能让学习的内容产生应用价值。体验式和任务式学习相结合,最大限度地提高学员的参与性和投入感,使得学员有获得感和满意感。

参考文献

1. 邓小平:《邓小平文选(第 2 卷)》,人民出版社,1994 年。
2. 习近平:"决胜全面建成小康社会　夺取新时代中国特色社会主义伟大胜利——在中国共产党第十九次全国代表大会上的报告",《人民日报》2017 年 10 月 18 日。
3. 中共中央、国务院:"中共中央 国务院关于实施乡村振兴战略的意见",https://baijiahao.baidu.com/s? id=1612675462648613797&wfr=spider&for=pc。
4. 周洪生:"新形势下北京郊区农村实用人才队伍建设问题研究",《北京农业职业学院学报》2018 年第 2 期。

5. 胡永万:"推进农村实用人才培养 强化乡村振兴人才支撑",《农村工作通讯》2019年第10期。

(刘学亮,中共北京市延庆区委组织部;胡晓宇,中共北京市延庆区委办公室)

土地承包经营权流转与农民增收的『非平衡性』——山东省的数据

赵秋运　马金秋

一、引言

　　山东省位于中国东部沿海,是中国经济较发达的省份之一,辖 17 个市和 140 个县(市、区),境内自然资源丰富,交通地理位置优越,工业体系完备,农业基础条件较好,种植业较为发达,尤其粮食生产方面具有非常重要的战略地位,年产量稳居中国前列。

　　改革开放后,农村开始推行家庭联产承包责任制,逐渐开展自给自足的多样化农业生产活动,广大农民逐步摆脱贫困状态。就山东省而言,统计数据显示,2015 年农民人均纯收入为 12643 元[1]，为 1978 年改革开放之初的 110.36 倍（1978 年该数据是 114.56 元）[2]。如图 1 所示,1978—2015 年,山东省农民人均纯收入的变动可分为如下阶段:首先为 1978—1992 年,在本阶段,山东省农民人均纯收入持续快速增加,由 144.56 元增长到 408.12 元,年均增长率为 8.3%。这主要可归功于家庭联产承包责任制的推行。由过去的大包干和集体生产转变为包产到户,这在一定程度上极大地调动了农民生产积极性,也使得农民从事农业生产的自主权得到解放,进而促进了农业生产结构的多样化发展;其次为 1992—2002 年,在此期间山东省农民人均纯收入提高较快,由 1992 年的 802.9 元增长到 2953.97 元,年均增长率为 13.91%。这主要归功于 1992 年伊始的经济体制改革,逐步建立公有制为主体、多种所有制经济共同发展的基本经济制度。该改革打破了新中国成立以来高度集中的计划经济体制,由单一的国有经济形式转变为多种所有制形式,提高了农民自主经营的热情。1992—1996 年,随着中国经济体制改革的加快推进和政府政策向农村的倾斜,较多农民选择外出打工或就地转移至乡镇企业、承包土地以及加入农地合作社等,农民收入迅速得以提高,农户家庭总收入结构性来源构成也逐步变化,其中,工资性收入得以提高;最后一阶段为 2002 年至今,这一阶段农民增收进程进一步加快。其中,2002 年农民人均纯收入为 2953.97 元,到 2015 年为 12643 元,年均增长率为 12.32%。这期间农户家庭总收入在波动中持续提高,其中家庭经营性收入所占比重锐减,工资性收入所占比重不断提高。此阶段变化主要归于中央政策不断向农村倾斜,通过不断增加粮食补贴等措施增加对农业的补助,稳定生产资料价格,高度重视农业、农村和农民问题,实施切实有力的政策改善农村生产,调整农业结构,促进农村发展和农

---

[1] 山东统计信息网:《山东统计年鉴 2016》。
[2] 同上。

民增收。这一阶段农产品价格上升较快,农户家庭总收入亦在提高,同时工资性收入比重逐年增多,二者差距逐渐缩减,工资性收入甚至在 2012 年超过家庭经营性收入并占据首要位置。

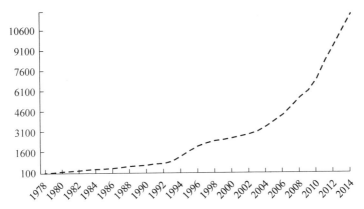

图 1　1978—2015 年山东省农户人均纯收入变化趋势(单位:元)

资料来源:山东统计信息网,《山东统计年鉴 2016》。

　　总体而言,改革开放 40 多年来,山东省农民紧跟时代发展和政策要求,积极开展生产经营活动,拓展生产经营渠道,实施灵活策略,实现生产结构的稳步调整,收入水平也在波动中增长,年均增长率为 13.86%,在中国处于前列。

　　城乡收入差距始终受党中央高度重视,现实中,由于各地区发展程度不一,农村基础设施落后,信息不完全等原因,城乡收入差距一直处于扩大趋势。图 2 所示,1978—2012 年,山东省城乡收入差距在持续扩大。在该阶段,农村人均纯收入绝对增长额为 9331.84 元,增长了 82.46 倍,而城市可支配收入的绝对增长额为 25330.74 元,增长了 65.71 倍。尽管农村居民人均纯收入增长倍数大于城市居民收入,但城市居民收入增长速度大幅超过农村居民收入,其收入增长绝对额远大于农村。1978 年山东省城乡收入之比为 3.42,但其差额仅为 276.89 元,城镇居民收入和农村居民收入都处于较低水平。到了 2012 年,山东省城乡收入之差扩大到 16275.79 元,城

镇居民收入远高于农村居民收入,总之,1978 年改革开放以来,山
东省农户家庭总收入步入快速提高阶段,但与城镇居民相比,收入
差距较大,而且有进一步拉大的趋势。到底如何才能更好地提高居
民收入,这是值得我们深思的。

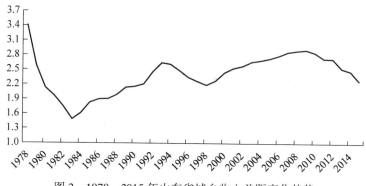

图 2　1978—2015 年山东省城乡收入差距变化趋势

资料来源:山东统计信息网,《山东统计年鉴 2016》。

二、研究方法

　　理性农户会通过初始劳动力与土地资源的最优配置,实现收入
最大化。本部分即通过实证分析影响农户参与土地流转的因素,并
且评价参与土地流转对提高农户家庭总收入和降低农户收入不平
等的效果。

(一)农户家庭参与土地流转的原因分析

　　假设农户只有两种选择,参与土地流转($T_i = 1$)和未参与土地
流转($T_i = 0$),这是一个二值选择问题。定义农户参与土地流转的
二值选择模型(Binary Choice Model)为:

$$\begin{cases} P(T_i = 1 \mid \boldsymbol{x}_{it}) = F(\boldsymbol{x}_{it}, \boldsymbol{\beta}) \\ P(T_i = 0 \mid \boldsymbol{x}_{it}) = 1 - F(\boldsymbol{x}_{it}, \boldsymbol{\beta}) \end{cases}$$

满足 $E(T_i | x_{it}) = 1 \cdot P(T_i = 1 | x_{it}) + 0 \cdot P(T_i = 0 | x_{it}) = P(T_i = 1 | x_{it})$。其中,$P$ 表示概率,$T_i = 0$ 或 $T_i = 1$,表示参与土地流转的虚拟变量,x_{it} 表示农户土地流转行为的影响因素,包括户主特征(户主平均年龄、户主平均年龄的平方、户主平均受教育年限、家庭劳动力规模)、家庭特征(人均年末拥有居住房屋原值、年末家庭对外投资余额、人均生产性固定资产价值、人均其他资产价值、家庭承包耕地的人均面积、抚养系数、外出务工人口数量)、村特征(本村人口的对数、非农工作时间、距省会城市的距离)和宏观环境特征(城乡收入差距、城市化率)。$\boldsymbol{\beta}$ 为回归系数,F 为解释变量 x_{it} 的分布函数,如果 F 为标准正态的累积分布函数,则:

$$P(T_i = 1 \mid x_{it}) = F(x_{it}, \boldsymbol{\beta}) = \boldsymbol{\Phi}(x'_{it}\boldsymbol{\beta}) \equiv \int_{-\infty}^{x'_{it}\boldsymbol{\beta}} \phi(e) d_e$$

如果 F 为逻辑分布的累积分布函数,则:

$$P(T_i = 1 \mid x_{it}) = F(x_{it}, \boldsymbol{\beta}) = \boldsymbol{\Lambda}(x'_{it}\boldsymbol{\beta}) \equiv \frac{\exp(x'_{it}\boldsymbol{\beta})}{1 + \exp(x'_{it}\boldsymbol{\beta})}$$

(二) 农户参与土地流转的效果评价

评价农户参与土地流转的效果可以看作是一个"处理效应"(treatment effect)问题,参与土地流转的农户全体构成了"处理组",未参与土地流转的农户全体构成了"控制组"或"对照组"。Rubin(1974)提出解决处理效应问题的"反事实框架"(a counterfactual framework)。是否参与土地流转可以用处理变量 $T_i = \{0,1\}$ 表示,即1 为参与,0 为未参与;农户家庭收入用 y_i 表示;对于农户 i,其家庭收入 y_i 取决于是否参加土地流转,$(y_i = y_{1i}, T_i = 1; y_i = y_{0i}, T_i = 0)$。其中,$y_{1i}$ 表示农户 i 参加土地流转的农户家庭收入,而 y_{0i} 表示农户 i 未参加土地流转的农户家庭收入,$(y_{1i} - y_{0i})$ 即为农户参与土地流转的因果效应。由于处理效应 $(y_{1i} - y_{0i})$ 为随机变量,故通常取其期望值,得到"平均处理效应"(Average Treatment Effect)为:

$$ATE \equiv E(y_{1i} - y_{0i})$$

ATE 为从农户总体中随机抽取的个体处理效应,并未区分该个体是否参与了土地流转。如果仅考虑参与土地流转的农户处理效应即为参与者平均处理效应(Average Treatment Effect on the Treated,简称 ATT),即:

$$ATT \equiv E(y_{1i} - y_{0i} \mid T_i = 1)$$

如果直接比较参与土地流转的农户和未参与土地流转的农户收入的平均差异,则会导致选择性偏差(selection bias),因为

$$E(y_{1i} \mid T_i = 1) - E(y_{0i} \mid T_i = 0)$$
$$= E(y_{1i} \mid T_i = 1) - E(y_{0i} \mid T_i = 1) + E(y_{0i} \mid T_i = 1)$$
$$- E(y_{0i} \mid T_i = 0)$$

其中,$E(y_{1i} \mid T_i = 1) - E(y_{0i} \mid T_i = 1) = ATT$,反映了土地流转对已经参与流转农户总收入作用,$E(y_{0i} \mid T_i = 1) - E(y_{0i} \mid T_i = 0)$ 为参与土地流转的农户和没有参与土地流转的农户总收入 y_{0i} 的平均差异,即选择性偏差。由于农户决定是否参与土地流转与其家庭经济状况相关,选择性偏差与农户异质性的存在使得我们不能直接比较流转农户与未流转农户的收入差距。为解决选择性偏差问题,Rosenbaum 和 Rubin(1983)提出了"可忽略性"假定,在本文中即假设 T_i 的选择取决于农户可观测的特征 $\boldsymbol{x}_i$,独立于农户家庭收入的潜在结果(y_{1i}, y_{0i}),则可定义农户参与土地流转的收入效应模型为:

$$y_i = \boldsymbol{x}_i' \boldsymbol{\beta} + \gamma T_i + \varepsilon_i$$

由于 $\boldsymbol{x}_i$ 在方程中的具体形式未知,$E(y_{0i} \mid T_i = 1)$ 不可观测,我们需要通过 $\boldsymbol{x}_i$ 的具体信息在未参与土地流转的农户 j 中构造一个与参与土地流转农户 i 相近的匹配估计量,$y_j = \hat{y}_{0i}$,则($y_{1i} - y_j$)可近似理解为参与土地流转农户的处理效应。Rosenbaum 和 Rubin(1983)

提出使用个体 i 的倾向值匹配方法来处理对照组与处理组的信息，即为倾向值匹配(Propensity Score Matching，简称 PSM)。即在未流转农户的样本集合中，为每个流转土地的农户匹配一个未流转农户，保证两个农户除在土地流转选择方面不同之外，其他方面的特征近似或相同。农户 i 的倾向值是指在给定协变量 $\boldsymbol{x}_i$ 的情况下，农户进行土地流转的条件概率 $p(\boldsymbol{x}_i)=p(T_i=1|\boldsymbol{x}=\boldsymbol{x}_i)$，$p(\boldsymbol{x}_i)\in[0,1]$。进行倾向值匹配需要满足以下两个基本前提：(1) $(y_{1i},y_{0i})\perp T_i|p(\boldsymbol{x}_i)$，即在给定解释变量 $\boldsymbol{x}_i$ 及其倾向值 $p(\boldsymbol{x}_i)$ 的前提下，潜在结果变量 (y_{1i},y_{0i}) 与处理变量 T_i 相互独立；(2)给定 $\boldsymbol{x}_i$ 的任何取值，都有 $0<p(\boldsymbol{x}_i)<1$，即流转农户与未流转农户的倾向值具有共同取值范围(common support)，剔除了只属于流转农户组或只属于未流转农户组的观测值。

本质上，倾向值匹配是通过匹配与再抽样相结合的方法让观测数据尽可能地逼近随机实验数据，克服了农户"自选择"难题，从而可以直接比较处理组与控制组的样本选择。进行匹配后，参与土地流转农户的平均处理效应可表示为：

$$A\widehat{TT}=\frac{1}{N_1}\sum_{i:T_i=1}(y_i-\hat{y}_{0i})$$

其中，$N_1=\sum_i T_i$ 为参与土地流转农户数量，$\sum_{i:T_i}$ 表示仅对参与土地流转农户个体进行加总。未参与土地流转农户的平均处理效应可表示如下：

$$A\widehat{TU}=\frac{1}{N_0}\sum_{j:T_j=0}(\hat{y}_{1j}-y_j)$$

其中，$N_0=\sum_j(1-T_j)$ 为没有参与土地流转农户数量，$\sum_{j:T_j}$ 表示仅对没有参与土地流转农户个体进行加总。所有农户的平均处理效应如下：

$$\widehat{ATE} = \frac{1}{N} \sum_{i=1}^{N} (\hat{y}_{1i} - \hat{y}_{0i})$$

其中，$N = N_1 + N_0$ 为总体样本容量；若 $T_i = 1$，则 $\hat{y}_{1i} = y_i$；若 $T_i = 0$，则 $\hat{y}_{0i} = y_j$。

进行倾向值匹配时，有近邻匹配法和整体匹配法。具体来说，近邻匹配是匹配结果最近部分个体的算术平均；整体匹配法则是通过距离权重函数在整体样本中为个体进行匹配，整体匹配法包括半径匹配(Radius matching)、核匹配(Kernel matching)、局部线性匹配(Local linear regression matching)以及样条匹配(Spline matching)。匹配参数与方法的选择依据具体数据而定，不同匹配方法的结果如若相似，则可得到稳健的匹配结果，因此在研究中需采用多种方法为土地流转农户匹配样本。在匹配完成后，还需要进行平衡性检验，考察流转农户的 x_i 与未流转农户的 x_j 是否足够接近，通过计算 $\bar{x}_i$ 与 $\bar{x}_j$ 各变量的标准化偏差(standardized bias)得到：

$$\frac{|\bar{x}_i - \bar{x}_j|}{\sqrt{(s_{x_i}^2 + s_{x_j}^2)/2}}$$

其中，$s_{x_i}^2$ 与 $s_{x_j}^2$ 分别为流转农户与未流转农户控制变量 x 的样本方差，Rosenbaum 和 Rubin(1985)认为标准化偏差一般在 10% 以下，否则需要重新匹配。

三、数据来源与变量描述

(一) 数据来源

本部分使用数据为中国农村固定观察点数据，本数据涉及 360 个村，调查农户数量 23000 户，主要分布在中国除港澳台之外的 31 个省(区、市)。其全面反映了各地区不同的地理环境、经济发展状况和收入分配水平下农村地区农户的各类信息,这些信息包括家庭人口、生产力、土地分配、收入、支出、教育、投资等经济、社会各方面的内容,同时也包括反映村庄特征的大量村级变量。

(二) 变量定义与描述

如表 1 所示,农户家庭总收入由家庭经营性收入、工资性收入、财产性收入与转移性收入等构成,其中既包含农业生产经营收入又包含非农收入。控制变量的家户信息参考朱建军和胡继连(2015)、Tao 和 Yao(2008),包括家庭劳动力规模、户主平均年龄、户主平均受教育程度、人均年末拥有居住房屋价值、年末家庭对外投资余额、人均生产性固定资产价值、人均其他资产价值、家庭承包耕地人均面积、抚养系数、户主平均年龄的平方、外出务工人口数量等变量。给定其他条件不变,家庭劳动力规模越大,农户人均收入水平越低。抚养系数定义为小于 16 岁的小孩和大于 60 岁的老人的合计数除以家庭劳动力数,此变量用于衡量家庭负担。户主受教育程度衡量了农户家庭的人力资本。家庭承包耕地人均面积为农户承包耕地面积跟家庭劳动力规模之比。控制的村变量包括本村人口的对数、非农工作时间和与省会城市的距离。非农工作时间定义为本村每年所有劳动力从事非农工作天数除以每年所有劳动力工作天数。此外我们还加入了宏观环境变量,包括城乡收入差距和城市化率。其中,1992 年、2002 年样本数据因为农业部没有组织调查而导致数据缺失。表 1 给出了以上解释变量基本描述统计信息。

在进行实证分析前,我们将简单地考察土地流转与否跟农民收入之间的关系。为此,我们将农户家庭收入水平划分为不同等级,然后分别计算出参与土地流转的农户与未参与土地流转的农户在不同收入等级中所占的比重。具体如表 2 所示。

表 1　变量定义与描述性统计

	变量	描述	平均值	标准误差	最小值	最大值
家庭变量	Income	家庭人均收入，包括农业经营收入、租赁收入、利息、股息和红利收入，转移性收入等（元）。	8.437	1.138	4.218	13.002
	LZ	流转决策变量：未流转=0，租入=1，租出=2。	0.237	0.425	0.000	1.000
	Labor	家庭劳动力规模，劳动适龄人口（16—60 岁的家庭成员）。	6.171	1.865	1.000	26.000
	Age	户主平均年龄。	31.099	12.223	16.000	92.000
	Edu	户主平均受教育年限（在校几年），衡量家户的人力资本。	0.193	0.023	1.000	12.000
	Houprice	人均年末拥有居住房屋价值（元）。	8.273	2.496	1.000	14.509
	Finc	年末家庭对外投资余额（包括债券和股票等）（元）。	8.435	1.173	0.000	13.002
	Agra	人均生产性固定资产价值（元）。	2.771	3.632	0.000	11.752
	Qua	人均其他资产价值，包括耐用品等价值（元）。	7.071	0.989	0.000	11.264
	Land	家庭承包地的人均面积。	2.033	0.443	0.000	17.000
	Depratio	抚养系数，也即小于 16 岁的小孩和大于 60 岁的老人合计数除以劳动力数量。	1.634	1.953	0.000	8.100
	Age2	户主平均年龄的平方。	7.807	0.503	4.159	9.044
	Laborout	外出务工人口数量。	0.775	1.108	0.000	8.000
村变量	Pop	本村人口的对数。	6.187	0.107	4.009	7.751
	Nonfarm	非农工作时间，一个村每年所有劳动力从事非农业工作天数除以本村所有劳动力工作天数。	0.369	0.157	0.000	0.905
	Distance	与省会城市的距离。	5.673	0.999	0.908	8.700
	East	区域虚拟变量：东部=1，西部=0。	0.237	0.425	0.000	1.000
宏观环境	Gap	城乡收入差距，家庭所在地的城市人口与总人口之比。	9.516	0.212	8.942	10.227
	Urban	城市化率，家庭所在地的城镇与农村居民人均可支配收入之比。	0.492	0.114	0.338	0.896

表2 农户家庭收入分布情况

	1991			2011		
	参与土地流转	参与土地流入	未参与土地流转	参与土地流出	参与土地流入	未参与土地流转
<2000	18.269	19.630	31.560	9.205	14.396	14.025
2000—4000	22.115	36.520	31.049	9.707	10.540	35.063
4000—10000	33.654	30.210	24.220	42.594	39.846	29.453
10000—50000	15.385	12.747	12.813	31.046	29.434	19.635
50000—100000	6.731	0.680	0.281	3.096	1.671	1.403
>100000	3.846	0.212	0.077	4.351	4.113	0.421
合计(%)	100	100	100	100	100	100

注:"参与土地流转""参与土地流入"与"参与土地流出"分别代表在不同的收入分布区间,参与土地流转、参与土地流出和参与土地流入的家庭数量的占比。

如表 2 显示, 首先, 我们计算出 1991 年农户家庭收入大于 1 万、5 万和 10 万元的等级, 发现曾经参与过土地流转的农户家庭平均收入水平明显高于没有参与过土地流转的农户家庭。比如, 在参与过土地流出的农户家庭中, 有 25.962% 的农户家庭的收入高于 1 万元, 有 10.577% 的农户家庭的收入高于 5 万元, 有 3.846% 的农户家庭收入高于 10 万元。而在参与过土地流入的农户家庭中, 有 13.639% 的农户家庭收入高于 1 万元, 有 0.892% 的农户家庭收入高于 5 万元, 有 0.212% 的农户家庭收入高于 10 万元。对应的未参与过土地流转的农户家庭, 这些比例分别是 13.171%、0.358% 和 0.077%。这表明参与土地流转的农户家庭平均收入水平要比未参与土地流转农户家庭更高。同样, 我们计算出 2011 年农村固定观察点数据中的农户家庭收入分布, 2011 年在农户家庭收入大于 1 万、5 万和 10 万元的等级中, 参与过土地转出的农户家庭所占比例分别是 38.493%、7.447% 和 4.351%, 而参与过土地转入的农户家庭所占比例分别是 35.218%、5.784% 和 4.113%, 但是, 未参与过土地流转的农户家庭所占比例分别是 21.459%、1.824% 和 0.421%。这表明就平均收入水平而言, 与没有参与过土地流转的农户家庭相比较, 参加土地流转的农户家庭平均收入水平明显较高。

当然, 我们还可以把 1991—2013 年山东省农村固定观察点数据(其中缺失 1992 年和 1994 年数据)进行混合, 比较混合总样本中参与过土地流转和未参与土地流转农户家庭的收入分布情况。图 3 和图 4 分别描述了总样本中农户家庭收入(收入的自然对数值 lnY)的密度分布图和累积分布图。从图 3 和图 4 中不难看出, 参与土地流转的农户家庭收入水平分布较为集中, 而且要明显高于未参与土地流转的农户家庭。当然, 上述只是描述性的结果, 我们需要实证分析来对此进行验证。

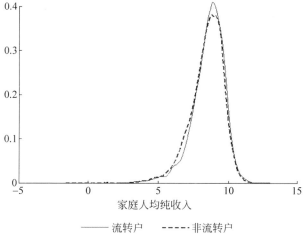

图 3　农户家庭收入密度函数

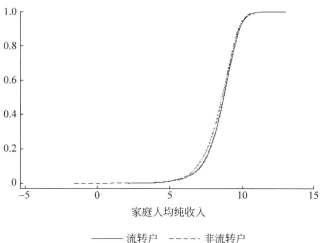

图 4　农户家庭收入累积分布

四、实证分析

（一）多元 Logit 模型计算倾向值

在对未参与土地流转农户与参与土地流转农户进行样本匹配

之前,需要估计农户决策方程,找出影响农户参与土地流转的因素。本文使用的是 1991—2013 年山东省农村固定观察点数据,数据个数共计为 28290 个。基于 Logit 模型的农户决策模型为:

$$\ln\left(\frac{p_{it}}{1-p_{it}}\right) = \alpha_0 + \alpha_1 Labor_{it} + \alpha_2 Age_{it} + \alpha_3 Edu_{it} + \beta_1 Houprice_{it}$$
$$+ \beta_2 Finc_{it} + \beta_3 Agra_{it} + \beta_4 Qua_{it} + \beta_5 Land_{it} + \beta_6 Depratio_{it}$$
$$+ \beta_7 Age2_{it} + \beta_8 Laborout_{it} + \lambda_1 Pop_{it} + \lambda_2 Nonfarm_{it}$$
$$+ \lambda_3 Distance_{it} + \lambda_4 East_{it} + \gamma_1 Gap_{it} + \gamma_2 Urban_{it} + \varepsilon_{it}$$

其中,$i=1,2,3,\ldots,n$ 表示农户家庭,$p_{it}=p(T_{it}=1|\boldsymbol{x}_{it})$ 在土地流转方程、转入方程、转出方程中分别表示农户家庭参与土地流转、转入土地、转出土地的条件概率。在本部分中将同时影响土地流转决策与结果变量的因素引入 Logit 模型作为自变量。根据既有文献研究(李中,2013;朱建军和胡继连,2015;冒佩华和徐骥,2015;陈刚,2014),我们选取表 1 中的变量。解释变量包括户主特征、村特征和宏观环境特征:家庭劳动力规模($Labor$)、户主平均年龄(Age)、户主平均受教育年限(Edu)、人均年末拥有居住房屋价值($Houprice$)、年末家庭对外投资余额($Finc$)、人均生产性固定资产价值($Agra$)、人均其他资产价值(Qua)、家庭承包耕地的人均面积($Land$)、抚养系数($Depratio$)、户主平均年龄的平方($Age2$)、外出务工人口数量($Laborout$)、本村人口的对数(Pop)、非农工作时间($Nonfarm$)、与省会城市的距离($Distance$)、城乡收入差距(Gap)以及城市化率($Urban$)。

由表 3 可知,模型的 $LR\ chi2$ 在 1% 的水平上显著,说明该模型具有较好的整体拟合度。家庭劳动力规模($Labor$)在两个模型中均显著异于 0,对是否租入具有正向影响,对是否租出具有负向影响,由此可知劳动力数量越多的家庭,会倾向租入土地而非租出土地。年龄(Age)和受教育程度(Edu)是农户从事劳动的关键因素,户主是一个家庭的决策者,户主的年龄(Age)与受教育程度(Edu)直接影响家庭的决策。受教育程度（*Edu*）越高，较为熟悉国家的土地法律和法规政策，其越容易接受新鲜事物，较为容易选择外出打工而倾向于转出土地。户主年龄（*Age*）在一定程度上衡量农户家庭从事农业生产经营的时间抑或其经验，户主年龄与土地的转入一般呈正相关。为此，户主的年龄对参与土地流转、转入土地具有正向效应，对转出土地具有负向作用，说明年轻户主更倾向于转出土地，而年长的户主转入土地的意愿更强，这主要是因为年轻户主的非农就业能力更强。户主年龄（*Age*）为正向，这说明户主年龄跟其是否参与土地流转、转入还是转出呈 U 型关系。农户家庭各种资产（*Houprice*、*Agra* 和 *Qua*）所拥有数量对土地流转具有负向作用，但 *Agra* 并不显著，而年末家庭对外投资余额（*Finc*）对土地流转具有正向的作用，这或许源于农户家庭可能会把土地作为重要的投资途径。人均承包耕地面积（*Land*）多的家庭既倾向于租出土地，又倾向于租入土地。可见，参与土地流转的农户往往是人均承包耕地面积较多的家庭，这可能源于其更乐意进行土地适度规模经营；现阶段农民在非农市场上的报酬一般高于其从事农业生产所获得的收入。抚养负担（也即抚养系数 *Depratio*）越重，农户越倾向于转出土地，家庭中外出务工人数越多，其转出土地的可能性就越大。外出务工人数（*Laborout*）比例越高的村庄，土地租出的概率越高。东部地区（*East*）土地流转活跃度要高于西部地区；与省会城市距离（*Distance*）越近的村庄土地流转市场的发展越完善，农户搜寻土地流转信息的成本越低，越容易参与土地流转；城乡收入差距（*Gap*）与城市化水平（*Urban*）反映农户放弃农业生产，外出务工的巨大吸引力，表 3 显示，城乡收入差距（*Gap*）越大，农户放弃农业生产转出土地意愿就越强，而城市化水平（*Urban*）对农户决策的影响不是十分明显与持续，这在一定程度上也反映了加快户籍制度改革、促进农民工市民化以推进城市化进程仍十分关键。根据 Logit 模型的估计结果可以得出每个农户不参与土地流转、土地租入和土地租出的概率，即为倾向值。

表 3　土地流转决策模型的估计结果

	(1)	(2)	(3)	(4)	(5)	(6)	(7)	(8)	(9)
	土地流转			土地流入			土地流出		
	k 近邻匹配	半径匹配	核匹配	k 近邻匹配	半径匹配	核匹配	k 近邻匹配	半径匹配	核匹配
Labor	-0.065**	-0.065**	-0.065**	0.337***	0.337***	0.337***	-0.463***	-0.463***	-0.463***
	(-2.318)	(-2.318)	(-2.318)	(2.719)	(2.719)	(2.719)	(-2.819)	(-2.819)	(-2.819)
Age	0.032*	0.032*	0.032*	0.141***	0.141***	0.141***	-0.039**	-0.039***	-0.039***
	(1.829)	(1.829)	(1.829)	(3.043)	(3.043)	(3.043)	(-2.315)	(-2.315)	(-2.315)
Edu	0.051	0.051	0.051	-0.093	-0.093	-0.093	0.006*	0.006*	0.006*
	(0.059)	(0.059)	(0.059)	(-0.072)	(-0.072)	(-0.072)	(1.802)	(1.802)	(1.802)
Houprice	-0.022**	-0.022**	-0.022**	-0.018**	-0.018**	-0.018**	-0.037***	-0.037***	-0.037***
	(-2.036)	(-2.036)	(-2.036)	(-2.045)	(-2.045)	(-2.045)	(-2.804)	(-2.804)	(-2.804)
Finc	0.162***	0.162***	0.162***	0.161***	0.161***	0.161***	0.204***	0.204***	0.204***
	(2.641)	(2.641)	(2.641)	(2.577)	(2.577)	(2.577)	(2.935)	(2.935)	(2.935)
Agra	-0.369	-0.369	-0.369	-0.762	-0.762	-0.762	-0.139	-0.139	-0.139
	(-0.119)	(-0.119)	(-0.119)	(-0.148)	(-0.148)	(-0.148)	(-0.170)	(-0.170)	(-0.170)
Qua	-0.113***	-0.113***	-0.113***	-0.153***	-0.153***	-0.153***	-0.047**	-0.047**	-0.047**
	(-2.614)	(-2.614)	(-2.614)	(-2.870)	(0.087)	(0.087)	(-2.481)	(-2.481)	(-2.481)
Land	-0.053	-0.053	-0.053	0.120**	0.120**	0.120**	0.085	0.085	0.085
	(-0.044)	(-0.044)	(-0.044)	(2.573)	(2.573)	(2.573)	(0.063)	(0.063)	(0.063)
Depratio	-0.121***	-0.121***	-0.121***	0.096	0.096	0.096	-0.079***	-0.079***	-0.079***
	(-2.751)	(-2.751)	(-2.751)	(0.087)	(0.087)	(0.087)	(-0.114)	(-0.114)	(-0.114)

(续表)

	(1)	(2)	(3)	(4)	(5)	(6)	(7)	(8)	(9)
	土地流转			土地流入			土地流出		
	k近邻匹配	半径匹配	核匹配	k近邻匹配	半径匹配	核匹配	k近邻匹配	半径匹配	核匹配
Age2	0.727*	0.727*	0.727*	3.076*	3.076*	3.076*	0.787	0.787	0.787
	(1.672)	(1.672)	(1.672)	(1.802)	(1.802)	(1.802)	(0.838)	(0.838)	(0.838)
Laborout	0.073***	0.073***	0.073***	0.074	0.074	0.074	0.285***	0.285***	0.285***
	(2.581)	(2.581)	(2.581)	(0.073)	(0.073)	(0.073)	(2.796)	(2.796)	(2.796)
Nonfarm	0.047	0.047	0.047	-0.034**	-0.034**	-0.034**	0.036**	0.036**	0.036**
	(0.039)	(0.039)	(0.039)	(-2.428)	(-2.428)	(-2.428)	(2.503)	(2.503)	(2.503)
Distance	-0.126*	-0.126*	-0.126*	-0.083*	-0.083*	-0.083*	-0.184*	-0.184*	-0.184*
	(-1.684)	(-1.684)	(-1.684)	(-1.640)	(-1.640)	(-1.640)	(-1.912)	(-1.912)	(-1.912)
East	YES	YES	YES	YES	YES	YES	YES	YES	YES
Gap	1.139	1.139	1.139	1.418	1.418	1.418	0.782***	0.782***	0.782***
	(0.438)	(0.438)	(0.438)	(0.539)	(0.539)	(0.539)	(2.620)	(2.620)	(2.620)
Urban	-0.549	-0.549	-0.549	-0.598***	-0.598***	-0.598***	0.417***	0.417***	0.417***
	(-0.702)	(-0.702)	(-0.702)	(-2.866)	(-2.866)	(-2.866)	(2.687)	(2.687)	(2.687)
Cons	4.605***	4.605***	4.605***	5.692***	5.692***	5.692***	7.319***	7.319***	7.319***
	(5.544)	(5.544)	(5.544)	(7.490)	(7.490)	(7.490)	(7.495)	(7.495)	(7.495)
LR chi2	53.42	53.42	53.42	98.85	98.85	98.85	40.82	40.82	40.82
Prob>chi2	0.998	0.998	0.998	1.000	1.000	1.000	0.925	0.925	0.925

注:(1) 括号内的数字为t值或z值;(2) ***、**、*分别表示1%、5%、10%显著水平,下同。

(二) 匹配效果的检验

倾向值匹配法实质是在未参与土地流转农户组中找到与参与土地流转农户特征相近的个体。为检验估计的准确性,应使得控制变量在未流转农户组与流转农户组之间分布比较均匀。根据计算出的倾向值来对租入农户与未流转农户、租出农户与未流转农户进行匹配,以匹配的未流转农户的收入作为流转农户在未流转情况下的反事实收入。其中,半径匹配依据 Rosenbaum 和 Rubin(1985)的建议,采用倾向值标准差的四分之一作为半径大小。但是,倾向值是否能够作为反事实结果,还需要对匹配效果检验。匹配效果的检验主要取决于如下两个方面:其一要求处理组与控制组的倾向值有较大的共同取值范围,否则,将丢失较多观测值,导致剩下样本不具有代表性;其二需要样本量较大以获得高质量的匹配。两组样本组控制变量的匹配变量平衡性检验的结果如表 4。一般而言,模型的匹配效果与变量标准偏差的绝对值相关且呈反比。就经验判断而言,如果各变量标准化偏差的绝对值小于 10 则此匹配即为有效。而且可以通过对处理组和对照组样本匹配后变量均值进行 T 检验以判断其显著性。如表 4 所示,就各变量匹配后的标准化偏差和 T 检验概率值而言,不管是土地流入还是土地流出,核匹配与半径匹配中各变量标准化偏差的绝对值均为小于 10。T 检验显示变量匹配后在两组间没有明显差异。对数据进行匹配后,从整体匹配效果而言,匹配后的 Pseudo R2 值显著下降,而且变得很小,样本方程从匹配前的 0.028 下降到匹配后的 0.001 左右;同时 LR chi2 的概率值也不显著。似然比检验的 p 值表明解释变量的联合显著性检验在匹配后变得不再显著;解释变量的标准化偏差大幅减少,这降低了总偏误。不管是近邻匹配、半径匹配还是核匹配的结果都具有稳健性,这说明在未流转农户与流转农户样本间倾向值匹配是准确的。这说明倾向值匹配之后,解释变量不能再对农户参与流转的决

表 4 匹配变量平衡性检验结果

| | 总样本 | | | | | | | 流出 | | | | | |
| | 未匹配 | k 近邻匹配 | | 半径匹配 | | 核匹配 | | k 近邻匹配 | | 半径匹配 | | 核匹配 | |
	T概率率值	标准偏差	T概率率值	标准偏差	T概率率值	标准偏差	T概率率值	标准偏差	T概率率值	标准偏差	T概率率值	标准偏差	T概率率值
Labor	1.17	-2.8	-0.43	2.1	0.32	2.0	0.30	1.9	0.24	0.9	0.11	1.8	0.22
Age	-2.12	2.4	0.37	-3.1	-0.47	-2.4	-0.37	4.0	0.52	1.6	0.21	-0.2	-0.03
Edu	-0.56	-1.8	-0.26	1.4	0.21	0.3	0.04	1.3	0.16	-0.4	-0.05	1.3	0.15
Houprice	-0.32	0.9	0.13	1.8	0.27	1.3	0.19	2.2	0.26	2.2	0.27	1.7	0.20
Finc	2.13	1.0	0.16	2.4	0.38	3.2	0.50	-4.9	-0.62	1.7	0.21	1.8	0.22
Agra	4.00	3.1	0.45	1.7	0.25	2.8	0.42	5.7	0.67	4.4	0.52	5.2	0.61
Qua	-2.74	0.5	0.08	0.8	0.12	0.2	0.03	-1.5	-0.21	0.3	0.05	0.4	0.06
Land	-1.54	0.7	0.10	1.8	0.2	0.4	0.06	-1.8	-0.21	3.5	0.39	0.7	0.08
Depratio	2.10	-1.9	-0.27	-0.3	-0.04	1.0	0.15	-4.5	-0.50	-1.1	-0.12	2.3	0.26
Age2	-1.81	2.5	0.38	-2.8	-0.43	-2.3	-0.34	3.7	0.47	1.3	0.17	-0.3	-0.04
laborout	2.78	0.5	0.07	0.1	0.02	1.7	0.24	-6.3	-0.74	-1.7	-0.19	-1.5	-0.18
Pop	-1.69	3.4	0.54	1.0	0.16	0.1	0.02	-3.0	-0.35	1.5	0.18	0.5	0.06
Nonfarm	0.60	0.7	0.11	-1.1	-0.17	-0.1	-0.02	-0.3	-0.04	1.7	0.19	1.2	0.14
Distance	2.67	-0.4	-0.07	-0.2	-0.03	0.2	0.03	1.7	0.24	0.4	0.06	0.6	0.08
Gap	-2.68	1.6	0.25	1.7	0.27	-0.0	-0.00	5.8	0.71	3.5	0.43	-0.2	-0.03
Urban	-2.36	1.1	0.18	2.1	0.33	0.9	0.14	2.7	0.35	1.4	0.19	-0.6	-0.08

总样本 / 流出

	总样本 未匹配 T概率值	k近邻匹配	半径匹配	核匹配	流出 k近邻匹配	半径匹配	核匹配
Mean Bias	11.1	1.6	1.5	1.0	17.3	1.7	1.3
Ps R2	0.028	0.001	0.001	0.000	0.002	0.001	0.001
LR chi2	53.40	0.95	0.81	0.60	99.52	0.88	0.63
p>chi2	0.000	1.000	1.000	1.000	1.000	1.000	1.000

流出 / 流入

	流出 未匹配 T概率值	k近邻匹配 标准偏差	k近邻匹配 T概率值	流入 半径匹配 标准偏差	半径匹配 T概率值	核匹配 标准偏差	核匹配 T概率值	未匹配 标准偏差
Labor	3.59	-16.3	-0.55	-7.0	-0.23	3.3	0.11	37.2
Age	-4.28	-11.0	-0.49	-1.1	-0.05	2.5	0.10	-33.3
Edu	-0.05	-1.2	-0.04	6.8	0.21	0.2	0.01	9.4
Houprice	0.22	1.9	0.06	7.3	0.21	-0.7	-0.02	-4.8
Finc	1.25	14.2	0.54	2.4	0.09	6.4	0.24	49.7
Agra	6.72	5.2	0.17	1.9	0.06	12.0	0.38	57.7
Qua	-3.57	2.9	0.10	7.4	0.26	1.4	0.05	-15.6
Land	-3.06	-20.7	-0.64	6.6	0.20	7.1	0.22	30.1

（续表）

| | 流出 | | | 流入 | | | | |
| | 未匹配 | k近邻匹配 | | 半径匹配 | | 核匹配 | | 未匹配 |
	T概率值	标准偏差	T概率值	标准偏差	T概率值	标准偏差	T概率值	标准偏差
Depratio	3.33	-10.4	-0.34	0.3	0.01	-4.2	-0.13	-4.3
Age2	-3.62	-11.8	-0.51	-1.4	-0.06	2.9	0.12	-22.6
Laborout	1.13	24.1	0.73	7.1	0.20	8.6	0.26	42.1
Pop	-1.16	-16.8	-0.46	-5.2	-0.14	2.1	0.06	7.7
Nonfarm	-0.05	-13.5	-0.45	-2.5	-0.08	0.3	0.01	2.1
Distance	2.05	7.3	0.26	4.0	0.14	-1.1	-0.04	9.9
Gap	-2.70	-6.7	-0.25	-2.2	-0.08	-0.3	-0.01	15.7
Urban	-2.94	-3.0	-0.10	0.1	0.00	-6.5	-0.21	-16.8
Mean Bias	17.3	10.4		4.0		3.7		22.4
Ps R2	0.072	0.003		0.001		0.001		0.008
LR chi2	99.52	5.72		0.56		0.53		25.91
p>chi2	0.000	0.991		1.000		1.000		0.955

注：其中标准偏差为百分比。

策提供新的信息;而且平均标准偏差较小,这表明平衡性检验可以
通过。进行倾向值匹配的一个重要前提是满足"重叠假定",这个
"重叠假定"[共同取值范围(common support)]即为倾向值,倾向值
是指农户参与土地流转、土地转入、土地转出条件概率,因此在完成
对农户选择模型的估计后,还需要进一步检验流转农户与未流转农
户、转入户与未流转农户、转出户与未流转农户之间倾向值的共同
取值范围。检验倾向值的共同取值范围有两种方法,一种通过条形
图观测倾向值的共同取值域;一种通过密度函数图观测倾向值的重
叠区间。本文采用第一种方法以近邻匹配为例(半径匹配和核匹配
与此相同),由图5和图6显示,各变量标准化偏差在匹配后显著减
小。而且,对于共同支持域,在租入农户的近邻匹配上,样本基本满
足共同取值范围(on support)的要求,并且绝大多数处理组在共同
取值范围内。这说明流转农户与未流转农户、转入户与未流转农
户、转出户与未流转农户满足大多数观测值均在共同取值范围内,
故进行倾向值匹配时仅损失少量样本。

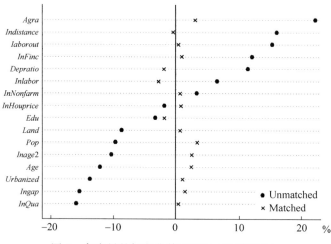

图5　各变量的标准化偏差图示(近邻匹配)

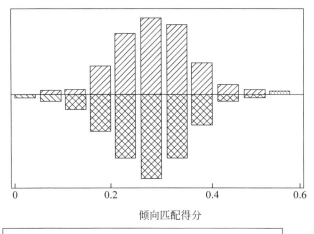

倾向匹配得分

图例		
控制组：不在共同域		控制组：不在共同域
处理组：在共同域		处理组：在共同域

图 6　倾向值的共同取值范围(近邻匹配)

(三) 土地流转对农民收入分配的影响分析

(1) 未参与土地流转农户的平均处理效应(ATU)：

$$\widehat{ATU} = \frac{1}{N_0} \sum_{j:j \in I_0 \cap s_p} \left[\sum_{i:i \in I_1 \cap s_p} w(i,j) y_i - y_j \right]$$

其中，N_0 为流转农户样本数，y_i 为与农户 j 相匹配的流转组样本的收入，y_j 的加权和 $\sum_{i:i \in I_1 \cap s_p} w(i,j) y_i = \hat{y}_{1j}$ 为未流转组中农户 j 在不参与土地流转假设下的收入。表 5 给出了未参加土地流转农户平均处理效应，这表明未参与土地流转的农户假如参与土地流转，其农户平均纯收入将会得到较为明显的提高。利用近邻匹配、半径匹配和核匹配方法得到土地流入(出)农户在未参与流转时的反事实收入计算所得的期望值，并与土地流入(出)农户的真实收入计算所得的期望值相比较，结果如表 5 所示。当采用近邻匹配($n=4$)估计时，若参与土地流转，农户家庭人均收入将增加 2.64%左右 [exp(0.026065)−1]；若转租入土地，农户家庭人均收入将增加约 4.49%；若租出土地，农户家庭人均收入将增加约 15.07%。通过表 5

表 5 土地流转对农民收入的影响（*ATU*）

	匹配方法	流转后收入（万元）	流转前收入（万元）	收入差异（万元）	流转后收入差距（村级）	流转前收入差距（村级）	Z统计量	P 值
总体样本	近邻匹配	8.874359	8.9004250	0.026065	0.284	0.301	0.51	0.607
	半径匹配	8.871337	8.8997090	0.028372	0.274	0.284	0.84	0.400
	核匹配	8.874359	8.8859171	0.011557	0.258	0.269	0.87	0.382
租入	近邻匹配	8.871120	8.7614916	0.046280	0.280	0.293	−1.45	0.146
	半径匹配	8.871120	8.7951197	0.056000	0.273	0.281	−1.24	0.215
	核匹配	8.871120	8.8190780	0.032042	0.271	0.285	−1.47	0.143
租出	近邻匹配	9.242695	9.1023053	0.140390	0.268	0.298	0.35	0.729
	核匹配	9.242695	9.1748745	0.167821	0.269	0.610	1.37	0.169
	半径匹配	9.237320	9.0575399	0.179780	0.281	0.295	−0.70	0.481

发现,对于土地流入农户来说,两种匹配方法得到的结果皆显示,土地流入农地后的收入高于土地流入前的收入,可见土地流入对提高农户收入具有一定的促进作用;对于土地流出农户来说,两种匹配方法得到的结果也均显示,土地流出对提高农户家庭总收入有促进作用。从收入提高的幅度来看,土地流出对农户收入提高的贡献度更大。土地流转能够将农户从农地中解放出来。随着新型城镇化的进行,农村剩余劳动力不断转移,工资性收入将会持续提高并逐步成为农户家庭总收入结构性来源的主要内容。中国统计年鉴数据显示,2013 年农村居民人均工资性收入为4025.4 元,是人均纯收入中占比最大的一块,如果加上财产性收入中土地租金收入和转移性收入,则非农收入所占比重更高。土地流转市场的进一步深化可以为农户提供较多的非农工作机会以获得工资性收入,也更容易获得企业带来的福利及保障以获得转移性收入,最终使得农户家庭总收入得以提高。

(2) 所有农户(参与及未参与土地流转农户之和)的平均处理效应(ATE):

$$\widehat{ATE} = \frac{1}{N} \sum_{i:i \in I_1 \cap s_p} \left[\sum_{i:i \in I_1 \cap s_p} w(i,j) y_i - \sum_{j:j \in I_0 \cap s_p} w(i,j) y_j \right]$$

其中,$N = N_1 + N_0$ 为总体样本数,y_i 的加权和 $\sum_{i:i \in I_1 \cap s_p} w(i,j) y_i = \hat{y}_{1i}$ 为未流转组农户 j 在参与土地流转假设下的收入,y_j 的加权和 $\sum_{j:j \in I_0 \cap s_p} w(i,j) y_j = \hat{y}_{0i}$ 为流转组的农户 i 在未参与土地流转假设下的收入。

表6给出了所有农户的平均处理效应(ATE),土地流转能够提高农户家庭总收入。当采用近邻匹配($n = 4$)估计时,参与土地流转的农户家庭人均收入将提高 2.25%左右[$\exp(0.0223) - 1$];土地流入的农户家庭人均收入将提高约4.88%;转出土地的农户家庭人均收入将提高约 13.12%。

表 6 对 *ATE* 的基本估计结果

匹配方法	总样本		土地租入农户家庭		土地租出农户家庭	
	系数值	T 值/P 值	系数值	T 值/P 值	系数值	T 值/P 值
ATE_N(近邻匹配)	0.0219	0.56/0.577	0.0479	1.63/0.104	0.1319	0.39/0.693
ATE_R(半径匹配)	0.0275	1.12/0.263	0.0572	1.19/0.236	0.1741	0.10/0.918
ATE_K(核匹配)	0.0177	1.17/0.240	0.0377	1.38/0.168	0.0639	1.39/0.166

注:其中 N 为 Nearest Neighbor Matching；R 为 Radius Matching；K 为 Kernel-based Matching。

（3）参与土地流转农户的平均处理效应（*ATT*）:

$$\widehat{ATT} = \frac{1}{N_1} \sum_{i:i \in I_1 \cap s_p} \left[y_i - \sum_{j:j \in I_0 \cap s_p} w(i,j) y_j \right]$$

其中,I_1 为流转组样本数, y_i 为流转组农户的收入,I_0 为未流转组农户集合, y_j 为与农户 i 相匹配的未流转组样本的收入,S_p 为共同取值范围,N_1 为流转农户样本数。y_j 的加权和 $\sum_{j:j \in I_0 \cap s_p} w(i,j) y_j = \hat{y}_{0i}$ 为流转组中的农户 i 在未参与土地流转假设下的收入,权重函数 $w(i,j)$ 的取值由匹配方法决定。

下面我们关注土地流转对农户总收入的效应。由于农村中有些农户受家庭人口、自身能力以及个人意愿等因素影响可能永远不会参与土地流转,或者说参与土地流转的概率较小,因此,我们在估计参与土地流转对农户家庭总收入的影响时,应该进一步将这些参与土地流转概率较小的家庭排除,这样可以重点研究参与土地流转对未来有资格或者能力接受"处理"的农户家庭收入影响。具体来说,我们在使用近邻匹配、半径匹配和核匹配这 3 种 PSM 方法估计 *ATT* 时,充分考虑了农户自选择行为,并讨论土地流转对已参与土地流转农户的收入效应。表 7 为总体样本的 *ATT* 估计结果,三种估计方法得到的结果都非常显著,而且比较一致。从总体上看,参与土地流转的农户家庭人均收入得到了显著的提高。当采用近邻匹配($n=4$)估计时,总体样本的 ATT 估计表明,土地流转能够使得农户家庭收入水平增加 3.36%[exp(0.0331)-1]左右,这要显著高于之前 ATU(2.64%)和 ATE(2.25%)估计出的结果,这说明在参与土地流转后,参与土地流转的农户家庭总收入提高幅度要明显高于其他样本。再看分样本的 ATT 估计结果。其中,参与土地流入农户家庭的 ATT 估计系数依然非常显著,且已流转土地的农户家庭在参与土地流转后其收入能增加约 5.76%(高于之前的 ATU 和 ATE 结果 4.49%、4.88%),而且土地流出的农户家庭人均收入增加约 17.12%(这同样高于以前的估计结果 15.07%和 13.12%)。那么,在参与土地流转后,土地流出者与土地流入者是否有着相同的收入增长幅度? 与之前在 ATE 分析框架下一样,我们分别估算出土地流转对租出土地与租入土地的农户家庭总收入效应。具体估计结果见表 7。

　　表 7 表明,土地流转能够显著提高农户家庭总收入,其中,参与土地租出的农户家庭收入水平提高约 17.12%,这明显高于土地租入的农户家庭收入水平的增长幅度(5.76%左右)。通过对租入土地与租出土地农户家庭的 ATE 与 ATT 结果分析明显可以看出,土地流转对农户家庭总收入效应具有"非平衡性",这表现为土地租出农户家庭收入提高幅度明显高于租入土地农户家庭,这在一定程度上反映了现阶段工资性收入水平高于家庭经营收入水平的现状。从总体上来看,ATT 的估计系数要显著高于 ATE,这说明为促使更多农户家庭提高收入,我们应该让更多的农户具有参与土地流转的资格或者能力,而不是被永远排除在土地流转范围之外。比如,一方面,我们需要加速非农经济的发展,为农村居民提供更多的进城务工机会,并建立起良好的进城务工通道,使得农村剩余劳动力能够成功进入城市获得非农就业机会,从而使更多的农户能够在土

表 7 土地流转对农民收入的影响（ATT）

样　本	匹配方法	流转后收入（万元）	流转前收入（万元）	收入差异（万元）	流转后收入差距（村级）	流转前收入差距（村级）	Z统计量	P值
总体样本	近邻匹配	9.0034617	8.9927060	0.030755	0.249	0.259	0.24	0.813
	半径匹配	8.9972491	8.9719707	0.035278	0.27	0.271	1.30	0.194
	核匹配	9.0034617	8.9701417	0.033319	0.269	0.274	1.40	0.162
租入样本	近邻匹配	8.9595604	9.0109131	0.051352	0.273	0.275	1.63	0.104
	半径匹配	8.9595604	8.9417491	0.057811	0.285	0.294	0.69	0.491
	核匹配	8.9595604	8.9403479	0.059212	0.271	0.280	1.23	0.220
租出样本	近邻匹配	9.4107074	9.2576606	0.153046	0.267	0.270	0.36	0.721
	核匹配	9.4107074	9.3422996	0.168407	0.273	0.283	0.14	0.889
	半径匹配	9.3740189	9.34874145	0.152774	0.275	0.294	0.10	0.918

流转中成为土地租出者;另一方面,我们需要不断发展和提高农业生产技术,加速新技术的推广,并为农户家庭的农业生产性投资提供足够的金融或信贷支持,从而使得更多的农户家庭能够在土地流转中成为土地流入者。当然,我们还需要大力提高农村居民的受教育水平,加大对农村地区的教育投资力度(比如,推进农村职业教育发展,扩大对农村职业学校的投入等),使得农村居民有能力掌握新型农业科技、从事较高技术水平的农业生产活动,或者能够学习到非农生产活动中的专业知识、掌握实际操作技能,获得更多的非农就业机会。提高农村居民的受教育水平能够使得其能拥有更多的职业选择,而且能够更多地参与到土地流转中获得收益,这如同周亚虹等(2010)研究所认为的农村职业教育能够提高农户家庭收入水平。因此,只有持续不断地推进土地流转,使土地能够更大规模地集中经营,租入土地的农户家庭的收入水平才能获得大幅度的提高,土地流转收入效应的"非平衡性"才能得到有效缓解。

鉴于 *ATT* 的估计结果即为未来具有资格或者有能力参与土地流转农户家庭总收入的预测,其代表此类农户家庭如果参与土地流转所获得的潜在收入,因此,*ATT* 的估计结果还有着重大的现实意义。具体而言,一方面,这说明土地流转能够促使农民增收,这就要求我们积极鼓励农户参与土地流转,使农户家庭切实分享到参与土地流转带来的收益;另一方面,我们应该为土地流转塑造良好的软环境,积极构建土地流转市场,让更多的农户参与其中(Jin & Deininger,2009)。为了切实提高农民收入水平,我们需要建立和规范土地流转市场,创造出良好的土地流转基础(包括土地确权),并逐步完善市场中的流转机制,使更多的农户具备资格或能力参与土地流转以提高收入,以分享农村土地流转所带来的"红利"。

根据倾向得分匹配法估计的反事实收入(即假如流转农户未参与土地流转时的收入)与未参与土地流转农户的收入,计算出流转前的收入差距,然后与观察到的实际收入差距比较,结果如表5

所示。

从山东省所有样本计算出的收入差距可以看出,不管是采用近邻匹配、半径匹配还是核匹配,土地流转后收入差距的值均小于土地流转前。可知,土地流转降低了农户收入不平等。表5、表6和表7分别给出了基于近邻匹配、半径匹配和核匹配三种方法测算的参与土地流转农户、参与土地流入农户、参与土地流出农户的平均处理效应结果。其平均处理效应结果的 p 值与标准误结果利用自助法(bootstrap)得到,重复抽样次数为 500 次。虽使用不同的匹配方法得出的具体数值存在差异,但估计结果总体上是一致的,这说明估计结果具有稳健性。这说明土地流转政策能有效促使农民增收,但由于中国当前土地流转水平较低,土地流转市场不够完善,租入土地的农户规模生产效率不够高,租出土地的农户获得的租金收入较低,租入农户与租出农户的收入差异不明显。

五、研究结论

本部分基于反事实分析框架,利用 1991—2013 年山东省农村固定观察点数据研究土地流转对山东省农民增收以及农户收入不平等的影响。实证研究发现,土地流入与土地流出均促使农民增收;通过对比流转前后农户收入不平等的变化发现,土地流转在一定程度上减缓了农户收入不平等。通过采用倾向值匹配(PSM)方法研究土地流转与农民增收及农户收入不平等之间的关系。分析发现土地流转的收入效应具有明显的"非平衡性",也即在土地流出农户家庭的收入提高幅度要显著高于土地流入的农户家庭。

总之,土地流转能够促使农民增收和降低农户收入不平等。而且土地流转的收入效应具有显著的"非平衡性",为此,我们不但需要使得更多的农户家庭具备或有资格参与到土地流转过程中,还需要建立土地流转市场,完善土地流转的制度软环境(厉以宁,1991;

厉以宁,1994;厉以宁,2000;厉以宁,2008;厉以宁,2013a;厉以宁, 2013b;厉以宁,2013c;厉以宁,2014)。此外,为了解决土地流转收入效应的"非平衡性"问题,我们需要加速推进土地的规模经营和提高农业生产技术水平,切实提高家庭经营性收入(程志强,2011a; 程志强,2011b;程志强,2012a;程志强,2012b;程志强,2015a;程志强,2015b)。

参考文献

1. 陈刚:"土地承包经营权流转与农民财产性收入增长——来自《农村土地承包法》的冲击实验",《社会科学辑刊》2014年第3期。

2. 程志强a:"规模连片经营一定要土地使用权的集中吗?——基于漯河市粮源公司'中间人'制度的案例分析",《中国市场》2011年第1期。

3. 程志强b:《农业产业化发展与土地流转制度创新的研究》,商务印书馆, 2011年。

4. 程志强a:《农业产业化与土地制度创新的研究》,商务印书馆,2012年。

5. 程志强b:"农地流转形式和农业产业化垂直协调的契约安排研究",《中国市场》2012年第11期。

6. 程志强a:"新常态下经济转型发展路径研究",《中国市场》2015年第5期。

7. 程志强b:"新常态下农垦地区改革与可持续发展",《农场经济管理》2015年第11期。

8. 李中:"农村土地流转与农民收入——基于湖南邵阳市跟踪调研数据的研究",《经济地理》2013年第5期。

9. 厉以宁:《非均衡的中国经济》,经济日报出版社,1991年。

10. 厉以宁:《股份制与现代市场经济》,江苏人民出版社,1994年。

11. 厉以宁:《区域发展新思路》,经济日报出版社,2000年。

12. 厉以宁:"论城乡二元体制改革",《北京大学学报(哲学社会科学版)》2008年第2期。

13. 厉以宁a:"新一轮农村改革最重要的就是土地确权",《理论学习》2013年第9期。

14. 厉以宁b:《中国经济双重转型之路》,中国人民大学出版社,2013年。

15. 厉以宁c:"缩小城乡收入差距 促进社会安定和谐",《北京大学学报(哲学社会科学版)》2013年第1期。

16. 厉以宁："继续以体制转型带动发展转型",《新金融》2014 年第 1 期。

17. 冒佩华、徐骥："农地制度、土地经营权流转与农民收入增长",《管理世界》2015 年第 5 期。

18. 周亚虹、许玲丽、夏正青："从农村职业教育看人力资本对农村家庭的贡献——基于苏北农村家庭微观数据的实证分析",《经济研究》2010 年第 8 期。

19. 朱建军、胡继连："农地产权与征地制度——中国城市化面临的重大选择",《南京农业大学学报(社会科学版)》2015 年第 5 期。

20. Jin S., Deininger K., "Land Rental Markets in the Process of Rural Structural Transformation: Productivity and Equity Impacts from China", *Journal of Comparative Economics*, vol. 37, 2009, pp. 629-646.

21. Rosenbaum P. R., Rubin D. B., "The Central Role of Propensity Score in Observational Studies for Causal Effects", *Biometrica*, vol. 70, 1983, pp. 41-55.

22. Rosenbaum P. R., Rubin D. B., "Constructing a Control Group Using Multivariate Matched Sampling Method that Incorporate the Propensity Score", *The American Statistician*, vol. 39, 1985, pp. 33-38.

23. Rubin D. B, "Estimating Casual Effects of Treatments in Randomized and Nonrandomized Studies", *Journal of Educational Psychology*, vol. 66, 1974, pp. 688-701.

24. Tao J, Yao Y., "Do Land Rental Markets Improve Income Distribution?", *Working Paper*, 2008.

(赵秋运,北京大学新结构经济学研究院,新结构知识产权研究院;
马金秋,中央财经大学中国经济与管理研究院)

城乡劳动力市场一体化的可持续减贫效应——基于 OECD 绿色增长框架下的绿色减贫效率

孙博文　谢贤君

一、引言

改革开放四十多年来,中国的扶贫取得了巨大的成就,按当年价现行农村贫困标准衡量,农村居民贫困发生率已经从 1978 年的 97.5% 下降到 2017 年的 3.1%。扶贫成就的取得,除了离不开政府主导下中国扶贫基本方略的贯彻落实,也与中国城乡二元分割结构下劳动力市场一体化水平的不断提升息息相关。中国具有典型的城乡二元经济结构特征,但随着改革开放的不断深化,伴随着大规模的农村劳动力向城市以及东部沿海流动的趋势,中国的城乡一体化程度不断加深,城乡二元分割结构不断被打破,对促进城乡劳动力的自由流动和城乡劳动市场融合起到了重要的推动作用。在此背景下,劳动力流动显著提高了非农就业收入,成为农户摆脱贫困的重要驱动因素。《"十三五"脱贫攻坚规划》明确指出,必须建立健全贫困人口的就业制度,加快推进贫困人口的转移就业,从而带动贫困人口脱贫致富。在能力贫困的理论分析框架中,打破要素流动的制度障碍有助于解决贫困人口的制度性能力贫困(雷明,2016),是实现农村贫困人口可持续性减贫的重要保障。

传统意义上,政府主导型扶贫是降低农村贫困最有力的模式。但制度经济学认为,解决贫困的根本在于完善一系列促进要素流动的市场制度,通过提高收入能力以及应对致贫风险的能力,提高贫困户脱贫的"造血"功能。但现实中,城市偏向的发展战略加剧了城乡二元分割,城乡二元分割的发展使得农村在向城市源源不断提供低价生产资料的同时,难以有效积累农业生产资本,损害了农村长期发展的潜力;由于户籍制度的限制,城乡劳动力无法实现自由流动,城乡市场一体化面临障碍,导致农村剩余劳动力无法获得市场水平的边际回报,降低了农村劳动力收入水平;由于土地制度不健全以及"三权分置"改革的滞后,农村土地流转和土地规模化经营面临着很多问题,粗放式的土地利用方式降低了农业生产效率以及不利于农民收入的提升。结果,城市偏向性的发展战略、户籍制度以及土地制度改革的滞后导致大多数贫困户面临着制度性能力贫困,而通过政府转移支付或者补贴等"输血"的方式难以取得可持续扶贫效果,即便短期内脱贫也将面临返贫的风险。相比较而言,保障公共产品的供给,不断完善公共服务体系,加大教育资金投入力度,培养贫困个体的学习能力以及提高贫困个体人力资本等一系列市场导向型的制度性"输血"保障,则更有助于提高农户的可持续性减贫能力。

特别地,随着我国扶贫事业的推进,扶贫边际效益不断下降,扶贫政策的边际成本不断上升,而农村劳动力流动作为贫困农户自发的经济行为,应当成为贫困地区农户摆脱贫困的主要政策取向。由于面临着一系列体制机制障碍,农村劳动力市场依然呈现程度低、市场规模小的特征,城乡劳动力市场分割依然是区域劳动力市场分割的主要形式。从制度层面打破城乡劳动力市场分割的重要手段是消除城乡劳动力就业歧视及打破制度性壁垒,最终目的是建立完善、公平的劳动力市场制度,促进农村剩余劳动力在不同市场之间自由流动,有助于提高农村劳动力收入,降低农村贫困发生率(张建武,2001;张文、徐小琴,2008)。本文以长江经济带为研究对象,从消除城乡劳动力市场分割制度壁垒、实现城乡劳动力市场一体化的视角着手,探讨城乡劳动力市场分割的消除对降低农村贫困的影响,并进一步从可持续减贫的视角实证检验了城乡劳动力市场一体化对 OECD 绿色增长框架下可持续减贫效率的影响,具有重要的经济与社会意义。

二、理论机制:城乡劳动力市场一体化与可持续性减贫机制

城乡劳动力市场一体化的核心是农村剩余劳动力向城市流动。改革开放以来,大规模的农村劳动力的流动与迁移对于塑造东中西分化的经济地理格局有重要的推动作用,也改变了农村地区的资源配置以及收入水平等,也对农村的贫困情况有着深刻的影响。劳动力流动具有反贫困的功能(都阳、朴之水,2003;张永丽、王博,2017),劳动流动有助于实现劳动力以及依附于劳动力身上的其他要素的优化配置,进而提高了收入水平,起到了减贫的效果。除此之外,商品与市场一体化还具有绿色发展的促进效应,有必要在 OECD 绿色发展的分析框架下进行机理分析。

（一）城乡劳动力市场一体化下劳动力流动与农村减贫

一方面,部分学者认为劳动力流动显著降低了农村贫困水平。宏观上,刘易斯的城乡二元经济结构理论认为,农村剩余劳动力向非农部门流动,能够获得比农业更高的收入,因此,非农部门也能够为较少的劳动力支付更高的农业报酬,促进发展中国家从贫困走向富裕。Sabates-wheeler 等（2008）证实了农村劳动力的转移不仅有助于提高农村收入水平,还有助于提高农户的生产能力和生产效率,改善农户的多维贫困。国内的学者大都证实农村劳动力流动对家庭收入有一定的促进作用,农村劳动力流动既改善了农村家庭的绝对收入状况,也降低了农村家庭陷入贫困的相对概率,而且存在发达地区减贫效果更突出的区域异质性（李实,1999）。此外,农村劳动力流动有助于提高农村农户的收入和福利,如外出劳动力将其在城市的收入邮寄给家乡,男性、已婚、年龄大、家庭人口多和外出就业时间长等因素都提高了邮寄资金的规模和数量,对改善农村家庭的贫困有较大促进作用,而且外出务工人员返乡之后的劳动者技能素质、生产经营能力以及对家庭的经营能力都大大提升,从而有助于实现可持续性的减贫。

另一方面,部分学者认为劳动力流动对农村贫困水平的影响不显著,甚至会加剧农村贫困的水平。劳动力流动与迁移对贫困家庭的福利水平影响中间机制比较复杂,受到迁移动机、迁移时间、迁移目的以及迁移方式的影响,因此对农村贫困家庭的影响结果不定（Kothari,2003）。有的学者还认为劳动力流动加剧了城乡收入差距,破坏了乡村经济的可持续性以及导致了农村经济社会文明的衰退,甚至会加剧农村贫困水平（李翠锦,2014）。农村大量劳动力的转移也导致大量高素质劳动力的流失,因为具有流动能力的劳动力受教育水平更高,具有较高的人力资本禀赋,不利于农业生产效率的提升,损害了农民的生产性收入,甚至加剧了农村的"空心病"进而导致农村的衰败。此外,就中国而言,农村劳动力的转移汇款对农户贫困的缓解仅仅体现在物质层面,而在医疗、健康以及养老服务等方面帮助有限(连玉君等,2015)。李石新和高嘉蔚(2011)的研究也表明,大量青壮年及文化层次较高的劳动力的流失会阻碍农业生产效率和农业技术的提高,限制农业生产的发展,进而不利于减少贫困。从居民消费的提高角度来看,Brauw 和 Rozelle(2008)基于1995—2000 年的农户调查面板数据,证明劳动力迁移人数对农户的住房、耐用消费品等消费性投资具有显著的正向影响,但对生产性的投资没有显著的影响。

(二) 绿色发展下城乡劳动力市场一体化影响可持续减贫效率的研究

长江经济带市场一体化对于降低工业污染排放以及促进绿色发展有重要的意义。相比较而言,城乡劳动力市场一体化对于促进要素流动以及地区可持续发展同样有促进作用,原因在于,城乡劳动力市场一体化除了有助于实现资源在城市之间的配置,充分促进要素的专业化分工之外,在城乡的地理尺度层面,对农村要素的再配置也有重要影响,对提高农业生产率以及降低农村环境污染有积极意义。在绿色发展的分析框架中,OECD 的绿色增长战略中期报告认为,绿色增长既能防止环境恶化、生物多样性丧失和不可持续地利用自然资源,同时又能追求高效可持续的经济增长方式,它被视为将经济效益、环境完整性和社会公平完美结合起来的一项最具前景的综合战略。绿色经济增长水平的衡量,既包括通过构建绿色增长指标体系,也包含基于成本效益视角对绿色增长水平进行测度。王晓岭等(2015)将资源约束和环境绩效纳入到全要素生产率的测算框架中,以劳动力、资本和能源作为投入指标,以 GDP 作为经济产出指标,测量了二十国集团绿色增长水平的动态水平。陈明华等(2018)基于非期望产出的超效率 SBM 模型对长江经济带三大城市群绿色 TFP 增长进行了评价。在以上绿色发展指标的评价基础之上,OECD 对既有的绿色评估体系框架进行了拓展,除了充分考虑环境服务投入、自然资源流动以及政策融合指标外,还将农村贫困发生率指标加入进来,构成了本文 OECD 框架下测度可持续减贫效率的重要评价体系。

(三) 城乡劳动力市场一体化影响农村可持续性减贫的中间机制

首先,收入不平等的扩大阻碍了居民的脱贫,而贫困状况对于收入差距具有较高的弹性。农村劳动力流动有助于改善农村收入不平等,改善农民家庭福利以及降低贫困水平。原因在于,剩余劳动力滞留农村将更加集中分布于农村收入分布的中低端,提高了农村的绝对贫困人口,而农村剩余劳动力向城市移动有助于提高劳动力的收入水平及改善农村贫困人口的统计分布(王建国,2013)。其次,农村劳动力的流动为城市产业结构的转型升级提供了大量的劳动力支持,而且也倒逼农业产业结构的优化调整,更加注重农业资本、农业技术的投入及农业规模化经营水平,进而有助于提高农业生产效率、促进农村农户收入增加以及提高农户的人均消费水平。再次,劳动力流动导致大量高素质人才流向城市,不利于农村人力资本的积累以及农业技术的提高,会在一定程度上抑制农村贫困水平的降低。结果是农村劳动力流动通过以上渠道对农村贫困人口数量以及农村农户收入产生一定的影响。最后,城乡劳动力市场一体化有助于提高农业生产技术,促进农村人力资本积累以及降低农村面源污染,提高可持续减贫效率。

基于以上分析,提出以下研究假设:

H1:城乡劳动力市场一体化有助于提高劳动力资源的配置效率和劳动力收入,降低农村贫困水平,并且有利于提高可持续性减贫效率。

H2:城乡劳动力市场一体化对城乡收入差距存在不确定影响,并通过这一中间路径对农村贫困与可持续减贫效率产生作用。

H3:城乡劳动力市场一体化有助于提高农村劳动力生产率,进而降低农村贫困水平以及提高可持续减贫效率。

三、特征事实

(一) 城乡劳动力市场一体化指标测度:基于城乡劳动力市场分割的视角

基于单一工资率以及萨缪尔森的"一价定理"原则,本文在基于城市之间工资水平数据测度城市之间劳动力市场一体化的基础上,利用长江经济带 105 个城市与其对应农村工资性收入的数据,基于用"价格法"计算城乡相对工资收入的变动方差,并以其衡量城乡劳动力市场分割水平,而城乡劳动力市场一体化水平则可用其倒数表示。长江经济带城乡市场分割指数测度结果如表 1 所示,结果显示,长江经济带城乡劳动力市场分割指数都有先增高、后下降的趋势,表明城乡市场一体化存在先下降、后上升的趋势,峰值为2000 年。横向比较来看,长江经济带城乡劳动力市场分割存在东高西低的空间分布格局,这与长江经济带中城市之间商品与要素市场分割的变化趋势基本类似。

表 1　长江经济带城乡市场分割指数(部分)

省份	1998	2000	2002	2004	2006	2008	2010	2012	2014	2015
上海	3.745	4.746	5.384	4.501	3.498	2.567	1.960	1.071	0.339	0.422
江苏	3.121	4.165	4.471	4.115	2.716	1.936	1.523	0.811	0.455	0.335
浙江	3.944	5.116	5.511	4.758	3.246	2.272	1.550	0.777	0.518	0.416
安徽	1.925	2.287	2.196	1.969	1.527	1.100	0.878	0.557	0.363	0.275
江西	3.190	4.303	4.370	3.513	2.013	1.118	0.840	0.410	0.285	0.216
湖北	2.481	3.387	3.550	3.044	1.881	1.303	0.945	0.437	0.304	0.227

（续表）

省份	1998	2000	2002	2004	2006	2008	2010	2012	2014	2015
湖南	2.739	3.919	4.439	4.048	2.752	2.053	1.588	0.781	0.425	0.346
重庆	1.966	3.093	3.691	3.476	2.350	1.652	1.274	0.554	0.251	0.211
四川	2.417	2.825	2.986	2.495	1.693	1.518	1.067	0.723	0.334	0.277
贵州	2.614	3.452	3.708	3.329	2.444	1.569	1.317	0.660	0.302	0.263
云南	1.895	2.872	3.271	3.060	2.257	1.570	1.151	0.638	0.378	0.352

（二）可持续减贫效率指标计算与分析

基于最新的 OECD 框架下可持续减贫效率的测度，综合考虑了经济、社会、环境、扶贫等多方面的因素，主要指标包括经济增长、生态环境改善、环境服务投入、政策融合、创新指标和可持续扶贫性增长指标等要素，并重点关注气候变化、生态环境、自然资源等环境问题。本文具体的指标分为投入指标、常规产出指标、非期望产出指标以及可持续减贫效率下的贫困产出指标四类。

1. 投入指标

（1）劳动力，以全省年末从业人员数表示。（2）资本存量，以各省平均受教育年限表示人力资本存量，物质资本存量的估算比较通用的方法是永续盘存法。计算省级资本存量的基期为 1997 年，其中名义总投资采取固定资产投资总额，经济折旧率采用 9.6% 的水平，固定资产投资价格指数采用零售价格指数来替代，初始资本即可用公式表达为：$K_{i1998} = I_{i1997} / (g_{i1997} + \delta_{i1997})$，其中：$g$ 表示当年的 GDP 增长率，K 表示资本存量，I 表示名义投资，δ 表示折旧率，i 表示地区。（3）能源，采用电力消费数据表示。（4）公园绿地，以人均公园绿地面积表示。（5）水资源，以人均水资源量表示。（6）R&D 经费支出，以各省市 R&D 经费支出表示。

2. 常规产出指标

地区生产总值以平减后的各省市 GDP 作为衡量指标。

3. 非期望产出指标

（1）废水，以各省市废水排放总量表示。（2）化学需氧量，以各省市化学需氧量排放总量表示。（3）二氧化硫，以各省市二氧化硫排放总量表示。

4. 可持续减贫效率下的贫困产出指标

以各省市农村人口数占农村人口总数的比例表示。

基于超效率 DEA 的测度结果，OECD 框架下长江经济带可持续减贫效率变化如表 2 所示。1998—2016 年间长江经济带可持续减贫效率存在先上升后下降的趋势，表明可能因为一系列体制机制障碍，虽然我国的农村贫困率不断下降，但是若考虑到 OECD 框架中的绿色可持续发展因素，可持续减贫效率呈现出不断下降的趋势，也在一定程度上证实了扶贫效率仍需提高，尤其是 2020 年全面建成小康社会之后，应当更加重视扶贫的可持续性。横向比较来看，长江经济带可持续扶贫效率存在东高西低的空间分布格局，可能是东部地区农业技术水平较为发达的缘故。

表 2　OECD 框架下长江经济带可持续减贫效率变化（部分）

省份	1998	2000	2002	2004	2006	2008	2010	2012	2014	2016
上海	0.994	1.000	1.002	1.000	1.284	0.842	0.944	1.000	1.132	1.254
江苏	1.000	1.509	1.055	1.009	0.97	0.765	0.865	1.560	1.170	1.808
浙江	0.846	0.872	0.857	0.842	1.000	0.866	1.011	0.963	0.984	1.000
安徽	0.992	0.979	0.998	0.975	0.892	0.840	0.853	0.876	0.825	0.759
江西	0.862	0.830	0.877	0.842	0.948	0.877	0.874	1.098	1.129	1.022
湖北	0.778	0.811	0.862	0.835	0.814	0.819	0.836	0.867	0.867	0.862
湖南	0.919	0.919	0.917	0.903	0.961	0.957	1.069	1.029	0.982	0.970
重庆	0.874	0.850	0.990	1.005	0.897	0.895	0.890	0.926	0.877	0.814
四川	0.888	0.885	0.826	0.832	0.82	0.819	0.808	0.862	0.844	0.805
贵州	0.752	0.713	0.657	0.633	0.667	0.743	0.735	0.783	0.721	0.625
云南	0.699	0.661	0.568	0.478	0.761	0.822	1.000	1.000	1.000	1.023

四、研究设计与实证结果

（一）计量模型设定

为了考察城乡劳动力市场一体化影响农村贫困水平的中介作用，根据中介效应检验原理，首先，以市场一体化作为自变量，以城乡收入差距以及农村劳动力生产率作为因变量，检验城乡劳动力市场一体化对中介变量的影响；其次，以城乡收入差距以及农村劳动生产率作为自变量，以农村贫困水平作为因变量，检验城乡收入差距和农村劳动力生产率对农村贫困水平的影响；最后，检验城乡劳动力市场一体化是否对农村贫困水平存在直接作用，即完全中介效应。因此，本文基于中介效应机制模型，构建以下三组农业补贴政策效应评估递归（Recursive）模型：

$$Y_{it} = c + \alpha X_{it} + \sum_{j=1}^{n} \gamma Control_{it} + a_i + v_t + \varepsilon_{it} \qquad （公式1）$$

$$M_{it} = c + \beta X_{it} + \sum_{j=1}^{n} \gamma Control_{it} + a_i + v_t + \varepsilon_{it} \qquad （公式2）$$

$$Y_{it} = c + \lambda_1 X_{it} + \lambda_2 M_{it} + \sum_{j=1}^{n} \gamma Control_{it} + a_i + v_t + \varepsilon_{it}$$

$$（公式3）$$

其中 Y_{it} 表示因变量，X_{it} 表示自变量，M_{it} 表示中介变量，$Control_{it}$ 表示控制变量，c 表示常数项，α、β、λ 分别表示在中介效应模型(1)—(3)中自变量的系数，α_i 表示固定效应，v_t 表示时间效应，ε_{it} 表示随机误差项。

模型检验步骤为：第一步对模型(1)进行回归，用以检验自变量 X_{it} 对因变量 Y_{it} 的政策效应，回归系数显著意味着自变量 X_{it} 的政策效应显著，否则停止中介效应的传导路径检验。第二步对模型(2)进行回归，用以检验自变量 X_{it} 是否通过中介变量对因变量 Y_{it}

产生影响,如果系数显著,说明自变量 X_{it} 对中介变量 M_{it} 有显著的影响作用。最后对模型(3)进行回归,λ_1 与 λ_2 分别反映了自变量 X_{it} 与中介变量 M_{it} 对因变量 Y_{it} 的直接与间接影响效应,综合 β 与 λ_2 的系数的共同显著性我们便可以判断出中间传导路径的存在性。但此类方法的问题在于对检验弱的中介效果不理想,如果 β 较小而 λ_2 较大,此时检验两者乘积 $\beta\lambda_2$ 不等于 0,但是 β 较小可能会导致第二步模型检验判定其不显著,所以依此检验方法可能会犯第二类错误(接受虚无假设即做出中介效应不存在的判断)。为解决这一问题,需要基于系数乘积检验法(products of coefficients)构造 Sobel 统计量对 $\beta\lambda_2$ 进行检验,如果 Sobel 检验拒绝中介效应不显著的原假设,则意味着中介效应显著,反之则反是。特别地,为了消除经济变量内生性问题和地区异质性导致的误差项同方差问题,本文运用 GMM 动态面板估计模型能够使这些问题得到较好的处理。

(二) 变量选择与说明

1. 被解释变量

第一,以农村贫困人口数占农村总人口数的比例作为衡量贫困程度的指标,即农村贫困率(pov),用来反映农村贫困程度,该数值越大,表明农村贫困程度越高,反之则低;第二,基于 OECD 的框架计算可持续减贫效率(poveff)。

2. 核心解释变量

本文的核心解释变量是城乡劳动力市场一体化指数(lmi),采用城乡劳动力市场分割指数的倒数进行计算。

3. 中介变量

城乡劳动力市场一体化可通过影响城乡收入差距以及提高农村劳动力生产率对农村贫困产生影响,因此,本文以城乡收入差距(gap)和农村劳动力生产率(lp)作为中介变量,城乡收入差距

（gap）采用城镇居民人均可支配收入与农村居民人均纯收入的比值表示,农村劳动力生产率（lp）采用单位农村劳动力人口所创造的农业 GDP 表示。

4. 控制变量

本文中的主要外生控制变量指标包括以下 8 个指标:（1）农业经济发展水平,以农业增加值（agrgdp）衡量;（2）农业机械总动力（ruralmach）,用该指标衡量农业机械化水平以及农业技术进步;（3）农村用电水平（ruralelec）,该指标反映了农村对电力能源的需求;（4）农村固定资产投入（invest）,以农村固定资产投资规模占固定资产投资总额比重衡量农村地区生产性投入状况;（5）交通基础设施建设水平（waylen）,采用各省公路里程数来表示;（6）农业对外开放程度（open）,采用农业出口值占第一产业增加值的比重计算;（7）政府干预（gov）,采用当年财政预算支出与 GDP 的比重表示,政府干预程度越高,意味着政府拥有更多支配生产型支出、生存型财政支出的权力,其对于农户贫困的影响取决于财政支出结构;（8）农村有效灌溉面积（garea）,有效灌溉面积的扩大有助于提高农业生产水平以及提高农户收入。

（三）描述性统计

主要变量的描述性统计分析如表 3 所示。

表 3　主要变量描述性统计分析

变量	单位	观测样本	均值	标准差	最小值	最大值
poveff	—	198	0.931	0.210	0.517	2.170
pov	—	198	0.108	0.084	0.004	0.549
agrgdp	亿元	198	1194	908.700	73.840	3986
ruralmach	万千瓦时	198	2344	1496	95.320	6581
ruralelec	亿千瓦时	198	222.7	365.0	11.770	1836
invest	—	198	0.0607	0.0408	0.0002	0.208

（续表）

变量	单位	观测样本	均值	标准差	最小值	最大值
waylen	万公里	198	11.51	7.398	0.410	31.560
open	—	198	0.304	0.397	0.0403	0.768
gov	—	198	0.467	0.184	0.155	0.985
garea	千公顷	198	1959	1125	184.100	4400
lp	元/人	198	4350	2864	983.100	14929
gap	—	198	2.953	0.680	1.623	4.758
lmi	—	198	0.919	0.981	0.164	4.739

（四）实证结果

1. 城乡劳动力市场一体化与农村贫困率的面板模型估计

基准效应模型能够从经济直觉上为进一步分析两者关系及中间机制提供间接证据。具体地,表4中,列（1）至列（3）的基准模型显示城乡劳动力市场一体化和农村劳动力生产率都显著降低了农村贫困率;而城乡收入差距的扩大则显著加剧了农村贫困率。列（4）与列（5）的中介模型中,城乡劳动力市场一体化对农村劳动力生产率的提升效果并不明显,但显著降低了城乡收入差距。在列（6）和列（7）的综合模型中,城乡劳动力市场一体化的系数同样为负,且绝对值有所降低,与此同时,农村劳动力生产率的提升显著降低了农村贫困率,而城乡收入差距的扩大则加剧了农村贫困率。考虑到列（4）中农村劳动力生产率中介变量的系数并不显著,而列（6）中的农村劳动力生产率影响农村贫困率的系数显著,有必要通过 Sobel 进一步检验中介效应,经计算,Sobel 统计量 $=-1.245$ 且 $P=0.213$,说明农村劳动力生产率的中介效应不存在,城乡劳动力市场一体化主要是通过降低城乡收入差距对农村贫困水平有所抑制,对农村劳动力生产率的提升效应不明显。

表 4　面板效应模型估计：因变量——农村贫困率

变量	(1)	(2)	(3)	(4)	(5)	(6)	(7)
	基准模型			中介模型		综合模型	
	lnpov	lnpov	lnpov	lnlp	lngap	lnpov	lnpov
ln*lmi*	-0.157*** (0.039)			0.101 (0.080)	-0.061** (0.026)	-0.135*** (0.041)	-0.153*** (0.024)
ln*lp*		-0.231*** (0.034)				-0.218*** (0.024)	
ln*gap*			1.716** (0.692)				1.687** (0.706)
ln*agrgdp*	-0.629* (0.368)	-0.996** (0.498)	-0.606* (0.359)	1.474*** (0.123)	0.020 (0.041)	-0.949* (0.506)	-0.596 (0.363)
ln*ruralmach*	-0.392* (0.229)	-0.392* (0.217)	-0.411** (0.205)	-0.234*** (0.077)	0.001 (0.025)	-0.341 (0.236)	-0.391* (0.226)
ln*ruralelec*	-0.156 (0.161)	-0.138 (0.162)	-0.049 (0.163)	-0.154*** (0.054)	0.066*** (0.018)	-0.123 (0.165)	-0.044 (0.165)
ln*invest*	0.020 (0.125)	0.012 (0.124)	0.004 (0.122)	-0.010 (0.042)	-0.007 (0.014)	0.022 (0.126)	0.008 (0.124)
ln*waylen*	0.998*** (0.210)	0.955*** (0.214)	1.158*** (0.217)	0.181** (0.071)	0.093*** (0.023)	0.958*** (0.215)	1.155*** (0.217)
ln*open*	0.373*** (0.136)	0.333** (0.135)	0.167 (0.151)	0.104** (0.046)	-0.116*** (0.015)	0.350** (0.139)	0.177 (0.157)
ln*gov*	0.0779 (0.314)	0.074 (0.312)	0.138 (0.308)	-0.082 (0.105)	0.040 (0.035)	0.096 (0.315)	0.146 (0.311)
ln*ruralarea*	-0.881 (0.542)	-0.763 (0.528)	-1.064** (0.529)	-0.215 (0.182)	-0.122** (0.060)	-0.834 (0.544)	-1.087** (0.541)
ln*area*	-0.806* (0.457)	-0.612 (0.452)	-0.982** (0.443)	-0.533*** (0.153)	-0.119** (0.050)	-0.691 (0.474)	-1.006** (0.458)
ln*lp*		0.231 (0.234)				0.218 (0.236)	
ln*gap*			-1.716** (0.692)				-1.687** (0.706)
时间固定效应	Y	Y	Y	Y	Y	Y	Y
省份固定效应	Y	Y	Y	Y	Y	Y	Y
常数项	12.24*** (3.44)	10.25*** (3.78)	15.23*** (3.60)	7.35*** (1.15)	1.81*** (0.38)	10.64*** (3.85)	15.30*** (3.62)
Sobel 检验				-1.245 [P=0.213]			
观测值	198	198	198	198	198	198	198

注：（1）上角标 *、** 和 *** 分别表示在 10%、5% 和 1% 的显著水平上通过检验；（2）变量系数下一行数值表示系数的标准差。表5、表6同。

2. 城乡劳动力市场一体化与农村贫困水平的动态面板估计

城乡劳动力市场一体化与农村贫困率之间存在互动内生问题，一方面，城乡劳动力市场一体化能够通过实现劳动力要素的再配置，提高农村劳动力生产率以及农村农户收入，缓解贫困水平；但另一方面，农村贫困人口的增加以及收入水平的降低，也激励更多的剩余劳动力向城市转移，从事非农生产活动，提高了劳动力的跨区流动水平。为了缓解潜在的内生问题，本文基于动态面板系统 GMM 估计方法对模型进行再次估计。表 5 中的估计结果显示：首先，农村贫困率的一阶滞后项变量无一例外均显著为正，表明农村贫困水平存在一定的路径依赖特征，贫困率较高的地区容易陷入低水平经济的"锁定"，这就要求通过制度创新或者政策上打破这种路径依赖，实现农村可持续的脱贫。同样在基准模型列（8）至列（9）中，城乡劳动力市场一体化和农村劳动力生产率都显著降低了农村贫困率水平，且系数绝对值要高于静态面板回归模型的水平。在中介模型列（11）和列（12）中，城乡劳动力市场一体化对农村劳动力生产率的作用尚不明显，可能的原因是，长江经济带城乡劳动力市场一体化进程依然处于上升阶段，包括长三角等在内的国家城市群成为长江经济带新型城镇化的空间载体，吸引更多的农村富余劳动力向城市群转移，农民工返乡的总体水平还较低，导致农村劳动力生产率提高并不显著。最终，在综合模型中，列（13）和（14）中城乡劳动力市场一体化指标都显著为负，对农村贫困率水平有直接的抑制作用，但农村劳动力生产率指标系数不显著，城乡收入差距的扩大加剧了农村贫困率水平。

此外，第一产业产值比例高意味着地方经济社会发展以农业为主，在现有的农业生产组织和生产技术水平下，农业产值的提高对促进农业增收以及降低农村贫困率水平并没有明显效果；农业机械总动力显著降低了农村贫困率水平，农业机械化水平的提高有助于

表 5　动态面板系统 GMM 估计:因变量——农村贫困率

变量	(8)	(9)	(10)	(11)	(12)	(13)	(14)
	基准模型			中介模型		综合模型	
	lnpov	lnpov	lnpov	lnlp	lngap	lnpov	lnpov
L. lnpov	3.341* (1.582)	2.118*** (0.269)	4.353** (1.505)			1.813*** (0.549)	4.848** (1.835)
lnlmi	-2.048** (0.800)			0.448 (1.485)	-0.906*** (0.295)	-2.407* (1.120)	-0.120*** (0.047)
lnlp		-5.628*** (1.616)				5.000 (7.301)	
lngap			-5.89** (0.725)				2.380*** (0.640)
L. lnlp				0.884 (1.296)			
L. lngap					0.452 (0.347)		
lnagrgdp	1.800 (1.555)	3.801* (2.026)	-27.17** (11.04)	1.062** (0.363)	0.130 (0.266)	0.670 (1.030)	0.826* (0.41)
lnruralmach	-0.626 (2.602)	3.357 (3.261)	23.83** (9.369)	-0.987* (0.454)	0.209 (0.243)	-1.459 (3.093)	-3.120*** (0.14)
lnruralelec	0.308 (1.047)	1.564 (1.261)	1.581 (0.973)	-0.581 (0.378)	-0.116 (0.164)	-0.692 (1.090)	10.670 (10.07)
lninvest	0.436 (1.114)	0.364 (1.066)	-10.580** (4.296)	0.124 (0.113)	-0.349* (0.171)	-0.963 (0.872)	-13.05* (6.218)
lnwaylen	1.711* (0.785)	0.296 (0.664)	-1.706** (0.701)	0.126 (0.355)	0.073 (0.061)	-0.985 (0.713)	-2.221* (1.174)
lnopen	-5.343** (2.185)	-2.497 (1.522)	7.380** (2.949)	1.018** (0.404)	-0.447*** (0.140)	-2.480* (1.115)	-8.271* (3.722)
lngov	1.514* (0.730)	1.449* (0.739)	7.049* (3.359)	1.108 (1.281)	-0.450** (0.162)	-5.357* (2.924)	-11.61*** (2.799)
常数项	-31.32** (13.86)	-22.30 (14.58)	65.39* (31.26)	7.62 (10.44)	-3.78** (1.64)	58.47* (30.30)	131.90 (80.69)
AR(1)	0.292	0.119	0.015	0.065	0.090	0.070	0.006
AR(2)	0.530	0.279	0.412	0.685	0.349	0.170	0.905
Hansen 检验	0.587	0.573	0.458	1.000	0.327	0.905	1.000
观测值	187	187	187	187	187	187	187

注:L. 表示滞后一阶。

提高粮食产量以及增加农户的生产性收入;交通基础设施建设水平显著提升交通通达性,有利于促进劳动力的自由流动,降低了货物的运输成本,通过交通基础设施的网络效应促进了劳动力市场规模效应与溢出效应的发挥,对于提高农村劳动力的收入水平有较大的促进作用;农业开放程度通过促进农产品出口提升了农户的收入;而政府干预对降低农村贫困率的作用最大,原因在于,政府干预往往反映了地区的财政分权力度,前期的研究证明,财政分权对农村减贫水平既存在直接效应,又存在生存型与发展型投资支出的中介效应,且生存型与发展型投资支出都有助于强化财政分权对农村减贫水平的作用,在财政分权对农村减贫水平作用的增强效应上,生存型投资支出的作用高于发展型投资支出作用。

3. 城乡劳动力市场一体化的可持续减贫效率

表 6 的检验结果显示,可持续减贫效率的一阶滞后项都显著为正,表明可持续减贫效率的提高具有动态循环累积的特征,可能是因为绿色扶贫技术的提升具有技术外溢和报酬递增的特征,政策上要求未来进行农村精准扶贫工作,需要在 OECD 的框架下注重可持续减贫的效率。表 6 中,在基准模型列(15)至列(17)中,城乡劳动力市场一体化显著提高了农村可持续减贫效率;但列(16)和列(20)都显示,农村劳动力生产率对可持续减贫效率的影响并不显著,可能是因为城乡劳动力市场一体化对农村劳动力生产率的改善不明显;在中介效应模型列(18)和列(19)中,城乡劳动力市场一体化对农村劳动力生产率的影响并不显著,但显著地降低了城乡收入差距。在综合模型列(20)至列(21)中,城乡劳动力市场一体化的系数都显著为正,表明城乡劳动力市场一体化对可持续减贫效率有直接的促进效应,城乡收入差距的扩大显著降低了可持续减贫效率,农村劳动力生产率对可持续减贫效率的影响不显著。

表 6　城乡劳动力市场一体化对可持续减贫效率的影响

变　量	（15）	（16）	（17）	（18）	（19）	（20）	（21）
	基准模型			中介模型		综合模型	
	poveff	poveff	poveff	lnlp	lngap	poveff	poveff
L. poveff	0.416 ***	0.892 ***	0.938 ***			0.707 ***	1.032 ***
	（0.124）	（0.109）	（0.127）			（0.073）	（0.079）
ln*lmi*	0.154 *			0.448	−0.906 ***	0.231 **	0.466 **
	（0.096）			（1.485）	（0.295）	（0.095）	（0.221）
ln*lp*		−0.386				0.953	
		（0.301）				（1.570）	
ln*gap*			−1.604 *				−0.893 *
			（0.844）				（0.550）
L. ln*lp*				0.884			
				（1.296）			
L. ln*gap*					0.452		
					（0.347）		
ln*agrgdp*	0.558	0.095	0.080	1.062 **	0.130	0.223	−0.521
	（0.402）	（0.150）	（0.164）	（0.363）	（0.266）	（1.206）	（0.635）
ln*ruralmach*	0.760 ***	0.968 **	1.602 ***	−0.987 *	0.209	0.331	0.831 *
	（0.183）	（0.454）	（0.523）	（0.454）	（0.243）	（0.216）	（0.454）
ln*ruralelec*	−0.321	0.368 ***	0.089	−0.581	−0.116	0.167	−0.069
	（0.319）	（0.102）	（1.104）	（0.378）	（0.164）	（0.471）	（0.641）
ln*invest*	0.374 ***	−0.171	−0.335 **	0.124	−0.349 *	0.242 ***	0.170
	（0.097）	（0.141）	（0.142）	（0.113）	（0.171）	（0.076）	（0.894）
ln*waylen*	0.555 **	−0.209	0.273 ***	0.126	0.073	0.665 ***	0.502 ***
	（0.260）	（0.194）	（0.102）	（0.355）	（0.061）	（0.218）	（0.152）
ln*open*	0.043 ***	0.537 *	−0.082	1.018 **	0.447 ***	0.321	−0.045
	（0.051）	（0.327）	（0.057）	（0.404）	（0.140）	（1.825）	（4.474）
ln*gov*	−1.304	0.321	0.068	1.108	−0.450 **	0.550	−0.099
	（0.900）	（0.219）	（0.131）	（1.281）	（0.162）	（2.215）	（6.711）
常数项	−2.41	1.21	13.00 ***	7.62	−3.78 **	10.03	−0.98
	（2.48）	（1.09）	（3.45）	（10.44）	（1.64）	（22.24）	（21.33）
AR（1）	0.004	0.088	0.007	0.065	0.090	0.005	0.012
AR（2）	0.947	0.862	0.587	0.685	0.349	0.145	0.230
Hansen 检验	0.950	0.958	0.970	1.000	0.327	0.980	1.000
观测值	187	187	187	187	187	187	187

五、研究结论与政策启示

本文使用长江经济带 1998—2016 年的面板数据,基于动态面板系统 GMM 估计方法,实证检验了城乡劳动力市场一体化对农村贫困率和可持续减贫效率的影响,结果证实:(1)基于单一工资率计算的城乡劳动力市场分割指数不断下降,这意味着长江经济带城乡一体化水平在波动中不断提升;与此对应的是农村贫困率不断下降和 OECD 绿色发展框架下可持续减贫效率不断提升;(2)城乡劳动力市场一体化在显著降低农村贫困水平的同时,还有助于提高 OECD 绿色发展框架下的可持续减贫效率,具有制度的稳定性与可持续性;(3)城乡劳动力市场一体化通过降低城乡收入差距这一中间路径减少了农村贫困发生率,提高了可持续减贫效率,但城乡劳动力市场一体化对农村劳动力生产率这一中间路径的作用不显著。基于此,本文提出以下政策建议:

第一,深化体制机制改革,进一步深入推进城乡劳动力市场一体化水平。在城乡二元分割体制下,城乡劳动力市场分割的问题尤其值得重视,未来应推动城乡劳动力市场一体化,实现农村劳动力与城镇劳动力的“同工同酬”;进一步深化户籍制度改革,建立统一的城乡社会保障体制,保障农村与城镇劳动力享有共同的权利,使农村流动劳动力享有自由流动、平等就业、同工同酬的机会,实现城乡劳动力就业体系的统一。

第二,扶贫战略要转变,扶贫战略需要从传统的重物质保障、轻制度建设的“输血”式扶贫转到更加重视个人能力脱贫、制度性脱贫、生态脱贫等“造血”式的可持续减贫上来。未来要求我国反贫困实现战略重心的转移,即把反贫困的关口前移,把更多的资金投入到提升教育和健康水平方面,并清除户籍歧视的制度安排,提高贫困个体自身获取收入、预防和应对贫困风险的能力,而不是在其陷入贫困不能自拔之后再进行扶持和救助。2020 年后反贫困战略需要同时关注贫困人口的群体变动趋势与贫困个体的现实诉求,应由关注绝对贫困转向更加关注相对贫困,由关注群体贫困转向更加关注个体贫困,由关注衣食贫困转向更加关注能力贫困,由关注显性(吃、穿、住、行等现实生活需求)贫困转向更加关注隐性(精神、能力、文化等)贫困,由关注收入贫困转向更加关注就业贫困,由关注自身贫困转向更加关注社会贫困(贫困个体社会融入、社会认同),由关注简单的生存贫困、发展贫困到更加关注环境贫困、可持续发展贫困(社会责任、环境保护责任意识和努力)。

　　第三,可持续减贫战略的实施重点在于缓解贫困户的能力贫困。首先,提升可持续发展能力,除了通过保障医疗卫生、预期寿命、人畜饮水安全、交通通信以及扩大公共品覆盖范围之外,还应当基于 OECD 的绿色发展框架建立包括受教育机会、自我学习能力、融入与适应现代社会能力、市场能力、环保意识与努力等可持续减贫的综合评价体系;其次,充分发挥政府、市场、社会多方主体为贫困人口创造提升能力与融入社会的机会,如补贴学费用于教育,政府为贫困人口缴纳医保以促进农民的健康水平,提高农村互助组织和农村金融水平;最后,破除制度性能力贫困障碍,通过深化户籍制度、农村普惠金融、土地流转等制度的改革,促进要素的自由流动,缓解制度性能力贫困的压力。

参考文献

1. Brauw, A. D., and S. Rozelle, "Migration and household investment in rural China," *China Economic Review*, vol. 419, 2008 pp. 320-335.

2. Kothari, U, "Staying put and staying poor?", *Journal of International Development*, vol. 15, 2003, pp. 645-657.

3. Sabates-Wheeler, R., R. Sabates, and A. Castaldo, "Tackling poverty-migration linkages: Evidence from Ghana and Egypt," *Social Indicators Research*, vol. 87, 2008, pp. 307-328.

4. 陈明华、仲崇阳、张晓萌："城市群绿色 TFP 增长的空间协同性测度及经济政策选择"，《宏观经济研究》2018 年第 2 期，第 126—139 页。

5. 都阳、朴之水："迁移与减贫——来自农户调查的经验证据"，《中国人口科学》2003 年第 4 期，第 56—62 页。

6. 雷明："扶贫战略新定位与扶贫重点"，《改革》2016 年第 8 期，第 74—77 页。

7. 李翠锦："贫困地区劳动力迁移、农户收入与贫困的缓解——基于新疆农户面板数据的实证分析"，《西北人口》2014 年第 1 期，第 34—38 页。

8. 李石新、高嘉蔚："中国农村劳动力流动影响贫困的理论与实证研究"，《科学经济社会》2011 年第 4 期，第 5—11 页。

9. 李实："中国农村劳动力流动与收入增长和分配"，《中国社会科学》1999 年第 2 期，第 16—33 页。

10. 连玉君、黎文素、黄必红："子女外出务工对父母健康和生活满意度影响研究"，《经济学（季刊）》2015 年第 1 期，第 185—202 页。

11. 王建国："外出从业、农村不平等和贫困"，《财经科学》2013 年第 3 期，第 83—94 页。

12. 王晓岭、武春友、于文嵩："绿色增长驱动因素的国际比较研究——基于'20 国集团（G20）'面板数据的实证检验"，《北京理工大学学报（社会科学版）》2015 年第 6 期，第 12—20 页。

13. 张建武："城乡统筹就业问题研究"，《中国农村经济》2001 年第 8 期，第 41—46 页。

14. 张文、徐小琴："基于劳动力转移的江西工业化与城镇化双重演进模型初探"，《江西社会科学》2008 年第 2 期，第 206—210 页。

15. 张永丽、王博："农村劳动力流动减贫效应的实证研究——基于甘肃省农户的调查"，《人口学刊》2017 年第 4 期，第 60—70 页。

（孙博文，中国社会科学院数量经济与技术经济研究所；谢贤君，西安交通大学经济与金融学院）

县域农村一二三产业融合发展研究——以广东省新兴县为例

曾广彪　李浩民

2014年12月的中央农村工作会议提出了以促进一二三产业融合互动来推动农业现代化的指导意见,该会议指导意见首次明确了农业一二三产业融合是实现农业现代化的路径和着力点。2015和2016年的中央一号文件进一步提出了以农村一二三产业融合发展实现农业产业链延伸、农业附加值提高以及农民增收的目标,并鼓励进一步发展特色农业、农村服务业和农村旅游业等多种新业态。2017、2018、2019年中央一号文件提出要加快构建农村一二三产业融合发展体系,鼓励试点建设农村产业融合发展示范园,农业一二三产业融合发展已上升到国家重要农村战略之一。近年来随着物联网、人工智能、电子商务等信息工业新业态的兴起以及第三产业服务业的不断创新发展,加快农业向第二三产业的融合发展有助于推进农业现代化和农村产业结构调整升级,是实施乡村振兴和新型城镇化的重要推动力量。在当前我国高度重视农村产业融合与产业新业态不断涌现的宏观背景下,本文以广东省新兴县为例研究了县域农村一二三产业融合发展的实践经验与问题,为探索高质量农村产业融合提供了重要参考。

一、农村一二三产业融合内涵与理论

(一) 产业融合内涵

产业融合 (Industry Convergence) 的概念最早由 Rosenberg (1963) 提出,Rosenberg 将机床产业不同部门的生产技术和工序改变称之为"技术融合"。Hackin 等 (2009) 认为融合与产业融合并不等同,产业融合是融合的目标和高级阶段,从融合到产业融合需要经历四个过程:知识融合、技术融合、应用融合、产业融合。Benner 等 (2013) 则从生产要素层面来界定产业融合,认为产业融合是不断拓展不同行业的知识、技术和市场要素边界来实现产业间的融合发展。Namil Kim (2015) 从多个维度对产业融合进行了分析,他认为从融合要素的角度来看,主要有技术、价值链和市场;融合的类型分为产业间融合与产业内融合;从融合的动态发展来看,融合会因产业差异而产生不同效果,有的产业之间会产生较高的融合度而有的产业则难以融合。

对于产业融合的概念和内涵,大量学者从不同的角度提出了不一样的观点。总的来看,产业融合可以认为是不同产业或者同一产业内部不同行业之间的知识技术、产业价值和市场等要素不断共享和融合创新而形成的产业间渗透、交叉和融合的产业新模式和产业新业态。

(二) 产业融合模式

产业融合的内涵具有多样性,这也意味着产业融合的类型和模式具有多样性。根据产业融合内涵与类型进一步厘清产业融合的发展模式,充分考虑不同产业的特征和实际情况,有助于选择最优的产业融合模式和发展路径,总体而言,产业融合的模式主要有:

根据技术要素分类,产业融合模式可以分为技术替代性融合与技术互补性融合。Greenstein 和 Khanna(1997)最早从技术要素的角度阐述了技术替代性融合与技术互补性融合两种模式。技术替代性融合主要指新的替代性技术产业和旧的生产技术产业进行融合发展,技术互补性融合主要指具有互补技术性质的产业或者行业进行融合发展。与技术要素分类相似,Stieglitz(2003)根据产品类型进行划分,提出了产品替代型融合与产品互补型融合。替代型融合与互补型融合需要充分结合产业间的技术发展动态和现实情况,规划最优的技术融合模式从而促进产业高效融合。

根据市场要素分类,产业融合模式可以分为供给侧融合与需求侧融合。供给侧融合主要指的是与产品生产和供给相关的产业进行融合发展,如制造业与人工智能等信息产业的融合,供给侧融合有助于提高产业生产效率;需求侧融合主要指的是与市场产品需求相关的产业进行融合发展,如电子商务与农业的融合,需求侧融合有助于加快产业的销售和资金回笼。供给侧融合与需求侧融合避免了技术和产品要素模式的分类模糊与边界明晰等问题,提高了产业融合规划的精准性和科学性。

除了按照技术和市场分类的产业融合模式,还有其他模式分类方法,如根据融合方向分为产业链横向融合和产业链纵向融合;根据功能可以分为功能融合与主体融合、拓展性融合与吸收性融合等。产业融合模式的分类众多,需要根据实际产业技术情况和市场供需进行规划和选择。

(三) 农村一二三产业融合内涵与模式

农村一二三产业融合具有自身的特点和内涵,是立足于农业基础上而开展的产业间合作,因此明晰农村产业一二三融合的内涵对于实践指导具有重要意义,总的来看,农村一二三产业融合的内涵主要有以下几个方面:

首先,融合区域立足于农村地区。2014—2019 年的中央一号文件都明确提出加快推进农村一二三产业融合的目标,并以此作为推进农业现代化和乡村振兴的重要方式和路径。农村产业融合是一二三产业间分工合作并重新优化配置农村产业资源的过程,如果这个资源配置与利益分配过程脱离了农村地区,则出现农村产业空心化的结果,这与农村产业现代化发展以及乡村振兴的国家战略背道而驰。因此农村产业融合的区域应立足于县域及乡镇一级的农村地区,借助二三产业的生产和经营技术不断优化农村劳动力、资本和土地等生产要素资源配置效率,推动农村地区产业结构持续升级,让农民共享农村产业融合的经济成果。

其次,融合产业基础为农村第一产业。农村一二三产业融合的产业基础为第一产业,融合二三产业技术的目的是推动第一产业结构优化,构建现代化的农村产业体系。因此农村一二三产业融合的产业协调方式主要体现在延伸融合产业长度、增加产业附加值的厚度、提高融合产业深度,通过实现一二三产业的利益共赢,借助二三产业力量带动第一产业持续转型升级。

最后,融合是农业产业技术与利益分配机制创新的过程。农村产业融合的区域立足于农村,产业基础为第一产业,因此在与二三产业融合的过程中需要寻找三个产业间的技术合作基础。二三产业需要针对农村地区产业生产经营活动现实情况与存在问题进行技术创新和研发,让原本三个产业在第一产业内实现协调分工合作,提高第一产业生产经营活动的效率。此外利益分配机制的创新对于产业间合作融合与产业内分工具有重要意义,二三产业与第一产业的融合是提高产业附加值的过程,一方面应让二三产业在融合产业价值链延伸的过程中共享利益成果,另一方面,也要完善第一产业内部各个融合主体的风险和收益共担机制,调动各产业和各主体的积极性,提高产业融合的成功率。

农村一二三产业融合模式主要有:

"1+2"的第一产业与第二产业融合模式。"1+2"模式是指以农业第一产业为基础,向第二产业进行融合延伸产业附加值。一方面,第一产业主要生产农产品,而农产品的产业附加值较低,向第二产业融合,借助工业技术对农产品进行深加工将不断提高融合产业链的产品价值深度,推动第一产业高质量发展。另一方面农业经济活动中除了土地生产要素的投入,还需要投入大量劳动力资源,向第二产业融合可借助相关先进工业技术提高农业生产效率,优化第一产业资源配置效率。

"1+3"的第一产业与第三产业融合模式。"1+3"模式是指以农业第一产业为基础,向第三产业进行融合拓展产业经营的多种新业态。目前"1+3"模式主要集中在经营业态的创新,如发展特色农业、生态旅游、文化观光等多种乡村旅游形式以及利用电子商务和网络直播等模式进行特色农产品销售与品牌推广。随着第三产业的快速创新发展,"1+3"模式需要不断探索更多的融合模式,提高第一产业的经营效率。

"1+2+3"的第一二三产业融合模式。"1+2+3"模式是指以农业第一产业为基础,向第二三产业进行融合形成全产业链的闭环模式。"1+2+3"模式的产业链条长,每个环节的产业附加值高,但这一产业融合模式的关键在于构建完善的产业和融合主体利益联结机制,并且需要引进相关产业融合人才。当前二三产业不断涌现出了新业态,相关机构和企业应根据第一产业实际情况,创新"1+2+3"

融合模式,提高全产业链的生产运营效率,构建高效率的全产业链融合体系。

二、县域农村一二三产业融合实践研究

广东省新兴县历史上曾称为竹城、筠城,位于广东省中部偏西、云浮市东南部,县城距广州市 140 公里,全县政区总面积 1523 平方公里,户籍人口 48 万,下辖 12 个镇、199 个村(居)委会,是禅宗六祖惠能大师的故乡。

近年来,新兴县以一二三产业融合发展为目标,深入推动产业链、创新链、服务链、资金链和政策链"五链融合",初步形成农业链条化、服务全域化、优势叠加化、创新协同化的发展格局。2017 年,新兴县实现生产总值 266.11 亿元,比上年增长 6.2%,在全国 2000 多个县域经济单元中,经济竞争力排 308 位、投资潜力排 255 位,2018 年,新兴县入选年度"广东旅游综合竞争力十强县(市),一二三产业相互渗透、交叉重组、融合发展的态势基本形成,取得一定成效。

(一) 构建农村产业融合主体

农村一二三产业融合发展面临涉及面广、复杂性强、利益联结相对松散的挑战。新兴县着眼于提高农业组织化水平,从培育多元化农村产业融合主体、建立多形式利益联结机制入手,通过贴息、补助、以奖代补、入股等形式扶持发展农业龙头企业、农民专业合作社、家庭农场、专业大户等现代农业经营主体。2017 年,新兴县拥有各类规模以上农业龙头企业 55 家,其中销售收入超过 3000 万元的市级重点农业龙头企业 28 家;培育家庭农场 4000 多户、种养大户 1.1 万个、农民专业合作社 481 家,被认定为第二批国家农业产业化示范基地。

发挥龙头企业带动产业融合作用。龙头企业作为引领力量,在带动农民合作社和家庭农场适度规模经营、发展农产品精深加工和营销方面发挥重要作用。新兴县引导龙头企业科学延伸产业链,重点发展农产品加工、物流、销售和电子商务、农业社会化服务,促进农业转型升级。以全国农业龙头企业——温氏集团为代表,其产业从养鸡开始,逐步增加养殖品种,上游产业链向饲料、生物制药、农牧机械、粮食加工贸易等拓展,下游产业链向屠宰、食品加工销售、物流配送等延伸,温氏集团还注重科研带动,有研发及技术人员900余人,获得省部级以上政府科技奖励20余项,其物联网智能养殖系统、生态循环农业均达到了行业领先水平,成为全产业链发展的一个示范。新兴县大力支持"公司+农户"的温氏模式,采取与农户相互入股、龙头企业领办农民合作社等方式,促进龙头企业与专业大户、家庭农场、合作社对接。温氏集团和象窝山、飞天蚕、天堂紫米基地等农业龙头项目坚持走规模化、标准化、品牌化发展道路,带动形成一批协调发展的优势产业集群。

组织农民专业合作社和家庭农场联结经营。专业合作社和家庭农场是促进农村产业融合发展的主体。新兴县大力引导专业合作社和家庭农场适度规模经营,2016年全县共有农民专业合作社481家,各类年收益10万元以上的家庭农场4000多个、专业大户1.1万多个。2016年全县农业产业化组织销售收入630亿元,同比增长21.15%,带动农户7.026万户,户均获利5万元。探索"合作社+合作社"的经营机制,通过专业分工合作和功能互补解决单一合作社生产要素配置缺失问题,共有联合组织有13个、联结农民专业合作社49个开展联结经营机制实践。推广"公司+家庭农场"的经营模式,以温氏集团为实施主体,建成现代家庭农场337个,通过"养鸡户效率效益倍增计划"、建设物联网等项目,包括为农户安装自动料线、暖风炉、清粪机等,推进农户向养殖规模化、机械化、标准化转变。

(二) 探索农村特色产业融合模式

持续推进农业、工业和特色旅游服务业的深度融合。新兴县是中国禅宗文化发祥地之一,林、瀑、温泉、山地、漂流等自然资源丰富,现有"禅宗文化朝觐观光旅游"和"温泉度假养生旅游"等两大特色旅游品牌,拥有六祖故里、龙山温泉区、天露山度假区、象窝山等众多景区,是远近闻名的旅游度假地。通过"旅游+农业""旅游+工业""旅游+服务业""旅游+文化""旅游+乡村生活"等全域旅游方式引领县域经济产业融合,将游客"流量"导入其他产业,拓展了生态休闲、旅游观光、文化传承、科技教育等功能,很好地促进了供给侧结构性改革和现代产业体系的构建。以核心旅游资源——六祖故里生态旅游产业园区为例,依托国恩寺、六祖故居、藏佛坑等禅文化核心旅游资源,通过禅农生活体验和象窝禅茶产品开发,助推农业产业化发展;通过禅宗文化与现代艺术、现代科技结合,摆脱售卖廉价工艺品模式,逐步形成以"禅宗文化"为核心,集宗教朝圣、温泉疗养、生态度假、文化鉴赏、工农业观光、会议休闲、旅游购物、康体娱乐等于一体的休闲旅游度假区。通过创建国家 5A 级旅游景区,必将引领相关产业发展再上新台阶。

打造特色农产品种植加工、科研与旅游服务业的一体化融合模式。新兴县是农业强县,目前形成了商品粮、肉鸡、猪肉、水产、水果、蔬菜、花卉、农产品加工的八大优质农业商品板块,因此深入挖掘当地特色农产品并创新农产品产业融合模式,对于加快新兴县的农村产业融合具有重要促进作用,新兴县的凉果产业和话梅产业是典型案例。"新兴凉果"经过近百年的发展,形成干果制品、蜜饯果脯、罐装腌制品等 300 多个产品,新兴县大力推动农业工业化,实行"公司+农户+基地+科研机构"产业融合发展模式。其中"公司+农户+基地"模式充分将 7 万亩面积的 4 万多户杂果种植农户、600 多户家庭加工作坊和 300 多家果品加工企业集群成为种植、加工、销售一体化的产业化经济聚集,产品销售网络遍及国内和出口日本、澳洲、东南亚、美国、中南美洲、欧洲等国家和地区,大大推动了杂果经济的产业化。另一方面通过凉果加工龙头企业与科技院校合作,研发出了解决气候变化和环境污染的加热和杀菌一体化新技术,使得生产效率相对于传统技术提高了30%以上。新兴县推动"新兴话梅"被认定为国家地理标志保护产品,进一步以国家地理标志保护产权为核心构建了"青梅种植、新兴话梅、青梅酒、梅花观赏"的产业融合模式,形成了特色青梅种植、深加工和梅花观赏特色文化旅游业的一体化产业,推动了农业、工业和旅游服务业的深度融合,大大拓展了产业融合维度和提高了青梅产业附加值,是新兴县创新农业产业融合模式的重要成功案例和典范。

(三) 搭建产业融合服务平台

夯实产业融合的环境基础。统一、便利的公共服务平台是产业融合的黏合剂、中间人。新兴县是广东省推进基层公共服务综合平台建设工作的 8 个试点县(市、区)之一,把面向基层群众的公共服务事项纳入县、镇、村三级综合平台集中办理,打造"全天候1+N"服务平台,实现开展公共文化服务、农村金融服务、农村电子商务等全天候服务。

建立县域协同创新中心。新兴县创新中心加挂云浮市人才驿站牌子,设立技术创新、工业设计、产业孵化、品牌建设、质量检测、电子商务、知识产权、人才培训、信息发布、金融服务等 10 个服务平台,科技资源和服务职能不断丰富。通过与企业共建"产学研合作平台"、组织策划各类工业设计比赛、依托广东独联体国际科技合作联盟外聘智囊团、加强与各地设计服务机构和设计高校的沟通合作等四类主要方式,创新中心为新兴县产业融合发展提供优质高效的服务。

（四）加强城乡产业协调发展规划

推进农村产业融合发展,要以新型城镇化和农业现代化协调并进作为重要载体。新兴县实施生产圈、生态圈、生活圈"三圈一体"的产城融合规划,有序促使产业融合与新型城镇化的有机结合,使城市对产业的引领、辐射、带动作用充分发挥出来。通过完善城区配套、提升城市品位、优化城市管理,新兴县建设宜居宜业新县城,强化生活圈对产业发展的载体和支撑作用。通过"五大产业园区"建设拉动县城扩容建设、建设现代产业集群,实现生产圈对城市人口聚集、用地规模提升、农业人口转变为非农人口的引领推动作用。通过创建国家卫生县城、开展"四边三化"农村人居环境整治、围绕县城构建生态隔离圈,优良生态圈促进生产生活向绿色发展、良性循环方式转变。

三、农村一二三产业融合问题分析

产业融合发展同样也会面临产业发展的共性问题,如龙头企业带动能力不够强、产业未形成规模效应、金融和政策配套体系不完善、产业人才不足等,但同时又会面临制约融合方式的特定障碍,比如休闲农业或禅农产品对土地流转和土地性质的改革要求较高,农业直播或网上定制农产品要求农业工业化和电子商务有足够的支撑水平等等。新兴县一二三产业融合发展还处于探索起步阶段,除了温氏集团堪称融合发展龙头企业,其他产业和企业融合程度不高、融合链条偏短,在融合发展中面临系列问题致使附加值偏低。

（一）融合经营主体带动能力不强

专业合作社带动能力还有待加强,存在经营主体结构单一、管理粗放、经营能力不强等问题,部分合作社不具备自我发展能力,甚至"有名无实"。家庭农场和专业大户规模小,参与融合的稳定性、融合能力相对较低。比如凉果产业,粗放型家庭作坊有600多户,只有200多户年产值刚刚超过100万元,整体实力偏低,开发观光采摘体验、民俗文化观光项目的能力偏低。此外在三产融合的过程中,具有资金、技术和市场销售优势的大企业在带动农户生产的过程中,农户处于劣势地位,只能被动接受大企业的收购价格,从而因为利益联结制度的不完善降低了融合主体的带动能力。

(二)农村土地流转效果有待提高

土地是农村一二三产业融合发展最重要的生产资料,土地流转效率在一定程度上决定了农村三产融合的发展速度。但新兴县总体土地流转率还相对较低,流转方式也相对单一,土地流转的服务体系还不够健全,土地入股、合作社储备土地等流转方式仍处在示范阶段,制约了一二三产业的深度融合。

(三)特色产业挖掘深度不够

新兴县是禅宗六祖惠能大师的故乡,但在外省"禅都"的名声并不响亮,往往是资深居士在《六祖坛经》等禅宗重要典籍中发现并来新兴县朝圣。游客主要来自珠三角的广州、佛山、珠海、江门等临近地区,多为自驾车游客。尽管新兴旅游资源丰富,但各个景区之间尚未实现"抱团"发展,全域旅游的景区串联以及展览、演出、限定款产品等产品开发还不完善,对县域经济的带动效应有待加强。休闲农业、旅游农业仍以观光为主,文化传承、人物历史、风土乡俗等功能的产品化开发不足。

(四)电子商务融合广度不足

物流成本高、电商人才缺失是新兴县运用"互联网+"的突出问题。长期以来大部分农产品种植农户、家庭加工作坊以及加工企业存在贴牌代工出口现象,多数农产品加工企业品牌意识比较淡薄,缺乏品牌化运作,有相当一部分企业甚至未拥有自己合法的产品商标,使得这些企业无法进入如天猫、京东等一些电商主流平台。一些专业合作社和家庭农场进行农业直播和网上定制引起热烈反响,但网上平台的组织者都非本地农户,合作社和农场只是接单生产,并未能分享网上定制农产品的附加值。

(五) 产业人才匮乏

行政事业单位工作人员对县域一二三产业融合的理念认识不清、理解不够,致使在产业融合的规划和推动上存在诸多掣肘。企业的跨专业人才匮乏,制造业企业在物联网开发应用、"旅游+"投资开发上难以认准方向、把握节奏,此外驻新兴县的"互联网+"服务企业不多,制造业企业融合发展的选择不多。相比于一二三产业融合发展的任务,新兴县各类科技人员、农村实用人才和新型职业农民的结构和数量仍然存在较大缺口,需要长期大力引进和培养。

四、加快农村一二三产业融合发展建议

(一) 完善农村各项保障制度

健全农村的社会和医疗保障制度。农村的社会和医疗保障制度是顺利推动土地流转的重要制度前提,当前新兴县不少农户家庭存在着"以地养老"的思想,这制约了土地流转的效率。完善全覆盖和高标准的农村社会和医疗保障制度使得农户的生活有了基本保障,更有利于引导低生产效率农户将土地向高生产效率的农户和企业流转,实现农业融合主体的规模化生产经营,降低生产成本提高了农业产业融合的效率。

依法规范土地流转市场运行。土地流转市场的健康运行是推进农村产业融合的重要产业基础,因此政府应不断完善和落实农村

土地所有权、承包权、经营权的三权分置改革，为土地流转市场构建明晰的产权制度。同时政府应加强土地流转市场的引导和服务，建立规范土地流转市场管理机构，设定全过程的监控机制，依法监督土地流转合同合约的制定、交易和信息登记，并高效调解土地流转纠纷和矛盾，保障土地流转市场的平稳运行，为农业产业融合夯实生产基础。

（二）创新农村金融支持体系

新兴县的农村金融产品、服务和贷款抵押方式相对较少，一些龙头企业融资可以到珠三角城市进行，但规模较小的专业合作社和家庭农场难以异地融资，直接融资渠道狭窄，融资难、融资贵问题相对突出，成为制约新兴县一二三产业融合发展的瓶颈问题，因此加快县域农村金融服务支持体系创新迫在眉睫。

积极探索产业与金融的融合模式。新兴县的农业"公司+农户+基地"模式发展相对成熟，应进一步探索"公司+农户+基地+金融机构"的产业金融融合模式。龙头企业应发挥融合主体的带动作用，与相关金融机构进行合作，通过自身资产资质和商业信用获得金融机构的认可，针对具体农产品种植和加工开发特定金融服务和金融产品，进一步降低合作基地与合作农户的融资门槛和融资成本，切实解决农户的融资难和融资贵的问题，充分调动农户的积极性。此外，加快研究"保险+期货"模式的推广和落地，联合保险机构和期货机构构建农业产业化运营的防火墙，降低农业生产和加工风险。

拓宽农村金融服务的资金来源渠道。政府、龙头企业和金融机构应进一步合作拓宽农业产业发展资金的市场化来源，如开展合作社内部融资、设立产业基金以及发行专项债券等形式，引入民间资金，激活社会资本参与农村产业融合发展的积极性，不断提高农村金融服务的质量和效率。

(三) 改革利益协调机制

专业合作社和家庭农场是新兴县目前促进农村产业融合发展的重要主体形式,通过龙头企业与专业合作社以及家庭农场合作与分工,构建了生产、加工和销售一体化的农业产业融合模式。但对于这两种融合主体形式来说,还存在农户的议价能力较低、承担的风险较高等一些问题,加快建立互惠互利和风险共担的利益协调机制成为当前农村产业融合的重点任务。积极创新"公司+农户+基地"产业融合模式的利益协调机制,探索引入股份合作制的产权分配机制,"土地资产入股""劳动入股""利润分成"等多种收益分配机制,构建风险和收益对等的利益协调机制,在降低农户生产风险承担的同时提高农产品定价能力,充分调动农户生产和加工的积极性。此外,应进一步创新产业联结的价值分配模式,鼓励农户和企业融合电子商务和网络直播等互联网形式,通过融合产业新业态来实现产业价值的重新分配,增加收入来源。

(四) 探索农村产业融合新模式

当前新兴县立足优势农业,形成了农业与工业科技研发的"一产+二产"的农业生产研发融合模式,以及农业+旅游服务业的"一产+三产"的农业旅游融合模式,并在带动农户增产增长方面取得了良好的效果。与此同时,在当前新兴产业快速发展的时代背景下,政府与龙头企业应进一步加快探索农村产业融合的新模式。一是要深入挖掘"一产+二产"的融合新模式,研究和推广物联网和人工智能技术等在农业生产监控和风险防范的作用,提高大规模农业生产的专业化和智能化,充分利用信息工业技术改造农业的生产和加工,做大做强农业,为产业融合实现提质增效。二是要不断创新"一产+三产"的融合模式。在当前农业旅游模式的基础上,进一步发挥社交网络和网络直播的宣传作用,让新兴县的优质农产品和风景名胜广泛获得关注,实现线上流量向线下业务的转化。三是要不断探索农业的一二三产业的全面融合。新兴县的"青梅种植、新兴话梅、青梅酒、梅花观赏"的一二三产业融合模式则是成功的典范,将一二三产业融合在特定的地域空间内,不断尝试各产业新的融合模式和利益联结机制,充分挖掘优质农业、智能工业以及先进旅游服务业的深入融合,将会进一步拓展产融融合的产业维度和价值厚度。

参考文献

1. Greenstein S, Khanna T, "What does industry convergence mean", *Competing in the age of digital convergence*, 1997.

2. Stieglitz N., "Digital dynamics and types of industry convergence: the evolution of the handheld computers market", *The industrial dynamics of the new digital economy*, vol. 2, 2003, pp. 179-208.

3. Benner M J, RanganathanR., "Divergent reactions to convergent strategies: Investor beliefs and analyst reactions during technological change", *Organization Science*, vol. 24, 2013, pp. 378-394.

4. Rosenberg N., "Technological change in the machine tool industry, 1840—1910", *The journal of economic history*, vol. 23, 1963, pp. 414-443.

5. Hacklin F, Marxt C, Fahrni F., "Coevolutionary cycles of convergence: An extrapolation from the ICT industry", *Technological Forecasting and Social Change*, vol. 76, 2009, pp. 723-736.

6. Kim N, Lee H, Kim W, et al., "Dynamic patterns of industry convergence: Evidence from a large amount of unstructured data", *Research Policy*, vol. 44, 2014, pp. 1734-1748.

(曾广彪,广东省住房和城乡建设厅;李浩民,中证金融研究院)

脱贫攻坚是解决『三农』问题的关键抓手

赫胜彬

习近平总书记提出精准扶贫,并作出坚决打赢脱贫攻坚战的决策部署,这是一项具有重大历史意义的战略举措。通过脱贫工作,农村从公共服务设施建设到产业发展,从合作经济发展到村民自治,全盘工作都被带动起来。实践证明,脱贫攻坚解决的不仅仅是农村贫困问题,而且关系到解决"三农"问题,最终实现新农村建设、农业现代化发展和农民生活水平普遍提高。一个地方的脱贫攻坚工作做好了,各项工作都能带动起来,这是地方工作一个实实在在的撬动点,一个关键的工作抓手。

一、脱贫攻坚的历史沿革

改革开放以来,我国贫困治理经历了若干个重要的阶段。

（一）改革开放初期到 20 世纪 80 年代中期:制度变革驱动下的普遍性减贫

1978 年是我国农村改革元年,站在这一关键历史节点上,中央政府面对之前"集体福利"平均主义带来的生产力停滞问题,开始着手推动激励生产的制度变革。这一阶段,农民自发探索分田到户、自负盈亏的家庭联产承包责任制成为推动农村发展最重要的制度变革,为解决农村贫困问题奠定了良好的制度基础。一方面,放开农产品价格和市场,在财政体制改革和农村改革的强劲推力之下,乡镇企业得到了迅猛的发展,快速而有效地解放和发展了生产力;同时,政府启动农产品购销体制改革,陆续提高了粮、棉、油等重要农产品的收购价格,使农村贫困问题大面积缓解。据统计,这一时期,农民人均纯收入增长了 2.6 倍,绝对贫困人口从 2.5 亿减少到 1.25 亿。此后,通过不断深化改革破除农村发展的瓶颈因素和短板因素,从而激活农村发展的潜能,成为我国国家贫困治理体系的基本特征之一。

（二）20 世纪 80 年代中期到 20 世纪末:非均衡增长下的区域开发性扶贫

20 世纪 80 年代中期,随着改革的重心向城市转移,普遍意义的农村改革一度陷入停顿,加之经济增长"益贫"功能的逐渐减弱,越来越多的农民在改革进程中陷入贫困。在此情况下,中央政府开始针对落后地区专门实施大规模的区域扶贫开发计划,1986 年成立了国务院贫困地区经济开发领导小组,1988 年与三西地区农村建设领导小组合并,正式更名为国务院扶贫开发领导小组,并沿用至今。在其推动下,贫困面较大的省、地、县先后成立了扶贫开发领导机构和办事机构。与此同时,贫困治理开始实行以县为基本单位的模式,确定了国家和省级重点扶持贫困县。在此基础上,动员国家机关和社会各界积极参与扶贫,派出工作团、组建扶贫联系点。政策方面,强调通过综合运用土地改良和基本农田建设、发展经济作物、创造非农就业、改善基础设施、公共服务等方法,整体性提升贫困人口的发展能力。这一时期,我国贫困治理从"救济式扶贫"走向"开发式扶贫",农村尚未解决温饱的贫困人口大大减少。

(三) 21 世纪初到党的十八大前夕:全面建设小康社会进程中的综合性扶贫开发

2000 年 10 月,党的十五届五中全会提出,从新世纪开始,我国进入了全面建设小康社会,加快推进社会主义现代化的新的发展阶段。在行政组织与政治权威的保障下,我国扶贫开发取得了极大的成功,但不断扩大的贫富差距也对贫困治理的可持续性带来了巨大挑战。考虑到以经济发展为导向的扶贫政策难以有效解决相对贫困,中央政府的贫困治理模式开始转向综合性治理。在宏观层面,2003 年起推行新型农村合作医疗制度,2006 年年底全部废除农业税费并深入推进农村税费改革,2007 年始逐步提高农村最低生活保障的覆盖范围与标准。在中、微观层面,反贫困的瞄准机制由以县为单位变为以贫困村为单位,贫困资源投向由注重自然资源开发到关注人力资本投资,扶贫工作机制由政府主导向参与式扶贫转变。这一时期,政府专项扶贫的模式和方法不断成熟,行业扶贫的参与形式不断丰富,社会扶贫领域活力逐渐显现,"三位一体"的大扶贫工作格局初步形成。通过综合治理,我国 2010 年年末农村贫困人口减少到 2688 万人。

（四）党的十八大以来：全面建成小康社会背景下的脱贫攻坚战

2012 年 11 月，党的十八大报告提出 2020 年全面建成小康社会，这是党向全国人民作出的庄严承诺。随着我国经济进入新常态，各种社会矛盾也到了积聚期，这是对党的执政能力的巨大考验，脱贫攻坚不仅能够补齐全面小康的突出短板，也是重大的民生战略和民心战略，体现着党执政为民的初心。这一时期，我国农村贫困人口的分布特征发生了显著的变动，主要分布在以武陵山区、乌蒙山区、秦巴山区、滇黔桂石漠化地区等为代表的集中连片特困地区。这些地区多具有自然地理条件的复杂性和经济社会文化的多元性特点，贫困片区之间、片区内部，乃至同一县域的不同地点、不同社区，致贫因素的组合皆具有差异性。既往的贫困治理模式难以适应新时期的减贫需求，必须更加突出精准，从大水漫灌向精准滴灌转变，补好全面建成小康社会的最大短板。各地坚决贯彻落实以习近平同志为核心的党中央决策部署，脱贫攻坚工作接连取得胜利，中华民族千百年来存在的绝对贫困问题，即将在我们这一代人的手里历史性地得到解决。

二、地方实践的典型经验

本文以广西壮族自治区 T 县为视角，观察地方政府如何通过脱贫攻坚推动解决"三农"问题。T 县地处滇黔桂石漠化片区，属于全国集中连片特困地区，贫困范围广、程度深，是国家扶贫开发工作重点县，具有较强的代表性。T 县共有 10 个乡镇 167 个行政村（街、社区），总人口 43 万，其中农业人口 37 万，是典型的"老、少、边、穷"地区。2015 年通过精准识别，贫困发生率 15.01%。造成 T 县贫困的主要原因有以下几点：一是自然资源匮乏，生产生活条件恶劣，

"一方水土难养一方人";二是缺乏产业支撑,"九分石头一分地",发展规模化特色种养难度大;三是基础设施投入不足,群众居住偏远且分散,道路、饮水、通信等投入成本高;四是劳动力素质较低,群众自我发展能力不足。

脱贫攻坚战打响以后,T县紧紧围绕"两不愁、三保障"标准,坚持以脱贫攻坚来统领经济社会发展全局工作,有力推动了农村落后地区的发展,取得了阶段性胜利,并于2019年初通过自治区核验,历史性实现脱贫摘帽。

(一) 脱贫攻坚带动农民增收

T县实施脱贫攻坚以来,农民收入显著增加,都过上了好日子。2015年年底,认定贫困村53个,建档立卡贫困户13276户52109人,全县农民人均可支配收入11163元。到2019年年底时,全县累计减贫12960户50990人,49个贫困村脱贫摘帽,贫困发生率降至0.24%,全县农民人均可支配收入16146元。四年来,全县农民人均可支配收入年均增长10.1%,高于实施脱贫攻坚前的时期。

(二) 脱贫攻坚促进农业发展

实施脱贫攻坚以来,T县前所未有地重视农业发展,坚持将产业扶贫作为稳定脱贫的根本之策和一场硬仗来打赢打好。一是做好产业规划。因地制宜、精准规划县级"5+2"、村级"3+1"特色产业发展,集中政策、资金、技术等要素给予扶持,逐步形成"县有扶贫支柱产业、村有扶贫主导产业、户有增收致富项目"的产业扶贫大格局,有力地促进了农业发展。二是凝聚电商力量。T县芒果规模大、品质优,是农业增效、农民增收的支柱产业,具有极佳的扶贫带动效应。但芒果上市时间集中、保鲜期短、交通不方便,芒果销路并不好。T县着力发展农业电商,直接把农户和顾客连接起来,发挥"倍增器"作用,既拓宽了芒果的销售渠道,也提高了销售价格,壮大了芒果产业。三是强化金融支持。作为"全国农村金融改革试点",T县给每个家庭授信,然后农户可以根据信用等级向银行申请无抵押贷款,为农业发展插上了翅膀,在2015年中央扶贫开发工作会议上得到了习近平总书记点名表扬。目前,T县农户贷款覆盖率已经超过92%,为发展农业生产提供了强有力的资金支持。

(三)脱贫攻坚强化农村稳定

通过脱贫攻坚,T县群众尤其是农民群众,对于中国共产党的拥戴和社会主义制度的认同达到了空前高度,基层社会也达到了空前的稳定团结。这主要得益于两个方面:一是农村环境设施"硬面貌"大幅改善。基础设施方面,建成8个安置小区搬迁入住3672户15244人,安全住房达标率99.2%,所有村屯水、电、路、网络全覆盖。公共服务方面,农村居民住院医疗报销比例达91.4%,义务教育巩固率94.7%,低保提高至3820元/人年,贫困户养老保险参保率100%,所有行政村均建有办公场所、宣传栏、篮球场、文化室、戏台。乡村面貌方面,实施乡镇特色街道改造项目14个,卫生厕所普及率94.2%,建成运行4个镇级污水处理厂,90%以上行政村生活垃圾得到收集转运处理。二是农民精神层面"软面貌"大幅提升。T县非常重视利用宣传思想武器,以"软文化"啃脱贫攻坚的"硬骨头",创作出一系列的歌曲、小品等,把扶贫精神和扶贫政策吸纳进去,宣传与农民生产生活息息相关的合作医疗、易地扶贫搬迁、农村低保等扶贫措施。这种方式寓教于乐,以人民群众喜闻乐见且通俗易懂的形式宣传扶贫精神和扶贫政策,不但起到了很好的"扶志"效果,更丰富了农民群众的精神文化生活,帮助树立起摆脱贫困的斗志和勇气。

三、存在的问题

进入 2020 年,脱贫攻坚工作进入收官阶段,大量贫困县纷纷通过脱贫摘帽验收,取得了显著成效。但从多地实际工作来看,在推动脱贫攻坚和解决"三农"问题的过程中还存在一些问题。

(一) 扶贫政策存在"悬崖效应"

对于贫困地区来说,脱贫攻坚是当地党委和政府的头号政治任务,各种资源、资金、人力、物力、精力基本都投入到了贫困户和贫困村中,导致扶贫政策出现明显的"悬崖效应"。在贫困户的识别上,T 县主要采取传统人工打分手段,67 分及以下是贫困户,68 分以上就不是。贫困户可享受教育、医疗、生态移民、融资等多方面优惠政策,而非贫困户就不行。其实 67 分上下 5 分以内的家庭,基本处于同一发展层次,67 以上几分的边缘户往往意见很大。这样就造成了一种不好的导向,出现争当贫困户的情况,带来"福利陷阱"。贫困村也是类似,有不少非贫困村接近但又没有被划进贫困村。贫困村由政府帮助修路、装自来水、建村部等,而非贫困村就享受不了,造成贫困村比非贫困村基础设施好得多。现在村部漂亮的一般是贫困村,又破又旧的一般是非贫困村。

(二) 基层政府自主性不足

主要表现在两个方面:一是资金使用障碍。贫困县脱贫攻坚对上级政府转移支付资金的依赖度很高,T 县 2019 年财政收入 14.8 亿元,财政支出 30 多亿元,很大一部分是靠转移支付。中央层面的各类专项转移支付,对资金使用都有严格的规定和相应的问责机制。专项资金的部门条块分割明显,基层政府对专项转移支付资金基本没有自主使用的权力,也就是说"打酱油的钱不能买醋",陷入了专项资金用不完、其他用途不够用的困境，进而导致扶贫资金使用效率不高的问题。二是政策执行僵化。T 县属于山区，居民住得一般很分散，比如 X 镇 M 行政村，有 13 个屯（自然村）。这 13 个屯中，有些屯相互距离较远，为了完成"有路通村屯"的脱贫指标，政府投入了大量资金修建进村公路。由于山区自然环境差、生态脆弱，修路成本很高，这样既浪费钱、又破坏生态。其实有些屯也就七八户人家，并且基本都是老人在居住，有修路的钱，其实可以把这几户生态搬迁了，而不用僵化地去修通屯道路。

（三）产业扶贫根基薄弱

发展产业是实现脱贫的根本之策，但实际上，目前不少贫困县扶贫产业的根基还很薄弱。一是"输血式"产业多，虽然我们一直强调产业扶贫要由"输血式"变为"造血式"，但很多产业扶贫项目其实还是"输血式"的，主要依靠政府投入，有些甚至是"盆景式"的。可以想象，如果撤掉政府投入，这些项目是很难继续发展的，像这样"输血式"的扶贫产业不是少数。二是产业同质化严重。客观上看，贫困地区资源禀赋差，且资源环境条件大致类似，多半只能发展种养业或乡村旅游。主观上看，政府的干预、群众的盲目跟风，都难免带来产业同质化。由于没有摸清或者忽视市场规律，在推进产业扶贫过程中没有突出产业发展的地域性和特色性，导致部分农产品价格波动幅度过大，有的农产品甚至严重滞销，贫困户损失惨重、雪上加霜。产业同质化最直接的后果就是"价廉伤农"。三是抗风险能力差。以 T 县扶贫车间为例，扶贫车间一般设在扶贫搬迁点或贫困村，是实现贫困户和搬迁群众就近灵活就业或居家就业的主要形式。目前 T 县有 13 家企业入驻扶贫车间，其中多数为来料加工型企业，并且很多产品是出口欧美等国家的。中美经贸摩擦以来，扶贫车间企业受到巨大冲击，企业产品订单锐减，很多企业减少一半以上，有些减少 80%—90%。企业为控制成本，压缩产能、降低工资,结果又造成了车间工人流失,扶贫效果大减。

(四) 基层干部"身心俱疲"

经过这几年的脱贫攻坚,基层干部可以说是"身心俱疲"。一是工作强度高。"5+2""白+黑"地经常性加班。基本上,每个贫困户的资料差不多得 100 多页,填表工作量巨大。尤其是乡镇干部,需要经常性地通宵填表、做材料。二是工作环境差。扶贫干部大部分的工作时间是在村里,蚊虫鼠蚁多,夏天非常晒、冬天又湿冷。下村的路不但远,并且也不好走,还有很大的危险性。比如,前段时间因山洪暴发牺牲的黄文秀同志,其实很多基层干部工作环境和她类似。三是精神压力大。各种迎检迎评任务非常重,今天民政部门来查、明天环保部门来查,"上面千条线、底下一根针",很多工作的具体实施都落在乡镇头上了;并且问责过频过重,很多领导干部身上都背有处分,甚至在推举干部评奖评优时,有些单位竟找不出没受过处分的人。四是积极性受挫。在脱贫攻坚期内,为维持干部队伍的稳定,对基层党政主官不摘帽、不调整,上面不能动,也影响了下面一批人,造成扶贫一线的部分乡镇干部心里不平衡,积极性受挫。

(五) 专业人才严重短缺

贫困县就业岗位少、收入低,本地优质人才资源不断外流,外地人才又难以引来。能把本科学历人才吸引过来的,基本只有公务员等体制内的岗位了,但考进来的公务员大多也只是把县里作为跳板,争取跳到更高的平台上。目前,贫困地区教师、医生、农业技术人员、产业带头人等人才严重缺乏。比如,T 县某景区作为农旅融合的项目,目前的开发大多数是农民自己设计建造的,品位不高、半土半洋。荷兰风车、教堂尖顶等元素,生硬地堆砌在一起,主要原因还是没有专业人士来做这些工作。

（六）社会力量参与有限

整体上看,贫困县的脱贫攻坚主要还是依靠政府力量,社会力量的参与比较有限。一是优惠政策落实不到位。比如 T 县某有机肥公司,主要购买当地的甘蔗滤泥和畜禽粪便作为原料,为当地农户增收并且解决不少就业岗位。当初企业入驻前,政府承诺修建一条通往厂房的硬化路,但两年多过去了,由于种种原因,这条路还是没有修好,一下雨坑坑洼洼的,车都不好通过,大大影响了企业的积极性。二是招引力度不够。目前的招商引资基本只是泛泛地开展工作,去招商会上简单做宣讲,缺少有针对性地去寻找目标企业,工作的主动性和精细度不够,有种"得之我幸、失之我命"的无所谓心态。三是营商环境不佳。有些企业负责人表示,入驻了半个月,厂房里还有没通水通电的情况。

四、下一阶段工作建议

党的十九届四中全会提出,坚决打赢脱贫攻坚战,巩固脱贫攻坚成果,建立解决相对贫困的长效机制。2020 年中央经济工作会议提出,严把贫困人口退出关,巩固脱贫成果;要建立机制,及时做好返贫人口和新发生贫困人口的监测和帮扶。下一阶段做好扶贫和"三农"工作,我们必须以此为总遵循。

（一）巩固脱贫攻坚成果

1. 稳定现有扶贫措施

按照习近平总书记"摘帽不摘责任、摘帽不摘政策、摘帽不摘帮扶、摘帽不摘监管"的要求,继续开展相关工作。坚决不能有脱贫攻坚胜利后、歇歇脚、喘口气的松懈思想,要尽量保持现有的扶贫政策不变、力度不减、队伍不散。系统总结经验教训,把好的经验上升为政策、制度固定下来。

2. 强化兜底保障

脱贫摘帽后,脱贫攻坚的大头任务解决了,剩下的人口大多是没有发展潜力和劳动能力的。这时候就要实行最低生活保障兜底,社会兜底保障是保基本,为贫困人口建立起最后一道保护防线,是精准扶贫、精准脱贫的重要举措。一是社会保险方面,要健全统筹城乡、可持续的基本养老保险制度、基本医疗保险制度,要注重从缴费负担、保障水平以及适用群体等方面改善社会保险,充分发挥社会保险扶贫功能。二是社会救助方面,全面推行低保和扶贫两项制度衔接,全面建立困难残疾人生活补贴和重度残疾人护理补贴制度,同时实施医疗救助、临时救助等,为贫困群体建立兜底保障性防线。三是社会福利方面,完善农村留守儿童和妇女、老年人关爱服务体系,为普通高中贫困户家庭学生免除学杂费,给跨省务工的贫困劳动力发放交通补贴等。

3. 发展特色优势产业

产业是稳定脱贫的根本之策,要把产业真正变成"造血式",克服同质化,增强抵御风险能力。一是深挖特色资源。要找准产业发展方向,充分发挥比较优势,避免产业同质化,形成差异化的竞争优势。二是延长产业链。贫困县大多产业链比较短,并且位于低端环节。农产品缺少精深加工,工业品一般也都是初级产品。比如,T县山茶油资源很丰富,但生产的山茶油产品基本都是毛油、食用油,真正高端的保健用产品几乎没有。铝工业以生产氧化铝、电解铝等初级产品为主,没有产业链后端的铝制品,而真正利润大的环节是在后端,县里被拿走了资源、留下了污染。三是打造区域公用品牌。区域公用品牌是政府对当地农产品品质进行的一种背书行为,是提高农产品溢价值的重要途径。比如,"五常大米""丽水山耕"等,由于品牌的加持,使得原来不值钱的土产品卖上了高价钱。四是创新利益联结机制。利益联结机制对于产业扶贫意义重大,比如"企业+农户""企业+合作社+基地+贫困户"等,把企业经营和贫困户发展捆绑在一起,心往一处想、劲往一处使,共同发展、共同致富,使贫困户和企业实现双赢,让贫困户更多分享产业发展带来的收益。

4. 赋予基层更多自主权

地方最知道自己哪里疼,要把过程监管转变为效率监管、效果监管。一方面,在资金使用上,要把更多的专项转移支付变为一般性转移支付,更多的是考核"任务完成了没有、完成的怎么样",而不是去考核"钱花了没有、花得合不合规"。另一方面,在政策落实上,要更多关注目标实现了没有,而不是关注过程中间是怎么做的。比如,国家制定的"两不愁、三保障"标准,地方在落实中会更加细化,广西细化为贫困县摘帽要"九有一低于"、贫困村摘帽要"十一有一低于"、贫困户摘帽要"八有一超",并且这些都是刚性指标,部分地区在执行过程中难免僵化,就像前面提到的"有路通村屯"指标一样。

5. 激励干部担当作为

脱贫攻坚,干部是关键因素,要建立能够激励干部担当作为的机制。一是提高政治待遇。可以重新考虑党政主官调整政策,减少基层干部尤其是乡镇干部的心理不平衡。二是提高经济待遇。在财政可承受范围内,适当增加基层扶贫干部的补贴,尤其是乡镇扶贫干部。三是为基层干部减负松绑。要破除形式主义、官僚主义,减少考核频次,严禁多头考核,规范问责、慎重问责。

6. 压茬推进乡村振兴

脱贫摘帽后,要压茬推进乡村振兴工作,这也有利于巩固脱贫攻坚成果。脱贫攻坚和乡村振兴,两者是有紧密联系的,中心任务都是让农民群众生活富足,满足农民群众对美好生活的向往。比如,脱贫攻坚的"五个一批"和乡村振兴的20字总要求,就有很强的关联性。发展生产能够促进产业兴旺、生活富裕,易地搬迁、生态补偿有助于实现生态宜居,发展教育、社会保障兜底是乡风文明、治理有效的重要保证。脱贫摘帽的地区,要按照乡村振兴工作要求,带动脱贫攻坚工作,发展产业、加强农村基础设施建设、优化农村生态环境、重视乡村文化建设等。

(二) 建立解决相对贫困的长效机制

2020 年我国将消除绝对贫困,但相对贫困还会长期存在,必须加快建立解决相对贫困的长效机制。

1. 注重顶层设计,缩小贫富和城乡收入差距

一是健全基本公共服务制度体系。要坚持和完善统筹城乡的民生保障制度,健全幼有所育、学有所教、劳有所得、病有所医、老有所养、住有所居、弱有所扶等方面的国家基本公共服务制度体系,注重加强普惠性、基础性、兜底性民生建设,保障群众基本生活。二是优化收入分配制度。通过二次分配调节城乡之间、不同地区之间的差距,协调好收入分配中效率和公平的问题。三是优化财政支出结构。更多地向建档立卡的低收入群体倾斜。四是加大教育投入力度。教育扶贫是拔除穷根、阻断贫困代际传递、促进可持续发展的根本手段和重要途径,是治本之策。习近平总书记早在《摆脱贫困》中就特别强调,越穷的地方越需要办教育,越不办教育就越穷。要在贫困地区推进义务教育全面化、职业教育优质化、继续教育终身化,全面提升贫困地区教育发展水平。

2. 强化多方参与,建立多元合作型扶贫模式

长期以来,我国的贫困治理主要强调政府主导,但消除相对贫困是一项长期的任务,不应该仅仅依靠政府。今后,政府、市场、社会合力共进的大扶贫格局才应当是努力的方向。政府要加强制度设计,调动各方的积极性。企业要将社会责任与企业效率结合起来,在追求利润的同时带动贫困地区的发展。比如,T 县 J 镇是最偏远的一个镇,由于引入了一家大型农业公司,积极发展有机蔬菜种

植,带动了周边大量群众脱贫致富,一个企业带动一个镇脱贫致富的效应非常明显。社会组织在以往的脱贫攻坚工作中发挥的作用不多,今后要加以重视,尤其是公益基金组织。比如,杭州余杭区青山村,大自然保护协会(TNC)有一个团队驻在那里。他们找来设计师教当地每个家庭学会一种手工艺,金属编织、竹制橱窗等,金属编织是为老板电器做的,橱窗是给爱马仕供货的。那些原来不起眼的铁丝、竹子都成了价值高昂的高档家庭产品或艺术品,这个村子也成了远近闻名的富裕村、美丽村。其实,像 TNC 这样的社会组织还有很多,比如马云、马化腾成立的桃花源基金会等,在今后的脱贫攻坚巩固和乡村振兴中也可以成为一支重要的力量。贫困户作为扶贫对象,更需要调动其积极性,主动参与扶贫。

3. 加强组织建设,推进乡村治理体系和治理能力现代化

"求木之长者,必固其根本",基层组织就是这个根本,尤其是村一级组织。一是建强党组织。关键是优化党员结构,现在的村支部里面,中老年的多,青壮年的比较少。要把农村大中专毕业生、退伍军人、打工返乡的文化人作为重点发展对象,重视对优秀青年、有知识群体、农村先富者的培养。要着重把党员培养成致富带头人,把致富带头人吸纳入党,并进一步培养成村干部、村支部委员等,不断完善村支部党员的年龄和文化结构。二是抓好"领头雁"。也就是抓好关键少数人,主要是第一书记、村支书、致富带头人等。之前的经验表明,一个村是不是有凝聚力、有活力、有干劲,和第一书记、村支书关系很大,尤其是在农村,村民们接触不到太大的领导,他们就代表了党在基层的形象,上级政府要更加重视选派和培养。致富带头人在脱贫攻坚和乡村振兴中作用很大,有一个致富带头人,完全可以帮助一个村脱贫致富,带动效应很明显。随着乡村振兴战略的实施,相信未来贫困地区会有越来越多的经济能人到来,基层政府要特别注重培养并发挥其作用。

参考文献

1. 国务院扶贫办政策法规司、国务院扶贫办全国扶贫宣教中心：《脱贫攻坚前沿问题研究》，研究出版社，2018 年。

2. 郭佩霞、邓晓丽："中国贫困治理历程、特征与路径创新——基于制度变迁视角"，《贵州社会科学》2014 年第 4 期，第 108—113 页。

3. 张琦、冯丹萌："我国减贫实践探索及其理论创新：1978—2016 年"，《改革》2016 年第 4 期，第 27—42 页。

4. 向德平、华汛子："党的十八大以来中国的贫困治理：政策演化与内在逻辑"，《江汉论坛》2018 年第 9 期，第 131—136 页。

5. 魏后凯："当前'三农'研究的十大前沿课题"，《中国农村经济》2019 年第 4 期，第 2—6 页。

6. 李小云、徐进、于乐荣："中国减贫四十年：基于历史与社会学的尝试性解释"，《社会学研究》2018 年第 6 期，第 35—61 页。

7. 李小云："全面建成小康社会后贫困治理进入新阶段"，《中国党政干部论坛》2020 年第 2 期，第 20—23 页。

8. 李小云、许汉泽："2020 年后扶贫工作的若干思考"，《国家行政学院学报》2018 年第 1 期，第 62—66 页。

9. 赵定东、方琼："新中国成立以来农村反贫困政策的层次结构与历史变迁"，《华中农业大学学报》第 2019 年第 3 期。

（赫胜彬，北京大学经济学博士）

『互联网+』对『三农』的影响分析

张骞 周立

全中国 14 亿多人口中,仍有 7.7 亿多为农村户籍、5.5 亿多常住在农村[1]。农业、农村、农民("三农")问题始终是关系国计民生和现代化建设的全局性、根本性问题。在当今信息化时代,互联网的发展与应用日益改变着农业生产经营方式和农民生活方式,深刻影响着农村经济社会发展。互联网与"三农"融合发展为解决"三农"问题提供了新的机遇和条件,"互联网+"正成为促进农

---

[1] 根据国家统计局公布的数据,2019 年年末中国大陆总人口为 140005 万人,其中城镇常住人口 84843 万人;户籍人口城镇化率为 44.38%。由此可知,农村常住人口为 55162 万人,农村户籍人口约为 77871 万人。

业发展、增加农民福利、推动农村进步的新的强大引擎。

一、中国互联网发展概述

　　随着信息化建设的持续推进以及"互联网+"行动的深入开展，互联网在中国获得蓬勃发展，中国已成为网络大国，拥有世界上最多的互联网用户。根据中国互联网络信息中心（CNNIC）2019 年 8 月发布的第 44 次《中国互联网络发展状况统计报告》，截至 2019 年 6 月，我国网民规模达 8.54 亿，互联网普及率达 61.2%；城镇网民规模为 6.30 亿，占网民整体的 73.7%；农村网民规模为 2.25 亿，占网民整体的 26.3%；非网民规模为 5.41 亿，其中城镇地区非网民占比为 37.2%，农村地区非网民占比为 62.8%。由此可见，中国互联网发展总体上已极具规模，但城乡之间差异显著，存在"数字鸿沟"。结合历次《中国互联网络发展状况统计报告》中的数据，我们更能清楚地看到这种趋势特征。如图 1 所示，2013—2018 年，无论城镇地区还是农村地区，网民规模与互联网普及率基本都在平稳上升；农村互联网普及率始终远低于城镇互联网普及率，前者约为后者的二分之一，而且两者并未呈现明显的收敛态势，因此，城乡之间的"数字鸿沟"既是长期形成的结果，又将在一定时期内继续存在。

　　此外，从互联网宽带接入用户分布情况看[1]，如图 2 所示，2013—2018 年，我国农村地区互联网宽带接入用户数在全国占比一直位于 30% 以下，即是说连城镇互联网宽带接入用户数的一半都不到；尽管 2018 年农村互联网宽带接入用户数突破了 100 万，但在全国的占比也仅为 28.8%，因此，农村宽带基础设施建设仍然任重道远。不过，2016 年以来农村互联网宽带接入用户数呈快速增长趋势，这可能得益于国家政策的支持，如能继续保持这种增长，无疑有助于缩小城乡"数字鸿沟"。

---

[1]　数据来源于国家统计局。

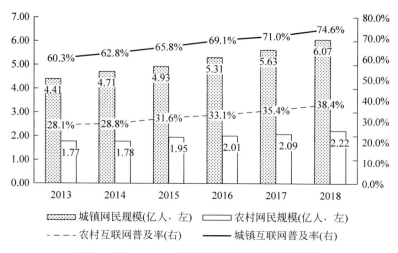

图 1　2013—2018 年中国互联网规模和普及率

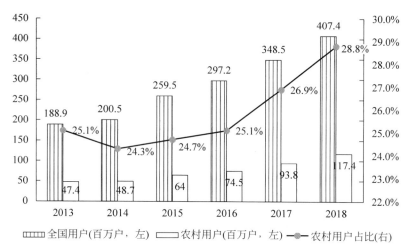

图 2　2013—2018 年中国互联网宽带接入用户分布情况

互联网的快速发展催生了电子商务的蓬勃兴起,目前中国已经成为全球规模最大的电子商务市场,同时增长速度位居世界前列。根据中国商务部发布的《中国电子商务发展报告 2018》(见图 3),2014—2018 年全国电商交易额虽然年度同比增长率不断下滑,但是复合年增长率为 29%,总体上发展势头良好,2018 年电子商务交易规模达到 31.6 万亿元。另如图 4 所示,2014 年以来,全国及农村地区的网上零售交易额均保持两位数增长,并且农村网售额增长率高于全国网售额增长率。由此可见,尽管农村地区在互联网接入和应用层面还存在一定的短板,但是互联网对农村经济社会的积极影响已经显现,"互联网+三农"具有很大的发展潜力。

图 3 2014—2018 年中国电子商务交易总额及增长率

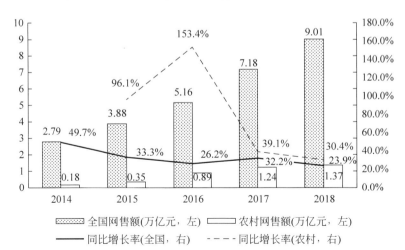

图 4 2014—2018 年中国网上零售交易额及增长率

二、"互联网+三农"的积极效应

(一)"互联网+"对农业发展的影响

农业是国民经济的基础性产业,具有产业水平落后、信息不对称严重、用户大规模分散、市场空间大、交易环节长、交易成本高、交易可持续性强等特点,因而被互联网改造的潜力巨大(李国英,2015)。"互联网+农业"对于转变农业发展方式、提高农业生产率、推进农业现代化进程具有显著作用。

1. 互联网促进农业产业链升级

互联网与农业深度融合,能够重构农业全产业链,促进农业生产经营服务模式变革。农业产业链是指不同农产品链的集合体,包括农业生产资料的供应以及农产品的生产、加工、储运和销售、消费等诸多环节,涉及农业产前、产中、产后的各部门、组织机构及关联公司,是以价值链、物流链、组织链缔结起来的有机整体(崔春晓等,2013)。

互联网对农业产业链赋能,打通了农业生产经营的各个环节。具体而言,在产前环节,农业生产者可通过互联网广泛搜集有关农作物尤其是经济作物的价格、供求等市场信息,并据此预判农产品的未来市场前景,从而对生产什么、生产多少做出科学的决策,或者生产方可以直接联系上销售方,双方协商后订立农产品订单协议,生产者按订单进行生产;此外,互联网使农业生产者更及时、全面地了解政府对某类农产品的补贴或扶持政策,这同样有助于农业生产的决策;通过电商平台,农业生产者还可购买种子、化肥、农药、农机等生产资料和工具。在生产阶段,互联网成为农业生产者学习农业知识、提升生产技能以及"边干边学""边学边干"的重要手段,农业生产者可借助互联网技术和农业信息大数据平台,开展智能化、专业化、集约化、精细化生产,例如,通过对某一地区长期以来自然环境、气候条件、农业生产经验等诸多因素的分析,发掘传统生产中的不足并对其进行改进,指导农业生产因地制宜、因时制宜(吴絮颖,2016);利用数字化监控手段实时监测田地的土壤温湿度、空气温湿度、二氧化碳浓度、太阳总辐射等数据指标,做出诊断分析,实施科学的田间管理(刘丽伟和高中理,2015)。在产后环节,农业电子商务的蓬勃发展极大地缓解了农产品流通领域长期存在的产销信息不对称和销售渠道不畅通的问题,有效摆脱了传统交易中的地域限制,拓展了农产品的市场空间(曾亿武等,2016);在电子商务条件下,即使远在偏僻的山村,也有机会通过在线交易完成农产品的销售;利用电商平台进行网络营销还有助于降低农产品流通成本、交易成本和市场风险,提升农产品竞争力(周正平等,2013);基于互联网技术建立农产品流通追溯体系,不仅可以提高农产品在仓储和货运中的效率,还有助于保障农产品的质量安全,树立农产品的品牌信誉(成德宁等,2017)。另外,农业互联网金融贯穿于农业产业链的每个环节,有利于满足农资购买、农业生产全过程和农产品销售的融资、支付等金融需求(李国英,2015),为农业生产经营提供着坚实的金融保障。

总之,"互联网+"将促进"靠天吃饭""靠人劳作"的传统农业向"靠网络运行""靠信息决策"的新型农业转型,促使农业产业由土地、资源和劳动密集向资金、技术和知识密集升级。

2. 互联网促进农业生产率提升

互联网能够促进农业技术进步,改善农业技术效率,从而推动农业全要素生产率提高。一方面,作为一种先进的信息技术,互联网在农业生产中的推广和应用,本身就代表了前沿技术的传播和扩散,推动着农业数字化、信息化、自动化、智能化发展,同时,得益于互联网带来的知识和信息溢出效应,农业产业内部也可能催生出一系列先进的农业生产技术,因此,互联网有助于农业技术进步(朱秋博等,2019)。另一方面,互联网显著降低了农业信息的搜寻成本,加快了信息流通速度,促使各类涉农信息突破时间和空间的限制,实现即时性传播,这有助于农业生产者及时抵御天气、病虫害等自然风险,更有效地利用最适宜的技术和最优化的结构进行生产,从而改善农业生产经营方式,提高农业资源的配置效率和组织管理效率,因此,互联网会带来农业技术效率的提升(朱秋博等,2019)。

(二)"互联网+"对农民福利的影响

1. 互联网提高农民收入水平

目前我国农村居民的收入主要包括经营性收入、工资性收入、财产性收入和转移性收入,而前三类收入构成了农民收入的绝大部分。"互联网+"可通过以下几个方面对农民收入产生正向作用:

首先,互联网有助于增加农民由从事农业生产活动所得的经营性收入,这自然得益于"互联网+农业"的积极效应。如前所述,农民使用互联网既可以搜集市场需求信息和农产品价格信息,并据此及时调整优化种植结构、合理安排农业生产,又方便获取和掌握农业科学知识和种植技术,提高自身的务农素质和生产经营能力,提高农业生产效率和全要素生产率,从而有效增加农作物的产量和收益。互联网增强了农民的信息获取能力,改善了农民在农产品流通环节的信息困境,使农产品的销售不再仅仅局限于本地市场或者近距离市场,而是扩展到更远的地域,市场空间的扩大提高了农民的套利机会和农产品的销量(许竹青等,2013)。互联网促进了农民市场地位的提升(侯建昀和霍学喜,2017),作为卖方的农民可以通过互联网直接对接农产品买方,进而减少中间交易环节和交易时间,削弱中间商的市场力量,因此可以提高农民的销售价格,增加农民的经济剩余。

其次,互联网有助于促进农民非农就业,增加工资性收入。互联网与现代农业的融合发展可以把农民从复杂的传统劳动中解放出来(陈玉宇和吴玉立,2008),使农民有更多闲暇和精力参与非农生产、赚取务工工资;互联网信息平台为农民劳动力提供了丰富的就业岗位资源,不仅拓展了非农就业渠道,而且提高了工作匹配度和就业概率,减少了求职等待时间,使农村劳动力可以及时找到合适的工作,非农就业机会得到增加;农村劳动力利用互联网能够以较低成本、较少时间学习新知识和新技能(马俊龙和宁光杰,2017),提升工作能力和竞争力,这无疑有利于增加工资收入;互联网的使用加强了人们之间的联系和交流,扩展了农民的社会关系网络,从而促进农民社会资本的提升,而社会资本对农民收入提高具有促进作用(唐为和陆云航,2011);互联网的发展还创造了许多新的就业岗位(马俊龙和宁光杰,2017),比如外卖派送吸引了很多农民工就业并且收入往往不菲;此外,互联网还为农民自主创业提供了良好的平台和手段,互联网的使用提高了农村家庭的创业意愿和创业收入(周洋和华语音,2017),如一些农村地区将互联网与当地特色农产品相结合催生了"淘宝村",也有的农民个体经营起了网店。

最后,互联网还有助于提升农民的财产性收入和转移性收入。就财产性收入而言,信息技术在金融领域的深度应用以及互联网理财的兴起,为农民的收入存量提供了更多的投资渠道,从而可能增加财产性收益。就转移性收入而言,随着我国扶贫工作的深入推进,政府支农惠农强农政策的力度持续加大,对农民的各类补贴有所增加,互联网的使用可以使这类收入直接落实到农民个体,同时网络舆情对政府执行部门产生了有力的监督,从而能够减少转移性收入被克扣的现象,最终增加农民的实际所得。

2. 互联网提高农民消费水平

随着互联网经济的发展,网上购物日益成为一种流行的社会消费方式,这种新的购物方式相比传统的集市购物,具有产品丰富、价格透明、支付便捷、不受时间和地域限制等特点,给农村居民带来了前所未有的消费体验,促使农民消费心理和态度的转变;同时,移动支付、仓储物流信息化不仅使网络购物更加便捷高效,还使消费环境更为优化(祝仲坤和冷晨昕,2017),从而刺激了农民的主动性消费。因此,互联网影响了农民的消费观念,改变着农民的消费行为,极大地促进了农村消费潜力的释放。2018 年中国农村网络零售额已达 1.37 万亿元,同比增长 30.4%[1]。此外,互联网带来的增收效应以及互联网消费金融的兴起能够间接促进农民消费规模的增长,互联网也有助于推动农民消费结构由传统型消费向享受型和发展型升级(刘湖和张家平,2016)。

(三)"互联网+"对农村进步的影响

1. 互联网促进农村教育文化发展

互联网推动了农村地区教育信息化,利用网络教育平台,农村地区可以共享城市和发达地区的优质教育资源,进而缩小城乡教育差距,推动教育公平,而且网络教育资源可以反复利用,不受时间和地域限制,能够实现教育资源价值的最大化。互联网技术和平台打破了传统校园的封闭性,连接了学校和家庭,极大地方便了教师、家长、学生之间的交流,促进教育质量不断提高。总之,"互联网+教育"催生了教育新生态,有助于提升农村教育水平。

"互联网+文化"共建共享模式,通过文化资源的有效整合,将民族的、优秀的文化及时向农村地区进行传播,促进农村地区传统文化与现代文化的融合,推动农村地区文化服务质量和效率的提升以及文化资本的累积,有助于农村地区摆脱文化贫困状态(曾鸣,2019),提升农村精神文化水平。此外,农民通过直播、短视频主动展示自己的生产过程和农村的生活面貌,宣传当地的文化特色和自然风景等行为也反映出农村精神风貌的不断改善。

2. 互联网促进农村治理能力提升

互联网为农村基层自治提供了新的方式。例如,过去农村往往

---

〔1〕　中国商务部:《中国电子商务发展报告 2018》,2019 年。

依靠广播、传单、宣传墙或口头通知等途径进行村务公开和管理,局限性较大,而且不能保证人人知晓,现在则可以依托手机建立村集体内部的信息化平台,并依此推进村务公开、政务公开和党务公开,促进农村居民自我管理、自我教育、自我服务,实现村民自治的制度化和规范化;借助互联网平台还能够宣传道德风尚,开展法制教育,倡导移风易俗,加强对农村留守儿童、留守妇女、留守老人的关爱和服务等(万宝瑞,2015)。

利用互联网建立农村议事平台,打造"互联网+村务"议事协商新模式,为居民群众提供了线上参与基层公共事务、社会治理的新途径,能够带动广大农民群众参与乡村事务,引导农村居民协商解决问题,不断推进农村治理体系和治理能力现代化。通过互联网建立村级事务"阳光公开"监管平台,如建立"村民微信群"、开设"乡村公众号"等,推进村级事务即时公开,有助于加强群众对村级权力的有效监督。采用"互联网+网格管理"服务管理模式,能够促进农村治理精细化水平不断提升。

三、"互联网+三农"的挑战与对策

(一)"互联网+三农"的制约因素

"互联网+三农"虽然是大势所趋,并且已产生良好的经济社会效应,但是在实践中也存在不少挑战和限制条件,影响着其经济社会绩效的进一步提高,这主要表现为以下方面:

其一,农村基础设施建设仍然薄弱。信息与交通及物流基础设施是"互联网+三农"融合发展的基本条件和重要保障。在信息基础设施方面,与城镇地区相比,农村地区的信息网络设施还存在不足。一方面,农村互联网普及率较低,非网民规模较大。截至2018

年 12 月[1],我国农村地区的互联网普及率为 38.4%,远远低于城镇地区 74.6% 的水平,与全国平均水平 59.6% 也有一定差距;农村网民规模仅占全国网民整体的 26.7%,非网民规模中农村地区占比达 62.8%。另一方面,农村地区互联网设施的质量水平有待提升,突出表现为网络信号差、连接不稳定,这与 4G、5G 等先进信息基础设施的部署进展始终落后于城镇地区有关。在交通和物流基础设施方面,尽管近年来随着国家持续加大投入,农村交通基础设施状况已有明显改善,但是农村交通质量仍需提高,尚未完全打通"最后一公里"。这就导致农村物流体系不完善、物流成本高、配送效率低,成为"互联网+三农"的重要短板。目前国内大部分快递只能到达乡镇一级,还无法送到每个农民的家门口,村庄物流配送网点的缺失难以有效满足农村居民日益旺盛的生产生活需求,不能完全适应"互联网+三农"的快速发展。

其二,农村人力资本积累尚显不足。互联网技术的使用依赖于人的知识水平,农村居民的素质和能力是决定"互联网+三农"进程及其效果的关键因素。目前,受教育程度限制和使用技能缺乏是我国非网民群体不上网的主要原因,这一现象在农村地区尤为凸显。相较于城市居民,我国农村居民的受教育水平整体偏低,根据 2018 年全国人口变动情况抽样调查数据,城市居民(6 岁及以上人口)的平均受教育年限接近 11 年,而乡村居民(6 岁及以上人口)的平均受教育年限约为 7.8 年[2];文盲人口占 15 岁及以上人口的比重在城市地区仅为 1.77%,而在农村为 8.07%。近年来,我国农村地区还出现了初中辍学率上升、高中入学率降低、大学录取率下滑等现

---

[1]　中国互联网络信息中心:"中国互联网络发展状况统计报告(第 43 次)",2019 年。

[2]　平均受教育年限的计算公式为:(受小学教育程度人口数×6+受初中教育程度人口数×9+受高中教育程度人口数×12+受大专及以上教育程度人口数×16)/6 岁及以上人口数。

象,显然不利于移动互联网、大数据、人工智能等新一代数字技术与
"三农"的深度融合发展。同时,农民使用互联网技术的技能弱、
"互联网+"专业化人才的匮乏,严重制约着"互联网+三农"的深入
推进,例如,农村电商人才的供给不足,既限制了电商规模的扩大,
又容易导致电商发展层次和质量的低下问题。

(二) 推进"互联网+三农"的对策

针对上述问题,同时为了进一步推进互联网与"三农"深度融
合,充分发挥"互联网+"对农业产业发展、农民福利增加、农村社会
进步的良好效应,可从以下几点着手:

第一,加强农村基础设施建设。在数字经济时代,解决"三农"
问题,推动农村经济社会发展,既要修路,也要通网。因此,农村基
础设施建设要坚持道路建设和网络建设一体推进,促进硬件设施与
软件设施同步提升。一方面,要加大农村交通物流基础设施投资力
度,加快形成农村地区现代综合交通运输体系,促进农村交通与城
市交通融合发展,贯通农村交通网络,畅通农村物流系统,以降低物
流成本,提升物流效率。另一方面,要深入推进农村信息化建设,全
面推进信息进村入户工程,实现信息高速公路村村通,进一步提高
农村互联网普及率,加快缩小城乡"数字鸿沟",同时采取提速降费
措施,以降低互联网接入成本,提升互联网应用质量。

第二,提高农村人力资本水平。互联网红利的发挥需要人力资
本支撑,农村发展互联网最缺的是人才,尤其需要进行人力资本投
资。首先,要坚定落实好农村义务教育政策,杜绝义务教育阶段无
故辍学现象;完善农村地区教学基础设施,改善教学条件,提升教学
质量;推进农村教育信息化建设,利用互联网优化教育资源配置,增
加农村优质教育资源供给。其次,要加强农民技能培训,如可通过
安排专业技术人员到农村现场培训或者进行线上培训等途径,提高
农民对互联网技术的掌握能力和对电子商务的运营水平,培养一批

有文化、懂技术、会经营的新型农民,促进农村互联网就业创业。最后,要持续做好农村脱贫帮扶工作,切实保障农民的基本养老、基本医疗和基本生活,积极运用互联网进行精准扶贫,开展"互联网+扶贫",不断提高农民自身的创收致富能力。

第三,推动法治化制度化建设。政府应加强与"互联网+三农"相匹配的法治体系和制度体系建设,破除阻碍互联网与"三农"融合发展的制度藩篱,消除农村地区的"数据孤岛";打击利用互联网从事的违法犯罪活动,净化网络环境,帮助农民树立正确使用互联网技术的理念;建立有效约束机制,促进农村电子商务健康、绿色发展。

参考文献

1. 陈玉宇、吴玉立:"信息化对劳动力市场的影响:个人电脑使用回报率的估计",《经济学(季刊)》2008 年第 4 期。

2. 成德宁、汪浩、黄杨:"'互联网+'农业背景下我国农业产业链的改造与升级",《农村经济》2017 年第 5 期。

3. 崔春晓、邹松岐、张志新:"农业产业链国内外研究综述",《世界农业》2013 年第 1 期。

4. 侯建昀、霍学喜:"信息化能促进农户的市场参与吗?——来自中国苹果主产区的微观证据",《财经研究》2017 年第 1 期。

5. 李国英:"'互联网+'背景下我国现代农业产业链及商业模式解构",《农村经济》2015 年第 9 期。

6. 刘湖、张家平:"互联网对农村居民消费结构的影响与区域差异",《财经科学》2016 年第 4 期。

7. 刘丽伟、高中理:"'互联网+'促进农业经济发展方式转变的路径研究——基于农业产业链视角",《世界农业》2015 年第 12 期。

8. 马俊龙、宁光杰:"互联网与中国农村劳动力非农就业",《财经科学》2017 年第 7 期。

9. 唐为、陆云航:"社会资本影响农民收入水平吗——基于关系网络、信任与和谐视角的实证分析",《经济学家》2011 年第 9 期。

10. 万宝瑞:"我国农村又将面临一次重大变革——'互联网+三农'调研与思

考",《农业经济问题》2015年第8期。

11. 吴絮颖:"'互联网+'对农业产业升级促进作用探究",《中国农业资源与区划》2016年第5期。

12. 许竹青、郑风田、陈洁:"'数字鸿沟'还是'信息红利'？信息的有效供给与农民的销售价格———一个微观角度的实证研究",《经济学（季刊）》2013年第4期。

13. 曾亿武、万粒、郭红东:"农业电子商务国内外研究现状与展望",《中国农村观察》2016年第3期。

14. 周洋、华语音:"互联网与农村家庭创业———基于CFPS数据的实证分析",《农业技术经济》2017年第5期。

15. 周正平、丁家云、江六一:"基于网络营销视角的农产品国际竞争力研究",《经济问题探索》2013年第3期。

16. 朱秋博、白军飞、彭超、朱晨:"信息化提升了农业生产率吗?",《中国农村经济》2019年第4期。

17. 祝仲坤、冷晨昕:"互联网与农村消费———来自中国社会状况综合调查的证据",《经济科学》2017年第6期。

（张骞,北京大学新结构经济学研究院;周立,兰州财经大学金融学院）

农业区域公用品牌稳步推进乡村振兴发展对策与保障机制研究

赵春艳　王婧

一、引言

党的十九大报告明确指出,中国社会主要矛盾已经转化为人民日益增长的美好生活需要和不平衡不充分的发展之间的矛盾。中国最大的不平衡是城乡发展不平衡,中国最大的不充分是农村发展不充分。要解决城乡发展不平衡的问题,最有力的举措就是推进乡村振兴发展。

农业区域公用品牌是乡村振兴产业特色化发展的有效载体。2017年中央一号文件明确提出要推进农产品高质量发展,强化品牌保护,2017年也被称为农产品品牌发展元年。《乡村振兴战略规划（2018—2022 年）》提出，要加快形成以区域公用品牌、企业品牌、大宗农产品品牌、特色农产品品牌为核心的农业品牌格局。

中国农业区域公用品牌的发展现状如何？地方政府如何激发家庭农场、农民专业合作社、龙头企业、农业社会化服务组织等新型农业经营主体和服务主体的品牌发展意识？如何培育和打造具有地域特色、符合地域文化的区域公用品牌，促进其高质量发展，以提升农民收入，促进一二三产业融合，实现乡村振兴？这些问题是本文重点讨论的问题。

二、国内外相关研究的学术史梳理及研究动态

在中国知网上通过高级检索方式，以主题和篇名作为检索条件，以本文涉及的"农业区域公用品牌"作为关键词，不设时间段进行精确检索，共检索出文章 158 篇。就总体情况来看，当前对"农业区域公用品牌"的研究具有以下特点：

一是从时间分布来看，"农业区域公用品牌"相关研究始于 2010 年，从 2015 年开始，进入快速增长的阶段（图 1）。

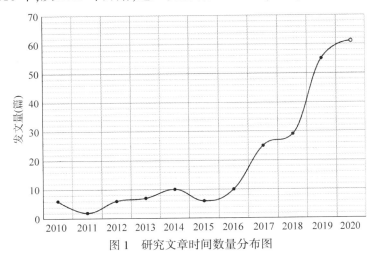

图 1　研究文章时间数量分布图

　　二是就主题分布的情况看,农产品区域公用品牌,区域公用品牌,农产品,农产品品牌,品牌价值是排在前五的主题,这五类主题共同占据了全部主题的50%以上(图2)。

　　三是从发表途径来看,期刊与硕士论文是主要的发表途径,二者约占据了总体的90%,博士论文共17篇,发表于报纸和学术期刊中的文章较少,参考意义较小(图3)。

　　四是从研究层次来看,行业指导(社科)、基础研究(社科)、职业指导(社科)和政策研究(社科)为主要的四个研究层次,分别占到40.43%、26.95%、15.60%、11.35%,其余两项共占比约5%(图4)。

　　国内外学术界关于"农业区域公用品牌"的相关研究主要集中在四个方面:

　　第一,关于农业区域公用品牌促进乡村振兴的内涵与价值研究。核心观点是:①认为区域品牌的本质属性是区域和产品的不可分离性,区域品牌的"核心竞争力"是该地域特色形成的产品特色(韩志辉、刘鑫淼,2017),农产品区域公用的核心要义是"农产品+区域+公用+品牌",且这四个要素缺一不可(樊旭兵,2016)。农产品区域品牌有自身独特的要素依赖,包括地理位置、地形地质、自然气候、土壤等,在政策、劳动力、资本和技术进步等其他配套的社会资源的共同作用下,形成了地方特色农产品和基于特色产品的深加工产品(胡正明、蒋婷,2010)。②认为品牌参与主体包括农民、农业企业、消费者、政府等,其中政府不仅是区域品牌的监管者,还是其主导力量,提供法律、财政支持的同时,承担审批及行政管理职能(胡胜德、王伟森,2019)。③认为农产品区域品牌为某个区域共同使用,能给该区域带来规模经济效益;农民合作社为某个集体共同经营,也能形成规模经济效益(李大垒、仲伟周,2019)。④认为深入实施农业区域品牌战略,是实现农业供给侧改革的战略抓手(魏后凯,2016;陈锡文,2017)。通过品牌力量推进我国农村一二三产业融合发展,以区域地标品牌为战略调整农业结构(陈文胜,2016),实现乡村振兴。

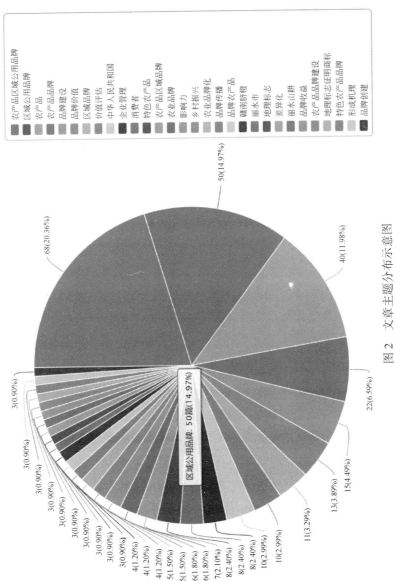

图 2　文章主题分布示意图

图例（从上到下）：
农产品区域公用品牌
区域公用品牌
农产品
农产品品牌
品牌建设
品牌价值
区域品牌
价值评估
中华人民共和国
企业管理
消费者
特色农产品
农产品区域品牌
农业品牌
影响力
乡村振兴
农业品牌化
品牌传播
品牌农产品
赣南脐橙
丽水市
地理标志
差异化
丽水山耕
品牌收益
农产品品牌建设
地理标志证明商标
特色农产品品牌
形成机理
品牌创建

数据标注：
68(20.36%)
50(14.97%)
40(11.98%)
22(6.59%)
15(4.49%)
13(3.89%)
11(3.29%)
10(2.99%)
10(2.99%)
8(2.40%)
8(2.40%)
7(2.10%)
6(1.80%)
6(1.80%)
5(1.50%)
5(1.50%)
4(1.20%)
4(1.20%)
3(0.90%)
3(0.90%)
3(0.90%)
3(0.90%)
3(0.90%)
3(0.90%)
3(0.90%)
3(0.90%)
3(0.90%)

区域公用品牌：50篇(14.97%)

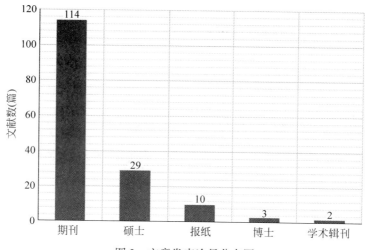

图 3　文章发表途径分布图

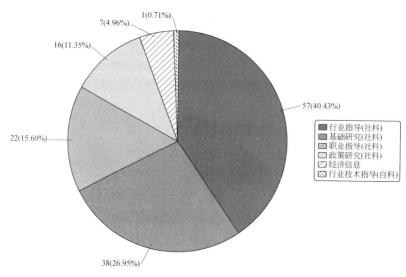

图 4　实践路径研究文章分布图

　　第二,关于农业区域公用品牌促进乡村振兴的问题研究。核心观点为:一是外部性问题(程杰贤、郑少锋,2018)。农产品区域公用品牌具有显著公共产品属性,维护其信誉需要农户付出额外成本且收益分配不清晰(程杰贤、郑少锋,2018)。二是农产品质量安全水平问题。农产品区域公用品牌质量标准体系有待完善,政府管制在建设和维护区域声誉中起到应有的作用(周小梅、范鸿飞,2017)。政府规制对农户生产行为产生影响,继而提升区域品牌农产品质量安全(程杰贤、郑少锋,2018)。三是农产品区域公用品牌建设法制环境不完善(陈通、李志方,2014)。

第三,关于农业区域公用品牌促进乡村振兴的经验借鉴。主要做法有:一是日本坚守农产品区域特色的命名模式,从"一村一品"战略到"地产地销"战略,再到"本场本物"制度,日本的农业区域公用品牌的运营主体始终是农业协同组合的各级组织(刘铭徐,2014)。日本合作社组织作为农业区域品牌的拥有者,特别关注对地理标志使用的内部管理(吕苏榆,2012)。日本商标法、反不正当竞争法及其他相关立法互相配合,对农产品地理标志给予有效的保护。二是韩国政府根据自身实际情况,制定和颁布《关于使用农特产品共同品牌管理条例》和《关于使用农特产品共同品牌实行规则》等相关制度,推动农特产品共同品牌发展(胡胜德、王伟森,2019)。三是美国的农民合作社的联盟模式。美国甜橙Sunkist(新奇士)作为世界上最大、历史最久的农产品公共品牌,成立于1893年,新奇士种植者公司于美国加州成立,它是由数千个体果农合作建立。经过一百多年的发展,新奇士"Sunkist"商标全球排名47位,美国排名43位。新奇士在53个国家和地区进行商标许可,年收入11亿美元,品牌价值超过70亿美元(聂有兵,2013)。

第四,关于农业区域公用品牌促进乡村振兴的路径研究。核心观点是:①模式研究。目前主要有"政府主导+依托地理标志+合作社推进""政府主导+龙头企业推进+合作社参与""行业协会引导+依托地理标志+合作社推进""行业协会引导+龙头企业推进+合作社参与""市场主导+依托地理标志+合作社推进""市场主导+龙头企业推进+合作社参与"等六种模式(李大垒、仲伟周,2019)。②构建农产品区域品牌生态系统(翁胜斌、李勇,2016),利用新媒体拓展农产品营销渠道(张晓锋、鲍姝辰、李广修,2019),构建科学合理的品牌评价体系监督促进其健康发展(王雪颖、张紫玄、王昊等,2017)。浙江大学中国农业品牌研究中心从 2009 年开始每年发布一份基于 CARD 模型的"中国农产品区域公用品牌价值评估"的研究报告(胡晓云,2017)。③组织研究。基层党组织能够通过乡村人才振兴,推动区域农业品牌建设(肖雪锋,2017),促进乡村振兴(吴雪,2018)。此外,除了要有正确的理念引领、完善的治理体系、贴切的人文定位,还需要有适合乡村产业特点和有助于产业健康发展的制度安排(黄祖辉,2017)。以及要从拯救农村文化、保护农业遗产、培养文化自信的路径进行品牌的强化之路(朱启臻,2017)。

综上,可见学界对农业区域公用品牌的研究存在"三重三轻":①重在对农产品公用品牌的单一主体(农民专业合作社)的肯定与强调,轻于对多元主体(家庭农场、小农户、行业协会)的评估与深究;②重在对农产品单个案例品牌(大米、茶叶、苹果等)的建设与发展进行讨论,轻于对农产品产业集群的整体性研究;③重在对小范围农产品竞争力建设的强调与发展,轻于对农产品区域性协同发展进行机制设计。这为本文提供了研究方向和研究空间。

三、农业区域公用品牌发展稳步推进乡村振兴的现实诉求

(一)有助于提升区域公用品牌的商业化运营程度

目前国内农业区域公用品牌注册数量多,但品牌管理的有效性不高,品牌效应不够明显。在目前已有的 3038 个地理标志产品中,不到三分之一的品牌运营良好。通过打造区域公用品牌,启动相应的保护工程,在全国范围内打造 1000 个地理标志农产品知名品牌,有助于提升农业区域公用品牌的产品附加值。

(二)有助于增强区域公用品牌的商标保护力度

质量是品牌的基石,没有法律保护的农产品,很容易收到假冒伪

劣产品的冲击,通过打造区域公用品牌,申请商标保护,有助于提高区域公用品牌的质量门槛,从法制层面增强区域公用品牌的品牌竞争力。

(三) 有助于促进一二三产业融合发展

综合型区域公用品牌在生产地域范围、品种品质管理、品牌使用许可、品牌行销与传播等方面具有共同诉求与行动,是区域产品与区域形象共同发展的农产品及其相关产品的品牌。随着区域品牌发展的持续发力,产业链逐渐延伸,逐渐从最初的体验式营销开始,到增强子品牌的深加工能力,再到文创产品,形成一二三产业融合发展的体系,从而促进农民就业,提升农民收入,促进产业升级,实现乡村繁荣振兴发展。

四、中国农业区域公用品牌发展现状

狭义的农业区域公用品牌是以地理标志为代表的在具有特定自然生态环境、历史人文因素的区域内,由相关组织所有,由若干农业生产经营者共同使用的单一型区域公用品牌。该类品牌由"产地名+产品名"构成,原则上产地应为县级或地市级,并有明确生产区域范围。鉴于数据的可获得性和可比性,本文选取了农业农村部主管审批的农产品地理标志产品为例,探讨这一类型的区域公用品牌溯源及其发展。农产品地理标志产品的发展始于 2007 年 12 月农业部发布的《农产品地理标志管理办法》,经过 12 年的发展,主要经历了三个周期式增长的阶段,一是从 2008 年到 2012 年,其中,2008 年获批农产品地理标志的农产品为 134 个,峰值为 2010 年的 396 个,2012 年回落到 258 个;二是从 2012 年到 2016 年,峰值为 2013 年的 424 个,2016 年回落到 208 个;三是从 2017 年开始的新一轮发展,峰值为 2018 年的 291 个,2019 年回落为 262 个。截止到 2019 年年底,地理标志农产品共有 3008 个。2019 年,各省区市单一型区域公用品牌,山东排第一,四川排第二。

按照商标注册的主体划分,农业区域公用品牌可分为六种类型,分别是:以协会为主导的单一型公用品牌,以农民专业合作社为主导的单一型公用品牌,以科研所为主导的单一型公用品牌,以技术推广中心为主导的单一型公用品牌,以产业管理局为主导的单一型公用品牌,以质量检测站为主导的单一型公用品牌。

广义的农业区域公用品牌是以多个地理标志农产品为代表的在特定区域内种植生产的多品牌融合发展的综合型区域公用品牌。按照其商标注册的主体划分,也可分为六种类型,分别是:以省级政府为主导的综合型公用多品牌,以农业公用品牌发展协会为主导的综合型公用品牌,以农民合作经济组织联合会为主导的综合型公用品牌,以市级生态农业协会为主导的综合型公用品牌,以商业投资公司为主导的综合型公用品牌,以品牌服务促进中心和投资公司共同主导的综合型公用品牌。

以上六种单一型区域公用品牌和六种综合型区域公用品牌的案例举例详见表1。

表1 12种农业区域公用品牌类型及其举例

	序号	品 牌 类 型	案例	商 标 主 体	审批通过年份
单一型公用品牌	1	以协会为主导的单一型公用品牌	(江苏)盱眙小龙虾	江苏省盱眙龙虾协会	2014
	2	以农民专业合作社为主导的单一型公用品牌	(山东)马家沟芹菜	青岛琴香园芹菜产销专业合作社	2011
	3	以科研所为主导的单一型公用品牌	(湖北)红安花生	红安县花生科研所	2013
	4	以技术推广中心为主导的单一型公用品牌	(西藏)波密天麻	波密县农业技术推广站	2010
	5	以管理局为主导的单一型公用品牌	(陕西)洛川苹果	洛川县苹果产业管理局	2019
	6	以质量检测站为主导的单一型公用品牌	(河南)西峡猕猴桃	西峡县农产品质量检测站	2019

续表

	序号	品 牌 类 型	案例	商 标 主 体	审批通过年份
综合型公用品牌	1	以省级政府为主导的综合型公用多品牌	山东品牌农产品	暂未注册	—
	2	以农业公用品牌发展协会为主导的综合型公用品牌	(四川)遂宁鲜	遂宁市"遂宁鲜"农业公用品牌发展协会	2018
	3	以农民合作经济组织联合会为主导的综合型公用品牌	(浙江)嘉田四季	嘉兴市农民合作经济组织联合会	2019
	4	以市级生态农业协会为主导的综合型公用品牌	(浙江)丽水山耕	丽水市生态农业协会	2017
	5	以商业投资公司为主导的综合型公用品牌	(湖北)荆楚优品	湖北交投商业投资有限公司	2020 年申请
	6	品牌服务促进中心和投资公司共同主导的综合型公用品牌	(重庆)巴味渝珍	重庆市现代农业品牌服务促进中心+重庆禾茂商务信息咨询有限公司	2018

数据来源:国家知识产权局商标局官方网站。

综合来看,单一型区域公用品牌的运营相对容易,但季节性强。综合型区域公用品牌季节性因素影响较小,但是运营成本相对高,在经济社会智能化数字化发展和消费升级的大背景下,农业区域公用品牌的发展需要系统性、结构性的新的发展思路。

五、农业区域公用品牌推进乡村振兴发展的发展对策

(一) 基于区域特色的资源禀赋,制定区域公用品牌发展的顶层设计

农业区域公用品牌推进乡村振兴发展的主体思路是构建基于

"ICS"发展模式的区域品牌发展体系。"ICS 发展模式"即母子品牌孵化建设(Incubation of Brand Chain,以下简称为 I)、品牌文化价值赋能(Culture Empowerment of Brand Chain,以下简称为 C)、全产业链质量把控(Supervision of Quality Chain,以下简称为 S)。

母子品牌孵化建设(I)是指从品牌管理的战略层面,深度挖掘当地独特要素禀赋,寻求地域发展比较优势,以地域独特性发展仅属小地域的区域公用品牌。区域品牌发展聚则和、分则散、争则乱、融则通。

通过对全国综合型区域公用品牌的分析可知,区域公用品牌以何种规模运营是一个非常重要的问题,"一村一品"的规模偏小,运营成本偏高,但是以省级规模运营偏大,不足以体现特色,商标注册的审批也较为困难。我们认为,县市级的规模较为科学合理,既能够恰当地体现农产品的地域特色,又便于品牌管理。因此,县(市)委书记在公用区域公用品牌的打造过程中,激励龙头企业、行业协会、农民专业合作社、家庭农场和农民参与区域公用品牌的建设积极性,是品牌管理过程中的关键要素。

母子品牌孵化建设(I)是区域公用品牌发展的第一步,是在解决区域品牌的生存问题。品牌文化价值赋能(C)是区域公用品牌发展的第二步,是在解决区域品牌的发展问题。区域公用品牌的生存与发展相互促进,共同发展。在第一步和第二步进展的过程中,始终贯彻落实全产业链质量把控(S)。

(二) 基于区域特色的文化禀赋,提升区域公用品牌的附加值

自然环境决定生活方式,生活方式决定文化精神。不同区域间因自然环境、经济环境、社会环境等诸多方面的差异,具有不同的区域文化底蕴,这些区域文化支撑并引领区域经济社会的发展。深入挖掘品牌的区域文化,有助于提升母子品牌附加值,增强母子品牌的美誉度和忠诚度。挖掘区域品牌与本土文化的结合点,对子品牌

进行文化赋能,以地域独特性、文化地域性促进子品牌不可复制性,增强母子品牌发展的核心动力。通过地域文化赋能于区域母子品牌,提升其品牌价值。

(三) 基于溯源化的数字信息技术,全过程监控区域公用品牌的质量体系

母子品牌应依靠新型科技优化结构、统一最优价格调整、统一广告宣传、提升服务满意度、用科技提高质量、提高把控度,形成从生产领域到流通领域的全要素、全过程的农业区域公用品牌生态链的放心链。一方面,通过各地域建立电子数据档案,为每一个物种、原材料、相关人员、产品、企业、物流、销售商等进行全产业链各要素的统一的数据监控,最终将各地域电子档案数据与母品牌共享,做到消费者、企业可以通过数据搜索了解到包括种植时间、地点、生长状况、采摘记录等各要素,并可通过数据了解产品安全度,真正做到让消费者"从树梢到舌尖,吃得放心"。另一方面,在流通领域,建立健全农业区域品牌的监督管理体系和退出机制,各级地方政府成立监督小组就各企业生产及产品进行不间断抽查,如查获质量不达标、企业生产违规等问题应严格封查同批次货物并将该企业纳入诚信考核名单,达到一定次数将清退地域农业区域公用品牌。企业及政府要始终把以质夺优而非以量夺优嵌入发展总思维,形成一个闭环的全产业链把控的质量控制系统。

六、农业区域公用品牌推进乡村振兴的保障机制

新结构经济学强调有效市场、有为政府和有情社区的联动式发展(林毅夫,2012)。本文基于新结构经济学的逻辑视角,研究农业区域公用品牌发展的保障机制。

（一）"从输血到造血"，构建以龙头企业为市场主体的动力保障系统

培育区域公用品牌的本质是提升农产品的质量和品牌效应，因此要构建区域公用品牌在市场中的"从输血到造血"的自生的生存能力。在孵化母子品牌的过程中，要着重培育子品牌的核心载体——龙头企业的核心产品，培育"明星产品"，以点突破，以"点"产品推动企业要素禀赋结构性升级。

一是利用现代金融手段，利用金融学知识与现代金融手段向国内和国际金融市场融资，解决区域品牌发展过程中遇到的缺乏资金的难题。一方面向农民普及金融知识，一方面为农民量身定制创新金融产品。只要越来越多的农民知道如何借贷、怎样借贷，懂得投资与理财，知道如何交换股权，懂得了购买保险就可以控制与减少金融风险，那么以农民为主体的农业产业化大军离成功就不远了。农业区域公用品牌发展的资金紧张状况也能得以缓解。

二是通过农业区域公用品牌的教育支持，进行农业区域公用品牌的人才队伍建设。要创新培养与吸引人才的方法与途径。要求基层党组织重视乡村教育，在修建校舍、招聘教师等方面加大投资力度，同时从个人、地区单位和外部企业募资建立人才基金，有计划地招募人才。还可以融合"亲情牌"，号召在外打工多年并且有一定成就的乡亲带资金与技术回乡创业。为发展乡村农业区域公用品牌添砖加瓦。除此之外，以股权换投资的方式也能吸引外地企业家带着资金来山乡合股创办农业区域公用品牌企业。同时不以高薪而以农村发展前景来鼓励有志青年下乡参与品牌建设。

三是大力发展"互联网+农业产业化+商业"。充分利用"互联网+""大数据"工具，利用现代信息技术，既为农业区域公用品牌营销提供工具，又从国内与国际人才市场招聘愿意为新农村建设出力的各种人才。

(二)"释放潜能",创新以政府为政策主体的激励保障系统

由于公用品牌的公用性,不管是龙头企业,还是中小微企业,都没有强烈的打造公用品牌的积极性。政府应成立相关机构,专门对全产业链各要素进行评估与探查,找寻各企业生产物、生产废料等可再生利用价值以孵化相关企业进行弥补,发挥有为政府作用。全产业链的延展仅依靠某一组织是不可能得到最优完善,极大一部分还需通过市场自发性作用,母品牌应做好就新型产业建设孵化、考察、监督等前期工作,待其日渐获取效益并稳定将其准入区域公用品牌内,以此发挥有效市场作用。

一是不断完善农业区域公用品牌的法律法规保障。农产品区域品牌的公共性质决定了其离不开政府的扶持和监管,政府作为主体首要任务便是完善相关政策法律体系,使得公共品牌能够持续稳定地运营。

二是生产流通环节的监督。区域公共品牌建立后,原产地的商品将获得超额利润,这使得部分厂商走上了仿制假冒的道路,也有原产地的厂商利用品牌效益以次充好,这都将伤害公共品牌的信誉。政府不仅要在产品生产和流通中加强监管,而且可以采用新型的生产技术加大仿冒打击力度。当下信息技术已经能够支持农产品通过二维码等多种方式,实现从餐桌到田园的溯源。通过把农产品从种子之日起到送上消费者手中的重要时间节点和储藏地点进行公示,增强消费者的信心。同时,将扫码得到的信息与防伪技术结合,二维码中含有消费者购买产品的数量、质量等详细信息,使得仿冒成本大幅提升。在对区域公共品牌的维护上,农户和厂商需要在政府部门备案登记后具体使用商标,同时确立每个主题使用商标的范围和权限,建成商标的电子信息管理系统。根据商标的使用和反馈信息,在一定时间段对各个商标主体使用者的违规行为进行公示,在此基础上建立具有公信力的信誉评价制度。同时,执法部门

应根据法律和地方政府的相关规定,加强区域类重点企业产品的抽检力度,对假冒伪劣产品依据相关规定进行严厉的打击。

三是产业规划和配套资金支持。在农产品区域公共品牌的发展中,需要发展区域主导产业,形成产业化的区域布局。政府应从当地的实际条件出发,充分考虑国际国内及区域经济发展态势,对当地产业发展的定位、产业体系、产业结构、产业链、空间布局、经济社会环境的影响,打造具有竞争力、可持续的产业链经济,这对于调整区域内农业的经济结构起着至关重要的作用。在建设区域公共品牌中,首先应该扶持一批经济效益好且生态环保的大型企业作为示范案例,按不同企业所处生产地位和资金需求分级发放财政补贴资金。对于农户而言,政府鼓励流转农村土地的使用权,通过公开市场实现土地使用权的交易和转让,因地制宜给农村转移劳动力创造就业机会,使土地集约化经营以提高效益。在建成区域产业基础之后,政府应提高配套设施和资金推进产业转型升级,使得传统的农产品品牌与第三产业特别是旅游业深度结合,探索旅游观光园、农家乐、青少年田园教育中心等多种形式,发展综合型区域品牌。

(三)"全民小康",完善以农民为振兴主体的助力保障系统

提高农民就业率,增加农民收入,是培育农业区域公用品牌非常重要的目标。农民在区域公共品牌的建设中,难免碰到各种各样的问题,村社组织应该在有条件下对普遍问题进行集中指导,并对个体遇到问题及时提供指导建议,并鼓励向先进典型学习。如果遇到村社组织不能解决的问题,可以请求政府相关部门和行业协会进行指导,集体的声音更易引起重视。除此之外,村社为集体可购买一定的社工服务,提高当地的社会福利事业,以良好的生活环境和情感留住农业区域品牌发展的人才。当地基础服务水平的上升,对于提高农业区域品牌发展水平和发展现代旅游业也可有所帮助。

一是组织协调的功能。区域内的农户和企业有不同的利益诉

求,即使农户及农户之间也有不同的需求。当地的基层村社可以协调个人和集体的关系、品牌共用的利益责任区分,使得区域内基于公共品牌的使用和维护形成共识,并在此基础上协调和解决各类矛盾。

二是区域自主监督的功能。无论是在农作物生产过程中减少化学农药的使用并杜绝使用催熟剂等有害化学产品,保障农产品的绿色健康优质品质,还是防止区域内的农户及厂商利用公共品牌进行以次充好及商标的滥用影响品牌信誉的行为,仅仅依靠政府的监管部门强制抽检的作用有限,而这些行为被市场发现后给公共品牌造成的形象伤害很难恢复甚至是毁灭性的。所以,建立良好的村社自我监督机制,督促提醒区域内农民和厂商不能为了自身的私利而放松对农产品质量的要求。

综上,通过凝炼农业区域公用品牌促进乡村振兴的内涵和必要性,梳理中国农业区域公用品牌发展的历程和模式,提出基于母子品牌孵化建设的"ICS 发展模式",探求农业区域公用品牌的"精准品牌定位到某一点,优化品牌结构到区域面,促进乡村振兴到产业体"的可持续发展之路,以促进小农户与现代农业发展的有机衔接,促进农产品的一二三产业融合发展,全面实现乡村振兴。

参考文献

1. 林毅夫:《新结构经济学:反思经济发展与政策的理论框架》,北京大学出版社,2012 年,第 177—198 页。
2. 胡胜德,王伟森:"韩国农特产品共同品牌建设对我国的启示",《农业经济与管理》2019 年第 3 期,第 89—96 页。
3. 胡正明,蒋婷:"区域品牌的本质属性探析",《农村经济》2010 年第 5 期,第 89—92 页。
4. 吴雪:"将打造区域农业品牌与乡村振兴相结合",《人民论坛》2018 年第 17 期,第 74—75 期。
5. 孙白露,朱启臻:"农业文化的价值及继承和保护探讨",《农业现代化研究》,2011 年第 1 期,第 54—58 页。

6. 程杰贤,郑少锋:"农产品区域公用品牌使用农户'搭便车'生产行为研究:集体行动困境与自组织治理",《农村经济》2018 年第 2 期,第 115—122 页。

7. 王雪颖,张紫玄,王昊,邓三鸿:"中国农产品品牌评价研究的内容解析",《数据分析与知识发现》2017 年第 1 期,第 13—21 页。

8. 肖雪锋:"农产品区域品牌该如何建设、维护和发展",《人民论坛》2017 年第 18 期,第 86—87 页。

9. 周小梅,范鸿飞:"区域声誉可激励农产品质量安全水平提升吗?——基于浙江省丽水区域品牌案例的研究",《农业经济问题》2017 年第 4 期,第 85—92、112 页。

10. 李大垒,仲伟周:"农业供给侧改革、区域品牌建设与农产品质量提升",《理论月刊》2017 年第 4 期,第 132—136 页。

11. 陈文胜:"论中国农业供给侧结构性改革的着力点——以区域地标品牌为战略调整农业结构",《农村经济》2016 年第 11 期。

12. 翁胜斌,李勇:"农产品区域品牌生态系统的成长性研究",《农业技术经济》2016 年第 2 期,第 113—119 页。

13. 刘铭徐:《浙江省农产品品牌建设的对策研究》,浙江大学博士论文,2014 年,第 98—112 页。

14. 陈通,李志方:"区域品牌农产品质量维护合作机制的演化博弈分析",《系统工程》2014 年第 5 期,第 133—137 页。

15. 聂有兵:"区域农产品公共品牌传播的三种模式——以新奇士、大佛龙井和荔浦芋为例",《湖北经济学院学报(人文社会科学版)》2013 年第 3 期,第 70—71 页。

16. 吕苏榆:"日本农业区域品牌发展探析",《现代日本经济》2012 年第 2 期,第 73—79 页。

17. 樊旭兵:"数字化品牌和参与式电商——水产品营销的最新理论与实践",《海洋与渔业·水产前沿》2014 年第 3 期,第 31—33 页。

18. 浙江大学 CARD 农业品牌研究中心中国茶叶区域公用品牌价值评估课题组,胡晓云,程定军等:"2011 中国茶叶区域公用品牌价值评估报告",《中国茶叶》2011 年第 5 期,第 12—18 页。

19. 张晓锋,鲍姝辰,李广修:"创新扩散理论视角下新媒体时代农产品品牌传播策略——以阜宁生态猪肉品牌为例",《南京农业大学学报(社会科学版)》2019 年第 4 期,第 138—146、160 页。

20. 韩志辉,刘鑫淼:《农业区域品牌价值战略》,中国农业出版社,2017 年,第

112—135 页。

21. 黄祖辉，俞宁：“新型农业经营主体：现状、约束与发展思路——以浙江省为例的分析”，《中国农村经济》2010 年第 10 期，第 18—28、58 页。

22. 魏后凯：“《农村公共产品供给问题论》简评”，《经济学动态》2016 年第 6 期，第 160 页。

23. 陈锡文：“中国特色农业现代化的几个主要问题”，《改革》2012 年第 10 期，第 26—28 页。

（赵春艳，江苏大学；王婧，文华学院）

农业生产效率与城镇化——来自中国城市层面的证据

马晶　刘诗源

一、引言

　　中国市经济发展进入新常态后,经济下行压力逐渐增大,如何保持经济高质量发展成为社会关注的话题。《世界银行人类发展指数》数据显示,从世界各个发达国家所走过的发展道路来看,经济的持续增长、人民收入的不断提高无不与城镇化紧密联系在一起。研究经济发展的文献也认为城镇化是伴随经济发展的必经过程,随着经济的不断增长,从事农业生产的农业人口比重逐渐降低,城镇化率逐渐提升(Lewis 1954; Kuznets 1957)。因此,研究如何提升城镇化水平对促进经济高质量发展至关重要。

中国的城镇化水平在国际上处于相对落后的水平。2019 年年末我国城镇化率仅为 60.60%[1]，远远低于 OECD 国家和高收入国家[2]。不仅如此，我国的城镇化水平还滞后于经济发展水平和工业化进程（简新华、黄锟，2010），甚至滞后于国外同等发展水平或者发达国家同等发展阶段时的城镇化水平，城镇化率仍需进一步提高。

另一方面，中国农业生产效率在国际上也远远低于高收入国家平均水平。中国现代化战略研究课题组和中科院中国现代化研究中心于 2012 年发布的《中国现代化报 2012：农业现代化研究》显示，中国农业生产效率是全球平均水平的 47%，远远低于高收入国家平均水平。报告同时还指出，按照农业现代化理论分析，无论是一次、二次还是综合农业现代化指数这些能反应一国农业生产效率的指标，中国都排在世界的 50 名开外。

以上现象不禁让我们思考，中国的低城镇化水平与低农业生产效率之间是否存在某种内在联系？农业生产效率的提高能否提升城镇化水平？如果回答是肯定的，那么提升幅度有多大？至少在我们的知识范围内，还鲜有文献回答这个问题。

这可能源于理论上农业生产效率对城镇化的影响存在两种相互竞争的解释。早期文献认为农业生产效率的提升是城镇化的必要前提，因为农业生产效率提高产生的剩余劳动力为城市人口的出现提供了可能（Nurkse，1953；Levis，1954）。此外，农业生产效率的提升会提高社会对城市工业产品的需求，从而促进城镇化（Baumol，1967；Kongsamut et al.，2001；Gollin et al.，2002）。但是，农业生产

---

〔1〕　数据来源于国家统计局。
〔2〕　依据《世界银行人类发展指数》，截至 2018 年，高收入国家的城镇化率已经超过 80%。

效率的提升可能降低城镇化水平,Mokyr(1977)、Krugman(1987)、Matsuyama(1992)等人的研究发现,如果农业部门存在比较优势,则会吸引更多的要素进入农业部门进而阻碍城镇化进程。

本文认为在理论上存在两种相互竞争的解释的原因与农业技术进步的偏向有关,不同偏向的技术进步对城镇化的影响存在差异。为了在理论上系统地研究农业生产效率对城镇化的影响,本文构建了一个允许技术进步存在偏向的理论模型。本文采用 CES 生产函数,构造了一个包含两部门的小型开放经济模型,并允许农业部门的技术进步存在要素偏向,依据引起农业生产效率提升的技术进步的要素偏向,提出农业生产效率对城镇化影响的相关预测。研究发现,农业生产效率对城镇化的影响取决于技术进步的方向。当技术进步为中性时,农业生产效率的提升将阻碍城市化进程。当技术进步为土地增强型技术进步或劳动增强型技术进步且劳动和土地非强互补(not strong complement)时,农业生产效率的提升也会阻碍城镇化。仅在技术进步为劳动增强型技术进步时且劳动和土地强互补(strong complement)时,农业生产效率的提升会提升城镇化水平。

本文利用中国 2000 年到 2014 年共计 15 年 230 个城市的面板数据,实证考察了农业生产效率对城镇化的影响。农业生产效率采用人均粮食产量进行度量,城镇化水平使用非农人口占总人口的比重进行度量。实证分析发现,中国地级市农业生产效率与城镇化之间存在显著正相关关系,这意味着,农业生产效率的提升将显著提升城镇化水平,农业生产效率每提升 1 个标准差,城镇化率将提升约 4—9.6 个百分点,提升幅度约为 12%—30%。以上发现十分稳健,在使用城市平均地形坡度、城市平均地形起伏度、城市所处纬度以及历史人均粮食产量作为工具变量、替换农业生产效率的度量方法、引入更多控制变量后,本文的基准实证结果仍然成立。本文的研究结果表明,实施乡村振兴战略,提高农业生产效率,不仅有利于农业农村的高质量发展,也有利于提升城镇化水平,进而促进整体经济的高质量发展。本文的研究结果还隐含地揭示了促进中国农业生产效率提升的技术进步属于强劳动节约型技术进步。

本文剩余部分安排如下:第二部分为相关文献回顾;第三部分为理论模型与研究假说;第四部分为数据与实证设计;第五部分为实证结果;第六部分为结论。

二、文献回顾

农业生产效率与城镇化的关系研究一直受到学界的关注。大多数学者认为在封闭经济体中,农业生产效率的提高会促进城镇化。我们通过分析前人构建的经典模型把影响机制总结为"供给"和"需求"两个渠道。"供给"渠道:农业生产效率的提高会使得边际劳动生产率趋于零甚至小于零的农村剩余劳动力出现,在劳动力可以自由流动的情况之下,农村的剩余劳动力就会往城市迁移,成为新的城市工业人口,促进城镇化(Levis,1954;Rostow,1960)。"需求"渠道:农业生产效率的提高会增加社会总收入,从而增加社会对城市工业产品的需求,城市工业产品的相对需求增加,会促进农村农业人口转移至城市工业部门,从而促进城镇化(Murphy et al.,1989;Gollin et al.,2002;Ngai and Pissarides,2007)。

而在开放经济体中,农业生产效率对城镇化的影响则有所不同。首先,"供给"渠道的剩余劳动力将不再是城镇化的必要条件。章元和万广华(2013)年构建模型表明,因为可以进口粮食,在开放经济条件下,剩余粮食对城镇化水平的约束将会降低。同理可知,如果劳动力可以在不同经济体之间自由流动,那么本地的城镇化将不再受到本地是否有剩余农村劳动力供给的影响。其次,小型开放经济体的商品价格完全由外部市场给定,城市工业商品相对需求的增加也可以由外部市场供给,因而"需求"渠道也会失去作用。最后,由于比较优势的存在,较高的农业生产效率甚至可能把资源吸引至拥有比较优势的农业部门,阻碍城镇化进程(Mokyr,1977;Field,1978;Wright,1979)。在开放经济体中,农业生产效率对城镇化的影响没有得到一致的结论。Nunn 和 Qian(2011)在文章中构建了一个简单的经济模型,只要该模型中农产品缺乏需求价格弹性,农业部门的劳动力数量就会随着农业生产效率的增加而减少,从而使更多的农业剩余劳动力涌入城市,其后作者选择了适合培养富含热量、单产较高的马铃薯的地区变量以及把土豆从美洲引入旧世界的时间变量,评估马铃薯对旧世界人口增长和城市发展的影响,研究结果显示,马铃薯的引入在一定程度上提高了 18、19 世纪人口和城镇化的发展。同样基于历史数据的 Chen 和 Kung(2016)讨论了玉米对中国社会的人口增长、城镇化率和人均收入的影响,他们利用府级数据得出,玉米在 1776—1910 年间贡献了中国人口增长的19%,但却没能显著提高城镇化率和人均收入等经济发展指标。Foster and Rosenzweig(2004;2007)考察了印度使用高产农作物品种后就发现农业生产效率提高较多的地区城市工业部门的增长更缓慢。

本文认为研究结果出现如此差异的原因与农业技术进步的要素偏向有关。以往研究农业生产效率与城镇化关系的理论文献与Mastuyama(1992)构建的模型一样,农业部门仅使用一种要素进行生产,因而也只存在希克斯中性技术进步,在开放经济体中只能得到农业生产效率的提高会阻碍城镇化的结论。但是,如果技术进步存在技术偏向,那么农业生产效率的提升对城镇化的影响可能存在不同。因而我们基于 Acemoglu(2010)的偏向型技术进步模型构建了一个存在偏向型技术进步的小型开放经济模型,在该模型中农业部门使用土地和劳动两种互补要素进行生产,采用 CES 生产函数,允许技术进步存在要素偏向。该模型的建立为我们讨论开放经济体中农业生产效率与城镇化的关系提供了更多的可能。

三、理论模型

小型开放经济体中有城市工业部门和农村农业部门共两个生产部门,城市工业部门的生产函数如下:

$$Y_m = A_m \times L_m \tag{1}$$

其中 A_m 是城市工业部门生产率,L_m 为城市工业部门劳动人口,Y_m 为城市工业部门产值。由(1)式可以推算出城市工业部门劳动的边际产出为:

$$MPL_m = A_m \tag{2}$$

农村农业部门生产函数形式为 CES 函数:

$$Y_a = A_n \left[\beta (A_l L_a)^{\frac{\sigma-1}{\sigma}} + (1-\beta)(A_d D)^{\frac{\sigma-1}{\sigma}} \right]^{\frac{\sigma}{\sigma-1}} \tag{3}$$

Y_a 代表农村农业部门产值,L_a、D 分别表征农村农业部门的劳动人口和土地使用,$L_a+L_m=1$。A_n、A_l、A_d 分别为希克斯中性技术进步、劳动增强型技术进步、土地增强型技术进步,σ 为替代弹性且大于 0。由此可以得到农村农业部门的劳动边际产出为:

$$MPL_a = \beta A_n A_l \left[\beta + (1-\beta)\left(\frac{A_d D}{A_l L_a}\right)^{\frac{\sigma-1}{\sigma}} \right]^{\frac{1}{\sigma-1}} \tag{4}$$

我们假定劳动力可以在农村和城市之间自由流动,因此均衡时两部门的工资应该相等,又小型开放经济体的价格全部为外部市场给定,可得:

$$P_m^* MPL_m = w = P_a^* MPL_a \tag{5}$$

结合(4)、(5)可以推出

$$L_a^* = \frac{A_d D}{A_l} \left\{ \frac{\beta}{1-\beta} \left[\beta^{-\sigma} \left(\frac{P_a^*}{P_m^*}\right)^{1-\sigma} \left(\frac{A_n A_l}{A_m}\right)^{1-\sigma} - 1 \right] \right\}^{\frac{\sigma}{1-\sigma}} \tag{6}$$

当 $\sigma=1$ 时,(3)式退化成科布道格拉斯生产函数,为 $Y_a = AL_a^\beta D^{1-\beta}$,其中 $A=(A_n A_l^\beta A_d^{1-\beta})$,对应得到:

$$L_a^* = (1 - \alpha)^{\frac{1}{\alpha}} \left(\frac{P_a^*}{P_m^*}\right)^{\frac{1}{\alpha}} \left(\frac{A}{A_m}\right)^{\frac{1}{\alpha}} D \tag{7}$$

我们首先看到(7)式,当 $\sigma = 1$,生产函数退化为科布道格拉斯形式时,农业农村部门仅存在希克斯中性技术进步,当价格由国际市场给定时,A 的增加会使得 L_a 上升,即农业生产效率的提升会提高农业部门劳动人口比重,阻碍城镇化。该结果与 Mastuyama(1992)所构建模型得到的结果一致。

而当农业农村部门生产函数为 CES 形式,且 $\sigma < 1$ 时,我们可以根据(6)式来判断在小型开放经济体中,不同的农业技术进步对农村农业人口的影响。当技术进步为希克斯中性技术进步时,容易得到 $\partial L_a^* / \partial A_n > 0$,当技术进步为土地增强型时,同样可以得到 $\partial L_a^* / \partial A_d > 0$。在小型开放经济体中,农业部门的希克斯中性技术进步与土地增强型技术进步都会有利于农业人口增加,阻碍城镇化。当技术进步为劳动增强型时,情形要变得复杂一些。

当 $1 > \sigma > 1 - \beta^\sigma \left(\frac{P_m^*}{P_a^*}\right)^{1-\sigma} \left(\frac{A_m}{A_n A_l}\right)^{1-\sigma}$ 时,$\partial L_a^* / \partial A_l > 0$,劳动增强型技术进步仍旧会增加农业人口,阻碍城镇化。由此可得本文待检验的命题 1。

命题 1:农业生产效率的提高会降低城镇化水平。

当 $\sigma < 1 - \beta^\sigma \left(\frac{P_m^*}{P_a^*}\right)^{1-\sigma} \left(\frac{A_m}{A_n A_l}\right)^{1-\sigma}$ 时,此时 $\partial L_a^* / \partial A_l < 0$,劳动增强型技术进步,仍旧可以促进城市工业人口增加,此时技术进步的类型被称之为强劳动节约型技术进步[1]。由此可得本文待检验的命题 2。

---

[1] 针对技术进步类型降低劳动边际产出的更一般的讨论可以参见 Acemoglu(2010)。我们仿效 Acemoglu 使用强劳动节约型技术进步(strongly labor-saving technical change)这个术语。

命题 2：农业生产效率的提高会提升城镇化水平。

四、实证模型与变量说明

(一) 实证模型

为了检验城镇化和农业生产效率之间的关系，本文建立基本计量模型(8)对其进行检验和讨论。

$$Urb_{i,t} = \beta_1 + \beta_2 \times Arg_{i,t} + \beta X_{i,t} + \mu_i + \omega_t + \varepsilon_{i,t} \qquad (8)$$

其中 Urb 为被解释变量城镇化水平，采用全市的非农人口/年末总人口来度量。Arg 为核心解释变量农业生产效率，使用农均粮食生产量[1]度量；为了稳健起见，本文还使用了农均肉类产量来度量农业生产效率。下标 i 表示城市、t 表示时间。β_1 为截距项，μ_i 表示城市固定效应、ω_t 表示时间固定效应、$\varepsilon_{i,t}$ 为残差项，X 是根据需要添加的一系列控制变量。我们将重点关注系数 β_2。

农业生产效率与城镇化之间可能互为因果，仅使用(8)式进行实证检验可能存在内生性问题。在(8)式基础上，本文使用城市平均地形坡度(Z_1)、平均地形起伏度(Z_2)、城市所处纬度(Z_3)和1949 年城市所处省人均粮食产量(Z_4)作为城市农均粮食产量的工具变量，使用(9)式和(10)式进行 2SLS 回归。

$$Arg_{i,t} = \alpha_1 + \sum_{j=1}^{4} \alpha_2 \times Z_{j,i} + \alpha X_{i,t} + \mu_i + \omega_t + \varepsilon_{i,t} \qquad (9)$$

$$Urb_{i,t} = \beta_1 + \beta_2 \times Arg_{i,t} + \beta X_{i,t} + \mu_i + \omega_t + \varepsilon_{i,t} \qquad (10)$$

(二) 数据及指标选取

本文将采用中国 2000—2014 年 230 个地级市共 15 年的面板数据检验农业生产效率对城镇化的影响。2000—2008 年的非农人

---

[1]　平均每单位农业人口生产粮食总量，单位为吨/人。

口数据来源于《中国城市统计年鉴》,2000—2014 年[1] 非农人口数据来源于《中国人口和就业统计年鉴》。主要的控制变量为人均GDP,以控制各地的经济发展水平,稳健性检验中,将引入更多的控制变量以检验结果的稳健性。本文数据均来源于《中国城市统计年鉴》《中国人口和就业统计年鉴》与 Wind 数据库。表 1 展示了本文将使用的核心变量的描述性统计:

表 1　核心变量的描述性统计

变 量 名 称	观测数	均值	标准差	最小值	最大值
城镇化	3450	32.54	16.74	6.585	98.25
农业生产效率	3450	0.731	0.520	0.007	3.842
农业生产效率二	3450	1.242	0.758	0.009	7.650
ln 人均 GDP	3450	9.44	0.729	7.415	11.58

五、实证结果

(一) 基准回归结果

表 2 报告基本的回归结果,与命题 2 一致,农业生产效率会显著提升城镇化水平,具体而言,在 2000—2014 年,平均而言,农业生产效率每提升 1 个标准差,地级市城市化水平将提升约 4 个百分点,提升幅度约为 12%。

表 2 第 1 列至第 3 列展示了使用农均粮食产量度量农业生产效率的回归结果。第 1 列使用混合面板模型进行估计,其显示农业生产效率的系数为 8.220,可以通过显著性水平为 5% 的显著性检验,表明农业生产效率每提高 1 个标准差,城镇化率随之提高约 6 个百分点,与城镇化率的平均水平相比,提升幅度约为 18%。第 2

---

[1]　2014 年后,《中国城市统计年鉴》《中国人口和就业统计年鉴》《中国人口统计年鉴》不再汇总统计各地级市非农人口数据。

列在第 1 列的基础上控制时间固定效应,回归结果显示,农业生产效率的系数下降至 5.759,可以通过显著性水平为 1‰的显著性检验,表明农业生产效率与城镇化的正相关关系不受时间固定效应的影响。第 3 列在第 2 列的基础上再控制住城市固定效应,回归结果显示,农业生产效率的系数为 5.528,可以通过显著性水平为 5%的显著性检验,表明农业生产效率每提高 1 个标准差,城镇化率随之提高约 4 个百分点,与城镇化率的平均水平相比,提升幅度约为 12%。这意味着,农业生产效率会显著提升城镇化水平,命题 2 得到验证。

表 2 农业生产效率与城镇化

被解释变量	（1）	（2）	（3）	（4）	（5）	（6）
	城 镇 化					
农业生产效率	8.220* (2.51)	5.759*** (3.49)	5.528* (2.23)			
农业生产效率二				6.740*** (3.89)	3.022** (3.26)	2.921* (2.41)
ln 人均 GDP	8.541*** (9.68)	4.973*** (4.21)	3.630* (2.12)	12.56*** (10.82)	5.024*** (4.05)	3.571* (2.13)
常数	Y	Y	Y	Y	Y	Y
时间固定效应	N	Y	Y	N	Y	Y
城市固定效应	N	N	Y	N	N	Y
样本数	3450	3450	3450	3450	3450	3450
R^2	0.472	0.231	0.254	0.488	0.247	0.270

注:1. *,$p<0.05$,**,$p<0.01$,***,$p<0.001$;括号内为 t 值。2. 各列均在省级层面采用聚类稳健标准误。

表 2 第 4 列至第 6 列更换农业生产效率的度量方式,采用人均肉类产量度量农业生产效率,记作农业生产效率二。提高肉类生产效率与提高粮食生产效率所使用的农业技术和依赖的自然气候并不相同,但是无论是人均肉类产量的增加还是人均粮食产量的增

加,都可以表征农业生产效率的提高,使用人均肉类产量作为解释变量进行实证研究,是对前文实证结果的有益补充。表 2 第 4 列至第 6 列使用的实证方法与第 1 列至第 3 列的相同,仅将被解释变量替换为农业生产效率二。回归结果显示,表 2 第 4 列至第 6 列中,人均肉类产量的系数全部为正,且都在 5%显著性水平上显著,这意味着,更换解释变量的度量方法后,农业生产效率的提高会提升城镇化水平的基准回归结果仍旧成立。

表 2 的结果初步表明,农业生产效率的提升将显著提升城镇化水平,农业生产效率每提升 1 个标准差,地级市城市化水平将提升约 4 个百分点,提升幅度约为 12%。验证了本文的命题 2。根据本文理论模型推导的结果,可以认为在中国农业技术进步过程中,强劳动节约型技术进步占据了主导地位,这才使得中国农业生产效率的提升可以促进城镇化。

(二) 稳健性检验

1. 内生性问题

表 2 的实证结果可能存在内生性问题。农业生产效率与城镇化水平之间可能互为因果,农业生产效率会促进城镇化,但是随着城镇化进程而快速发展的城市工业部门也可能反哺农村农业部门,提高农业生产效率。此时采用 OLS 进行回归可能得到有偏的实证结果。

本文尝试引入四个工具变量解决可能存在的内生性问提。第一个和第二个是城市平均地形坡度和平均地形起伏度[1],当地地形坡度和起伏度反映了当地地形的基本特征,这些地理特征会直接

---

[1]　数据来源于封志明等(2007、2014)的测算。中国科学院地理科学与资源研究所的封志明老师及其合作者游珍老师,慷慨地共享了他们所测算的平均坡度与平均地形起伏度的数据,在此特别表示感谢。

影响当地的农业生产效率。第三个工具变量是城市所处纬度,一个城市所处的纬度决定了其全年光照、降雨等自然气候,当地气候对农业生产会产生影响。第四个工具变量是农业生产效率的历史数据,一个城市所处省份的历史农业生产效率可以捕捉到地形与纬度无法捕捉到的影响农业生产效率的其余地理信息及人文信息,如土壤适宜程度与农耕合作精神等。适宜进行农业生产的城市,不仅农业生产的初始水平值较高,而且当新的农业技术产生后,农业生产效率提高的也会更多(Bustos et al., 2016);反过来,当地的农业生产效率则不会影响城市的地形坡度、地形起伏度、纬度和历史农业生产效率。历史农业生产效率采用了城市所处省级行政单位1978年的农均粮食产量度量。

表3　稳健性检验-IV估计

被解释变量	（1）	（2）	（3）	（4）	（5）
	IV:地形坡度和地形起伏度		IV:纬度和历史人均粮食产量		IV:全部变量
	城　镇　化				
农业生产效率	11.594*(2.43)	8.961*(2.01)	12.329***(5.89)	10.354***(5.87)	13.121**(3.26)
ln人均GDP	8.995***(8.59)	7.234***(7.63)	6.703***(7.78)	6.210***(6.80)	6.256***(7.51)
常数	Y	Y	Y	Y	Y
城市固定	N	Y	N	Y	Y
时间固定	N	Y	N	Y	Y
不可识别检验	P=0.002	P=0.014	P=0.019	P=0.023	P=0.042
过度识别检验	P=0.142	P=0.098	P=0.648	P=0.235	P=0.103
样本量	3450	3450	3450	3450	3450
R^2	0.460	0.541	0.503	0.494	0.518

注:1. *,p<0.05,**,p<0.01,***,p<0.001;括号内为Z值。2. 各列均在省级层面采用聚类稳健标准误。3. 第1列和第2列的IV为地形坡度和地形起伏度;第3列和第4列的IV为纬度和1949年农均粮食产量;第5列则同时使用4个工具变量。

　　表3展示了使用工具变量的实证结果,报告了2SLS的第二阶段内容,表3的主要解释变量是农业生产效率。第1列和第2列采用城市平均地形坡度和平均地形起伏度作为工具变量,回归结果显示,使用地形变量做工具变量后,农业生产效率的系数大幅增加,显著性水平虽然有所降低,但仍可以达到5%显著性水平。第3列和第4列采用城市所处纬度和历史人均粮食产量作为农业生产效率的工具变量,其回归结果也表明,使用工具变量解决内生性问题后,农业生产效率的系数大幅增加,达到1‰显著性水平。列5将以上四个变量同时作为农均粮食产量的工具变量,回归结果显示农业生产效率的系数上升至13.121,达到1%显著性水平。本文以表3第5列作为基准回归结果。

　　以上分析表明,使用工具变量法修正可能存在的内生性问题后,农业生产效率对城镇化的影响大幅提升,农业生产效率每提升1个标准差,地级市城市化水平将提升约9.6个百分点,提升幅度约为30%,命题2得到了进一步验证。

　　2. 引入更多控制变量

　　农业生产效率能否提升城镇化率还可能受到其余因素的影响,本小节尝试进一步控制这些潜在因素的影响。

　　首先,我们将在表4第1列中引入产业结构和金融发展水平以控制地级市经济发展水平的影响。虽然我们已经控制了较为重要的人均GDP,但是其余的指标仍旧重要。产业结构可以衡量一个地区的工业及服务业发展水平,其发展水平越高,则城市吸收农村劳动力的能力就越强,越有可能出现较高的城镇化水平,本文参考钟宁桦(2011)的研究使用第二产业差值/第三产业产值来衡量各市产业结构。陈志刚等(2015)就发现金融发展是中国城镇化发展的重要动力,因此我们也将金融发展水平加以控制,金融发展水平使用银行存贷款余额占GDP的比重进行衡量。

　　其次,我们将在表4第2列中引入每万人床位数、万人公共图书馆藏书量、每百名初中生专任教师数以控制地级市公共服务水平的影响。城市公共服务设施是城市经济活动和社会活动基本载体，决定着城市的吸引力。陈元（2010）、武力超和孙浦阳（2010）等人利用中国数据研究发现城市公共服务设施对城镇化有显著的促进作用。我们使用每万人床位数作为公共医疗服务的代理变量；使用了每万人公共图书馆藏书量、每百名初中生专任教师数作为公共教育服务的代理变量。

　　然后，我们将在表4第3列中引入工业二氧化硫排放量以控制地级市环境污染的影响。与城市公共服务设施不同，环境污染会给居民带来健康损害，降低居住在城市的收益，因而本文预计污染会不利于城镇化进程。我们共采用了工业二氧化硫排放量作为污染的代理变量。表4的第3列展示了在基准回归基础上引入工业二氧化硫排放量作为控制变量的实证结果。

　　最后，我们将在表4第4列中引入工业二氧化硫排放量以控制人口密度的影响。我国人口总量大，分布不均，大多数的人口集中在东部沿海城市。而人口密度大的地区，更有可能出现人口聚集的大城市，城镇化率会更高，因而我们控制了人口密度的影响。表4的第4列展示了在基准回归基础上引入人口密度作为控制变量的实证结果。

　　表4的第5列则在基准回归的基础上同时引入上述所有变量作为控制变量，表4的第6列不使用工具变量，在表2第3列的基础上同时引入上述所有变量作为控制变量。

表4　稳健性检验-引入更多控制变量

被解释变量	(1)	(2)	(3)	(4)	(5)	(6)
	城　镇　化					
农业生产效率	12.257** (4.50)	10.888** (3.59)	12.354*** (5.71)	12.598** (3.67)	11.453* (2.47)	5.300** (3.43)

续表

被解释变量	（1）	（2）	（3）	（4）	（5）	（6）
	城　镇　化					
ln 人均 GDP	6.797**	6.830**	6.968**	6.185**	6.681**	3.514**
	(4.55)	(4.56)	(9.35)	(8.45)	(4.89)	(4.52)
产业结构	0.553***				0.172*	0.143**
	(3.91)				(1.99)	(3.06)
金融发展水平	1.469				2.428	-0.066
	(1.779)				(1.72)	(-0.36)
每万人床位数		0.672***			0.611*	0.528*
		(5.68)			(2.09)	(2.00)
每万人藏书量		0.061			-0.084	0.002
		(0.21)			(-0.38)	(0.09)
每百名初中生专任教师数		0.193*			0.374*	0.195***
		(2.34)			(2.33)	(5.44)
ln 工业 SO_2 排放量			-0.512		-1.224*	-0.179
			(-0.22)		(-2.18)	(-0.66)
人口密度				0.587*	0.646*	0.663
				(2.22)	(2.17)	(1.21)
常数	Y	Y	Y	Y	Y	Y
城市固定效应	Y	Y	Y	Y	Y	Y
不可识别检验	P=0.022	P=0.014	P=0.012	P=0.034	P=0.041	—
过度识别检验	P=0.256	P=0.168	P=0.120	P=0.130	P=0.270	—
样本量	3050	2822	2642	3450	2562	2562
R^2	0.621	0.614	0.541	0.537	0.741	0.485

注:1. *,p<0.05,**,p<0.01,***,p<0.001;括号内为 Z 值。2. 各列均在省级层面采用聚类稳健标准误。3. 工具变量为城市平均地形坡度、平均地形起伏度、城市所处纬度和 1978 年人均粮食产量。

表 4 的回归结果显示,在基准回归的基础上引入更多控制变量后,用人均粮食产量衡量的农业生产效率与城镇化之间的正相关关系仍旧十分显著,皆达到了 5% 显著性水平,验证了本文基准实证结果的稳健性。以第 5 列为例,农业生产效率的系数为 11.453,可以通过显著性水平为 5% 的统计检验,表明农业生产效率的提升可以

显著提升城镇化率,具体而言,农业生产效率每提升一个标准差,城镇化率提升 8.4 个百分点,与平均城镇化率比较,提升幅度约为 26%。

上述实证结果表明,在使用工具变量修正可能存在的内生性问题,引入诸多控制变量后,农业生产效率与城镇化之间仍旧存在显著正相关关系,验证了本文的命题 2。本文的实证结果揭示了,2000—2014 年中国农业生产效率的提升,显著地提升了中国的城镇化水平。实施乡村振兴战略,提高农业生产效率,不仅有利于农业农村的高质量发展,也有利于提升城镇化水平,进而促进整体经济的高质量发展。考虑到中国农业生产效率远远低于高收入国家平均水平,因此,中国可以通过采用更多的强劳动节约型农业技术来提高农业生产效率,进而进一步提高中国的城镇化率,以推动经济的高质量发展。

六、结论

中国市场经济发展进入新常态后,经济下行压力逐渐增大,研究如何提升城镇化水平对促进经济高质量发展至关重要。中国的城镇化率和农业生产效率在国际上皆处于相对落后的水平。这不禁让我们思考,中国的低城镇化水平与低农业生产效率之间是否存在某种内在联系?农业生产效率的提高能否带来城镇化水平的提高?如果回答是肯定的,那么提升幅度有多大?基于此,本文从理论和实证两个方面探索了农业生产效率对城市化率的影响。

理论上,本文采用 CES 生产函数,构造了一个包含两部门的小型开放经济模型,并允许农业部门的技术进步存在要素偏向,依据引起农业生产效率提升的技术进步的要素偏向,提出农业生产效率对城镇化影响的相关预测。研究发现,农业生产效率对城镇化的影响取决于技术进步的方向。当技术进步为中性时,农业生产效率的提升将阻碍城市化进程。当技术进步为土地增强型技术进步或劳动增强型技术进步且劳动和土地非强互补时,农业生产效率的提升也会阻碍城镇化。仅在技术进步为劳动增强型技术进步且劳动和土地强互补时,农业生产效率的提升会提升城镇化水平。

本文利用中国 2000 年到 2014 年共计 15 年 230 个城市的面板数据,实证考察了农业生产效率对城镇化的影响。实证分析发现,与理论预测一致,地级市农业生产效率与城镇化之间存在显著正相关关系,这意味着,农业生产效率的提升将显著提升城镇化水平,农业生产效率每提升 1 个标准差,地级市城市化水平将提升约 4—9.6 个百分点,提升幅度约为 12%—30%。以上发现十分稳健,在使用工具变量、替换农业生产效率的度量方法、引入更多控制变量后,本文的基准结论仍旧成立。

本文的研究结果表明,农业生产效率的提升可以提高城镇化率。本文的研究结果还隐含地揭示了促进中国农业生产效率提升的技术进步属于强劳动节约型技术进步,在开放经济条件下,仅该类技术进步可能释放农村劳动力进入城市,促进人口的城市化进程。中国农业生产效率远远低于高收入国家平均水平,因此,在经济增长速度不断下滑的背景下,实施乡村振兴战略,提高农业生产效率,不仅有利于农业农村的高质量发展,也有利于提升城镇化水平,进而促进整体经济的高质量发展。

参考文献

1. 陈元:"开发性金融与中国城市化发展",《经济研究》2010 年第 7 期,第 4—14 页。

2. 陈志刚、吴腾、桂立:"金融发展是城市化的动力吗——1997—2013 年中国省级面板数据的实证证据",《经济学家》2015 年第 8 期,第 80—89 页。

3. 简新华、黄锟:"中国城镇化水平和速度的实证分析与前景预测",《经济研究》2010 年第 3 期,第 28—39 页。

4. 武力超、孙浦阳:"基础设施发展水平对中国城市化进程的影响",《中国人口·资源与环境》2010 年第 8 期,第 121—125 页。

5. 章元、万广华:"国际贸易与发展中国家的城市化——来自亚洲的证据",《中国社会科学》2013 年第 11 期, 第 65—84 页。

6. 钟宁桦:"农村工业化还能走多远?",《经济研究》2011 年第 1 期,第 18—27 页。

7. Mokyr, J. , *Industrialization in the Low Countries*, 1795—1850, Yale University Press, 1977, p. 67.

8. Nurkse, R. , *Problems of Capital Formation in Underveloped Countries*, Oxford University Press, 1953, p. 121.

9. Rostow, W. W. , *The Stages of Growth: A Non-Communist Manifesto*, Cambridge University Press, 1960, p. 85.

10. Acemoglu, D. , "When Does Labor Scarcity Encourage Innovation?", *Journal of Political Economy*, vol. 6, 2010, pp. 1037-1078.

11. Baumol, W. J. , "Macroeconomics of Unbalanced Growth: The Anatomy of Urban Crisis", *American Economic Review*, vol. 3, 1967, pp. 415-426.

12. Bustos, P. , Caprettini, B. , Ponticelli, J. , "Agricultural Productivity and Structural Transformation: Evidence From Brazil", *American Economic Review*, vol. 6, 2016, pp. 1320-1365.

13. Chen, S. , Kung, J. K. , "OfMaize and Men: The Effect of a New World Crop on Population and Economic Growth in China", *Journal of Economic Growth*, vol. 1, 2016, pp. 71-99.

14. Field, A. J. , "SectoralShift in Antebellum Massachusetts: A Reconsideration", *Explorations in Economic History*, vol. 2, 1978, pp. 146-171.

15. Foster, A. D, Rosenzweig, M. R. , "Agricultural Productivity Growth, Rural Economic Diversity, and Economic Reforms: India, 1970—2000", *Economic Development and Cultural Change*, vol. 3, 2004, pp. 509-542.

16. Foster, A. D, Rosenzweig, M. R. , "Economic Development and the Decline of Agricultural Employment", *Handbook of Development Economics*, vol. 4, 2007, pp. 3051-3083.

17. Gollin, D. , Parente, S. , Rogerson, R. , "The Role of Agriculture in Development", *American Economic Review*, vol. 2, 2002, pp. 160-164.

18. Kongsamut, P. , Rebelo, S. , Xie, D. , "Beyond Balanced Growth", *Review of Economic Studies*, vol. 4, 2001, pp. 869-882.

19. Krugman, P. , "The Narrow Moving Band, the Dutch Disease, and the

Competitive Consequences of Mrs. Thatcher: Notes on Trade in the Presence of Dynamic Scale Economies", *Journal of Development Economics*, vol. 1, 1987, pp. 41-55.

20. Kuznets, S. , "Quantitative Aspects of the Economic Growth of Nations: II Industrial Distribution of National Product and Labor Force", *Economic Development and Cultural Change*, vol. 4, 1957, pp. 1-111.

21. Lewis, W. A. , "EconomicDevelopment with Unlimited Supplies of Labor", *The Manchester School*, vol. 2, 1954, pp. 139-191.

22. Matsuyama, K. , "AgriculturalProductivity, Comparative Advantage, and Economic Growth", *Journal of Economic Theory*, vol. 2, 1992, pp. 317-334.

23. Murphy, K. M, Shleifer, A. , Vishny, R. , "Income Distribution, Market Size, and Industrialization", *Quarterly Journal of Economics*, vol. 3, 1989, pp. 537-564.

24. Ngai, L. R, Pissarides, C. A. , "Structural Change in a Multisector Model of Growth", *American Economic Review*, vol. 1, 2007, pp. 429-443.

25. Nunn, N. , Qian, N. , "The Potato's Contribution to Population and Urbanization: Evidence from a Historical Experiment", *Quarterly Journal of Economics*, vol. 2, 2011, pp. 593-650.

26. Wright, G. , "CheapLabor and Southern Textiles Before 1880", *Journal of Economic History*, vol. 3, 1979, pp. 655-680.

(马晶,中山大学岭南学院;刘诗源,厦门大学经济学院)

图书在版编目(CIP)数据

中国道路与三农问题/厉以宁主编. —北京:商务印书馆,2021
　(中国道路丛书)
　ISBN 978 - 7 - 100 - 19243 - 9

　Ⅰ.①中… Ⅱ.①厉… Ⅲ.①三农问题—研究—中国　Ⅳ.①F32

中国版本图书馆 CIP 数据核字(2020)第 252979 号

中国道路丛书
中国道路与三农问题
厉以宁　主编
程志强　副主编
赵秋运　主编助理

商 务 印 书 馆 出 版
(北京王府井大街 36 号　邮政编码 100710)
商 务 印 书 馆 发 行
北京艺辉伊航图文有限公司印刷
ISBN 978 - 7 - 100 - 19243 - 9

2021 年 4 月第 1 版　　　开本 710×1000　1/16
2021 年 4 月北京第 1 次印刷　　印张 30

定价:96.00 元